O GUIA DEFINITIVO DO GERENCIAMENTO DE PROJETOS

N785g   Nokes, Sebastian.
                O guia definitivo do gerenciamento de projetos : como alcançar resultados dentro do prazo e do orçamento / Sebastian Nokes, Sean Kelly ; tradução: Francisco Araújo da Costa ; revisão técnica: Cassio Sclovsky Grinberg. – 2. ed. – Porto Alegre : Bookman, 2012.
                xxv, 357 p. : il. ; 25 cm.

                ISBN 978-85-7780-973-8

                1. Administração. 2. Gerenciamento de projetos. I. Kelly, Sean. II. Título.

                CDU 658.5

Catalogação na publicação: Ana Paula M. Magnus – CRB 10/2052

SEBASTIAN NOKES E SEAN KELLY

O GUIA DEFINITIVO DO GERENCIAMENTO DE PROJETOS

COMO ALCANÇAR RESULTADOS DENTRO DO PRAZO E DO ORÇAMENTO

2ª EDIÇÃO

Tradução:
Francisco Araújo da Costa

Consultoria, supervisão e revisão técnica desta edição:
Cassio Sclovsky Grinberg
Mestre em Marketing pelo Programa de Pós-Graduação em Administração da UFRGS
Professor da Faculdade de Comunicação Social da PUC-RS
Coordenador do Curso de Pós-Graduação em Branding de Conexão da PUC-RS

bookman

2012

Obra originalmente publicada sob o título
The Definitive Guide to Project Management: The Fast Track to Getting the Job Done on Time and on Budget, 2nd edition
ISBN 0-273-71097-4/9780273710974
© Casnus Limited 2007.
Tradução publicada conforme acordo com Pearson Education Limited.

Capa: *Rosana Pozzobon*

Leitura final: *Luciane Alves Branco Martins*

Assistente editorial: *Viviane Borba Barbosa*

Gerente editorial – CESA: *Arysinha Jacques Affonso*

Projeto e editoração: *Techbooks*

Reservados todos os direitos de publicação, em língua portuguesa, à
ARTMED® EDITORA S.A.
(BOOKMAN® COMPANHIA EDITORA é uma divisão da ARTMED® EDITORA S. A.)
Av. Jerônimo de Ornelas, 670 – Santana
90040-340 – Porto Alegre – RS
Fone: (51) 3027-7000   Fax: (51) 3027-7070

É proibida a duplicação ou reprodução deste volume, no todo ou em parte, sob quaisquer formas ou por quaisquer meios (eletrônico, mecânico, gravação, fotocópia, distribuição na *Web* e outros), sem permissão expressa da Editora.

Unidade São Paulo
Av. Embaixador Macedo Soares, 10.735 – Pavilhão 5 – Cond. Espace Center
Vila Anastácio – 05095-035 – São Paulo – SP
Fone: (11) 3665-1100   Fax: (11) 3667-1333

SAC 0800 703-3444 – www.grupoa.com.br

IMPRESSO NO BRASIL
PRINTED IN BRAZIL
Impresso sob demanda na Meta Brasil a pedido de Grupo A Educação.

Os autores

Sebastian Nokes e Sean Kelly trabalharam juntos em diversos programas e projetos estratégicos.

SEBASTIAN NOKES

Sebastian Nokes é gerente de projetos e de programas com muita experiência prática. Ele presta consultoria para corporações, instituições governamentais e empresas de serviço nas áreas de gerenciamento de projetos e programas, tomada de decisões e gerenciamento da informação. Sebastian liderou projetos de grande porte nos setores de bancos de investimento, alta tecnologia e nuclear. Trabalhou para a IBM e o Credit Suisse First Boston. Atualmente, é sócio da Aldersgate Partners LLP, uma consultoria de gerenciamento. Sebastian estudou no Eton College e na London University (Birkbeck, SOAS, Imperial e LBS) e serviu como oficial no 2° Regimento de Fuzileiros Gurkhas e na Força Aérea Real. Sebastian escreveu e editou vários livros e artigos sobre gerenciamento de projetos e outros temas de negócios. Ele mora em Londres e trabalha na Grã-Bretanha, Europa e Pacífico Asiático.

Seus interesses atuais incluem como mudar a mentalidade e cultura das equipes de gestão e melhorar o desempenho de projetos, além de como estruturar projetos estratégicos importantes em grandes organizações. Sua pesquisa atual enfoca a definição do valor de projetos e securitização.

SEAN KELLY

Sean Kelly é oficial da ativa do Exército Britânico, com ampla experiência nos setores público e privado. Sean estudou na Grã-bretanha e Austrália e seus empregadores anteriores incluem Deutsch Bank, OCL e Hoechst. Suas áreas de interesse atuais são as consequências práticas da implementação de uma estratégia informacional complexa e a transferência de riscos em parcerias público-privadas. Sean atuou como Gerente de Projetos nos EUA, Europa, África e no Leste da Ásia e suas qualificações incluem MA, MBA e PMP.

Enquanto primeiro oficial enviado ao Ministério Britânico da Agricultura, Alimentação e Pesca durante a crise da febre aftosa de 2001, Sean foi responsável pelo gerenciamento do projeto de como e onde as forças armadas poderiam auxiliar o trabalho, o que levou à disposição de milhares de soldados. Recebeu a Ordem do Império Britânico por sua participação nas operações mundiais que se seguiram aos ataques de 11 de setembro. Atualmente, Sean comanda um Regimento do Exército Britânico e trabalha com vários dos principais centros de treinamento da Grã-Bretanha.

Agradecimentos

Os autores são gratos a todos cujos conselhos, exemplos e outros auxílios contribuíram para este livro. Agradecemos especialmente aos clientes da Aldersgate Partners LLP e reconhecemos a confiança que depositam em nós. Também agradecemos a todos que participaram de nossos cursos de treinamento, tanto aqueles abertos ao público em geral quanto os fechados.

Todos os defeitos e outras deficiências deste livro são de responsabilidade exclusiva dos autores (e é difícil reconhecer a importância dessa frase até que se começa a escrever um livro), mas gostaríamos de agradecer nossos colegas na Aldersgate, todos os quais contribuíram de alguma maneira para este livro, e nossos amigos na Pearson Education na Grã-Bretanha, EUA e no resto do mundo, Digby Law em Sydney e TypingNZ na Nova Zelândia. Obrigado também a: Professor Chris Higson, Peter Robin, Guy Treweek, Dra. Diana Burton, Dr. Stephen Coulson, Andrew Howard, Steve Bullen, David Tulloch e Debra Palmer; Richard Stagg, Steve Temblett, Laura Blake, Liz Gooster e Lesley Pummell; e Stephen Digby na Austrália e Kim Megson na Nova Zelândia.

Agradecemos e reconhecemos a assistência oferecida pelo Project Management Institute, tanto a nós na preparação deste livro e ao mundo em geral, e agradecemos Douglas Murray, Leslie Higham, Diana Humphrey e a equipe do PMI.

As figuras e texto deste livro marcadas como sendo de origem do PMBOK Guide foram retiradas de *A Guide to the Project Management Body of Knowledge (PMBOK® Guide) – Third Edition*, Project Management Institute, Inc., 2004. Copyright e todos os direitos reservados. O material dessa publicação foi reproduzido com a permissão do PMI.[*]

Um agradecimento especial para Tony Gamby, JP Rangaswami, Cedric Burton, Mike Stone, Jeremy Havard, the Revd. Gordon Taylor, Aziz Muzakhanov, Louis Plowden-Wardlaw, Julian Fidler, Peter Burditt, Paul Najsarek, Mark Kerr, Paul Leighton, David Maitland, Dillon Dhanecha, Mike Baker, Kennedy Frazer, Tegwen Wallace, Graham Mackintosh, Nick McLeod-Clark, Dave Hastings, Dave Best, Steve Holland, Mark Dutton, Nicola Smith, Mike Molinaro, Emma Ross, Jonathan Webb, Gareth Moss, Adrian Cory, Frances Kinsella e Andrew Ward.

Também gostaríamos de agradecer Andrew Munro, Patrick Smith, Alan Greenwood, Dominic Allen, Jennifer Johnson, Mark Goodman, Graeme Graas, Aaron Dover, Ian Major, David Kriel e Philip Stromeyer, Jesus Rodriguez e Heidi Peel.

---

[*] N. de T.: Na tradução, o texto oriundo do PMBOK Guide seguiu o glossário disponibilizado pelo capítulo São Paulo do PMI, disponível em http://www.pmisp.org.br/arquivos/PMBOK_Port_glossario.zip

Vários indivíduos e organizações ajudaram a produção deste livro de alguma maneira. Humphrey e Bella Nokes permitiram o uso de suas casas na Suíça, Andrew e Vicky de Pree da sua na Nova Zelândia, Dave e Vee Burton das suas também na Nova Zelândia, e Chris Booton e Gina da sua em Melbourne, Austrália. Todos foram locais produtivos e agradáveis, no qual pudemos pensar e escrever de um modo que seria simplesmente impossível no escritório em Londres. Vaughan Smith e o Frontline Club de Londres, o Cornell Club e sua equipe em Nova york e o Wellington Club e sua equipe em Wellington ajudaram a transformar este livro em realidade. O apoio logístico de Tina Arthur não tem preço e Rachel Sheard ofereceu muita sabedoria com seus conselhos.

Prefácio à segunda edição

Em um mercado competitivo, todo o crescimento futuro nasce de projetos. A economia mundial ficou muito mais competitiva por três razões: a redução das barreiras alfandegárias, a ascensão da China e de outros países com baixo custo de produção e a internet e outras inovações tecnológicas. O nível de competição que as empresas enfrentam é tão grande quanto era no século XIX, se não maior. Naquela época, grandes empresas e organizações sociais foram construídas rapidamente da estaca zero e muitas instituições tradicionais faliram ou entraram em declínio, superadas por novatos mais vigorosos e que entendiam melhor as novas regras do jogo. Assim, quem diz que as organizações de hoje enfrentam níveis sem precedentes de mudanças e inovações não entende de história. Ainda assim, é verdade que estamos vivendo um período de grandes mudanças, incerteza e competição. Por definição, os projetos tratam do que é novo; por consequência, todo o crescimento futuro em um mercado competitivo vem dos projetos. E essa é a razão fundamental pela qual o gerenciamento de projetos, uma disciplina esotérica e especializada dez anos atrás, se tornou uma das grandes preocupações da alta gerência. Nas economias industrializadas, tudo o que poderia sofrer terceirização, *downsizing*, reengenharia ou *web enabling* está passando ou já passou por terceirização, *downsizing*, reengenharia ou *web enabling*. A única saída para criar mais valor e mais crescimento é melhorar sua capacidade de fazer novas coisas melhores. Ou seja, gerenciamento de projetos.

E as organizações comerciais não são as únicas aumentando suas capacidades de gerenciamento de projetos e programas. Os governos de todo o mundo estão se voltando mais uma vez para o gerenciamento de projetos e fazendo investimentos pesados na disciplina. Os governos cada vez mais reconhecem que precisam melhorar sua capacidade de gerenciamento de projetos, que parece ter sido vítima de muita negligência entre as décadas de 1970 e 1990. A disciplina de gerenciamento de projetos, mesmo na época que os antigos egípcios estavam construindo as pirâmides, sempre foi desenvolvida igualmente pelos setores público e privado. Mais recentemente, as forças armadas e o setor de serviços financeiros tiveram um papel de destaque na evolução da disciplina, tanto na sua aplicação prática quanto no desenvolvimento da teoria. O gerenciamento de projetos é um caminho especial para transformar espadas em arados: técnicas desenvolvidas pelas forças armadas, e especialmente pela indústria das armas nucleares, são aplicadas pelos governos locais e pelo setor de saúde para construir uma sociedade mais justa, livre e igualitária.

Em relação à primeira edição, esta segunda foi quase completamente reescrita. A mudança principal é que a segunda edição é coerente com o PMBOK®

Guide, um padrão administrado pelo Project Management Institute (PMI). O PMI é a maior instituição profissional do mundo na área de gerenciamento de projetos e a que mais cresce, com forte presença em todas as regiões geográficas e setores da economia. O livro foi escrito principalmente para gerentes de projetos e programas praticantes e, já que cada vez mais usuários querem realizar as provas profissionais oferecidas pelo PMI (a PMP® e a CAMP®), tentamos garantir que o livro ajude os leitores que pretendem realizá-las. A segunda edição retém o foco dos aspectos humanos do gerenciamento de projetos, apresentados na primeira edição. Qualquer que seja a metodologia ou padrão usado no gerenciamento de projetos, as pessoas devem estar em primeiro lugar, pois são elas que realizam ou impedem a realização dos projetos. No gerenciamento de projetos, nada é mais importante do que as pessoas.

Sumário

1 Introdução 1
Objetivos deste capítulo. 2
O que há de novo nesta edição? 3
O que os gerentes de projetos querem de verdade?. 3
Padrões emergentes no gerenciamento de projetos. 4
O bom senso é a base do gerenciamento de projetos .5
Como usar este livro. 6
Para que tipos de projeto serve este livro? 6
As nove áreas de conhecimento do gerenciamento de projetos. 7
Os projetos como classe de atividade distinta 8
Gerenciando projetos. 15
O ciclo de vida do gerenciamento de projetos. 16
Resumo 17
Notas 18

2 Organização, pessoas e gerenciamento do projeto 19
Objetivos deste capítulo. 20
Estrutura deste capítulo 20
Primeiras considerações 20
Principais tipos de organização e consequências para o gerenciamento
de projetos 22
Sistema de gerenciamento de projetos 27
Organização de projetos e funções em projetos 29
Gerenciando a equipe do projeto. 39
Ciclo de vida do projeto 49
Resumo 60
Leituras adicionais 60
Notas 61

3 Processos de gerenciamento de projetos 63
Objetivos deste capítulo. 64
Grupos de processos: justificativa e princípios gerais. 64
O grupo de processos de iniciação 70
O grupo de processos de planejamento 74
O grupo de processos de execução 77
O grupo de processos de monitoramento e controle .79

O grupo de processos de encerramento 81
Resumo 83
Notas 84

4 Gerenciamento de integração do projeto 85

Objetivos deste capítulo. 86
O que é gerenciamento de integração do projeto? 86
A função da integração no gerenciamento de projetos 87
Uma primeira análise do gerenciamento de integração do projeto 89
Processos e grupos de processos do gerenciamento de integração 92
Desenvolver o termo de abertura do projeto 94
Desenvolver a declaração do escopo do projeto preliminar 103
Desenvolver o plano de gerenciamento do projeto 104
Iniciação do projeto 116
Orientar e gerenciar a execução do projeto 118
Outras ferramentas e técnicas de gerenciamento de integração do projeto 121
Resumo 139
Leituras adicionais 139
Notas 140

5 Gerenciamento do escopo do projeto 141

Objetivos deste capítulo. 142
O que é gerenciamento do escopo do projeto?. 142
Princípios do gerenciamento do escopo do projeto 143
Planejamento do escopo 145
Definição do escopo 146
Criar a estrutura analítica do projeto 147
Verificação do escopo 149
Aumento do escopo. 150
Controle do escopo 152
O processo de gerenciamento do escopo em ação 152
Resumo 154

6 Gerenciamento de tempo do projeto 157

Objetivos deste capítulo. 158
O que é o gerenciamento de tempo? 158
Gerenciamento de tempo em projetos. 158
Negociando o tempo 159
Grupo de processos do gerenciamento de tempo do projeto. 160
Definição da atividade 161
Sequenciamento de atividades 164
Estimativa de recursos da atividade. 167
Estimativa de duração da atividade. 169
Desenvolvimento do cronograma 171
Controle do cronograma 175
Reuniões e gerenciamento de tempo 176
Resumo 179

7 Gerenciamento de custos 181

Objetivos deste capítulo..182
Os custos são importantes 182
Conceitos principais..183
A importância dos custos e do conhecimento financeiro 183
Escopo e custos..184
Cinco regras básicas para estimativa de custos 185
Uma tarefa para especialistas 186
Grupos de processos do gerenciamento de custos 186
Estimativa de custos 187
Orçamentação 193
Controle de custos..194
Resumo 196
Leituras adicionais 196
Notas 197

8 Gerenciamento da qualidade 199

Objetivos deste capítulo..200
Uma introdução ao conceito de qualidade 200
Gerenciamento da qualidade: panorama da área de conhecimento 205
Definições de qualidade e gerenciamento da qualidade 206
Planejamento da qualidade 207
A diferença entre controle da qualidade e garantia da qualidade 214
Resumo 227
Leituras adicionais 228
Notas 229

9 Gerenciamento de pessoas (recursos humanos) 231

Objetivos deste capítulo..232
As pessoas são importantes 232
Processos do gerenciamento de RH do projeto 233
Planejamento de RH..234
Montar a equipe do projeto 237
Desenvolver a equipe do projeto 238
Gerenciar a equipe do projeto 240
Resumo 241
Leituras adicionais 242

10 Gerenciamento das comunicações do projeto 243

Objetivos deste capítulo..244
Por que a comunicação é importante em projetos 244
Alguns problemas da comunicação do projeto 245
Dez princípios da comunicação do projeto 246
Uma abordagem sistemática ao gerenciamento das comunicações 252
Resumo 264
Leituras adicionais 264

11 Gerenciamento de riscos do projeto ...267

Objetivos deste capítulo...268
O que é gerenciamento de riscos do projeto?...268
Princípios do gerenciamento de riscos...270
Planejamento do gerenciamento de riscos...271
Identificação de riscos...275
Análise qualitativa de riscos...278
Análise quantitativa de riscos...281
Planejamento de respostas a riscos...284
Monitoramento e controle de riscos...285
Resumo...288

12 Gerenciamento de aquisições do projeto ...289

Objetivos deste capítulo...290
O que é gerenciamento de aquisições do projeto?...290
Por que se dar ao trabalho de gerenciar aquisições?...291
Como o gerenciamento de aquisições se encaixa nos grupos de processos?...291
Fatores críticos em aquisições...292
Passos do gerenciamento de aquisições do projeto...293
Contratos...297
Declaração do trabalho do contrato...298
Administração de contrato...300
Sistema de controle de mudanças de contratos...302
A função do gerente de projetos...302
Os problemas especiais da aquisição de TI...304
Contratação centralizada/descentralizada...305
Resumo...305
Notas...306

13 Responsabilidade profissional ...307

Objetivos deste capítulo...308
O que é uma profissão? O que é responsabilidade profissional?...308
O caso de negócio da responsabilidade profissional...310
O PMI e responsabilidade profissional...310
Código de ética...312
Resumo...312
Nota...312

Apêndice A: o método da cadeia crítica...313

Entendendo a duração da atividade...313
Cadeia crítica e duração da atividade...315
Foco em atividades críticas...318
A reserva do projeto enquanto diagnóstico...320
Resumo das ações...321
Notas...322

Apêndice B: gerenciamento dos benefícios 323

O problema. 323
Gerenciamento dos benefícios. 323
Benefícios de negócios 325
Resumo 326

Apêndice C: preparação para provas do PMI 327

Metas deste apêndice 327
Quais as credenciais oferecidas pelo PMI? 327
PMP ou CAPM? 328
Estrutura da prova 328
Preparação e realização da prova 331
Exemplos de perguntas 332

Posfácio: dez dicas para gerenciar projetos 337

1 Conheça o seu pessoal 337
2 Realismo ético e cultural 338
3 Conheça o seu negócio 338
4 Deixe todo mundo feliz, ou pelo menos contente 339
5 Comunique-se da maneira mais apropriada possível 340
6 Entenda a política desde o começo 340
7 Considere o inesperado e deixe uma margem de segurança 341
8 Não doure a pílula. Seja honesto 342
9 Considere as consequências práticas das decisões de alto nível 342
10 Seja uma boa pessoa. Honestidade, sinceridade e confiança. 343

Índice **345**

Lista de figuras

Figura 1.1	Nas organizações, só os projetos produzem crescimento ou criação de novo valor.	10
Figura 1.2	Projetos e processos.	11
Figura 1.3	Dificuldade do projeto.	15
Figura 1.4	Os cinco grupos de processos do projeto.	17
Figura 2.1	Estrutura e estilo.	22
Figura 2.2	Uma taxonomia das organizações em relação às suas consequências para o gerenciamento de projetos.	23
Figura 2.3	Tipos de estrutura organizacional e suas consequências para o gerenciamento de projetos.	25
Figura 2.3	Continuação.	26
Figura 2.3	Continuação.	27
Figura 2.4	Uma estrutura organizacional representativa de um projeto.	30
Figura 2.5	Estilos de trabalho pessoais: foco na tarefa, foco na manutenção.	45
Figura 2.6	Alguns exemplos de diversos ciclos de vida do projeto.	52
Figura 2.7	Custo e probabilidade de término.	57
Figura 3.1a	Os cinco grupos de processos do projeto e suas entregas.	65
Figura 3.1b	Algumas das principais interconexões entre os grupos de processos e outros ativos.	66
Figura 3.2	O ciclo OODA.	67
Figura 3.3	O ciclo plano-execução-verificação-ação.	69
Figura 3.4	O grupo de processos de iniciação.	73
Figura 4.1	Os projetos devem obter o uso de ativos e processos além do seu controle.	90
Figura 4.2	Um gráfico de Gantt mostrando relações de dependência.	109
Figura 4.3a	Exemplo de estrutura analítica do projeto (EAP) do projeto "Construção da Casa".	111
Figura 4.3b	Exemplo de detalhes em excesso em uma EAP.	112
Figura 4.3c	Exemplo de EAP completa, com esforços e durações listadas em dias (d) ou semanas (s).	113
Figura 4.4	Gráfico de Gantt do Projeto Grapple.	115
Figura 4.5	Iniciação do projeto, antes e depois.	117

Figura 4.6	Processos, conceitos, ferramentas e técnicas, saídas e entradas de gerenciamento de integração do projeto, mostrando como normalmente são usadas e que tipo de ferramentas são.	123
Figura 5.1	Gerenciamento do escopo do projeto: sequência de processos e atividades.	145
Figura 6.1	Diagrama de rede.	165
Figura 6.2	Diagrama de rede mostrando dependência fantasma.	166
Figura 6.3	Diagrama de rede mostrando caminho crítico.	173
Figura 7.1	O processo de estimativa de custos.	188
Figura 7.2	As quatro abordagens à estimativa de custos.	190
Figura 7.3	O processo de orçamentação.	193
Figura 7.4	O processo de controle de custos.	195
Figura 8.1	O processo de planejamento da qualidade.	208
Figura 8.2	O processo de garantia da qualidade.	216
Figura 8.3	O processo de controle da qualidade.	219
Figura 8.4	Diagrama de causa e efeito (também conhecido como diagrama de Ishikawa ou diagrama espinha-de-peixe), com exemplo.	221
Figura 8.5	Convenções formais de simbologia para uso em fluxogramas.	222
Figura 8.6	Exemplo de fluxograma, com símbolos formais.	223
Figura 8.7	Exemplo de gráfico de controle, de um processo em controle.	225
Figura 8.8	Gráficos de controle: (a) sob controle; (b) duas maneiras de estar fora de controle.	226
Figura 9.1	As duas grandes dinâmicas no gerenciamento de RH do projeto.	232
Figura 9.2	O processo de planejamento de RH.	234
Figura 9.3	Organograma hierárquico.	235
Figura 9.4	Uma matriz de responsabilidades.	236
Figura 9.5	O processo de contratar a equipe do projeto.	238
Figura 9.6	O processo de desenvolver a equipe do projeto.	239
Figura 9.7	O processo de gerenciar a equipe do projeto.	240
Figura 10.1	O processo de planejamento das comunicações.	254
Figura 10.2	O processo de distribuição das informações.	257
Figura 10.3	Relatório de desempenho.	260
Figura 10.4	Exemplo de relatório de projeto regular para patrocinador do projeto.	262
Figura 10.5	Gerenciar as partes interessadas.	263
Figura 11.1	O processo de planejamento do gerenciamento de riscos.	272
Figura 11.2	O processo de identificação de riscos.	275
Figura 11.3	O processo de análise qualitativa de riscos.	279
Figura 11.4	O processo de análise quantitativa de riscos.	281
Figura 11.5	Árvore de decisão para renovação de uma fábrica.	283

Lista de figuras

Figura 11.6	O processo de planejamento de respostas a riscos.	284
Figura 11.7	O processo de monitoramento e controle de riscos.	286
Figura 12.1	Gerenciamento de aquisições do projeto: sequência de processos e atividades.	294
Figura 12.2	Nível de risco sentido por compradores e vendedores para diferentes tipos de contrato.	299
Figura 12.3	Administração de contrato: atividades envolvidas no atendimento de exigências contratuais.	301
Figura A.1	Viés a fusão de atividades.	314
Figura A.2	O efeito cumulativo da reserva em cada tarefa.	316
Figura A.3	O efeito da agregação de contingências é reduzir o tempo de reserva total de quatro (Fig. A.2) para duas semanas.	316
Figura A.4	Distribuição assimétrica para uma única tarefa.	317
Figura A.5	A distribuição para tarefas agregadas tende a uma distribuição simétrica "normal".	318
Figura A.6	Atividades convergindo em uma cadeia crítica.	319
Figura A.7	Reserva de alimentação.	319
Figura A.8	Multitarefa.	320
Figura A.9	Uso da reserva e *status* do projeto.	321
Tabela C.1	PMP ou CAPM?	329
Figura C.1	Árvore de decisão PMP ou CAPM.	329
Tabela C.2	Divisão dos grupos de processos na prova PMP	330
Tabela C.3	Divisão dos capítulos do PMBOK na prova CAPM	330

Um estudo de caso introdutório

Este estudo de caso parcialmente imaginário mostra o que está por trás deste livro.

San entrou para a Marinha assim que se formou no colégio. Seus pais não podiam pagar por uma faculdade, mas ele era um jovem inteligente e foi selecionado para o curso de oficiais. Dois anos depois, ele foi designado a seu primeiro navio como oficial subalterno, no posto de oficial de comunicações assistente. O primeiro projeto que o capitão lhe passou foi reescrever a lista telefônica para a rede Model 600 a bordo do navio. Ele trabalhou muito no projeto, usando sua experiência limitada para produzir um livreto. O resultado foi impressionante, uma lista em ordem alfabética de todos os membros da tripulação, com referências cruzadas para escritórios e espaços de trabalho. Ele também apresentou sua obra-prima ao capitão antes do prazo final. O capitão olhou para o produto uma vez, atirou o livreto por uma portinhola e encerrou a reunião.

Decepcionado, San voltou à equipe de comunicação. Lá, um velho suboficial mais experiente, que trabalhava com o capitão há muitos anos, chamou-o para uma conversa. Eles estavam em um navio de guerra, explicou o suboficial. Em combate, pessoas morrem, objetos explodem. A lista telefônica precisa levar tudo isso em consideração. San percebeu onde havia errado e voltou ao trabalho. Vinte e quatro horas depois, voltou ao capitão com uma lista revisada. Dessa vez, o documento estava organizado por função, primeiro com referências cruzadas para locais e depois pelos nomes de quem as cumpria. Se um indivíduo morresse ou se ferisse e outro marinheiro assumisse a sua função, o livreto ainda seria útil. O capitão sorriu. San aprendera um pouco sobre como ser um bom oficial da Marinha e o navio ganhara uma nova lista telefônica.

San serviu na Marinha por mais seis anos, tanto em mar quanto em terra, trabalhando no quartel-general. Ele aprendeu muito sobre pessoas, especialmente no espaço fechado dos navios. No quartel-general, aprendeu sobre a importância de entender a política que gira em torno de cada problema. San deixou a Marinha durante um período de *downsizing* e foi trabalhar com gerenciamento de projetos. Ele trabalhou em uma série de projetos, desde a implementação de controladores de trânsito à construção de uma nova escola. Ele adquiriu a certificação Certified Associate in Project Management (CAPM) assim que possível e aumentou qualificações com o método PRINCE2. Depois de alguns anos, San fez a prova Project Management Professional (PMP), foi aprovado e se tornou membro do *chapter* nacional do Project Management Institute (PMI). As qualificações que San acumulou durante sua carreira também estavam alinhadas à sua experiência. Além disso, elas o ajudaram a desenvolver uma rede de apoio de profissionais assemelhados.

Sua experiência continuou a crescer e, depois de completar um grande projeto para uma multinacional de telecomunicações, San se tornou um consultor independente. Depois de alguns anos, San voltou ao Departamento de Defesa como gerente de projetos terceirizado para trabalhar em um grande projeto de redes de comunicação para a Marinha. Sua responsabilidade específica seria o sistema de *e-mail*.

San usou toda a sua experiência nessa tarefa. Ele fez questão de conhecer toda a equipe, então organizou eventos sociais e às vezes até sugeriu que os participantes levassem suas namoradas e esposas. San aprendera a importância de ter uma boa memória e fez questão de descobrir alguma coisa sobre cada um dos participantes. Sua regra pessoal era passar pelos escritórios da equipe pelo menos uma vez ao dia e falar com tantos membros quanto pudesse. Ele também marcava reuniões com todas as partes interessadas que identificava e se encontrava pessoalmente com todas. San não gostava de todo mundo, mas pelo menos estabelecera algum relacionamento com cada um.

O projeto era um campo minado político, com disputas internas no Departamento de Defesa e interferência de deputados e ministros. Nada disso era surpresa, pois ele representava uma parcela significativa do orçamento de defesa. Além disso, os oficiais superiores precisavam ser convencidos que o sistema valia a pena: não seria melhor simplesmente gastar o dinheiro com mais armas? Em relação à alternativa, um sistema em rede, será que o sistema de *e-mail* daria mesmo uma ideia melhor do que estava acontecendo em batalha? Muitos oficiais superiores tinham suas dúvidas.

San teve sorte. Ele chegou ao projeto com experiência em gerenciamento de projetos e com um bom entendimento de como a Marinha funciona na linha de frente e no quartel-general. Antes do projeto começar, ele passou várias semanas se encontrando com seus antigos colegas para se atualizar sobre a situação da Marinha. Ele gostou muito de voltar àquele ambiente, o que apenas o deixou mais determinado a fazer um bom trabalho.

Quando o projeto começou, San passou a analisar os detalhes das especificações do sistema que deveria produzir. À primeira vista, era um bom sistema, desenvolvido com usuários da linha de frente que precisariam colocá-lo para funcionar em alto mar, não apenas testá-lo em terra. Lembrando de seus primeiros dias em um navio, ficou feliz ao ver que o sistema se baseava em funções. O endereço de *e-mail* do capitão seria [nome do navio]-capitão", não o nome do indivíduo naquele posto.

O desenvolvimento de *software* do projeto seria administrado por uma multinacional de Tecnologia da Informação (TI). No começo, San ficou preocupado. Como sempre, para minimizar a quantidade de modificações necessárias, a empresa de TI estava lutando para convencer a Marinha a mudar suas práticas de trabalho para se adaptar ao produto de *software*. Essa atitude quase nunca causa problemas significativos para o cliente e, além disso, ajuda a reduzir os custos e a tornar o sistema mais resistente. Nesse caso, no entanto, San via alguns problemas. As mudanças propostas nas rotinas de trabalho seriam impraticáveis em um ambiente de guerra naval.

Como de costume, San desenvolveu mecanismos de relatórios com todo mundo em mente. Durante sua carreira, ele aprendeu na prática as vantagens e desvantagens dos vários métodos de comunicação, chegando até a aprender linguagem de sinais para um projeto com uma instituição de caridade que trabalhava com crianças com problemas de audição. San não perdeu tempo. Seu escritório de apoio trabalhou muito nos primeiros dias para desenvolver sistemas que produzissem todos os relatórios prováveis com o clique de um botão e em um formato apropriado para cada destinatário. Para acelerar a produção de relatórios, San insistiu que o banco de dados do projeto fosse o mais aberto possível. Ele tinha orgulho de produzir relatórios quase instantâneos sobre todos os aspectos do projeto. A equipe começou a gostar das suas perguntas, o que a tornou muito competente com o *software* de relatórios. Essas habilidades provaram seu valor quando o diretor geral do projeto, um tipo difícil que estava de péssimo humor, invadiu o escritório em um dia em que San estava fora. Ele exigia ver um relatório incrivelmente obscuro. O fato do relatório ter sido produzido antes de ele terminar uma xícara de café deixou o diretor chocado e, apesar de muito esforço, ele sorriu.

Obviamente, todas essas habilidades eram o motivo pelo qual San havia conquistado o contrato. Logo, todo o departamento sabia que San era um profissional de altíssimo nível e um bom chefe.

San logo percebeu que a escala e a complexidade do projeto haviam sido subestimadas. A parte de *hardware* do projeto não estava indo bem. A rede se estendia dos escritórios no quartel-general a navios em alto mar. Os fornecedores de *hardware* imaginavam que passar cabos de rede por um navio de guerra seria o mesmo que passá-los por um prédio de escritórios. As ramificações para o sistema de procedimentos de controle de danos e compartimentos hermeticamente selados para produtos químicos haviam sido ignoradas. A maior surpresa foi o fornecedor de TI, que se esquecera que os navios de guerra se movem, às vezes com violência, e que o sistema de informática se move junto com o navio nessas horas. O *hardware* precisava ser preso ao navio e não deixado sobre escrivaninhas e o sistema precisava lidar com computadores que se moviam fisicamente quando o navio se mexia.

A complexidade não era o único problema. Os desenvolvedores de *software* também tinham muitas dificuldades para fazer a rede de dados em tempo real operar no mar do mesmo modo que operara no laboratório. Todas as vezes que tentavam adicionar mais de três navios, o sistema caía. O problema era grave, pois as técnicas de combate padrões da Marinha exigiam que pelo menos quatro naves trabalhassem em conjunto, o que experiências práticas e modelos de computador provavam ser o tamanho mínimo para uma força eficaz. O programador chefe chegou a perguntar a um almirante se a Marinha não podia se virar com formações de apenas três navios. A resposta do almirante foi imprópria para menores.

Apesar dos problemas em vista, o projeto de San estava avançando. Ele não podia fazer muito pelas dificuldades com a infraestrutura, mas confiava que aprontaria o sistema de *e-mail* em tempo. E então tudo começou a dar errado. Ele levou os membros mais graduados da equipe para tomar café e ouviu que eles achavam que o desenvolvedor de *software* pretendia usar um diretório baseado em nomes para o sistema de *e-mail*, parecido com aquele que San produzira em seu primeiro navio e que o capitão atirara ao mar. Eles sabiam que isso seria um problema, pois San contara a história de seu primeiro projeto durante um dos primeiros almoços em equipe. O problema não era conhecido até então porque ainda estavam usando endereços de teste. San estava preocupado. De volta ao escritório, ele contatou a parte interessada relevante e, durante a conversa, confirmou seus medos. Esse era o procedimento padrão do desenvolvedor, então seria muito mais fácil e barato de implementar... para o desenvolvedor. "Além do mais," ele disse, "quem escreveu aquele elemento das especificações obviamente não entendia os sistemas de *e-mail* modernos. O cara estava só copiando uma lista telefônica. Que diferença faz?" Ele acrescentou que o Departamento de Defesa concordara com as especificações.

San convocou uma reunião com o desenvolvedor de *software*, na qual explicou nos mínimos detalhes por que um aplicativo baseado em funções seria crucial, mas a explicação caiu em ouvidos moucos. O projeto geral já tinha problemas o suficiente, não precisava de mais esse. San continuou a insistir nessa questão durante várias semanas. A certa altura, o vice-presidente do desenvolvedor de *software* tentou contratá-lo para outro projeto, com um salário muito maior, só para que deixasse de ser um obstáculo para o seu plano. San recusou a oferta, mas o fato confirmou que o problema era grave. San descobriu que o indivíduo que concordara com essa decisão dentro do departamento era alguém que nunca servira em um navio de guerra e não sabia nada sobre a Marinha. San voltou ao seu escritório para pensar em como resolver o problema. Ele não podia informar uma variação, pois a mudança de especificação havia sido autorizada, apesar de ninguém ter informado o escritório de apoio ao projeto. Ele decidiu falar com o diretor da seção relevante. Mas isso não adiantou nada: o diretor da seção achou que San estava apenas criando mais um problema que não existia. Ele nem conseguia entender por que San estava tocando nesse assunto, pois usar um sistema baseado em nomes permitiria que o sistema de *e-mail* fosse completado antes do prazo e ambos ganhariam um bônus.

San tirou o fim de semana para pensar no projeto. É verdade que receberia um belo bônus se continuasse com o plano baseado em nomes, mas ele não gostava dessa decisão. Finalmente, sua esposa perguntou se ele poderia aprender a aceitar essa situação. Ele disse que não. "Então está decidido," disse ela. "Vá pedir um conselho do seu antigo capitão, é tudo culpa dele mesmo."

O capitão, hoje um almirante aposentado, ficou surpreso em ver San, mas muito feliz em descobrir que a lição ensinada tantos anos antes não fora esquecida. "Deixa comigo," disse ele. "Posso estar aposentado, mas ainda posso cobrar alguns favores." O homem cumpriu sua palavra tão rápido que até San ficou surpreso. A direção da Marinha deu a ordem três dias depois, definindo que todos os sistemas de comunicação seriam baseados em funções. Infelizmente para San, os envolvidos não tiveram dificuldade em descobrir quem era o responsável. Em consequência, seu projeto virou o centro das atenções. No entanto, por causa de todas as atividades que realizaram juntos, sua equipe era de alta qualidade e ficou ao seu lado quando a situação piorou.

A batalha de San não era segredo e ele desenvolveu uma reputação com a comunidade de usuários que reforçou sua posição em todas as ocasiões. Depois de muita briga nos altos níveis da Marinha, a empresa de TI finalmente cedeu e a solução baseada em funções foi aceita. A equipe de San trabalhou 24 horas por dia e conseguiu implementar o sistema dentro do prazo. O lançamento estaria sujeito a atrasos na infraestrutura, mas quase todos haviam sido superados.

O maior atraso no projeto geral estava na rede de dados. A equipe ainda estava tendo problemas com a complexidade do sistema que estavam tentando criar.

A alta gerência no departamento estava ansiosa para demonstrar algum progresso, então o sistema de San foi lançado assim que a infraestrutura chegou a um nível aceitável. Foi um grande sucesso. A bordo dos navios, a falta de uma rede de dados para melhorar a consciência situacional geral foi superada com o uso de imagens em anexo no sistema de *e-mail*. Não era tempo real, mas era um passo na direção certa. E todos ficaram felizes.

Especialmente San. Ele conquistara o respeito de todas as pessoas importantes, mesmo que não estivesse tão rico quanto eles e que aquele desenvolvedor de *software* nunca mais fosse contratá-lo. E então a situação do país se alterou radicalmente.

A região oeste sempre teve um movimento separatista. O movimento mudou de tática, passando de demonstrações nas ruas para uma insurreição armada. Estourou uma guerra civil. O oeste se aliou com um país vizinho e suas forças armadas. O país de San sofreu muitas baixas. O conflito terminou com a vitória das forças do governo, mas depois da guerra ficou óbvio que, sem as imagens atualizadas do campo de batalha fornecidas pelos anexos improvisados no sistema de *e-mail*, o governo poderia ter sido derrotado. A empresa de TI imediatamente proclamou que merecia todo o crédito por essa decisão brilhante nas revistas especializadas. No entanto, um almirante aposentado desconhecido escreveu para a imprensa nacional que, se a solução original houvesse sido adotada, as mensagens e ordens nunca teriam chegado aos indivíduos que substituíram as baixas de guerra. A empresa de TI perdeu sua credibilidade e, além do mais, estava envolvida em uma série de licitações públicas desastrosas. Na carta, o almirante aceitava que, em um escritório na teoria, ações tecnológicas administrativas e de encaminhamento poderiam ter resolvido o problema de mensagens enviadas a um oficial ferido, desaparecido ou morto. Mas, no calor da batalha, disse o almirante, os marinheiros tendem a morrer antes de encaminhar seus *e-mails*, e o suporte técnico pode não estar por perto.

Agora todos admitiam que San estava certo. Hoje, enquanto trabalha em um oleoduto no deserto, tomando uma limonada no final da tarde, San imagina o que teria acontecido se não tivesse sido firme. Ele aprendera muito durante sua carreira e todos esses elementos se convergiram na hora certa. Sim, ele conhecia todas as técnicas do gerenciamento de projetos e sempre lia sobre os últimos avanços, mas foi sua experiência, sua ética e o desejo de fazer mais do que apenas atender as especificações que o transformaram no gerente de projetos que é hoje.

Introdução

O que há de novo nesta edição?
O que os gerentes de projetos querem de verdade?
Padrões emergentes no gerenciamento de projetos
O bom senso é a base do gerenciamento de projetos
Como você pode usar este livro
Para que tipos de projeto serve este livro?
As nove áreas de conhecimento do gerenciamento de projetos
Os projetos como classe de atividade distinta
Gerenciando projetos
O ciclo de vida do gerenciamento de projetos

▶ Objetivos deste capítulo

Os leitores que quiserem mergulhar diretamente em como fazer gerenciamento de projetos podem pular este capítulo introdutório. No entanto, enquanto introdução, suas metas são:

- explicar as principais forças e tendências da disciplina na atualidade, situando a função do gerente de projetos nesse contexto e especialmente como a globalização e a expansão da concorrência estão aumentando a demanda por gerenciamento de projetos;
- oferecer a perspectiva da organização sobre o gerenciamento de projetos, além da do próprio gerente;
- explicar o que é gerenciamento de projetos e qual sua relação com a administração, contrastá-lo com processos de negócio e resumir o que o torna uma disciplina independente, com seu próprio conjunto de habilidades específicas;
- apresentar a abordagem PMBOK, desenvolvida pelo Project Management Institute, o maior dos três principais padrões globais e o que mais cresce na atualidade.

Se você quiser pular este capítulo, faça o teste a seguir. Tente, pelo menos, mesmo que não goste de ler capítulos introdutórios.

Se responder "sim" para oito ou mais perguntas, parabéns: você é um gerente de projetos muito experiente e tem um projeto seguro em mãos. Se respondeu "sim" para sete ou menos, bem-vindo ao gerenciamento de projetos como ele existe no mundo real. Você não está sozinho, nem de perto. Em ambos os casos, esperamos que aproveite este livro.

1. Todos que precisam contribuir com recursos para o projeto entendem e concordam que ele é necessário?	sim/não
2. Você compreende os procedimentos internos de autorização e monitoramento de projetos em sua organização?	sim/não
3. Se assumir o gerenciamento do projeto, você receberá a autoridade para tomar decisões sobre sua direção? (O que o histórico da organização lhe diz sobre isso?)	sim/não
4. Se esse é o seu primeiro projeto, você receberá apoio e orientação de gerentes de projetos mais experientes?	sim/não
5. Você sabe por que foi escolhido para gerenciar esse projeto? (O que isso lhe diz sobre as motivações das outras pessoas envolvidas com o projeto?)	sim/não
6. Você dispõe do tempo necessário para gerenciar esse projeto? Você tem a experiência necessária para saber quanto tempo será necessário?	sim/não
7. Você será responsável pela definição inicial do escopo, tempo e custo? Se estes já foram definidos, você poderá revisá-los e renegociá-los, se necessário?	sim/não
8. A pessoa que teve a ideia do projeto já lhe descreveu o conceito diretamente e nas suas próprias palavras?	sim/não
9. Você sabe o suficiente sobre o histórico da sua organização com projetos? (Quais têm sucesso, quais não e por quê?) Você aprendeu o máximo com a experiência alheia?	sim/não
10. Você recebeu algum treinamento formal em gerenciamento de projetos (ou, se tem muita experiência e nunca recebeu treinamento, já passou por algum tipo de avaliação por pares)?	sim/não

▸ O que há de novo nesta edição?

Esta é a segunda edição de *O Guia Definitivo ao Gerenciamento de Projetos*, atualizada para incorporar os últimos avanços teóricos no campo de gerenciamento de projetos e as melhores práticas atuais. O gerenciamento de projetos é uma disciplina prática, mas também é uma disciplina recente. Assim, o modo como gerenciamos projetos está evoluindo. Hoje, os princípios fundamentais são relativamente estáveis, mas o conhecimento sobre como aplicá-los continua a evoluir.

Nos últimos anos, as corporações passaram a ter muito mais interesse estratégico no gerenciamento de projetos e, por outros motivos, o mesmo vale para os departamentos estatais. Frente à pressão criada pela globalização e o consequente aumento da concorrência para reduzir os custos, as corporações realizaram *downsizing*, terceirizações e reestruturações e cortaram todos os custos possíveis. A única área restante para reduções de custos significativas e, melhor ainda, para ganhos com inovações e criatividade que podem ajudar a resgatar a vantagem competitiva, é o gerenciamento de projetos (e sua disciplina-irmã, o gerenciamento de programas). Os governos também foram forçados a uma reavaliação radical de sua abordagem à disciplina. Hoje, os governos geram expectativas maiores, estão sob maior vigilância e, em muitos países democráticos, tudo indica que o eleitorado rejeita qualquer possibilidade de aumentos nos impostos. Por causa dessas pressões, ambos os governos e as corporações têm uma forte necessidade pelo bom gerenciamento de projetos. A única maneira de fazer, de inovar e colher os benefícios da inovação é com o gerenciamento de projetos.

A essência dos projetos se define pela realização de coisas inéditas, o que significa que eles são arriscados. Mas será que existe alguma semelhança em fazer algo de novo em, por exemplo, a realização de cirurgias críticas e a construção de plataformas petrolíferas? Ou seja, o gerenciamento de projetos é mesmo uma disciplina geral, com princípios gerais que se aplicam a uma ampla variedade de setores? Para ser simples, sim. É claro que ninguém seria louco a ponto de tentar inovar em uma área sem usar todo o conhecimento disponível; em outras palavras, muitos elementos dos projetos variam de setor para setor, mas também existem princípios gerais que se aplicam a todos. Não há nada de estranho nisso, como vemos quando comparamos a disciplina com a administração e a contabilidade. Qualquer que seja o negócio em questão ou o setor da economia em que opera, os princípios contábeis geralmente aceitos se aplicam na hora de fazer a contabilidade e os princípios da administração se aplicam na hora de administrar a organização. E também é verdade que algumas técnicas contábeis são usadas em alguns setores[1] e não em outros e que algumas técnicas de administração[2] se aplicam apenas a alguns tipos de organização e não a outros.

Por causa desse aumento recente do interesse na disciplina e na sua aplicabilidade universal em todos os tipos de organizações, as metodologias de gerenciamento de projetos passaram por um período de desenvolvimento rápido e consolidação.

▸ O que os gerentes de projetos querem de verdade?

Em uma pesquisa informal de dois dias com gerentes de projetos em um dos maiores eventos mundiais para indústria, comércio e grandes projetos[3], um dos autores perguntou a gerentes experientes que problemas eles enfrentavam ao executar suas responsabilidades de gerenciamento de projetos. Os cinco problemas principais foram:

- O lado pessoal do gerenciamento de projetos: compreender pessoas, fazer os outros participantes compreenderem também, fazer as pessoas se acertarem e adaptar seu estilo pessoal de gerenciamento de projetos às diferenças individuais de todos os envolvidos.
- Falta de abordagem comum a toda a organização gerando riscos e ineficiências, pois os mesmos problemas administrativos fundamentais precisam ser resolvidos todas as vezes e em todos os projetos.
- Lidar com crises inesperadas que poderiam ter sido previstas e, se não evitadas, pelo menos identificadas mais cedo, o que daria ao gerente do projeto mais tempo para lidar com o problema.
- Convencer profissionais técnicos de alto nível e outros funcionários muito inteligentes a pensar além de suas disciplinas quando o processo exige, especialmente (mas não apenas) em termos de pessoal, como listado acima.
- Vender os benefícios do gerenciamento de projetos aos clientes, para que estejam preparados para pagar por ele, seja em termos de custos imediatos, o que gera economias de longo prazo, seja em termos de antecipação orçamental[4] e planejamento de projetos, que também economiza tempo, dinheiro e riscos para o cliente a longo prazo.

Também havia bastante interesse em oferecer treinamento para gerentes de projetos e outros membros de equipes de projeto, sem discriminação pelo nível de experiência.

▶ Padrões emergentes no gerenciamento de projetos

A tendência atual no gerenciamento de projetos é a consolidação rápida de alguns poucos padrões globais e a crescente profissionalização da disciplina. Como parte dessa tendência, um dos principais padrões mundiais emergentes é a abordagem do Project Management Institute, conhecida como Project Management Body of Knowledge (Conjunto de Conhecimentos em Gerenciamento de Projetos) ou *PMBOK Guide®*. O *PMBOK Guide* também é o padrão nacional americano (ANSI) para gerenciamento de projetos. Esta edição do livro está alinhada com o *PMBOK Guide*. Também faremos referência a outros três padrões que, apesar de não serem tão disseminados quanto o PMBOK, possuem algumas características interessantes: o PRINCE2, o padrão ISO de gerenciamento de projetos e a abordagem APM. O PRINCE2 evoluiu para atender as necessidades específicas dos projetos do governo britânico e é especialmente útil para gerar a burocracia que costuma ser exigida pelo dever de responsabilidade do setor público. O APM surgiu a partir da tradição europeia de gerenciamento industrial e oferece alguns contrastes interessantes com o PMBOK, que tem suas raízes no mundo eficiente das grandes multinacionais e bancos de investimento dos EUA. O método da cadeia crítica[5] é uma inovação recente no mundo do gerenciamento de projetos. O Apêndice A descreve essa abordagem à disciplina e sua justificativa. Apesar de não ter diferenças fundamentais em relação a outras metodologias proeminentes, o método oferece algumas inovações radicais no gerenciamento de riscos e contingências. Depois de dominar os elementos básicos do gerenciamento de projetos, vale a pena aprender um pouco sobre o método da cadeia crítica.

▸ O bom senso é a base do gerenciamento de projetos

Quando preparamos um jantar de cordeiro assado, ervilhas e feijão, primeiro colocamos a carne no forno, mais tarde o feijão na água e por último as ervilhas. (Pedimos desculpas aos leitores vegetarianos, que devem trocar "cordeiro" por "torta de nozes". Segundo nos informaram, ela tem as propriedades culinárias necessárias para fazer esse exemplo funcionar.) Assim, toda a comida fica pronta na mesma hora e a refeição dá certo. Se começarmos a cozinhar o cordeiro, o feijão e a ervilha ao mesmo tempo, eles vão ficar prontos em momentos diferentes. Essa é a alma do gerenciamento de projetos: fazer coisas diferentes nos momentos apropriados para que o resultado final saia como desejado. Isso significa saber o que é desejado, que entradas vão aonde, que processos devem ser realizados e em que ordem. Um pouco de gerenciamento de riscos não é má ideia: e se o cordeiro assar antes, ou depois do esperado? Por isso nós olhamos a carne de tempos em tempos, para ver se está progredindo como esperamos, e adiantamos ou atrasamos a hora de cozinhar o feijão e a ervilha. Com o gerenciamento de projetos é exatamente a mesma coisa: determinamos o que provavelmente irá variar em relação ao nosso plano, monitoramos o progresso em busca de variações e agimos e alteramos os elementos do processo para garantir que, apesar das variações, o resultado final será o desejado.

Não raro, funcionários mais velhos que têm o cargo de "gerente de projetos" há muitos anos dizem que não têm nada a aprender com o gerenciamento de projetos. E pode ser verdade: se um profissional atua como gerente de projetos confiável e competente há muitos anos, ele claramente sabe o que está fazendo. Seu empregador, por outro lado, pode ter outra opinião: em nível organizacional, fazer com que todos os envolvidos com o gerenciamento de projetos façam tudo da mesma maneira pode produzir benefícios significativos. Pense em dois motoristas, muito competentes no volante, mas um dirigindo no lado esquerdo da pista e o outro no direito; se ambos dirigirem no mesmo lado, direito ou esquerdo, há um benefício considerável. Não é um benefício para o motorista que muda de lado ou para o que o não muda, mas sim para todas as outras pessoas que passam pela estrada, especialmente os pedestres e motoristas de ambulância. O mesmo vale para quem dirige projetos dentro de organizações. Digamos que uma organização tem 100 projetos e 100 gerentes de projetos, cada um no comando do seu próprio projeto. Além disso, imagine que todos os gerentes de projetos são muito competentes e profissionais, mas que todos têm sua própria maneira pessoal de gerenciar projetos. Uma organização rival também tem 100 projetos, mas lá todos os gerentes seguem uma metodologia básica de gerenciamento de projetos. A segunda organização terá muitas vantagens sobre a primeira em termos de riscos e custos. Somados, eles representam uma vantagem significativa em termos de melhor serviço ao cliente e menores custos e riscos gerais. Algumas das vantagens específicas são:

♦ Os gerentes de projetos podem trabalhar em conjunto com mais facilidade e menos riscos e ineficiência, pois compartilham da mesma abordagem. Isso significa que é mais fácil planejar, gerenciar e executar grandes projetos e programas, além de flexibilizar o modo como a equipe pode ser distribuída.

♦ É possível padronizar o treinamento de novos gerentes de projetos, que poderão trabalhar com gerentes mais experientes desde o princípio.

- A padronização reduz o custo de treinar novos gerentes de projetos.
- Os pontos em comum entre os projetos fazem com que patrocinadores, clientes e outros indivíduos que interagem com o projeto tenham interações mais eficientes e eficazes, tanto da perspectiva deles quanto da do gerente.

▶ Como usar este livro

Este livro foi escrito para gerentes de projetos iniciantes e para os mais experientes. Patrocinadores de projetos, gerentes sênior, engenheiros de projeto, equipes de apoio e escritórios de programas, controladores financeiros e contadores de projetos, gerentes de programas, profissionais de *marketing* e vendedores, entre outros envolvidos com projetos, além dos próprios gerentes, também se beneficiarão da sua leitura. O livro serve como fonte de referências para gerentes de projetos e outros profissionais que precisam aprender sobre a disciplina. Ele oferece orientações em todos os principais aspectos do gerenciamento de projetos.

Ao utilizar este livro, lembre-se de que ele tem duas limitações importantes:

- O conteúdo deste livro explica as melhores práticas da disciplina, mas muitos aspectos cruciais do gerenciamento de projetos simplesmente precisam ser aprendidos na prática. Os novatos nesse mundo devem aproveitar ao máximo todo o apoio oferecido por suas organizações, especialmente de gerentes mais experientes. Em caso de dúvida, pergunte a alguém que já fez isso antes!
- Quase que por definição, realizar um projeto implica em enfrentar novos problemas. Isso significa que, às vezes, o projeto vai esbarrar em um problema que não se encaixa perfeitamente com a estrutura utilizada neste livro. Lembre-se que os livros nunca substituem o bom senso: se houver um bom motivo para não agir do modo apresentado aqui, então aja de outro modo. A estrutura apresentada neste livro é muito valiosa, mas o bom senso é ainda mais. Sempre use o bom senso na hora de aplicar as técnicas detalhadas neste livro. O importante no gerenciamento de projetos não é acertar a teoria, é produzir os resultados desejados.

▶ Para que tipos de projeto serve este livro?

A maioria dos projetos são pequenos e têm equipes pequenas, às vezes apenas um gerente de projetos ocupado com outras coisas e mais alguns funcionários sem dedicação exclusiva. No outro lado da escala temos os projetos gigantes, como a construção da Hidroelétrica de Três Gargantas na China, a preparação dos Jogos Olímpicos de Londres ou a fusão de duas grandes empresas. A estrutura apresentada neste livro se baseia em princípios fundamentais que se aplicam a todos os projetos e todos os setores da economia. (Assim como o princípio de começar a cozinhar partes diferentes da mesma refeição em momentos diferentes para que tudo fique pronto ao mesmo tempo, que vale quando cozinhamos para apenas uma pessoa e em um banquete para cinco mil.) No entanto, preferimos dar exemplos de projetos de pequeno e médio porte, pois nossa experiência mostra que esses são os mais comuns entre os nossos leitores.

▶ As nove áreas de conhecimento do gerenciamento de projetos

Existem muitas maneiras diferentes de analisar o gerenciamento de projetos. E vale a pena ter muitas perspectivas diferentes sobre a disciplina. A primeira consiste nos diferentes tipos de conhecimento que, juntos, compõem o gerenciamento de projetos, como veremos a seguir. Outra é o ciclo de vida do gerenciamento de projetos, a sequência em que as diversas tarefas de gerenciamento de projetos ocorrem. Ao encontrar o tema pela primeira vez, provavelmente é mais fácil compreender o gerenciamento de projetos por meio da sequência de atividades realizadas. O Capítulo 2 segue essa segunda perspectiva, descrevendo o ciclo de vida do projeto do começo ao fim. No entanto, a maior parte deste livro explica a disciplina da perspectiva das nove áreas de conhecimento. Os leitores que estão encontrando o gerenciamento de projetos pela primeira vez merecem uma explicação sobre por que escolhemos essa abordagem. Também sugerimos que esses leitores façam uma leitura rápida do Capítulo 3 (não entre em detalhes ainda) para adquirir uma perspectiva sequencial sobre a atividade antes de voltarem e continuarem a leitura aqui ou no Capítulo 2.

Por uma série de motivos, este livro foi estruturado predominantemente pelas áreas de conhecimento do gerenciamento de projetos e não pelo ciclo de vida do projeto. É como aprender a dirigir: para irmos de A a B, ligamos o carro, dirigimos e depois paramos. No mais alto nível, todas as lições de direção começam com o aluno ligando o carro, dirigindo e depois parando. Mas para aprender a dirigir, precisamos praticar as diversas partes da técnica de direção em conjunto. Assim, uma aula ensina a subir lombas, outra paradas de emergência, uma terceira como estacionar, e assim por diante. O mesmo vale com o gerenciamento de projetos. Apesar do planejamento do projeto sempre incluir começo, meio e fim, a realidade do gerenciamento de projetos e do mundo dos negócios em geral é que em alguns projetos usamos uma ferramenta mais do que outras. Por exemplo, alguns projetos precisam ser planejados e replanejados várias vezes, mas em outros o planejamento está restrito à fase inicial. Em suma, você terá mais sucesso como gerente de projetos se aprender a disciplina em termos das áreas de conhecimento; e se for um gerente de projetos experiente, vai descobrir que precisa aprender mais sobre algumas áreas de conhecimento do que outras. O ciclo de vida do projeto também é importante, então oferecemos essa perspectiva sobre a disciplina no Capítulo 2.

As nove áreas de conhecimento do gerenciamento de projetos (segundo o *PMBOK Guide*, do PMI) são:

- Gerenciamento de integração do projeto.
- Gerenciamento do escopo do projeto.
- Gerenciamento de tempo do projeto.
- Gerenciamento de custos do projeto.
- Gerenciamento da qualidade do projeto.
- Gerenciamento de recursos humanos do projeto.
- Gerenciamento das comunicações do projeto.
- Gerenciamento de riscos do projeto.
- Gerenciamento de aquisições do projeto.

1. **Gerenciamento de integração do projeto.** Essa área de conhecimento é o coração do gerenciamento de projetos. Você precisa entender o que ela é e por que é tão importante. Ela contém as habilidades, ferramentas e técnicas necessárias para integrar todos os componentes do projeto de modo a chegar ao produto final. Integração significa fazer tudo na hora certa, na sequência certa e interligado da maneira certa.
2. **Gerenciamento do escopo do projeto.** O gerenciamento do escopo é o processo pelo qual o gerente define os limites do trabalho do projeto e garante que todas as mudanças ao escopo original serão gerenciadas com cuidado. O escopo significa o que está incluído e excluído do projeto.
3. **Gerenciamento de tempo do projeto.** Essa área de conhecimento trata de garantir que tudo acontecerá a tempo, mantendo o projeto dentro do cronograma. Isso inclui técnicas para estimar quanto tempo tudo vai durar, planejar as tarefas de acordo e depois manter tudo no caminho certo.
4. **Gerenciamento de custos do projeto.** Essa área de conhecimento trata de manter o projeto dentro do orçamento, o que inclui técnicas de estimativa de custos, planejamento e orçamentação e monitoramento e controle de custos. (Os custos sempre são importantes. Até em projetos do governo, mesmo que demore mais.)
5. **Gerenciamento da qualidade do projeto.** No gerenciamento de projetos, qualidade significa garantir que as entregas do projeto se adaptam aos seus propósitos. Um projeto que entrega algo que não pode ser utilizado fracassou, por mais que tenha seguido a metodologia de gerenciamento de projetos e por mais rápido e barato que tenha sido.
6. **Gerenciamento de recursos humanos do projeto.** O gerenciamento de recursos humanos do projeto trata sobre como encontrar, liderar e gerenciar as pessoas envolvidas no projeto. Ele também trata sobre o seu desenvolvimento profissional.
7. **Gerenciamento das comunicações do projeto.** Não prestar atenção nessa área de conhecimento costuma causar o fracasso de projetos que seriam perfeitamente bons. o gerenciamento das comunicações trata sobre como identificar quem precisa de que informação, como comunicá-la e quando os usuários precisam dela, além de como garantir que as pessoas certas receberão as informações certas na hora certa.
8. **Gerenciamento de riscos do projeto.** Projetos são arriscados. O gerenciamento de riscos do projeto trata sobre como identificar e avaliar riscos, planejar respostas (quando necessário) e garantir que os planos se traduzirão em ações caso os riscos se concretizem.
9. **Gerenciamento de aquisições do projeto.** Essa área de conhecimento trata da aquisição de recursos para o projeto.

▶ Os projetos como classe de atividade distinta

▶ Projetos e processos

Tudo que as pessoas fazem em uma organização pode ser categorizado como projeto ou processo. Um processo é uma atividade ou série de atividades que acontece continuamente, ou seja, um processo está sempre acontecendo ou sendo colocado em funcionamento. Por exemplo, as atividades de folha de pagamento são um processo, pois acontecem todos os meses, semanas ou quinzenas. Fundir um negócio com outro normalmente não é um processo, pois as atividades envolvidas não estão sempre acontecendo dentro da organização. A fusão é uma atividade isolada e logo, por definição, é um projeto.[6]

Agora que entendemos bem a diferença entre um projeto e um processo, pense em uma refinaria de petróleo e uma central telefônica. Administrar uma refinaria é um processo. Atualizá-la ou consertá-la é um projeto. Administrar uma central telefônica também é um processo. Mas e quanto a atualizá-la para que possa lidar com banda larga? Atualizar a primeira central é um projeto, mas se a companhia telefônica possui centenas de centrais idênticas e a mesma equipe atualiza todas elas, logo a atualização se torna um processo. As centrais telefônicas são mais numerosas e mais padronizadas do que as refinarias de petróleo.

Os exemplos da atualização de refinarias de petróleo e centrais telefônicas mostram que a diferença entre um projeto e um processo não é fixa e absoluta. Algumas atividades contêm elementos de projeto e de processo. A diferença entre projeto e processo é útil, no entanto, porque nos ajuda a administrar. O gerenciamento de projetos é utilizado sempre que há um grande nível de novidade, incerteza e, consequentemente, risco. O gerenciamento de processos ajuda a reduzir custos e riscos e a aumentar a qualidade quando há um histórico de sempre fazer mais ou menos a mesma coisa e quando ela será repetida no futuro. Para a Cyclops Oil, atualizar sua única refinaria é predominantemente um projeto, mas para a Equipe de Especialistas em Atualização de Refinarias de Petróleo Millenium, que atualiza uma por semana, seria predominantemente um processo.

A Cyclops Oil e a atualização da central telefônica também demonstram outra importância estratégica dos projetos. Os projetos são o principal meio pelos quais as organizações crescem e criam valor. Na verdade, eles são a única maneira das organizações sobreviverem. O mundo está mudando e as organizações, assim como os indivíduos, precisam se adaptar ou morrerão. As empresas precisam criar novos produtos e novos mercados para substituir os antigos, que vão decaindo até desaparecerem. (As instituições governamentais também precisam mudar e inovar ou, como a Rússia Czarista e a União Soviética, acabarão substituídas por uma revolução.) A Figura 1.1 mostra como os projetos atuam continuamente para substituir o valor perdido pelas organizações com as mudanças em seu ambiente e dos clientes.

Por que a diferença entre processos e projetos é importante para você? Por que ela é importante para qualquer um? Não é tudo teoria, irrelevante para o trabalho de verdade? Ela importa para a gerência sênior e importa para os gerentes de projetos e todos os outros envolvidos com projetos, ainda que por motivos levemente diferentes. Para a gerência sênior da organização, entender a diferença entre projetos e processos permite eles apliquem as melhores técnicas gerenciais a tudo que a organização faz e ajuda-os a desenvolver uma imagem mental mais realista do que provavelmente vai acontecer com cada uma dessas coisas e como elas devem ser orientadas e dirigidas. Para os gerentes de projetos e todos os envolvidos com o trabalho do projeto, entender essa diferença é como se achar em um mapa: você tem mais confiança sobre quando aplicar as técnicas de gerenciamento de projetos e entende melhor qual a relação do que você está fazendo com todas as outras atividades da organização.

A divisão entre projetos e processos (Tabela 1.1) depende de a organização repetir a atividade com frequência suficiente para que ela se torne rotina. Por exemplo, uma grande empreiteira pode começar um empreendimento com centenas de casas praticamente idênticas. O processo de construir uma casa está bem definido,

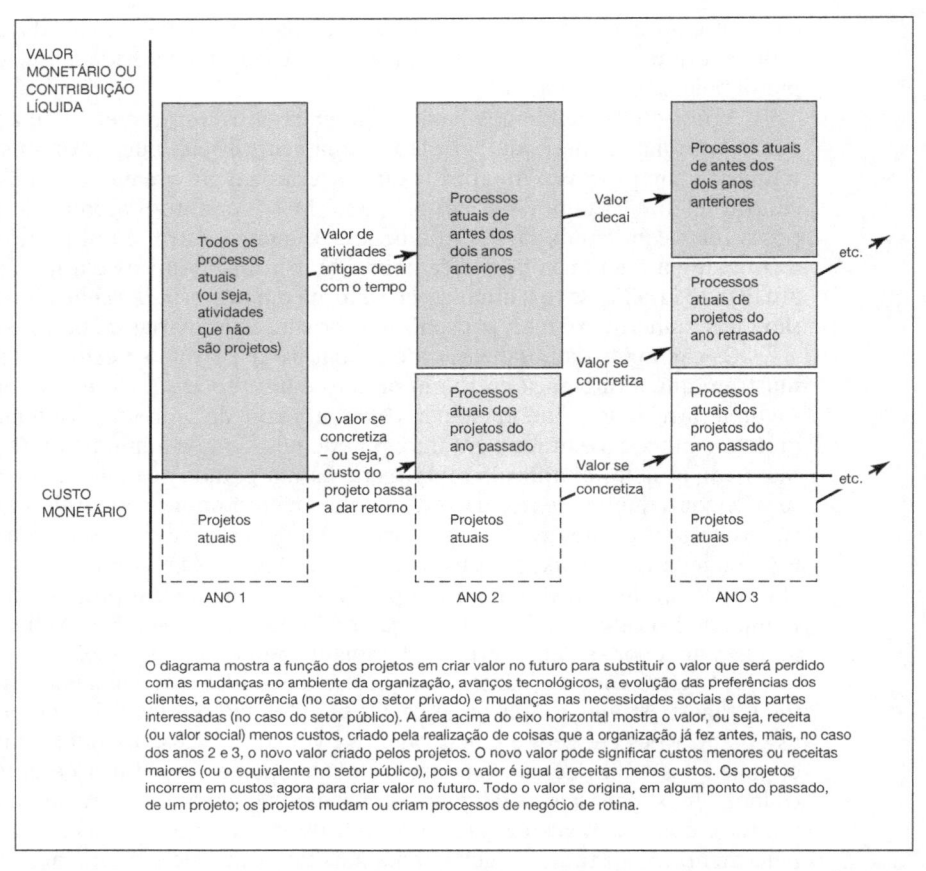

Figura 1.1 Nas organizações, só os projetos produzem crescimento ou criação de novo valor.

Tabela 1.1 Características de projetos e processos

Projeto	Processo
♦ Novo: nunca foi feito antes, não exatamente da mesma maneira.	♦ Repetido continuamente: já foi feito antes, será feito de novo.
♦ Pode ser gerenciado em várias divisões ou diretorias.	♦ Gerenciado por uma única divisão ou departamento.
♦ Alguns dos principais riscos envolvidos não são bem compreendidos.	♦ A maioria dos riscos envolvidos são bem compreendidos.
♦ Valor para a organização está em entregar o projeto dentro do prazo e do orçamento.	♦ Valor para a organização é criado pela melhoria contínua do processo.

mas podem haver requisitos de acesso ou drenagem diferentes em partes diferentes do local, então os métodos de construção seriam ligeiramente diferentes. Para essa empresa, a construção de uma casa é um processo que pode ser repetido com pequenas adaptações. Mas se você fosse construir a própria casa, isso certamente seria um projeto. Você provavelmente não tem a mesma prática de construção de casas que a empreiteira tem com um empreendimento habitacional.

Uma maneira de interpretar a Tabela 1.1 é que podemos diferenciar entre processos e projetos de acordo com o nível de risco de execução envolvido. Normalmente, procedimentos repetidos com grande frequência são refinados pela experiência ao ponto de se tornar muito improvável que terminem em falhas catastróficas. Milhares de latas de cerveja passam pela linha de montagem por minuto, por exemplo, e a probabilidade de uma delas estar fora dos limites especificados é muito pequena. As iniciativas de melhoria contínua, tais como o Seis Sigma, usam a repetição contínua em processos para criar valor ao realizar mudanças incrementais em processos que reduzem os riscos, aumentam a qualidade (adaptação ao propósito) e reduzem os custos. Mas à medida que o grau de novidade do processo aumenta, o mesmo ocorre com o risco de não produzir o resultado esperado. Com empreendimentos totalmente novos, não há nenhum processo preexistente para refinar.

Em sua forma mais pura, os projetos criam processos inéditos. Criar um novo processo necessariamente envolve fazer coisas novas. Descobrir o jeito certo de fazê-las necessariamente envolve cometer alguns erros. Em geral, novas combinações de tecnologias ou novos mercados significam que as pessoas que precisam realizar o projeto nunca trabalharam juntas antes e que não existe um protocolo ou estrutura organizacional preexistente para orientar suas interações. Assim, antes que projetos inovadores possam alcançar seus objetivos de negócios, é preciso criar uma nova organização. E esta, por sua vez, é repleta de riscos. Essas atividades envolvem tantos riscos que tentar gerenciá-los dentro da estrutura das atividades normais da empresa provavelmente provocaria um desastre. Precisamos de uma abordagem gerencial diferente para essas atividades de alto risco, o que explica a diferença entre o gerenciamento de projetos e a administração de rotina. Tendo definido os projetos em contraste absoluto com os processos, fica mais fácil entender que, na vida real, existe um *continuum* entre processos puros e projetos puros. Alguns projetos contêm menos processos preexistentes, por exemplo. A Figura 1.2 ilustra as diferenças entre projetos e processos e reconhece esse *continuum*. O exemplo da Cisco é um dos muitos que demonstra como as atividades que originalmente são parte de um projeto podem se aproximar de processos à medida que são repetidas.

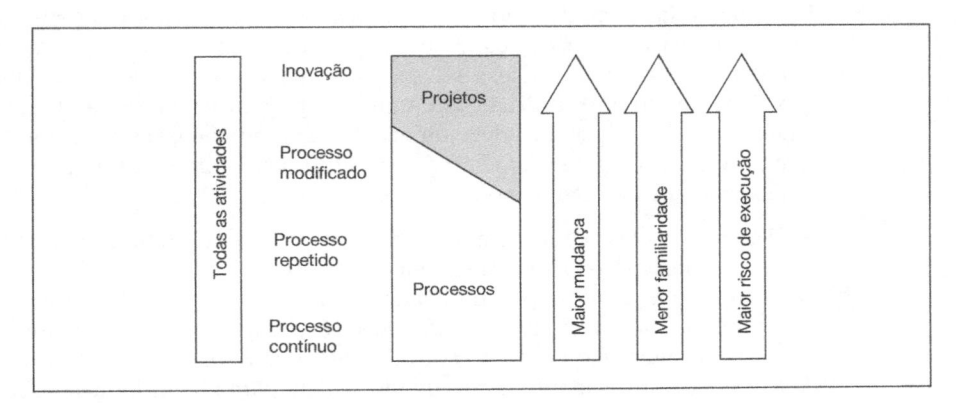

Figura 1.2 Projetos e processos.

> **Estudo de caso**
>
> **Projetos de aquisição na Cisco**
> A aquisição de outra empresa é um evento raro na vida da maioria das organizações. A aquisição claramente muda a organização e requer muito cuidado no planejamento e na execução. Em praticamente todas as empresas do mundo, uma aquisição seria um projeto significativo.
>
> Depois que a empresa adotou uma estratégia explícita de crescimento por aquisição, as receitas da Cisco Systems, empresa fornecedora de equipamentos para a internet, cresceram de 28 milhões para 8,5 bilhões de dólares em apenas nove anos. Houve uma época que a Cisco adquiria, em média, uma nova empresa a cada 16 dias! As aquisições são conhecidas por serem difíceis de acertar, especialmente quando a parte mais valiosa da empresa adquirida é a sua equipe. Mas o plano de crescimento da Cisco exigia muitas aquisições, então uma das quatro partes principais do plano era "sistematizar o processo de aquisição". Em vez de tentar reinventar a roda com cada aquisição, a Cisco estabeleceu procedimentos estritos, incluindo:
>
> - Critérios de pré-aquisição padronizados e processos de devida diligência.
> - Um cronograma estrito para integrar a cadeia de abastecimento das empresas adquiridos ao sistema da Cisco, permitindo que as economias fossem realizadas imediatamente e que o maior alcance da rede de vendas da Cisco pudesse aumentar as vendas dos produtos da empresa adquirida.
> - Um sistema formal de parear os novos funcionários com funcionários "amigos" da Cisco com experiências semelhantes. O sistema de "amizade" tinha responsabilidade específica por garantir que os novos membros da organização conheciam os procedimentos da Cisco.
> - Estruturar o acordo para garantir a retenção de funcionários e alinhar as motivações dos novos funcionários com as da Cisco.
> - Escolher um gerente sênior respeitado da empresa adquirida para liderar o processo de integração.
>
> Essas medidas têm um histórico de sucesso em solucionar muitos dos problemas mais comuns que levam ao fracasso das fusões. A Cisco repetiu o projeto de aquisição tantas vezes que pôde formalizar os procedimentos de um modo que acelerou consideravelmente a velocidade das integrações e aumentou muito a probabilidade de sucesso. A Cisco transformou o que normalmente seria um projeto raro e arriscado em um processo rotineiro.

▶ Definições de projeto

Definir um termo importante pode ajudar a entendê-lo melhor. Para uso interno, muitas organizações têm suas próprias definições do que é um projeto. Se você já não sabe, descubra se a sua organização possui uma definição própria. Um dos principais motivos dos projetos fracassarem é não serem identificados como projetos, o que faz com que não sejam gerenciados como tais. Entender o que é um projeto, quais são suas características e qual a diferença entre eles e os processos pode ajudar a reduzir os riscos e desperdícios na sua organização. Não importa se a palavra "projeto" é utilizada internamente para descrever uma atividade (não vale a pena discutir se algo deve ou não ser chamado de projeto). O importante é que as técnicas de gerenciamento de projetos sejam aplicadas a projetos de verdade, mesmo que eles tenham outros nomes.

- "Um esforço temporário empreendido para criar um produto, serviço ou resultado exclusivo." – Project Management Institute.
- "Conjunto de atividades coordenadas, com começo e fim específicas, em busca de uma meta específica, com limitações de tempo, custos e recursos." – Organização Internacional para Padronização (ISO 8402). Essa definição estende as características identificáveis de um projeto para incluir limitações de tempo,

custos e recursos. (Se tivéssemos tempos, custos e recursos ilimitados, não haveria nenhuma necessidade de gerenciar o projeto de verdade.)
- "Ambiente gerencial criado com o propósito de entregar um ou mais produtos de negócios, de acordo com um caso de negócio especificado." – PRINCE2.
- "Um processo único, consistindo de um grupo de atividades coordenadas e controladas com datas para início e término, empreendido para alcance de um objetivo conforme requisitos específicos, incluindo limitações de tempo, custo e recursos." – BSI[7].
- "Um empreendimento no qual recursos humanos, materiais e financeiros são organizados de maneira inédita para cumprir um escopo de trabalho único e com especificações explícitas, em geral dentro de limitações de custos e tempo, e para obter mudanças benéficas definidas por objetivos quantitativos e qualitativos." – definição alternativa, Association of Project Managers.[8] (A definição primária da APM segue a definição da BSI.)

▶ Programas e projetos

Um programa é um conjunto de projetos relacionados, às vezes conhecido como portfólio de projetos. Em alguns casos, o termo programa é usado como sinônimo de projeto, o que é confuso. Apesar dos dois termos estarem relacionados, eles não significam a mesma coisa. O gerenciamento de programas é diferente do gerenciamento de projetos. O gerente do projeto se concentra no sucesso do projeto. Entregar o projeto é tudo; se o projeto não for entregue, o gerente fracassou.

O gerente de programas usa um critério de sucesso mais complexo e sutil. Pense no exemplo hipotético de um programa do governo que gerencia as consequências de climas extremos, inundações, secas, nevascas e mudanças climáticas. O programa poderia conter um projeto para gerenciar enchentes e outro para gerenciar secas. Usando apenas a lógica, sabemos que enchentes e secas nunca seriam simultâneas. O sucesso do programa não depende do sucesso, ou sequer da existência, de todos os seus projetos. Ou, para usar um exemplo do setor privado, pense em como organizações comerciais desenvolvem alguns projetos para lidar com recessões e outros para explorar períodos de crescimento. Os dois tipos de projetos nunca vão estar em atividade ao mesmo tempo e nem foram projetados para isso, mas ambos podem ser parte do mesmo programa.

Assim, os programas são formados por uma série de projetos, que por sua vez podem ser formados por uma série de subprojetos. Mas, então, qual a diferença entre programas e projetos de um lado e projetos e subprojetos do outro? Até certo ponto, é tudo uma questão de gosto e de preferência organizacional. Na verdade, há um banco de investimento que define os termos de tal modo que um programa do banco é o que o resto do mundo chama de projeto e vice-versa. Em geral, os subprojetos são categorizados como tais porque têm uma relação próxima com o projeto e porque o sucesso de absolutamente todos os subprojetos é necessário para o sucesso do projeto geral. Já um programa pode ter sucesso sem que cada um dos projetos que compõem o programa tenham sucesso ou mesmo aconteçam. Nesse sentido, em contraste com os projetos e subprojetos, a relação dos projetos com o programa é menos direta. Como afirmamos anteriormente, não devemos nos preocupar demais sobre como esses termos são utilizados ou se a sua organização usa eles na sua forma mais pura. O importante é entender os princípios por trás deles e relacionar os termos como são utilizados neste livro com o que acontece na sua organização. Assim, você pode se tornar um gerente de projetos melhor e a sua organização pode executar os projetos da melhor maneira possível, o que significa menos custos, menos riscos e a entrega dos melhores benefícios de negócios.

▶ Identificando projetos

Quaisquer que sejam seus nomes, identificar projetos oferece algumas vantagens para que possam ser gerenciados corretamente. Os projetos nem sempre vêm com uma etiqueta com os dizeres "isto é um projeto". Ou seja, o projeto de melhoria do serviço de atendimento ao cliente nem sempre se chama "o projeto de melhoria do serviço de atendimento ao cliente". Ele também pode ser chamado de iniciativa, plano, esquema, estratégia, medida, proposta, passo, ação ou abordagem. Como vimos anteriormente, processos e projetos se encontram em um *continuum*. A nova "iniciativa Zap", o nome que estamos imaginando para essa suposta iniciativa de serviço de atendimento ao cliente, pode incluir alguns elementos de processo e outros de projeto. Como gerente sênior responsável pela iniciativa, ou seja, como patrocinador, ou como gerente do projeto ou membro da equipe Zap, seu trabalho é compreender que parte dela é gerenciamento de projetos. Desse modo, você pode fazer o melhor possível para garantir o sucesso da iniciativa. A questão é que identificar os projetos enquanto projetos é uma habilidade valiosa. E não é difícil.

Assim, como reconhecer um projeto quando ele não é chamado de projeto? Como verificar que algo chamado de projeto realmente é um projeto? Os projetos têm algumas ou todas as seguintes características:

- ♦ Os projetos são uma maneira de realizar mudanças antes do que aconteceriam sem eles; os projetos aceleram as mudanças além do ritmo natural de evolução e transformação natural da organização.
- ♦ Os projetos têm inícios e términos definidos. (Ao contrário dos processos, que continuam em ciclo.) Quando um projeto cumpre seus objetivos, ele acaba.
- ♦ Os projetos têm alto nível de risco, um corolário da mudança acelerada.
- ♦ Os projetos envolvem fazer algo de novo. Por consequência, os projetos desenvolvem novas abordagens e novas maneiras de agir.

Os projetos podem ter todos os tamanhos e níveis de dificuldade. Alguns podem ser planejados, gerenciados e executados por uma só pessoa, que ainda precisa se ocupar com outras coisas. Outros exigem dezenas de milhares de pessoas, trabalhando em diversos locais e fazendo muitas coisas diferentes. Todos os projetos têm algumas características em comum e se beneficiariam de algumas partes do conjunto de conhecimentos acumulado em torno da disciplina de gerenciamento de projetos em geral, mas que partes desse conjunto devem ser aplicadas variam de acordo com os detalhes de cada projeto. No gerenciamento de projetos, organizações e indivíduos devem tentar desenvolver a habilidade de definir que ferramentas se aplicam a que tipo de projeto. A Figura 1.3 apresenta algumas dimensões em que os projetos podem variar e mostra os diversos riscos de fracasso associados a cada uma delas.

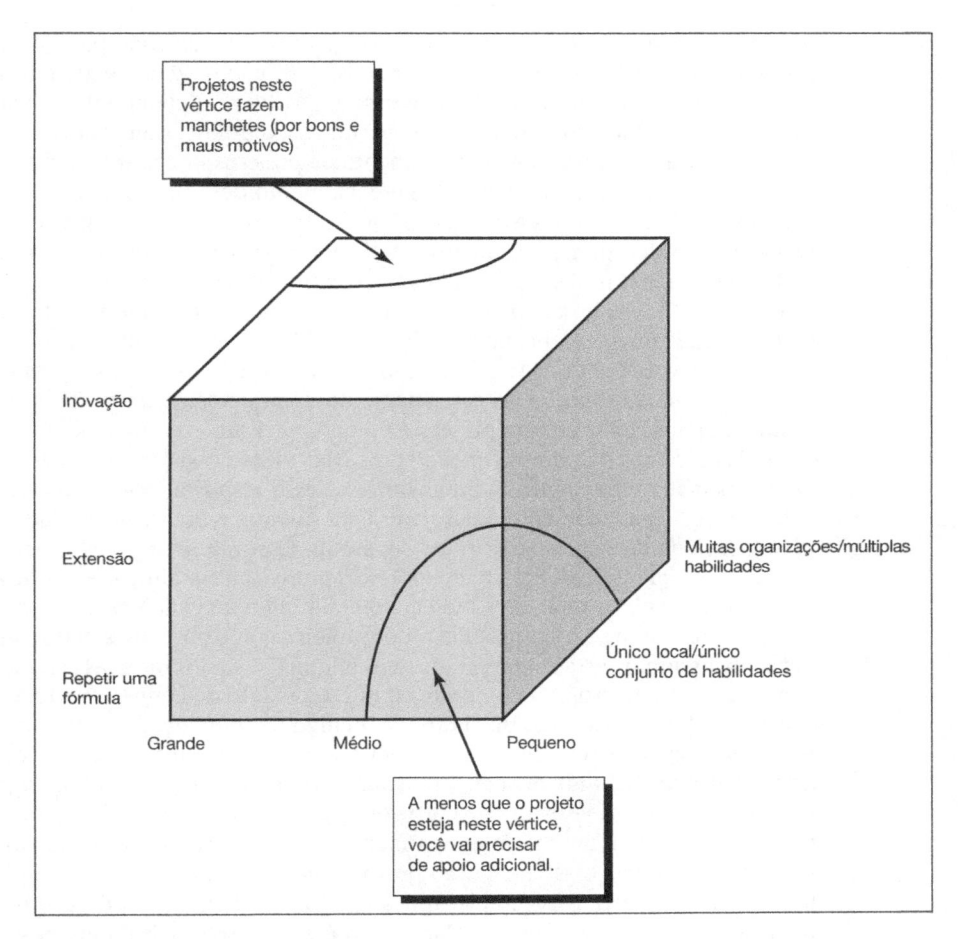

Figura 1.3 Dificuldade do projeto.

▶ Gerenciando projetos

O gerenciamento de projetos demora. Ele não pode ser tratado como algo que não merece tempo ou que pode ser encaixado nos espaços entre outras atividades, sem que se aloque o tempo necessário para o trabalho. Com essa abordagem, os projetos têm muito mais chance de darem errado. Além dos gerentes de projetos, os patrocinadores e os outros membros da gerência sênior também precisam entender essa questão. O gerenciamento de projetos, assim como qualquer outra atividade gerencial, exige tempo. Isso não significa que é impossível gerenciar um projeto e realizar outras atividades ao mesmo tempo, mas apenas que, se a sua agenda já está cheia, você vai precisar criar tempo antes de assumir mais responsabilidades. O segredo está em encontrar um equilíbrio entre tempo o suficiente para que o gerente de projetos consiga trabalhar, mas não tanto a ponto do trabalho se expandir para ocupar o tempo vago em excesso. Diferentes tipos de projetos precisam de diferentes quantidades de tempo; definir essas quantidades é uma decisão subjetiva. Projetos pequenos e parecidos com outros que você gerenciou no passado precisarão de menos tempo do que projetos grandes e com os quais não você tem experiência.

O gerenciamento de projetos é uma disciplina independente no campo da administração. Mesmo gerentes com bastante experiência em outras áreas, mas que nunca trabalharam com gerenciamento de projetos, precisarão aprender novas habilidades, ou seja, habilidades de gerenciamento de projetos, para conseguirem gerenciar projetos simples e pequenos. Outras habilidades administrativas são relevantes para a disciplina, mas não são suficientes para aumentar muito a probabilidade de sucesso. Muitas das habilidades necessárias para a administração também são necessárias no gerenciamento de projetos, incluindo liderança, trabalho em equipe, motivação, gerenciamento de tempo, RH, planejamento, orçamentação e custeio, gerenciamento de riscos, gestão de mudança e resolução de conflitos.

O que há de especial no gerenciamento de projetos? Em uma palavra, riscos. A natureza dos riscos em um projeto é tal que precisamos de uma abordagem diferente das técnicas de administração geral. Mas além dessa única palavra, "riscos", podemos acrescentar mais algumas linhas a essa resposta, pois os teóricos ainda debatem se o gerenciamento de projetos é mesmo um tema a ser estudado e alguns defendem que não é uma disciplina separada da administração. Nós acreditamos que esse argumento está enganado, por dois motivos. Primeiro, as evidências empíricas geradas pelos praticantes indicam que um número cada vez maior de pessoas precisa gerenciar e se responsabilizar por projetos como parte do seu trabalho e que esses profissionais estão interessados em adquirir e melhorar suas habilidades de gerenciamento de projetos como um conjunto distinto de conhecimento. Com suas ações, esses gerentes estão dizendo que há algo de diferente no gerenciamento de projetos. E são os riscos encontrados em projetos anteriores que estão levando-os a adquirir mais habilidades em gerenciamento de projetos. Segundo, do ponto de vista teórico, os projetos envolvem fazer algo que nunca foi feito antes, usando novas equipes, com limites de tempo menores e, em geral, atravessando as fronteiras organizacionais existentes. Isso provavelmente significa que, apesar das habilidades de administração geral se aplicarem ao trabalho, essa aplicação precisa ser realizada de um modo especial. Nada disso é estranho: as leis da Física se aplicam em terra e em mar e as habilidades usadas para pilotar um carro e um barco são parecidas, mas na prática elas têm diferenças significativas entre si. Ambas representam e obedecem aos mesmos princípios, mas adaptados a ambientes diferentes.

Este livro é um guia prático ao gerenciamento de projetos, então não vamos mais gastar tempo com essa questão. Ainda assim, gerentes de projetos e outros responsáveis por projetos podem encontrar utilidade em saber que a disciplina é uma competência independente e que a competência em outras habilidades administrativas não se traduz automaticamente em competência no gerenciamento de projetos.

▶ O ciclo de vida do gerenciamento de projetos

Todos os projetos seguem a mesma sequência básica:

- ◆ decidir o que precisa ser feito;
- ◆ decidir como fazê-lo (ou seja, desenvolver a abordagem);
- ◆ fazer.

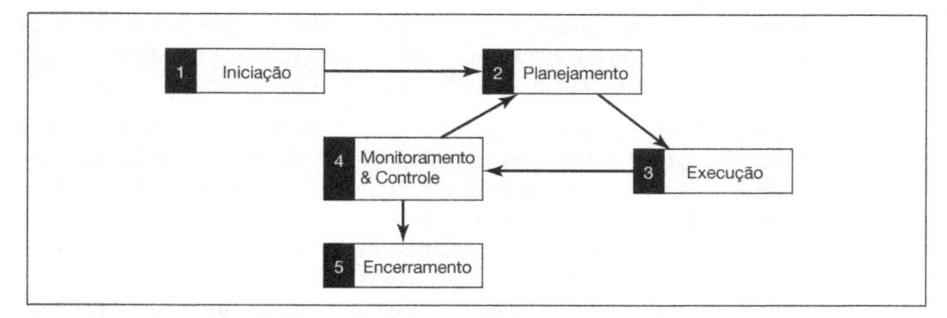

Figura 1.4 Os cinco grupos de processos do projeto.

Uma decisão gerencial sobre continuar ou não com o projeto precisa ser tomada entre cada um desses três passos elementares. O modelo básico pode ser expandido, criando uma estrutura mais útil e detalhada para os praticantes. Por exemplo, o passo "fazer" envolve monitoramento e controle. Como em boa parte do gerenciamento de projetos, isso não passa da aplicação do bom senso (no caso, gestão por exceção). Monitoramos a execução de uma tarefa (no nosso caso, o projeto) e depois concentramos a maior parte do controle nas exceções ou desvios em relação ao plano.

Neste livro, partimos do princípio que sua organização possui um modelo genérico de projeto, o que chamaremos de ciclo de vida do projeto. Este deve ser mais detalhado do que o modelo em três passos apresentado na página anterior. Ele não precisa ser mais detalhado, no entanto, e os três passos serão suficientes se a sua organização ainda não possui o próprio modelo. Ele apenas representa uma maneira genérica de estruturar os projetos. O ciclo de vida do projeto pode dividir o trabalho em fases que correspondem ao progresso do projeto geral. Muitas organizações também usam sua própria terminologia de gerenciamento de projetos, mas é cada vez mais comum seguir a padronização do PMI ou PRINCE2. Se a sua organização utiliza um vocabulário próprio, não deve ser difícil encontrar equivalente entre este e o do PMBOK. O ciclo de vida do projeto está relacionado, mas não é sinônimo, aos grupos de processos do gerenciamento de projetos:

- Iniciação
- Planejamento
- Execução
- Controle
- Encerramento.

A Figura 1.4 mostra como esses passos se encaixam.

▶ Resumo

Este capítulo apresentou o gerenciamento de projetos. Os projetos são diferentes das atividades rotineiras, que podem ser chamadas de processos, pois estas ocorrem continuamente e podem acontecer em ciclos, enquanto os projetos têm pontos de partida e término definidos e tentam acelerar a velocidade de mudança média. Assim, os projetos estão tentando fazer algo de novo, o que os torna arriscados.

Os projetos são a principal fonte de novas vantagens competitivas, de lucros ou de serviços futuros no governo e em organizações sem fins lucrativos e os projetos são cada vez mais importantes nas organizações.

- Este livro segue a abordagem e o método do Project Management Body of Knowledge (PMBOK), que representa todas as melhores práticas destiladas pelo Project Management Institute, a maior instituição profissional do mundo no campo do gerenciamento de projetos.
- Ele também aproveita outros conjuntos de conhecimentos tradicionais menores, tais como o PRINCE2.
- Além da própria perspectiva, o gerente (ou patrocinador) do projeto deve considerar o ponto de vista maior da organização no qual o projeto está sendo realizado (a organização executora).
- A disciplina de gerenciamento de projetos está evoluindo rapidamente.
- Compreender e gerenciar o escopo é crítico para o sucesso dos projetos.

▶ Notas

1. Por exemplo, o método Black-Scholes (ou seus sucessores) é utilizado para definir o valor de opções em mercados de capitais e de *commodities*, mas não serve para definir o valor de opções de sequências na indústria cinematográfica. (Isso não significa que ninguém diz o contrário, mas explicar o erro fundamental por trás dessa opinião foge ao escopo deste livro.)
2. Não se gerencia um grupo de trabalhadores braçais exatamente do mesmo modo que uma trupe de bailarinas ou um grupo de advogados com salários astronômicos. (Novamente, isso não significa que ninguém está dizendo o contrário e explicar o erro fundamental por trás dessa opinião também foge ao escopo deste livro, mas isso é óbvio para qualquer um que já botou os pés para fora de um departamento de universidade marxista e tentou ganhar a vida como gerente em uma organização responsável perante seus clientes.)
3. Farnborough International Air Show, Farnborough, Grã-Bretanha, 20–21 de julho de 2006.
4. "Antecipação orçamental" significa realizar uma atividade antes dela ser absolutamente necessária, em geral para conquistar os benefícios de redução de riscos ou custos no longo prazo. O preço pago é o aumento dos custos iniciais, o que explica por que vender o benefício é tão importante.
5. A cadeia crítica foi desenvolvida por Eliyahu Goldratt. Ver, por exemplo, *The Goal: A Process of Ongoing Improvement*, de Eliyahu M. Goldratt, North River Press Publishing, second edition, 1992, ou *The Haystack Syndrome*, de Eliyahu M. Goldratt, North River Press Publishing, 1990.
6. Por uma questão de simplicidade, nesta seção estamos ignorando o ramo de finanças corporativas, cujas funções incluem a fusão de negócios. Ainda assim, não são as próprias empresas de finanças corporativas que realizam fusões umas com as outras com grande frequência.
7. *BS 6079-2:2000. Part 2 – Vocabulary*. British Standards Institute, 15 March 2000. O texto do BSI inclui números entre parênteses que fazem referências a outras definições; os parênteses e números foram omitidos de nossa citação da definição do BSI.
8. Site da APM, seção glossário, http://www.apm.org.uk/PtoQ.asp (Julho de 2006).

Organização, pessoas e gerenciamento do projeto

Estrutura deste capítulo
Primeiras considerações
Principais tipos de organização e consequências para o gerenciamento de projetos
Sistema de gerenciamento de projetos
Organização de projetos e funções em projetos
Gerenciando a equipe do projeto
Ciclo de vida do projeto

▸ Objetivos deste capítulo

Ao final deste capítulo, o leitor deve ser capaz de:

- compreender que as pessoas são de suma importância no gerenciamento de projetos;
- entender que os fatores subjetivos da cultura organizacional, estilo pessoal e personalidade são mais importantes para o sucesso no gerenciamento de projetos do que fatores objetivos, tais como técnicas de análise e planejamento;
- categorizar sua própria organização no espectro de estruturas organizacionais genéricas e definir as principais consequências para o gerenciamento de projetos;
- desenhar um diagrama da estrutura organizacional típica de um projeto e descrever as funções de gerenciamento de projetos dos principais indivíduos envolvidos com o empreendimento;
- descrever o tipo de personalidade de maior sucesso entre gerentes de projetos;
- definir o termo "partes interessadas no projeto" e explicar por que elas são importantes para os projetos, tanto positiva quanto negativamente;
- detalhar a função do patrocinador e do gerente de projetos, além da relação entre eles no gerenciamento de projetos;
- descrever alguns dos princípios mais importantes do gerenciamento de pessoas e organizações em um projeto;
- definir as palavras que compõem o acróstico SMART;
- descrever um ciclo de vida do projeto e definir se este é o mesmo que os grupos de processos do gerenciamento de projetos;
- descrever cinco diferenças entre onde o gerente de projetos e o patrocinador devem concentrar sua atenção entre o começo e o meio do ciclo de vida do projeto;
- dar exemplos de como o ciclo de vida do projeto e a estrutura organizacional interagem.

▸ Estrutura deste capítulo

Este capítulo começa com uma reflexão sobre a estrutura organizacional dos projetos e da organização executora (termo usado para significar a organização ao qual o projeto pertence, a organização na qual ele é realizado). A seguir, passamos a analisar as pessoas envolvidas com o projeto e alguns dos fatores mais subjetivos do gerenciamento de projetos, que também são os mais críticos para o sucesso de cada projeto. Tudo isso leva naturalmente a algumas diretrizes sobre como gerenciar pessoas em projetos. O capítulo termina com os ciclos de vida do projeto e a divisão em fases, naturalmente relacionados com a estrutura organizacional e também com as pessoas e seus estilos.

▸ Primeiras considerações

Pessoas, e apenas pessoas, fazem projetos. Ferramentas, técnicas, *software*, teorias tradicionais da administração e os modismos de gestão do momento não fazem projetos. As pessoas podem usar todas essas coisas, bem ou mal, mas em última análise são as pessoas que fazem os projetos. "Como nos organizarmos para ter sucesso?" é uma das perguntas mais antigas do mundo dos negócios e até hoje uma das mais importantes de todas.[1] Gerenciar projetos significa gerenciar pessoas. O gerente de projetos precisa perceber que isso significa que todos esses "problemas pessoais" subjetivos, que em algumas organizações quase nunca são discutidos, afetam sua capacidade de fazer o seu trabalho. Assim, nosso primeiro passo é analisar como os projetos são organizados e a função e as características das pessoas que se envolvem com eles.

▶ Estrutura organizacional e estrutura do projeto

Seria de se esperar que uma colônia de artistas italianos idosos encontraria uma maneira muito diferente de se organizar para cozinhar refeições comunitárias do que uma turma de pré-escolares britânicos seria organizada na hora do almoço. O propósito do exemplo imaginário é simplesmente, por meio de dois casos extremos, lembrar que o tipo de pessoa com o qual estamos lidando vai afetar o tipo de estrutura organizacional mais eficaz para cada objetivo. Épocas e locais diferentes têm regras e culturas diferentes. Na maioria dos países ocidentais, o modo certo de organizar equipes na década de cinquenta deixou de funcionar na década seguinte, quando as pessoas começaram a se rebelar contra autoridades que não tinham como justificar sua posição. Os exemplos podem parecer distantes dos problemas cotidianos do gerenciamento de projetos, mas a verdade é que os aspectos culturais (e os fatores organizacionais gerados por eles) quase sempre estão por trás dos problemas de desempenho cotidianos enfrentados pelos gerentes de projetos. Enquanto patrocinador ou gerente de projetos, você precisa entender as pessoas, precisa entender a cultura organizacional e precisa saber as consequências de ambas para o seu projeto. Esse conhecimento é necessário por diversos motivos, mas por ora nos concentraremos em apenas dois. O primeiro é que a cultura e a estrutura organizacional afetam a eficiência e eficácia de indivíduos e projetos; o fato deste ser um fator na administração geral e não apenas do gerenciamento de projetos não significa que podemos ignorar sua importância fundamental nesta segunda disciplina. Outro motivo é que você precisa conseguir decidir se algo que deu muito certo em um projeto provavelmente não funcionará em outro, ou talvez funcione apenas com algumas modificações, pois a estrutura ou cultura da organização é diferente.

Vamos definir alguns termos. Por estrutura organizacional, queremos dizer o modo como uma organização está estruturada em subunidades, tais como divisões e departamentos, ou, em outras palavras, como as diversas funções dentro de uma organização respondem umas às outras na hierarquia. O termo também inclui quem tem propriedade de diversos recursos, especialmente pessoas e capital, e qual sua posição dentro da organização. Por personalidade individual, estamos nos referindo às características pessoais, estilo de comportamento, hábitos mentais e disposição de agir de certas maneiras, especialmente em relação a outras pessoas. Por cultura organizacional, queremos dizer algo parecido com a personalidade individual, mas aplicada a toda uma organização ou parte dela e não a uma pessoa, ou seja, "é assim que fazemos as coisas por aqui." A Figura 2.1 mostra como a personalidade individual é afetada pela personalidade de terceiros e pelo estilo e cultura da organização (e vice-versa) e como todos também são afetados pela sociedade como um todo. Você precisa entender tudo isso porque os projetos normalmente atravessam as fronteiras internas da organização e cada divisão pode ter o seu próprio estilo. Em bancos de investimento, a melhor maneira de se comunicar com os profissionais de finanças

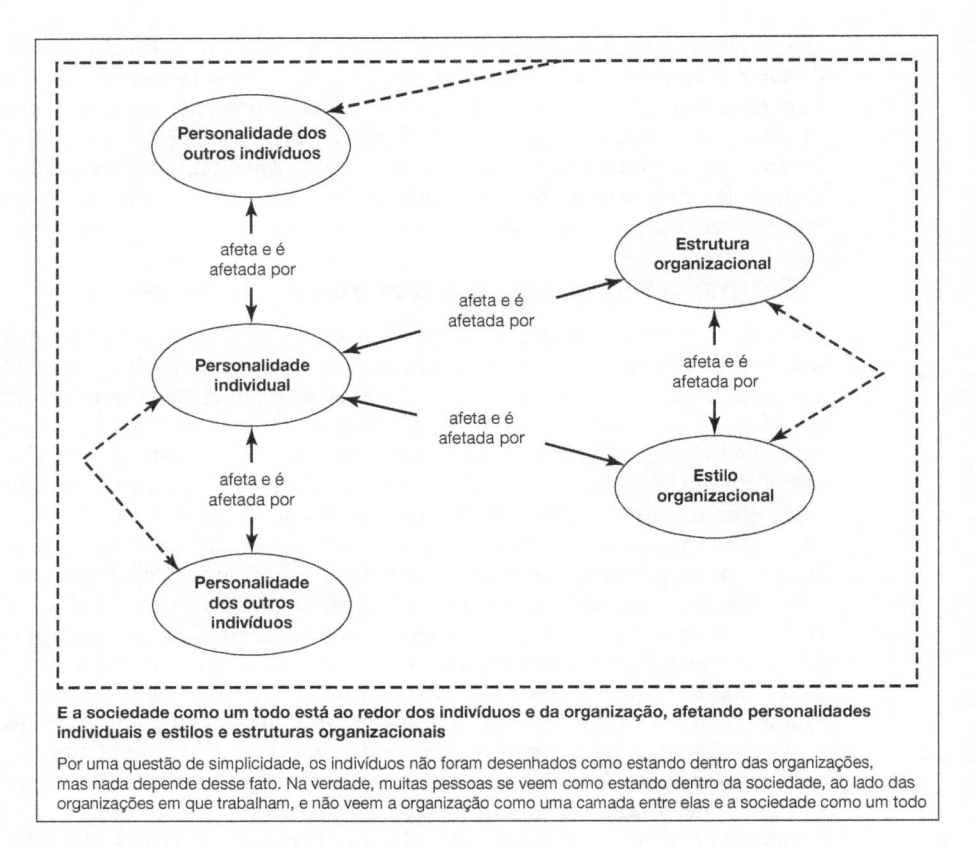

Figura 2.1 Estrutura e estilo.

corporativas não é sempre igual à melhor maneira de se comunicar com os corretores de câmbio; em TI, vendedores e programadores têm culturas diferentes; e na saúde, cirurgiões e enfermeiras respondem de maneiras diferentes a uma apresentação sobre os benefícios de um projeto. O que funciona na IBM não é, necessariamente, o que funciona na cultura da Microsoft, e o ponto de vista da Microsoft, sobre o mundo provavelmente é muito diferente da perspectiva do Google ou do Skype. Em suma, entenda quem são as pessoas e a organização com as quais está lidando.

▶ Principais tipos de organização e consequências para o gerenciamento de projetos

A variedade de tipos de organização é quase infinita, pois todas as organizações, assim como todas as pessoas, são especiais em algum aspecto. No entanto, vale a pena considerar os diversos tipos de organização e suas consequências para o gerenciamento de projetos. Antes de entrarmos nesse assunto, no entanto, precisamos lembrar sobre a diferença entre projetos e processos. O processo é uma atividade contínua, na qual as operações principais são repetidas periodicamente. O processo não tem prazo para terminar. Os exemplos paradigmáticos de processo são a folha de pagamento, vendas e *marketing* e controladoria e direção financeira. Os projetos, por outro lado, têm pontos de início e término definidos e são criados para realizar um propósito específico, depois do qual (ou depois do fracasso em alcançá-lo) o projeto é encerrado. Do ponto de vista do gerenciamento de projetos, a primeira diferença entre os tipos de organização, e a mais importante de todas, é entre as organizações que existem apenas para gerenciar um ou mais processos e aquelas que, em certo sentido, não passam de um aglomerado de projetos.[2] Chamamos esses dois tipos de, respectivamente, focadas em processos e por projeto. (O PMBOK chama as primeiras de "tradicionais".) A Figura 2.2 resume os dois tipos, enquanto a Tabela 2.1 oferece alguns exemplos de ambas para ilustrar a diferença.

Alguns negócios trabalham naturalmente por projetos. Os escritórios de advocacia e consultorias em gestão empresarial, por exemplo, quase sempre são basicamente um portfólio de projetos (processos judiciais no caso dos primeiros, contratos de consultoria no das segundas). Os escritórios de contabilidade especializados em auditorias, por outro lado, serão do outro tipo, pois as auditorias acontecem todos os anos, seguem o mesmo padrão e necessariamente coincidem exatamente com a última iteração do processo. Observe que em muitos campos faz sentido ter uma única empresa (um de muitos tipos de organização) trabalhando em dois ramos diferentes. Pense em gás e petróleo, por exemplo. Distribuir gás e petróleo para clientes não é, predominantemente, um negócio por projeto, ao contrário da exploração de fontes

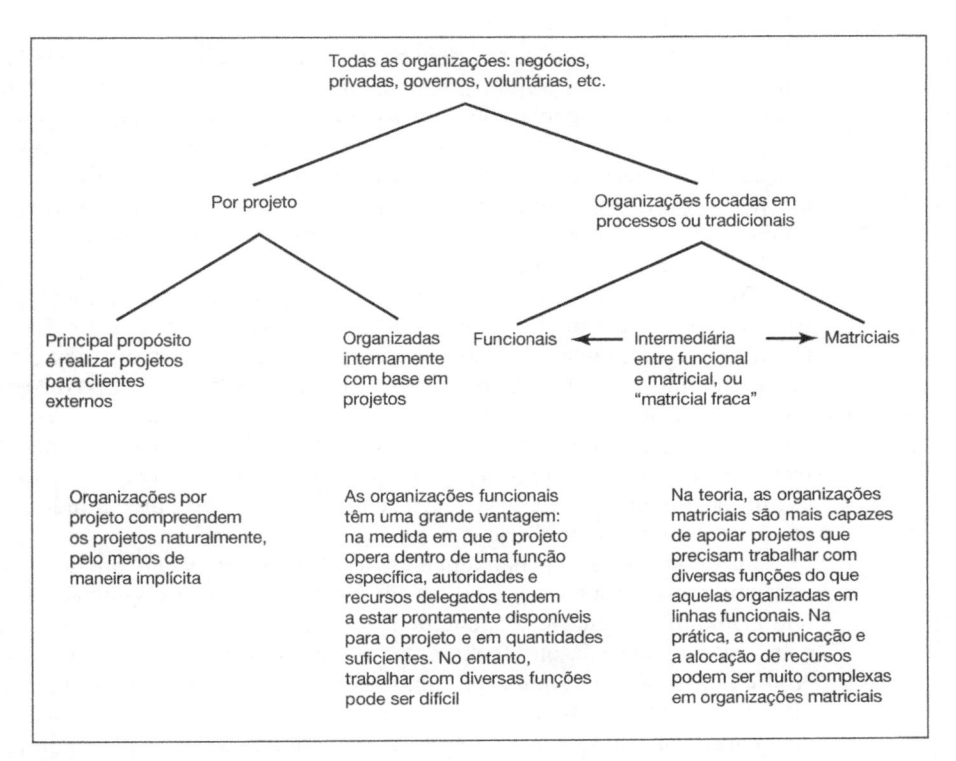

Figura 2.2 Uma taxonomia das organizações em relação às suas consequências para o gerenciamento de projetos.

Tabela 2.1 Alguns exemplos comuns de tipos de organizações por projeto e focadas em processos com respeito ao gerenciamento de projetos

Por projeto	Focadas em processos (tradicionais)
♦ Exploração de petróleo e gás	♦ Refinamento de petróleo e gás
♦ Finanças corporativas	♦ Mercados de capital
♦ Começando um novo negócio	♦ Gestão de fundos de investimento
♦ Desenvolvimento de novos produtos	♦ Varejo e atacado
♦ Transporte (fretamento)	♦ Transporte (serviços regulares)
♦ Representação judicial	♦ Administração da justiça
♦ Respostas de inteligência a grandes eventos, inteligência estrangeira	♦ Inteligência doméstica e contrainteligência
	♦ Educação – primeiro a terceiro grau
♦ Programas de PhD	♦ Pós-operatório hospitalar
♦ Pesquisa e desenvolvimento, ex.: remédios e tratamentos médicos ou desenvolvimento de *software* e serviços	♦ Vendas farmacêuticas
	♦ Vendas e manutenção de *software*
	♦ Administração de pensões
♦ Guerras expedicionárias, incluindo auxílio de mercenários e empresas militares privadas	♦ Manutenção das forças armadas em tempo de paz
♦ Terceirização de serviços municipais	♦ Serviços governamentais locais
♦ Construção civil	♦ Agricultura
♦ Produção cinematográfica e criação de produtos de entretenimento	♦ Distribuição
	♦ Promoção de entretenimento

desses materiais. A palavra "predominantemente" qualifica esses exemplos porque a distribuição de gás e petróleo inclui alguns projetos (por exemplo, construir uma nova refinaria ou campanhas de vendas para atrair novos clientes). E apesar de cada exploração de novos campos de gás e petróleo ser um projeto por si, todos os projetos têm certas características em comum, tais como a necessidade de torres de sondagem, oleodutos, gasodutos, esforços de RP ambientais e controle chamas abertas na cabeça do poço. Mas a diferença ainda vale: alguns tipos de negócios se organizam naturalmente como projetos, outros se organizam naturalmente como processos.

Mas e daí? Do ponto de vista do gerenciamento de projetos, tentar administrar um projeto em uma organização que naturalmente entende como eles funcionam será muito mais fácil do que fazer o mesmo em uma organização que não tem nenhuma experiência com projetos. Você precisa saber que tipo de experiência a sua organização tem com projetos, especialmente em todas as partes dela das quais seu projeto irá depender. Nada disso será difícil se você está há algum tempo na organização, mas a pergunta é um boa maneira de refletir sobre como melhorar a situação. Por outro lado, se você é recém-chegado ou está preparando um projeto em uma organização muito jovem, a pergunta é crucial.

As organizações que não têm experiência com gerenciamento de projetos provavelmente também não têm alguns dos processos e ativos organizacionais básicos que facilitam a execução de qualquer projeto. Isso significa que, em comparação com uma organização que tenha esses ativos e experiências, seu projeto vai precisar compensar o problema com um orçamento maior ou aceitar mais riscos. Por exemplo, se você executou um projeto de muito sucesso em um negócio por projeto com custo total de £x, logo descobriria que o custo de fazer o mesmo projeto na mesma escala em um negócio tradicional seria maior. Por exemplo, a organização tradicional poderia não ter sistemas ou processos de contabilidade de projetos, o que significa que precisaria contratar um contador de projetos para a equipe, treinar um funcionário da controladoria financeira para realizar o trabalho ou realizar o projeto sem o sistema de contabilidade apropriado. Um sistema de contabilidade de projetos é um dos elementos que integram o sistema de gerenciamento de projetos.

A Figura 2.3 apresenta alguns tipos de estrutura organizacional e suas consequências para o gerenciamento de projetos.

(a) A organização funcional em sua forma mais pura

[Diagrama: Alta Gerência → Divisão A, Divisão B, Divisão C. Cada divisão possui Linhas de negócios e Finanças, RH, TI, etc.]

Em sua forma mais pura, a organização funcional é um negócio multidivisional no qual cada divisão é completamente independente de todas as outras.
A alta gerência define a direção estratégica de cada divisão e aloca o capital a elas em nome dos proprietários. As divisões são responsáveis perante a alta gerência e sua operação é independente de todas as outras divisões.

Consequências para o gerenciamento de projetos

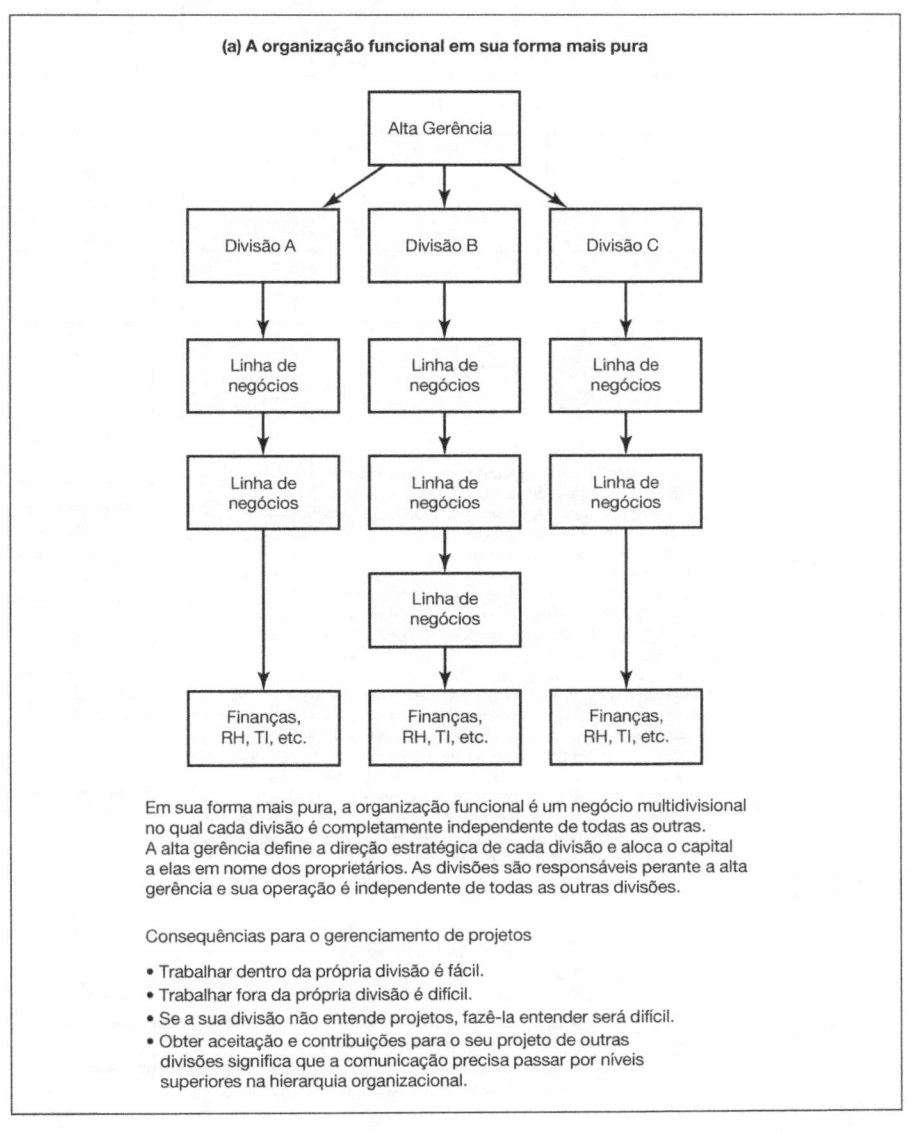

- Trabalhar dentro da própria divisão é fácil.
- Trabalhar fora da própria divisão é difícil.
- Se a sua divisão não entende projetos, fazê-la entender será difícil.
- Obter aceitação e contribuições para o seu projeto de outras divisões significa que a comunicação precisa passar por níveis superiores na hierarquia organizacional.

Figura 2.3 Tipos de estrutura organizacional e suas consequências para o gerenciamento de projetos.

▶

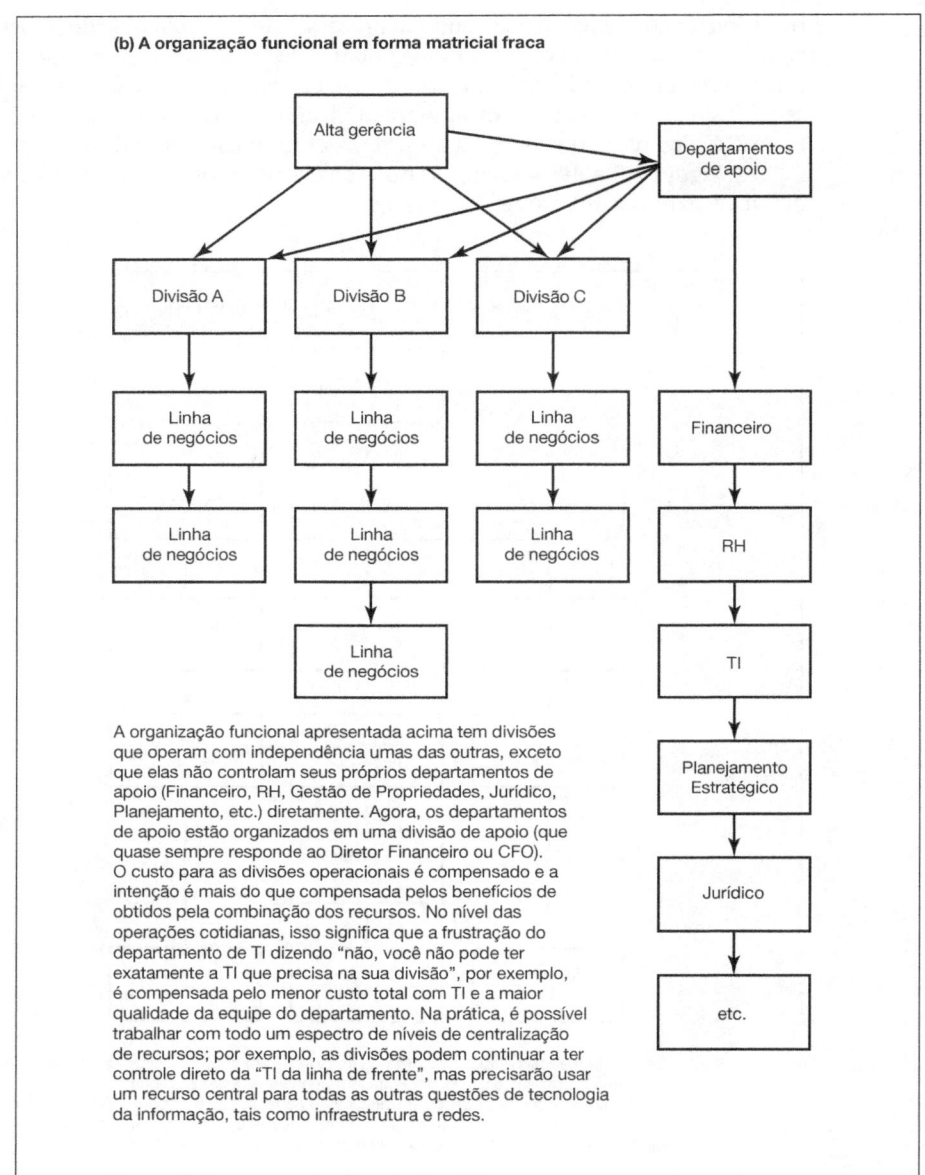

(b) A organização funcional em forma matricial fraca

A organização funcional apresentada acima tem divisões que operam com independência umas das outras, exceto que elas não controlam seus próprios departamentos de apoio (Financeiro, RH, Gestão de Propriedades, Jurídico, Planejamento, etc.) diretamente. Agora, os departamentos de apoio estão organizados em uma divisão de apoio (que quase sempre responde ao Diretor Financeiro ou CFO). O custo para as divisões operacionais é compensado e a intenção é mais do que compensada pelos benefícios de obtidos pela combinação dos recursos. No nível das operações cotidianas, isso significa que a frustração do departamento de TI dizendo "não, você não pode ter exatamente a TI que precisa na sua divisão", por exemplo, é compensada pelo menor custo total com TI e a maior qualidade da equipe do departamento. Na prática, é possível trabalhar com todo um espectro de níveis de centralização de recursos; por exemplo, as divisões podem continuar a ter controle direto da "TI da linha de frente", mas precisarão usar um recurso central para todas as outras questões de tecnologia da informação, tais como infraestrutura e redes.

Consequências para o gerenciamento de projetos:
- Semelhante à organização funcional, exceto:
- As pessoas entendem melhor o trabalho que combina múltiplas divisões, ainda que as disputas políticas entre cada divisão possam ser muito frustrantes.
- Todas as divisões competem pelos mesmos recursos de apoio, então seu projeto precisará esperar por eles ou provar seu valor.
- A centralização ou agrupamento das funções de apoio pode estender as linhas de comunicação para obter colaborações para o seu projeto, o que facilita o trabalho.

Figura 2.3 Continuação.

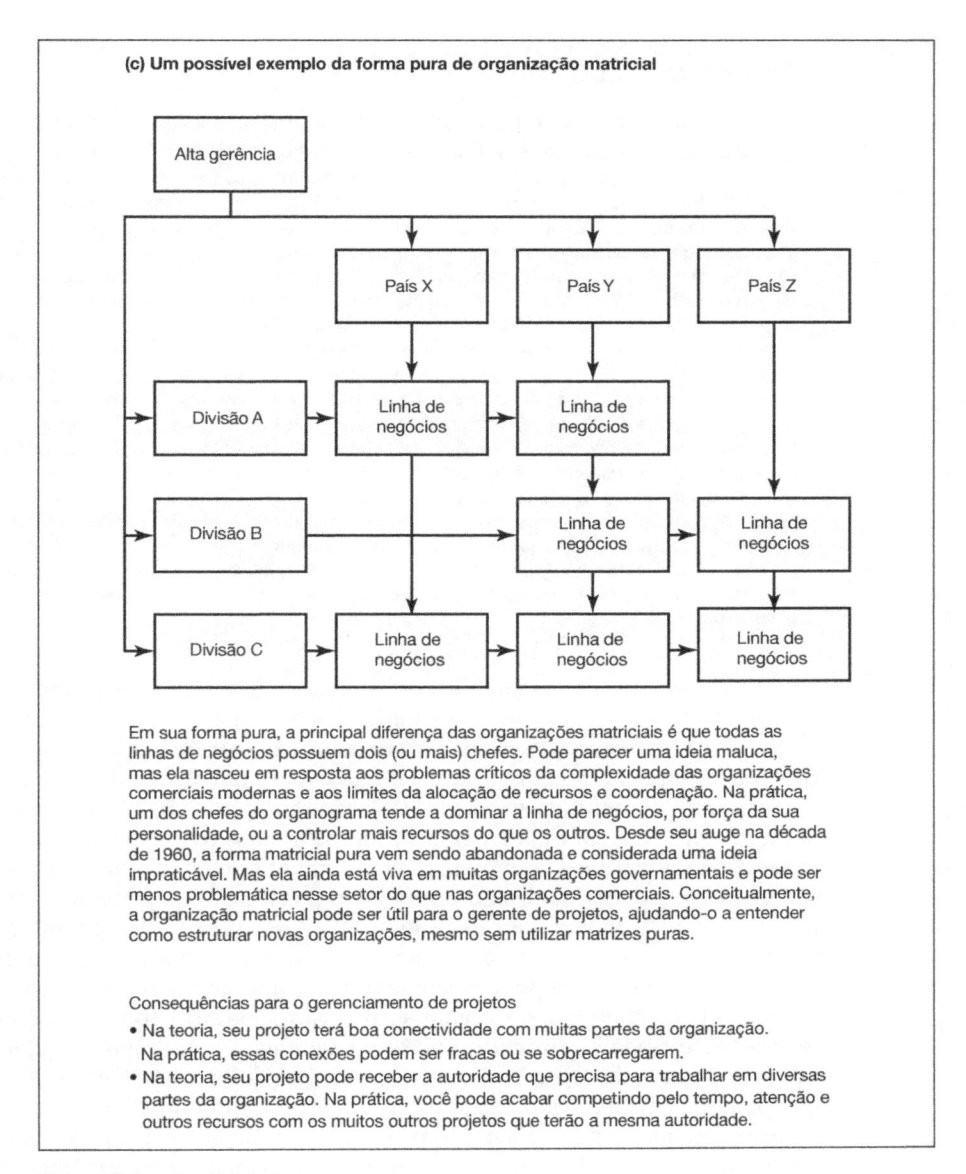

(c) Um possível exemplo da forma pura de organização matricial

```
                        Alta gerência
          ┌──────────────────┼──────────────────┐
          ▼                  ▼                  ▼
        País X             País Y             País Z
          │                  │                  │
          ▼                  ▼                  ▼
Divisão A → Linha de    → Linha de
            negócios       negócios

Divisão B →              → Linha de       → Linha de
                            negócios          negócios

Divisão C → Linha de    → Linha de       → Linha de
            negócios       negócios          negócios
```

Em sua forma pura, a principal diferença das organizações matriciais é que todas as linhas de negócios possuem dois (ou mais) chefes. Pode parecer uma ideia maluca, mas ela nasceu em resposta aos problemas críticos da complexidade das organizações comerciais modernas e aos limites da alocação de recursos e coordenação. Na prática, um dos chefes do organograma tende a dominar a linha de negócios, por força da sua personalidade, ou a controlar mais recursos do que os outros. Desde seu auge na década de 1960, a forma matricial pura vem sendo abandonada e considerada uma ideia impraticável. Mas ela ainda está viva em muitas organizações governamentais e pode ser menos problemática nesse setor do que nas organizações comerciais. Conceitualmente, a organização matricial pode ser útil para o gerente de projetos, ajudando-o a entender como estruturar novas organizações, mesmo sem utilizar matrizes puras.

Consequências para o gerenciamento de projetos
- Na teoria, seu projeto terá boa conectividade com muitas partes da organização. Na prática, essas conexões podem ser fracas ou se sobrecarregarem.
- Na teoria, seu projeto pode receber a autoridade que precisa para trabalhar em diversas partes da organização. Na prática, você pode acabar competindo pelo tempo, atenção e outros recursos com os muitos outros projetos que terão a mesma autoridade.

Figura 2.3 Continuação.

▶ Sistema de gerenciamento de projetos

Sem um sistema, é impossível gerenciar qualquer coisa com eficácia e eficiência. E os projetos não são exceção. Seu projeto precisa ter um sistema e pelo menos o patrocinador e o gerente precisam compreender e concordar com esse sistema. O estudo de caso a seguir mostra por que o patrocinador e o gerente precisam concordar com os elementos fundamentais do sistema usado no gerenciamento do seu projeto.

Estudo de caso

Por que os sistemas de gerenciamento de projetos são importantes: um estudo de caso do setor público da Grã-Bretanha

Este estudo de caso pode parecer incrível, mas infelizmente é um exemplo da vida real que desperdiçou milhões de libras dos contribuintes britânicos. O projeto tinha um orçamento de um milhão de libras em uma instituição governamental da Grã-Bretanha, na qual o termo "patrocinador" significava, na prática, administrador de baixo nível sem poder de verdade. Essa organização tinha pessoas com o cargo de "diretores responsáveis" cumprindo a função que a maioria das outras organizações chamaria de "patrocinador". A organização também adotou pelo menos quatro metodologias de gerenciamento de projetos diferentes, incluindo PMBOK, PRINCE2, APM e BSI. Ela contratou um gerente de projetos externo para comandar a iniciativa, o diretor responsável lavou as mãos e o "patrocinador" mandava a equipe usar uma metodologia de gerenciamento de projetos diferente toda semana. Por causa da confusão quanto ao sistema utilizado, além de outros motivos, mais um milhão de libras do dinheiro público foi jogado fora. Meses depois do projeto, ficou claro que uma das principais causas do fracasso fora a confusão com o sistema de gerenciamento de projetos: se ele fosse claro desde o princípio, o gerente de projetos poderia ter evitado muitos problemas ou pelo menos interrompido o projeto. O gerente do projeto levou a culpa por tudo que aconteceu. Um novo gerente de projetos foi contratado, que confirmou que o primeiro realmente era um inútil e um incompetente, apenas para fracassar ainda mais espetacularmente, mais ou menos pelos mesmos motivos que seu antecessor. A organização governamental deu de ombros para esse duplo fracasso, dizendo que os projetos são assim mesmo, sem documentar nenhuma das lições aprendidas em seu banco de dados. Às vezes, é assim que o governo gasta o nosso dinheiro.

O sistema de gerenciamento de projetos não precisa ser grande ou complexo e com certeza não pode ser burocrático. O mais importante é que o patrocinador e o gerente do projeto concordem com um sistema, ou pelo menos concordem que não têm um sistema e que vão desenvolvê-lo durante o projeto. Também não há nenhum problema em dizer "usaremos o sistema de gerenciamento de projetos padrão da empresa" ou "usaremos o sistema de gerenciamento de projetos padrão da empresa, mas o adaptaremos quando necessário, de acordo com as necessidades do projeto em questão." Você pode documentar ou não as adaptações, mas essa decisão também precisa ser de comum acordo do patrocinador e do gerente do projeto. Caso contrário, pode haver desperdício. Por exemplo, o gerente pode documentar em que partes o sistema do projeto difere do padrão da empresa, enquanto o patrocinador não vê necessidade de realizar esse trabalho. Ainda no mesmo exemplo, a possibilidade de adicionar outros membros da organização à equipe do projeto em fases posteriores é algo que precisa ser trabalhado desde o começo. Nesse caso, documentar a diferença entre o sistema de gerenciamento de projetos utilizado e o padrão da empresa pode economizar muito tempo e riscos na hora de incluir novos membros à equipe do projeto.

Utilizar uma metodologia padrão de gerenciamento de projetos, tal como o PMBOK seguido neste livro, pode economizar muito tempo e trabalho ao oferecer quase todo um sistema de gerenciamento de projetos pronto. Ainda assim, a regra áurea do gerenciamento de projetos é se concentrar em ser eficaz: escolha algo que funciona e prepare-se para flexionar, quebrar e fatiar os padrões e abordagens existentes para obter o sistema certo para o seu projeto (dentro dos limites das suas políticas organizacionais, é claro). Um gerente de projetos de muito sucesso ignorou todas as metodologias de gerenciamento de projetos especializadas e baseou seu sistema na edição da década de 1980 do *Aide Mémoire do Comandante de Pelotão* do exército britânico. Para ele, funcionou. As histórias dizem que trabalhar para esse gerente era um horror. As mulheres reclamavam que pareciam estar em um pelotão do exército de verdade, mas o fato é que seus projetos eram bem executados e até as mulheres tinham respeito por esse gerente. Por outro lado, certos profissionais tiram as melhores notas em todos os seminários de treinamento e testes de metodologias de gerenciamento de projetos, mas não conseguiriam gerenciar um projeto nem para tirar o pai da forca. Encontre um sistema que funcione e se agarre a ele. Depois, desenvolva o sistema à medida que o projeto avança.

O PMI diz

Sistema de gerenciamento de projetos

"Sistema de gerenciamento de projetos (ferramenta). A agregação dos processos, ferramentas, técnicas, metodologias, recursos e procedimentos para o gerenciamento de um projeto. O sistema é documentado no plano de gerenciamento do projeto e seu conteúdo irá variar dependendo da área de aplicação, influência organizacional, complexidade do projeto e disponibilidade dos sistemas existentes. Um sistema de gerenciamento de projetos, que pode ser formal ou informal, ajuda o gerente do projeto a conduzir um projeto ao seu término de modo eficaz. Um sistema de gerenciamento de projetos é um conjunto de processos e funções de monitoramento e controle relacionadas que são consolidados e combinados para formar um todo funcional e unificado."
PMBOK Guide (p. 369)

▶ Organização de projetos e funções em projetos

A Figura 2.4 apresenta a estrutura organizacional típica de um projeto. Os detalhes da estrutura do projeto variam de acordo com as funções específicas que cada profissional tem em cada projeto. Esta seção analisa ambas. Organizações diferentes dão nomes diferentes para as mesmas funções. Qualquer que seja os nomes usados, as responsabilidades fundamentais das funções descritas aqui ocorrem na maior parte dos projetos. Por uma questão de conveniência, usaremos os nomes e funções listados no PMBOK Guide, junto com alguns outros, tais como comitê diretor do projeto, para refletir a realidade do gerenciamento de projetos. Você precisa entender as responsabilidades e a justificativa por trás de cada uma das funções do projeto. Você também precisa saber os nomes reais de todas essas funções na sua organização, pois é pouco provável que ela siga a nomenclatura do PMBOK Guide para todas as funções de projetos. As funções mais importantes são as de Patrocinador e Gerente de Projetos. Entender o que cada um faz e não faz é uma parte crucial do gerenciamento de projetos.

▶ Patrocinador

O patrocinador é responsável pelos recursos alocados ao projeto perante a organização na qual projeto será realizado e, em última análise, pelo desempenho e pela entrega dos resultados do projeto. Em geral, o patrocinador é um gerente sênior que quer ver o projeto realizado, quase sempre porque se beneficiaria de alguma maneira com seu sucesso. Em alguns casos, o próprio patrocinador pode ver a necessidade de realizar o projeto, mas em outros a sugestão pode partir de outra parte da organização e o patrocinador adota a ideia ou alguém pede que ele

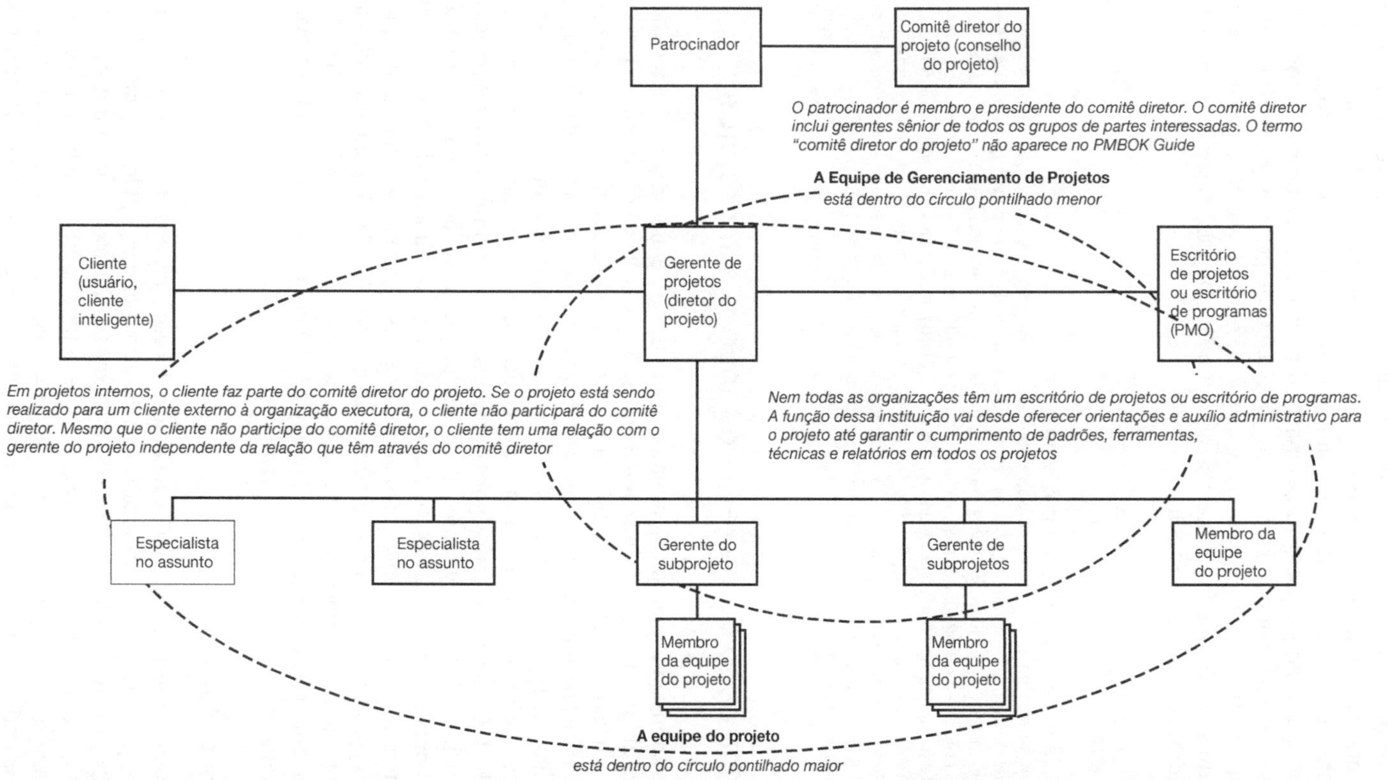

Figura 2.4 Uma estrutura organizacional representativa de um projeto.

a adote. Por uma questão de eficiência, se vários membros da gerência sênior irão se beneficiar com o projeto, é importante que o grupo concorde em escolher um único patrocinador. Apesar da regra ser "cada projeto tem um e apenas um patrocinador", por causa da estrutura interna da organização e da relação do projeto com ela, muitas organizações escolhem dois ou mais patrocinadores para cada projeto. Se a sua organização indicar dois patrocinadores, quase sempre é melhor viver com essa decisão em vez de tentar defender a teoria que um deles deveria ser eliminado. Em alguns casos, o Escritório de Projetos ou Escritório de Programas (PMO) é o patrocinador (ver abaixo).

Um bom patrocinador entende como a organização executora funciona e consegue trabalhar. O patrocinador abre o caminho para o projeto e estabelece ligações entre o projeto e as principais áreas da organização executora. Isso tudo exige pragmatismo, sensibilidade política e habilidade gerencial.

A função do patrocinador é necessária porque seria impraticável envolver toda a gerência da organização com a tomada de cada decisão sobre a direção do projeto. Assim, a organização dá autoridade e responsabilidade pela supervisão do projeto ao indivíduo que espera se beneficiar com o seu sucesso. Supervisão não é o mesmo que gerenciamento: o patrocinador age mais ou menos como o comprador do projeto em nome da organização. Conceitualmente, o patrocinador tem uma necessidade de negócio que será preenchida pelo projeto; a empresa dá ao patrocinador o dinheiro e os recursos que o projeto precisa; e o patrocinador contrata a equipe do projeto para executar o trabalho. Assim, nos termos da organização do projeto, o gerente do projeto trabalha para o patrocinador, que trabalha para a empresa.

O foco do patrocinador está nos objetivos de negócios. É normal que haja pouco contato com o patrocinador além de eventos importantes no projeto, a menos que o trabalho comece a se desviar do caminho e passe a correr o perigo de não cumprir seus objetivos de negócios. Os patrocinadores tendem a ser pessoas ocupadas. Ainda assim, a boa comunicação entre o gerente do projeto e o patrocinador é essencial, e este deve estar disponível para conversar com o gerente sempre que necessário. O patrocinador tem responsabilidade final pela proteção do negócio e deve intervir no projeto para colocá-lo de volta no caminho ou, se necessário, cancelá-lo para evitar mais desperdício de dinheiro.

O BSI define o patrocinador como "indivíduo ou instituição por quem o projeto é realizado e que é o principal responsável pelos riscos."[3] Essa definição é útil, pois destaca que ninguém tem mais a perder e ninguém apostou mais no projeto do que o patrocinador.

Atualmente, um problema comum entre patrocinadores é que, apesar de terem sido indicados para a posição, eles sentem que não têm a experiência e o treinamento em gerenciamento de projetos que precisam. A dificuldade sentida por muitos patrocinadores nessa posição é que eles não podem revelar sua falta de experiência para a equipe do projeto ou para seus colegas. Se você é um patrocinador nessa situação, não tenha medo. O gerenciamento de projetos é o bom senso aplicado e as características essenciais do patrocínio são todas parte das habilidades e experiências que você já adquiriu em sua carreira. Enquanto patrocinador, seu trabalho principal é fazer três coisas: ouvir o gerente do projeto e intervir se ele estiver no caminho errado ou em uma situação complicada; manter as partes interessadas informadas sobre o projeto e garantir a comunicação entre elas e a equipe do projeto, especialmente o gerente; e nunca perder de vista o propósito do projeto, garantindo que ele está sempre avançando na direção certa. Assim como qualquer trabalho na alta gerência, boa parte do patrocínio de projetos é uma questão de entender como o poder e a política funcionam dentro da sua organização. Finalmente, se você sentir que um pouco de treinamento em gerenciamento de projetos poderia ser útil, o mercado oferece diversos cursos especializados em patrocínio de projetos; meio dia de estudo provavelmente será mais que suficiente.

> ### O PMI diz
>
> **Patrocinador**
> "Patrocinador. A pessoa ou o grupo que fornece os recursos financeiros, em dinheiro ou em espécie, para o projeto." PMBOK Guide (p. 376)

▸ Gerente de projetos

Na prática, o gerente do projeto firma um contrato com o patrocinador para gerenciar o projeto definido no plano ou termo de abertura. Os limites da autoridade e responsabilidade do gerente do projeto devem ser compreendidos por ele e pelo patrocinador. Na maioria das organizações, o gerente tem autoridade para usar dinheiro e recursos dentro dos limites estabelecidos no plano ou termo de abertura do projeto, mas não mais do que isso. Se o gerente descobre que o projeto precisará de mais do que foi autorizado, ele sempre precisa buscar reaprovação com base na nova projeção ou então não terá autoridade para seguir em frente. O gerente planeja, organiza, controla e informa sobre as atividades do projeto, trabalhando junto ao patrocinador sempre que apropriado. Na prática, isso quase sempre significa que os dois colaboram mais no começo do projeto, definindo o escopo, planejando o projeto e definindo o que o projeto é e como ele se encaixa na organização. Depois que esses problemas foram resolvidos e o projeto passa para a fase de execução, o contato tende a diminuir, a menos que surjam novas mudanças ou problemas mais graves. O tamanho do projeto determina o que o gerente de projetos faz. Nos menores, o gerente pode realizar atividades como redigir a primeira versão do escopo e planejamento do projeto por conta própria, uma atividade que em projetos mais complexos pode exigir uma equipe de especialistas.

Finalmente, precisamos ser muito claros sobre quais são e não são as funções do gerente no gerenciamento de projetos. Sua função é gerenciar o projeto, não fazer o trabalho. Se o projeto for muito pequeno, a pessoa que gerencia o projeto quase sempre também faz parte do trabalho. Não há nada de errado com isso, mas apenas o trabalho de gerenciar o projeto pode ser chamado de gerenciamento de projetos. Por exemplo, se o gerente for escolhido para supervisionar a mudança de uma equipe de mil funcionários para um novo prédio de escritórios, sua função será planejar a mudança, gerenciar as pessoas que carregarão fisicamente a mobília para o novo prédio e lidar com todos os problemas inesperados e necessidades de comunicação que surgirem. Enquanto gerente de projetos, esse profissional não carrega a mobília. O gerenciamento é uma atividade real e que exige tempo e esforço, além de ter sua própria disciplina independente e conjunto de conhecimentos profissionais. O gerente também não precisa saber tudo sobre o assunto do projeto, mas apenas garantir que o projeto tem os especialistas relevantes (ou tem acesso a eles). O gerente de projetos deve ser um especialista em gerenciamento de projetos e, em um mundo ideal, também deve ter experiência no setor em que o projeto está sendo executado. Mas o conhecimento sobre gerenciamento de projetos é a consideração principal, pois é a necessidade mais importante para a função de gerente.

Quem pode ser um bom gerente de projetos? As características variam de acordo com o setor e a natureza do projeto, mas quase todos os bons gerentes de projetos são:

- focados em tarefas,
- capazes de gerenciar prazos,
- conscientes da situação política,
- capazes de fazer concessões pragmáticas,
- bons comunicadores e
- capazes de inspirar e motivar outros.

Normalmente, os bons gerentes de projetos treinaram em alguma metodologia de gerenciamento de projetos comprovada. As principais metodologias na época da redação deste livro eram:

- PMBOK Guide, produzido pelo PMI (e também a Norma Nacional dos EUA ANSI/PMI 99-001-2004)
- Cadeia Crítica
- PRINCE2
- British Standard BS6079
- Diversas metodologias nacionais afiliadas ao IIPM, tais como a APM na Grã-Bretanha

Padrões anteriores de gerenciamento de projetos incluem:

- MITP da IBM (amalgamado com o PRINCE para formar o PRINCE2)
- WISSDM da IBM
- PRINCE®.

Muito mais importante do que qual metodologia eles usam ou se os gerentes de projetos receberam algum treinamento é sua capacidade de gerenciar projetos, que deve ser provada pelo histórico de suas carreiras. Normalmente, as carreiras dos gerentes de projetos começam com funções de projeto que não a de gerente. Essa é uma maneira ideal de aprender o trabalho, pois o profissional consegue conhecer todo o trabalho de gerenciamento de projetos sem se expôr ao risco da responsabilidade por eles. A seguir, ele gerencia um projeto pequeno, possivelmente interno, e depois passa para projetos maiores e mais importantes de acordo com sua capacidade.

O PMI diz

Gerente de projetos
"Gerente de projetos. A pessoa designada pela organização executora para atingir os objetivos do projeto." PMBOK Guide (p. 369)

▶ Membro da equipe do projeto

Os membros da equipe executam as tarefas ou grupos de tarefas especificadas pelo gerente do projeto, com entregas e cronogramas definidos e acordados por ambas as partes. Espera-se que os membros da equipe se responsabilizem pelas próprias tarefas, informem o gerente sobre o progresso e demonstrem iniciativa se descobrirem fatores que possam afetar o projeto, mesmo que externos às suas tarefas específicas.

A equipe é essencial para o projeto. As pessoas que querem estar no projeto serão muito mais valiosas do que as que não querem. Isso significa que o patrocinador e o gerente do projeto precisam vender o projeto assim que ele for concebido.

> **O PMI diz**
>
> **Membros da equipe do projeto**
> "Membros da equipe do projeto. As pessoas que se reportam direta ou indiretamente ao gerente de projetos e que são responsáveis pela realização do trabalho do projeto como parte normal das tarefas que lhes foram atribuídas." PMBOK Guide (p. 371)

▶ Comitê de programas

Em organizações nas quais diversos projetos se reúnem para formar um programa, também conhecido como portfólio de projetos, forma-se um comitê para supervisionar o programa. O conselho do programa revisa, aprova e prioriza propostas de projetos, além de autorizar a alocação de recursos. O conselho também monitora exceções de projetos, instiga ações corretivas, alinha os projetos com o programa e pode obrigar o uso de metodologias, ferramentas, técnicas, relatórios e treinamentos padronizados em cada programa. ("Comitê de programas" não é um termo do PMBOK Guide.)

▶ Escritório de programas ou de projetos

Em organizações que executam muitos projetos, a padronização produz economias de escala. Também pode ser necessário coordenar os projetos em um portfólio ou programa e distribuir recursos escassos entre projetos de modo sistemático. Esse é o motivo para se estabelecer um escritório de programas ou escritório de projetos (PMO). O PMO está se tornando uma estrutura comum em organizações, que cada vez mais reconhecem os benefícios de estabelecer um escritório especializado.

A função do PMO varia entre dois extremos. De um lado, nada mais do que prestar auxílio e apoio quando o gerente de projetos pede. Do outro, uma função de gerenciamento e controle que aloca recursos a projetos, orienta como eles devem ser realizados e como e quando devem prestar relatórios e garante o cumprimento de padrões e treinamentos em equipes de projeto. Do ponto de vista do gerente e do projeto, um PMO que opera mais próximo do extremo de controle desse espectro não é necessariamente um problema, pois libera tempo para o gerente se concentrar em tarefas ainda mais essenciais e serve de seguro contra o fracasso do projeto. Como sempre, as relações pessoais e as linhas de comunicação estabelecidas pelo gerente do projeto são essenciais. Se você é um gerente de projetos que precisa trabalhar com um PMO, descubra o que o escritório pode fazer por você e seu projeto, estabeleça excelentes relações pessoais com seus principais membros e aproveite. O PMO podem assumir parte das responsabilidades do patrocinador do projeto ou até mesmo assumir a função de patrocinador. As funções do PMO podem incluir atividades como:

- Administrar o registro centralizado de relatórios de projeto.
- Fornecer pessoas e recursos para o projeto.
- Coordenar o uso de recursos de projetos em toda a organização, possivelmente com a manutenção de bancos de dados de recursos interligados com o *software* de planejamento de projetos.
- Disseminar as melhores práticas em gerenciamento de projetos por toda a organização; por exemplo, organizando treinamento ou garantindo que todos os gerentes de projetos estejam usando o manual de projetos da empresa, caso exista.
- Ser fonte de conselhos e repositório de conhecimento para indivíduos e equipes de projetos.
- Selecionar e dar suporte para *software* de planejamento de projetos.
- Representar a função do projeto em discussões internas da empresa sobre infraestrutura, procedimentos de qualidade, etc.
- Criar e manter formas padrões para termos de abertura do projeto, planos, listas de verificação, registros de riscos e problemas, relatórios e procedimentos de projetos mais usados.
- Verificar e garantir o cumprimento de normas mínimas em todas as documentações apresentadas.

Apesar de haver uma diferença teórica clara e bastante útil entre programas e projetos, na prática, é muito improvável que a mesma organização tenha dois escritórios de programas e projetos separados. Por isso, ambos são discutidos na mesma seção neste capítulo.

O termo "escritório do projeto" é ligeiramente diferente de "escritório de projetos". No gerenciamento de projetos, o escritório do projeto é uma função, não uma sala ou local. A função é dar apoio administrativo ao projeto. Há alguma relação com o escritório de projetos, pois o PMO pode realizar parte ou todas as funções do escritório do projeto. Esta é uma boa função para trainees e outros profissionais no começo de suas carreiras, pois os expõe ao gerenciamento de projetos sem riscos ao mesmo tempo que oferece uma carreira independente. O escritório de projetos ou função administrativa é importante em projetos de qualquer tamanho, então vale a pena obter apoio para que o gerente de projetos não precise realizar as tarefas do escritório de projetos.

O PMI diz

Escritório de programas e de projetos

"Escritório de programas (PMO). O gerenciamento centralizado de um programa ou programas específicos de modo que o benefício da empresa seja realizado através de compartilhamento de recursos, metodologias, ferramentas e técnicas, e o foco de gerenciamento de projetos de alto nível relacionado." PMBOK Guide (p. 368)

"Escritório de projetos (PMO). Um corpo ou entidade organizacional à qual são atribuídas várias responsabilidades relacionadas ao gerenciamento centralizado e coordenado dos projetos sob seu domínio. As responsabilidades de um PMO podem variar desde o fornecimento de funções de suporte ao gerenciamento de projetos até o gerenciamento direto de um projeto." PMBOK Guide (p. 369)

▶ Organização executora

O termo indica a organização, empresa, firma, negócio, departamento governamental ou organização de caridade ao qual o projeto pertence, ou seja, a organização dentro da qual o projeto é realizado.

> **O PMI diz**
>
> **Organização executora**
> "Organização executora. A empresa cujos funcionários estão mais diretamente envolvidos na execução do trabalho do projeto." PMBOK Guide (p. 366)

▶ Partes interessadas

As partes interessadas são todos aqueles que têm um interesse no projeto, ou seja, que podem ganhar ou perder com ele. As partes interessadas podem ser grupos ou indivíduos; alguns serão membros da organização executora, outros estarão fora dela. Exemplos de partes interessadas incluem:

- O cliente do projeto ou outros usuários diretos de suas entregas.
- O comitê diretor e a equipe do projeto.
- Outros membros da organização executora cujo trabalho pode ser afetado pelo projeto.
- Pessoas ou organizações externas à organização executora que serão afetadas (incluindo grupos de protestos: você não precisa convidá-los para as reuniões, mas eles podem atrapalhar o projeto ou fazê-lo passar vergonha, então pode ser necessário incluí-los como um fator em seus planos).
- Gerentes e membros da equipe de outros projetos que têm algum interesse nesse projeto (por exemplo, se dependem dele para saídas ou para liberar recursos até uma data específica).
- Compradores anteriores de bens ou serviços que podem reagir positiva ou negativamente à notícia do projeto.
- Fornecedores e distribuidores (eles podem ter medo das mudanças sugeridas pelo projeto, especialmente se acreditarem que podem perder dinheiro).

O papel das partes interessadas no projeto precisa ser trabalhado individualmente. Os projetos podem ter consequências profundas e duradouras e uma das armadilhas do gerenciamento de projetos é acreditar que as únicas pessoas que importam são os membros da equipe e os clientes do projeto. As partes interessadas representam um grupo amplo, mas a ideia central é que sua opinião tem algum valor. Em vez de serem indicadas pelo gerente de projetos, muitas vezes as próprias partes interessadas se voluntariam. Seu impacto em alguns projetos pode ser enorme, e em alguns setores as empresas desenvolveram planos de contingência padronizados que podem ser aplicados a todos os projetos. Pelo lado positivo, uma rede de apoiadores fanáticos é uma das marcas de um projeto de sucesso de verdade e pode ser um fator importante para esse sucesso.

O gerenciamento das partes interessadas tem elementos de relações públicas, mas os gerentes de projetos não precisam se tornar especialistas em RP. Em projetos menores, quase sempre basta lembrar que algumas partes interessadas estão além dos limites formais do projeto e fazer um esforço para se comunicar com elas sempre que apropriado.

> **O PMI diz**
>
> **Partes interessadas**
> "Partes interessadas. Pessoas e organizações, como clientes, patrocinadores, organizações executoras e o público, que estejam ativamente envolvidas no projeto ou cujos interesses possam ser afetados de forma positiva ou negativa pela execução ou término do projeto. Elas podem também exercer influência sobre o projeto e suas entregas." PMBOK Guide (p. 376)

▸ Influenciadores

Se a noção de partes interessadas descrita acima parece ampla demais (por exemplo, se a ideia de incluir um grupo de protestos como parte interessada atrapalha o raciocínio claro sobre o projeto), então o termo "influenciador" pode ser útil como uma espécie de parte interessada mais fraca ou uma classe de partes interessadas que não gostaríamos que existisse.

▸ Especialista no assunto

Antes de mais nada, o gerente de projetos deve ser um especialista em gerenciamento de projetos, não do assunto do projeto, ainda que ter experiência com este ajude. O projeto precisa de conhecimentos que o gerente e o patrocinador não possuem. Essa contribuição vem de especialistas, que podem ou não fazer mais do que oferecer informações e orientações ao projeto. Em muitos casos, conselheiros especialistas podem agregar valor rapidamente se forem usados do modo correto para trabalhar problemas bem definidos em suas áreas de especialidade. Essas contribuições de especialistas internos ou externos pode não exigir participação em tempo integral na equipe do projeto, mas se os especialistas forem usados esporadicamente pode ser necessário reservar algum tempo para garantir que estão informados sobre os últimos fatos do projeto e devem pelo menos ser informados regularmente sobre ele. ("Especialista no assunto" não é um termo do PMBOK.)

▸ Fornecedor

"Fornecedor" é o termo padrão do PMBOK para quem vende produtos ou serviços para o projeto, mas este livro utiliza os termos "vendedor" e "fornecedor" como sinônimos, seguindo o uso coloquial dos termos. Muitos projetos dependem de fornecedores externos para obter parte de suas saídas críticas. O fornecedor pode assumir um subprojeto, mas você, o gerente do projeto, ainda é responsável pela entrega total e deve gerenciar os fornecedores com o mesmo cuidado e atenção que destina a recursos internos. Assim como todos os outros membros da equipe, fornecedores devem estabelecer objetivos SMART e prestar relatórios oportunos e precisos.

> **O PMI diz**
>
> **Fornecedor**
> "Fornecedor. Um provedor ou fornecedor de produtos, serviços ou resultados para uma organização."
> PMBOK Guide (p. 375)

▸ Usuários e clientes (e "clientes inteligentes")

O cliente do projeto é a pessoa ou grupo para quem ele está sendo realizado. Os clientes são os beneficiários principais e finais pretendidos do projeto. Eles se beneficiam dos resultados do projeto, o que os torna um grupo de importância crítica. Em geral, sua relação mais formal com o projeto é especificar as necessidades do usuário no começo do projeto e aceitar as saídas dele no final. Durante o projeto, a função do cliente varia, mas normalmente podemos contar com eles para orientá-lo, garantindo que os resultados estão no caminho certo e, não menos importante, que as expectativas da equipe do projeto e do cliente continuam alinhadas. O projeto precisa gerenciar o cliente, uma tarefa importante para gerentes e patrocinadores e que geralmente obriga o cliente a se envolver aberta e honestamente com o projeto.

Quando o cliente é uma grande organização ou um grande grupo de pessoas, é normal que um único ponto de contato seja escolhido para cuidar da interface com o projeto e manter o funcionamento apropriado das linhas de comunicação. Em alguns casos, esse representante pode precisar da autoridade para tomar decisões finais em nome do grupo de usuários, incluindo a decisão de aceitar ou rejeitar mudanças nos objetivos do projeto. Em alguns casos, também é possível que um "cliente inteligente" seja designado. O termo não significa que os outros clientes não são inteligentes, mas apenas que o cliente inteligente designado possui um entendimento detalhado sobre os resultados esperados do projeto. Pilotos de teste são exemplos de clientes inteligentes para aeronaves. ("Cliente inteligente" não é um termo do *PMBOK Guide*.)

As definições do *PMBOK Guide* para os termos "usuário" e "cliente" apresentadas anteriormente sugerem uma diferença útil. Ambos usam os produtos e serviços entregues pelo projeto, mas apenas o cliente utiliza os resultados do projeto. Uma diferença entre resultados e produtos/serviços é que apenas os primeiros incluem os efeitos do projeto.

Para demonstrar a diferença e por que ela é útil, pense no exemplo de um projeto para reduzir as fraudes com cartões de crédito. O cliente do projeto é o banco que emite o cartão de crédito, pois o banco, não seus clientes, é o grande beneficiário direto dos efeitos do projeto, ou seja, da redução das fraudes. (Em termos gerais, os clientes do banco não pagam diretamente quando são vítimas de fraudes de cartão de crédito; o banco incorre no prejuízo. Para manter a clareza desse exemplo, vamos ignorar os custos menores da inconveniência, etc.) No entanto, o projeto pode produzir certos serviços, tais como um código de verificação, como parte da realização desse estado final desejado e os usuários do cartão podem precisar utilizar esse código. Assim, os clientes do banco e os emissores de cartões de crédito são usuários do projeto, mas em termos de projeto, apenas o banco é o cliente. Por que isso importa? Em suma, porque em projetos desse tipo, todos os usuários precisam ficar satisfeitos com o serviço que recebem do projeto: por exemplo, se o código de verificação for tal que os clientes se recusarem a utilizá-lo, o projeto terá fracassado. Assim, todos os usuários precisam se envolver apropriadamente com o projeto, mas de maneiras diferentes. Nesse exemplo, o que separa o cliente dos outros usuários é que apenas ele tem interesse direto nos efeitos do projeto, ou seja, na redução da fraude com cartões de crédito. Se a redução não for grande o suficiente do ponto de vista do cliente (no caso, o banco), o projeto terá sido um fracasso, qualquer que seja a opinião dos usuários sobre o processo de verificação. Assim, você precisa entender quem são os clientes e usuários do seu projeto.

> **O PMI diz**
>
> **Usuário e cliente**
> "Usuário. A pessoa ou organização que utilizará o produto ou serviço do projeto..." PMBOK Guide (p. 378)
>
> "Cliente. A pessoa ou organização que utilizará o produto, serviço ou resultado do projeto..." PMBOK Guide (p. 358)
>
> "Resultado. Uma saída dos processos e atividades de gerenciamento de projetos. Os resultados podem incluir efeitos ... e documentos ... Compare com produto e serviço. Veja também entrega." PMBOK Guide (p. 372)

▶ Gerenciando a equipe do projeto

Nesta seção, cobrimos algumas ferramentas e técnicas usadas para gerenciar a equipe do projeto.

▶ Seleção da equipe

A equipe é composta pelas pessoas que farão o projeto acontecer. Assim, é essencial que, juntos, os membros tenham todas as habilidades e experiências certas para atender as necessidades do projeto. A matriz de habilidades da equipe é uma ferramenta útil para garantir que as experiências e habilidades são adequadas. O gerente e o patrocinador devem analisar a matriz de habilidades do projeto e certificar-se que quaisquer lacunas tenham sido preenchidas. A Tabela 2.2 é um exemplo de matriz e habilidades; o texto no fim da tabela apresenta mais detalhes.

As dinâmicas humanas e habilidades interpessoais são essenciais no gerenciamento de projetos. Todo gerente de projetos quer os melhores especialistas na sua equipe, mas o que fazer quando eles não estão disponíveis? E se o melhor especialista técnico só está disponível porque ninguém mais quer trabalhar com ele? Esse não é um problema subjetivo e que pode ser ignorado. Sua equipe precisa conseguir trabalhar em conjunto e parte do seu trabalho enquanto gerente de projetos é pensar sobre esse problema. Se a sua equipe do projeto nunca trabalhou junto antes ou se mostrar sinais de que não está conseguindo colaborar, será necessário incluir a construção de equipes ao plano do projeto. As melhores atividades de construção de equipes podem não alardear essa função.

Tabela 2.2 Um exemplo de matriz de habilidades

	Membros da equipe do projeto									
Habilidades e experiências necessárias	Abel	Beth	Cain	Don	Ellie	Fay	Gill	Harry	Indira	Jude
Conhecimento técnico sobre o motor a jato Furtwangler Mk. IX	x		x			xx	x	xx	xxx	xxx
Conhecimento técnico sobre máquinas de Boltzmann e recozimento simulado	xxx	xxx	xxx	x	xxx			xx	x	xxx
Operador CAD-CAM	xx	xx	xx	x	xxx			xx		
Conhecimento sobre o cliente – organização, processos e cultura										
Habilidades de finanças e contabilidade							xxx	xxx		
Habilidades de planejamento de projetos				x				xxx	x	
Conhecimento sobre como fazer as coisas na sua organização		xxx						xxx		xxx
Habilidades de apresentação				x		xxx		xxx		xxx
Capacidade de fazer as pessoas relaxarem em entrevistas				x		x		xxx		

Esse exemplo de matriz de habilidades lista as habilidades e experiências que o projeto precisa na coluna da esquerda, e os membros da equipe do projeto na primeira linha. Quando um membro tem uma habilidade ou experiência, um "x" marca pequenos níveis de experiência ou habilidade e "xxx" marca grandes níveis. Esta matriz mostra que essa equipe é forte nas habilidades técnicas, ou seja, as três primeiras linhas. A matriz também lista as habilidades interpessoais que serão importantes para o projeto, tais como ser conseguir fazer com que os entrevistados relaxem durante a coleta de dados. A equipe parece ter problemas com essas habilidades. Se apenas uma pessoa, Harry, for forte nessa habilidade, provavelmente a equipe não será suficiente (e olhe todas as outras áreas em que Harry é a única pessoa com muita habilidade). Assim, o projeto pode decidir se remediará essa situação com o treinamento dos membros listados na matriz ou com o acréscimo de novos membros à equipe. Em uma das áreas, conhecimento sobre a organização do cliente, nenhum membro da equipe tem qualquer experiência. Esse problema precisa ser resolvido.

O membro de equipe ideal existe? Podemos imaginar um gênio que sabe tudo sobre sua área técnica, nunca adoece e sempre apresenta seus documentos apropriadamente. O que você acharia de trabalhar ao lado dessa pessoa? A resposta provavelmente diz muito sobre o tipo de pessoa com quem você gosta de trabalhar, então a verdadeira resposta à pergunta sobre o membro de equipe ideal é que tudo depende de quem mais faz parte dessa equipe. Toda equipe de projeto é diferente e o que é perfeito em uma não funciona na outra. Assim, não seria possível nem desejável estabelecer regras precisas para a seleção de equipes sem que a relação com os outros indivíduos da equipe seja levada em consideração.

A seguir, listamos alguns fatores a serem considerados em termo de dinâmica humana e pessoas em projetos.

- As pessoas gostam de trabalhar com seus amigos, ou pelo menos com indivíduos com quem já trabalharam no passado. Conhecer pessoas exige tempo e energias intelectuais e emocionais e a grande maioria prefere não se dar a esse trabalho sempre que possível.
- Uma equipe completamente nova, na qual ninguém nunca trabalhou junto antes, não aproveitará toda a sua capacidade até algum tempo depois do início do projeto.
- Um grupo ou equipe estabelecido pode não conseguir reconhecer lacunas em suas habilidades que exigem o recrutamento de novos membros. Utilize a matriz de habilidades para garantir que você, enquanto gerente de projetos ou patrocinador, enxerga as lacunas e poderá vender a ideia à equipe. Em último caso, se não conseguir vender a ideia à equipe, prepare-se para dar uma ordem.
- O gerente do projeto precisa passar algum tempo conhecendo sua equipe e ele e o patrocinador precisam passar algum tempo conhecendo um ao outro. Use esse tempo para estabelecer quem é quem e como as pessoas gostam de trabalhar em equipe.
- Se a equipe do projeto estiver espalhada, provavelmente ninguém jamais entenderá como todos os outros trabalham, a menos que você faça esforço especial para reuni-los para trabalhar em equipe logo no início do projeto. Essa reunião não precisa ser física; videoconferência ou ligações telefônicas podem bastar.
- Se a equipe for composta principalmente de pessoas que já trabalharam juntas antes, com apenas um ou dois novos rostos, cuide para que os novatos se integrem à equipe. Os grupos desenvolvem suas próprias subculturas e novos integrantes às vezes acabam quebrando regras sem perceber. A menos que alguém perceba o que está acontecendo e intervenha, esse fato pode levá-los a serem rejeitados. A rejeição pode ser uma questão de dinâmicas de grupo sutis e até mesmo difícil de perceber. O novo integrante pode se sentir isolado e desmotivado quando ficar óbvio que todos os membros do grupo simpatizam com todos os outros, exceto com ele.
- Um caso especial desse problema é quando você, o gerente do projeto, é o novato em um grupo antigo. Esse problema será examinado em mais detalhes a seguir (ver "Conquistando e mantendo a autoridade").
- Equipes trabalhando sob pressão tendem a buscar e se adaptar à primeira solução plausível. Se a equipe já trabalhou em um problema parecido antes, os membros provavelmente reverterão à solução anterior se estiverem sem tempo. Às vezes, o projeto precisa exatamente disso. Se não, pode ser necessário alterar a composição da equipe para estimular novos modos de pensar.
- Nem todas as equipes de projetos que trabalharam juntas antes querem trabalhar juntas de novo. Se o projeto anterior teve relacionamentos problemáticos, pode ser melhor não sobrecarregar seu projeto com esse legado emocional. Não pressuponha que todas as experiências anteriores são positivas.

▶ Conquistando e mantendo a autoridade

Em geral, um dos aspectos mais estressantes de se tornar gerente de projetos é a ideia de estabelecer autoridade sobre profissionais que até então eram seus pares.

"Não vai ser óbvio que eu sei menos do que todo mundo sobre quase todos os aspectos do trabalho? Não vai ficar estampado na minha cara?" Muitos gerentes de projetos de sucesso admitem que começaram com os mesmos medos. Isso não os impediu de fazerem um bom trabalho.

A boa notícia é que quase todo mundo estará do seu lado. A equipe quer que você tenha sucesso, pois isso significa que o projeto também terá sucesso, o que é bom para todos. A maioria não espera que você seja um especialista no seu domínio e no delas; afinal, eles provavelmente não teriam sido escolhidos para a equipe se não tivessem alguma habilidade especializada. Além disso, a organização executora quer que você tenha sucesso e dará o apoio e a orientação que você solicitar. A posição de gerente é uma fonte natural de autoridade. O simples fato que você é o gerente predispõe as pessoas a atender seus pedidos: você tem o apoio do peso das convenções e do protocolo organizacional. Mesmo os amigos normalmente respondem de um modo correto e profissional quando você assume a função de gerente de projetos, desde que não aja de maneira confusa em ambientes profissionais.

Enquanto gerente de projetos, você possui cinco fontes de poder:

- Poder legítimo: a autoridade que acompanha sua posição de gerente de projetos. É a fonte principal de poder dentro do projeto.
- Poder de recompensa: a capacidade de conceder as recompensas desejadas.
- Poder especialista: o conhecimento especializado significa que sua opinião tem peso. A importância do poder especialista varia. Em domínios técnicos e profissionais, algum nível de conhecimento técnico comprovado é essencial e, em casos extremos, algumas profissões são famosas por sua relutância em aceitar o gerenciamento por não membros.
- Pode referente: o poder da sua rede pessoal. Se você for a filha do executivo-chefe, terá muito poder em sua organização mesmo que esteja em um cargo subalterno. Não hesite em usar a rede em prol do projeto, mas cuidado para não usar seu poder de modos que possam prejudicar terceiros ou que permitam que você ignore os canais normais. Você não quer desenvolver a reputação de abusar do poder referente.
- Poder coercivo: em certo aspecto, o oposto do poder de recompensa, ou seja, a capacidade de infligir resultados indesejáveis em quem não faz o que você quer. Qualquer uso do poder coercivo provavelmente destruirá qualquer entusiasmo que seu alvo possa ter, mesmo que produza a ação desejada no curto prazo.

Você pode expandir suas vantagens iniciais, ou então destruí-las (Tabela 2.3). Em geral, o bom senso é a diferença entre os dois resultados.

Manter sua autoridade como gerente de projetos é basicamente igual a qualquer outra função gerencial. A diferença no gerenciamento de projetos é que você pode precisar dominar os elementos básicos, pois novos projetos, com novas equipes, vão aparecer com muito mais frequência do que se você estivesse em um cargo de gerência de linha. Isso significa que pode ser necessário continuar a redefinir sua autoridade. Outro motivo é que os membros da equipe do projeto podem achar que seu gerente de verdade é o de linha, não você, o de projetos. Outra diferença entre o gerenciamento de projetos e o de linha ou de processos é que o primeiro envolve muito mais incertezas sobre o que fazer e como fazê-lo.

Tabela 2.3 Mantendo a autoridade – o que fazer e o que não fazer

Fazer	Não fazer
♦ Tratar todos como adultos. Diga-lhes o que precisa ser feito e por quê e depois deixe-os trabalhar.	♦ Receber crédito pelo trabalho alheio.
♦ Pedir a opinião das pessoas sobre suas áreas e prestar atenção na resposta.	♦ Dar a impressão que não confia nas pessoas, não aceitando a opinião profissional de pessoas que sabem mais sobre a área do que você.
♦ Elogiar publicamente o trabalho de alta qualidade.	♦ Atacar ou insultar membros da equipe, mesmo que você esteja furioso por algum motivo.
♦ Compartilhar informações sobre elementos internos e externos ao projeto.	♦ Quebrar a confiança de outros membros da organização para tentar conquistar a equipe. (Como a equipe confiaria em você?)
♦ Lembrar de fazer as pessoas pedirem sua assinatura ou informarem o que fizeram pode ser uma maneira sutil de lembrá-los quem é o chefe.	♦ Gritar ordens como se fosse um sargento (ou coreógrafo de balé). Se deixar seu medo levá-lo a esse estado, a equipe poderá parar de levá-lo a sério.
♦ Peça para os membros da equipe realizarem tarefas da mesma maneira que pediria qualquer outra coisa, com profissionalismo e educação.	♦ Recusar-se a se envolver com as atividades sociais do grupo (você será visto como distante).
♦ Faça referência e seja visto junto aos profissionais mais graduados com quem precisa trabalhar.	♦ Atacar o portador de más notícias.
♦ Quando receber uma má notícia, procure uma solução, não um culpado.	♦ Usar coerção (mesmo com quem merece).

Os projetos, por sua própria natureza, envolvem fazer coisas novas de maneiras novas e parte do trabalho provavelmente vai ir além dos procedimentos tradicionais. Sob essas circunstâncias, a equipe busca orientação e direções do gerente do projeto. Se os membros começarem a achar que você é vago ou confuso, sua credibilidade pode ser destruída. Mas cuidado para não ser decisivo apenas para manter as aparências, pois essa atitude pode ser igualmente prejudicial à sua credibilidade. A melhor defesa contra isso é o plano do projeto. Se pensou todas as questões, considerou todas as abordagens possíveis e planejou o projeto de modo a encontrar o equilíbrio ideal entre riscos e progresso, você provavelmente já vai saber a maior parte das respostas. Volte ao plano, lembre-se de por que ele foi montado assim e dê uma resposta clara. Os gerentes de projetos que tentam trabalhar sem fazer ou se referir a um plano perdem sua credibilidade junto à equipe não porque os membros prestam atenção diretamente ao plano, mas sim porque o gerente parece indeciso e contradiz decisões anteriores.

▶ Mantendo a autoridade depois de cometer um erro

Todo mundo comete erros, mesmo gerentes de projetos experientes e altamente qualificados. Às vezes, é possível recuperar a situação antes que ela chame a atenção, mas às vezes alguém percebe que você está tendo que se esforçar mais por causa de algum erro. Algumas pessoas jamais admitem que tiveram culpa, mesmo que seja óbvio, e chegam a intimidar quem tenta chamar a atenção para esse fato ou sugerir uma alternativa claramente melhor. Esse tipo de comportamento têm duas consequências: a moral da equipe será destruída, a começar pelos membros mais inteligentes, e apenas as suas ideias acabarão sendo implementadas. Como ninguém pode contestar as suas ideias, as piores não serão filtradas e o projeto irá sofrer.

Se você suspeita que essa descrição pode se aplicar a você (ou, ainda mais importante, que a equipe acredita nisso), mude seu comportamento. A mudança é fácil: tudo que você precisa fazer é admitir que cometeu um erro de vez em quando. Experimente. Logo você verá que está conquistando o respeito da equipe, não perdendo, quando mostra que tem maturidade suficiente para se responsabilizar pelas próprias ações. Isso não significa que deve rastejar o tempo inteiro, apenas que não deve se esconder por trás do seu poder gerencial. Se cometeu um erro, um pedido de desculpas e outro de apoio pode ser uma maneira melhor de fazer com que os outros lhe ajudem do que anunciar trabalho extra para todo mundo e deixar que os membros descubram o motivo por si sós.

▶ Estilos de trabalho pessoais

Seu estilo pessoal de trabalhar afetará o projeto, assim como os estilos de todos os membros da equipe. Todos temos estilos diferentes e que podem ser modificados aos poucos, ainda que não por completo. Mesmo sem modificá-lo, estar ciente do próprio estilo e dos estilos alheios e saber como usá-los e quando delegar para alguém com um estilo melhor são habilidades importantes no gerenciamento de projetos e na administração em geral. O estilo pessoal é diferente das habilidades e conhecimentos, ainda que seja afetado por ambos e pela experiência. Um estilo engraçadinho e tolerável em um espertinho de vinte anos pode parecer ridículo em um veterano de setenta, e vice-versa.

Como exemplo da importância dos estilos, pense em alguém que parece nunca trabalhar de verdade e ainda assim é incrivelmente produtivo. Tente imaginar se essa pessoa alguma vez respondeu perguntas mais rápido do que você poderia simplesmente porque sabia a quem perguntar em vez de tentar inventar uma resposta por conta própria. Isso é parte do estilo. Se, em vez disso, você próprio é uma dessas pessoas que sempre encontra as respostas em sua rede, talvez você tenha uma admiração secreta (ou desprezo) por quem descobre tudo sozinho em vez de utilizar informações existentes perfeitamente adequadas. O mais importante nisso tudo é que pessoas diferentes têm estilos operacionais diferentes. Ambos produzem resultados. A probabilidade de lidar com estilos diferentes é muito maior no gerenciamento de projetos interfuncionais do que quando trabalhar apenas dentro da própria área, pois domínios diferentes atraem tipos diferentes de indivíduos.

Existem muitas teorias sobre personalidades e funções preferidas em equipes, mas por ora basta lembra que essas diferenças são reais e podem derrubar um gerente de projetos descuidado. Não pressuponha que todos trabalham da mesma maneira que você e sempre gerencie ativamente os estilos de trabalho da sua equipe. Isso significa escolher a combinação certa de pessoas e adaptar seu próprio estilo às circunstâncias. Uma técnica usada por muitos gerentes de projetos é realizar um teste de Belbin, Myers–Briggs ou outra classificação tipológica no começo do projeto. O teste serve a dois propósitos: primeiro, como exercício de construção de equipe; segundo, para revelar supostos tipos de personalidade. Muita gente não gosta da ideia dos exercícios desse tipo, pois eles parecem manipuladores, mas quando executados corretamente podem ser muito agradáveis. Muitas vezes, é possível solicitar que o próprio departamento de RH da organização realize esses exercícios.

Uma maneira de pensar sobre o problema dos estilos de trabalho é que as pessoas podem passar tempo juntas no trabalho de dois modos diferentes: elas podem ser profissionais, concentradas em realizar o trabalho ("orientadas a tarefas") ou enfocar a pessoa na sua frente e lidar com as questões humanas ("orientadas à manutenção"). A Figura 2.5 apresenta o espectro dessas características. Durante um dia normal, ou mesmo em uma única conversa, a maioria de nós passa parte do tempo nas tarefas e parte na manutenção. O tempo de manutenção é a cola que mantém a coerência do grupo. Ao investir tempo e energia em conversas autênticas sobre assuntos que vão além da tarefa do momento, os laços que unem o grupo são mantidos. Assim, enquanto gerente de projetos de um grupo recém-formado, é importante investir tempo e energias no trabalho de manter o grupo unido (talvez até reservando tempo fora das horas de trabalho como sinal do seu comprometimento com o lado humano). Depois que as pessoas começam a gostar de passar tempo juntas, fica mais fácil falar sobre os problemas das tarefas e interagir com sucesso sem se preocupar muito com o que todo mundo está pensando. É mais fácil sugerir melhorias a amigos do que a estranhos. Depois de um período exaustivo de preparação para um prazo, vale a pena gastar algum tempo com manutenção. Sem ele, fica mais difícil manter a equipe trabalhando em conjunto durante o resto do projeto.

Alguns setores da economia atraem naturalmente os indivíduos orientados a tarefas (por exemplo: mercado de capitais, pilotos militares, vendas de alto valor, gerenciamento de projetos e engenharia). Outros parecem atrair profissionais orientados a tarefas e à manutenção: governos locais e centrais, direito, artes cênicas e

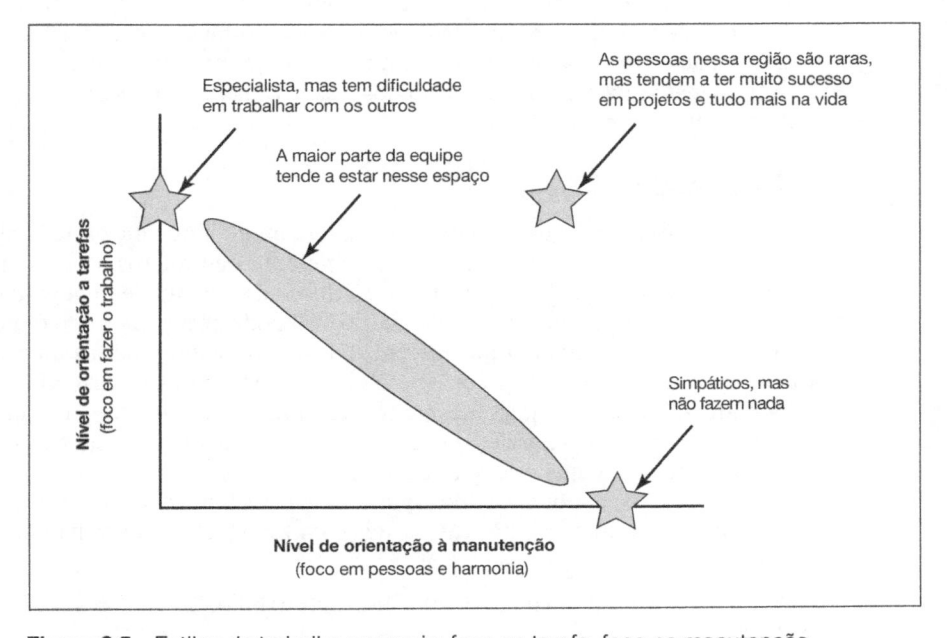

Figura 2.5 Estilos de trabalho pessoais: foco na tarefa, foco na manutenção.

marketing. Gostaríamos de deixar claro que ter mais pessoas orientadas à manutenção trabalhando no governo do que nos mercados de capitais, por exemplo, não é um defeito. Um governo em que todos os trabalhadores são orientados a tarefas e ignoram completamente a manutenção é uma ditadura. Os projetos, e o mundo como um todo, precisam de ambos. (E, a propósito, caso não seja óbvio, os bons projetos também não são governados como se fossem ditaduras, mesmo no mercado de capitais.)

Todo mundo tem uma predisposição natural a atividades orientadas a tarefas ou à manutenção. Na posição de gerente de projetos, você precisa garantir uma equipe equilibrada entre as duas orientações. Isso depende da natureza do projeto, não apenas das pessoas envolvidas. Além disso, você precisa adaptar seu estilo às circunstâncias. Quando o prazo está chegando e a equipe precisa se orientar mais a tarefas, você precisa ter acumulado uma reserva de boa vontade suficiente com seus comportamentos passados para poder se comportar de maneira mais diretiva, dando ordens sem explicações quando necessário. Saiba quando é seguro se divertir com todo mundo e dê o exemplo quando chegar a hora de fazer o trabalho pesado.

▶ Socializando

Essa pode ser uma boa maneira de conhecer os estilos pessoais dos outros... e de deixá-los conhecer o seu, o que é igualmente importante. A socialização é boa para o espírito de equipe. Assim, a decisão óbvia é sair para beber com os colegas depois do trabalho ou, dependendo do país e cultura em que se encontra, compartilhar um narguilé. Isso é o que os amigos gostam de fazer juntos e, por consequência, todos trabalharão melhor em equipe. Mas não espere que todos aproveitem. Algumas pessoas simplesmente não gostam: elas podem ter compromissos familiares ou apenas não gostar de fazer as mesmas coisas que você. Às vezes, forçar todo mundo a participar pode ser contraproducente: não adianta mandar alguém se divertir. Se alguém se sentir obviamente desconfortável com a sugestão, não faz sentido insistir. Da próxima vez, escolha um evento ou horário diferente e, se necessário, apenas garanta que os excluídos dessas ocasiões são incluídos em eventos coletivos durante o expediente.

▶ Motivação

A motivação é essencial para qualquer empreendimento humano e sua manutenção é uma das principais responsabilidades do gerente de projetos. Com uma equipe motivada, reveses e problemas de todos os tipos não passam de uma garoa no oceano. Sem motivação, até o problema mais trivial pode atrapalhar todo o projeto. As pessoas trabalham bem porque querem. Talvez o trabalho produza uma sensação direta de conquista e sucesso ou então elas sintam que estão fazendo sua parte pela equipe. Mas uma equipe desmoralizada logo acaba destruindo a motivação do próprio gerente. A experiência mostra que os elementos que motivam as equipes são diferentes daqueles que as desmotivam (Tabela 2.4).

Em projetos, a motivação da equipe deve ser gerenciada com as mesmas ferramentas de comunicação básicas usadas com todo o resto do trabalho. E, acima de tudo:

- Trate as pessoas de maneira justa e use suas habilidades.
- Ouça.

Tabela 2.4 Fatores que motivam e desmotivam

Fatores que motivam	Fatores que desmotivam
♦ Sensação de conquista.	♦ Supervisão excessivamente controladora sugere falta de confiança.
♦ Compartilhar lutas e adversidades.	♦ Políticas irracionais.
♦ Reconhecimento.	♦ Mudanças frequentes nos planos.
♦ Realizar um trabalho que por sua própria natureza é recompensador e vale a pena.	♦ Perda de tempo com procedimentos administrativos.
♦ Sensação de responsabilidade.	♦ Ser humilhado ou ver outros membros da equipe sendo humilhados.
♦ Possibilidade de avançar.	
♦ Aprender algo que vale a pena.	♦ Trabalho fácil demais.
♦ Sensação de crescimento pessoal.	♦ Sensação de que ninguém pensa em você.
♦ Trabalhar para e com pessoas por quem tem respeito profissional.	♦ Sentir que não há mérito no modo como os membros da equipe são recompensados.
♦ Receber tarefas ou informações importantes.	♦ Relações sexuais ou românticas entre líderes e membros da equipe.

♦ Construa seu relacionamento com a pessoa e não apenas com o cargo.
♦ Use o bom senso para decidir o nível necessário de documentação do projeto e garanta que todos entendem por que é necessária e se sentem confortáveis com ela.
♦ Mostre que você vê quem trabalha bem e é esforçado.
♦ Assegure-se de que todos entendem por que suas tarefas são importantes.
♦ Mostre que confia e depende das pessoas.
♦ Proteja os membros da equipe de incertezas desmoralizantes sobre a justificativa ou direção do projeto.
♦ Evite relações sexuais ou românticas com os membros da equipe do projeto.

Seria uma boa ideia esconder os problemas com sua própria motivação? Entusiasmo e desespero são igualmente infecciosos. Um gerente de projetos que radia entusiasmo pode energizar a equipe, fazendo as tarefas de todo mundo mais fáceis e agradáveis. Mas se estiver desesperado, cuidado, pois a equipe seguirá sua atitude. Não que você deva esconder o que está acontecendo, pois é essencial que todos os membros compreendam a situação objetivamente para que as decisões do projeto estejam de acordo com a realidade. No entanto, a verdade é que o seu desânimo será ampliado pela equipe e deixará todos os problemas ainda piores.

▶ Supervisão, ou monitoramento e controle

O gerente de projetos é responsável por manter o equilíbrio entre tempo, custo e desempenho. Isso significa que as atividades do projeto devem ser supervisionadas, um processo também conhecido como monitoramento e controle, uma das áreas de conhecimento do gerenciamento de projetos cobertas no Capítulo 3. Nesta seção, apresentamos alguns aspectos do monitoramento e controle especialmente relevantes para o estilo pessoal e habilidades gerenciais do gerente de projetos.

Enquanto gerente de projetos, você precisa saber se o projeto está seguindo o cronograma para realizar suas entregas e você terá de intervir se detectar algum problema. Tudo isso é apenas mais uma repetição do que é o emprego de gerente de projetos, então por que gastar mais tempo com essa discussão? Porque, como sempre, o princípio é fácil, mas a implementação prática deve ser feita com cuidado.

A maioria dos gerentes de projetos desenvolve um sistema pessoal para supervisionar atividades. Além disso, eles também desenvolvem um sexto sentido para avisá-los sobre quando a situação está saindo fora do controle. Alguns gerentes gostam de uma abordagem mais formal, com muitos relatórios. Outros praticam a "gerência por observação direta", ou seja, visitam as mesas da equipe do projeto, conversam sobre o que os membros estão fazendo e seguem seus instintos sobre com quem devem falar a seguir. Ambas as abordagens são viáveis, mas ambas também são perigosas quando aplicadas de um modo que não se adapta às necessidades dos indivíduos que compõem a equipe. Algumas pessoas precisam de mais supervisão que outras, então aplicar o mesmo processo a todos pode irritar os membros mais experientes ao mesmo tempo que deixa os novatos perdidos e incertos sobre a utilidade do trabalho.

Às vezes, pode ser necessário lidar com alguém que acha que sabe de tudo, mas cuja atitude revela que sequer sabe o quanto ainda tem para aprender. Nessas circunstâncias, supervisione o profissional cuidadosamente para compensar lacunas técnicas, mas lembre-se que ele acredita que não precisa de supervisão nenhuma. Nessa situação, seja criativo: utilize o plano do projeto para acrescentar testes formais de garantia da qualidade de modos menos pessoalmente agressivos do que a monitoria constante do progresso do membro em questão. Ao mesmo tempo, tente juntá-lo com um membro mais experiente para que ambos possam compartilhar suas tarefas, delegando a supervisão de rotina.

Quando um prazo se aproxima, nosso primeiro instinto é verificar tudo para garantir que nada deu errado. Esse é um excelente hábito para gerentes de projetos, mas não exagere. Depois de um certo ponto, todo mundo sabe o que precisa ser feito, todas as entradas estão disponíveis e a única coisa que falta é fazer o trabalho. Analisar e verificar tudo de novo acaba atrasando o trabalho. Nessa fase, o melhor que você tem a fazer é simplesmente tirar os obstáculos menores da frente de quem vai fazer o trabalho e deixá-los em paz. Se o responsável pela penúltima atividade da cadeia crítica precisa sair do escritório para levar o carro ao mecânico, a melhor ação não é conferir o trabalho mais uma vez. Ofereça-se para levar o carro enquanto o outro fica no escritório trabalhando!

▶ Os limites da responsabilidade

Descanse de vez em quando! Um dos motivos para o gerenciamento de projetos ser tão estressante é a sensação desconfortável de ser responsabilizado pelos erros alheios. Você é o gerente, responsável por entregar o projeto, e a responsabilidade é toda sua. Se um membro da equipe o decepciona, o problema ainda é seu, por mais que você tenha trabalhado para ajudar essa pessoa. Um gerente de projetos que culpa publicamente um membro da equipe pelo atraso na entrega está fazendo papel de bobo, então você mesmo pode acabar levando a culpa.

Até certo ponto, essa tensão é uma constante na vida de todos os gerentes e você precisa aprender a conviver com ela. Mas não arruíne sua vida com a sensação de que é responsável por todos os erros que ocorrerem. Se você delegou toda a autoridade e a responsabilidade ao mesmo tempo, a pessoa para quem a tarefa foi delegada precisa se responsabilizar pelo resultado da tarefa. Se suspeita que um indivíduo não entendeu que suas ações têm um impacto direto no cliente, talvez ele deva conversar com o cliente ou pelo menos participar de uma reunião para sentir a reação dele em primeira mão. Assim como um bom gerente nunca rouba o crédito pelo trabalho alheio, você também precisa encontrar uma maneira de fazer com que os membros da equipe sintam as consequências negativas das próprias ações.

▶ Ciclo de vida do projeto

▶ Introdução

Antes de analisarmos o que é o ciclo de vida do projeto, o primeiro passo é esclarecer o significado geral e cotidiano do termo. Um ciclo de vida é uma série de tipos de eventos que sempre ocorrem na mesma ordem; espera-se que a série se repita, possivelmente com algumas variações, para outros objetos do mesmo tipo. Assim, o ciclo de vida humano começa com o nascimento, avança para a infância, adolescência, vida adulta (que começa com um entusiasmo ingênuo e termina com resignação), velhice e, finalmente, morte. Shakespeare descreve o ciclo de vida humano mais poeticamente nas sete idades do homem. Indivíduos diferentes têm vidas diferentes: alguns amadurecem mais cedo, outros continuam a apresentar tendências adolescentes até os 25 anos, alguns ficam senis aos 60, outros chegam lúcidos aos 100. A morte pode encerrar o ciclo mais cedo, mas o importante é o padrão. Além disso, saber em que parte do ciclo está cada indivíduo é tão útil que fazemos essa análise sem pensar. Ninguém trata uma criança de dois anos que entra no nosso quarto no meio da noite do jeito como trataria um adulto que fizesse o mesmo.

E o mesmo vale para os projetos. Todos os projetos, por mais diferentes que sejam entre si, compartilham do mesmo ciclo de vida, apenas por serem projetos. Enquanto gerente de projetos ou patrocinador, você precisa conhecer o ciclo de vida do projeto e saber como o foco do seu trabalho muda em cada fase desse ciclo.

O ciclo de vida mais simples de todos é:

$$começo \rightarrow meio \rightarrow fim$$

Observe que mesmo esse modelo ultrassimples do ciclo de vida do projeto identifica uma das características mais importantes dos projetos. Lembre-se que, nas organizações, tudo é processo ou projeto. Os projetos diferem dos processos porque têm início e fim, enquanto os processos são contínuos. O projeto já começou? Já terminou? Em muitos casos, essas são perguntas essenciais em situações de governança de projetos. Muitas grandes empresas e organizações governamentais têm uma série de projetos que, como o monstro de Frankenstein, não estão vivos nem mortos. Isso é perfeitamente razoável quando os projetos foram colocados em animação suspensa, ou seja, paralisados temporariamente enquanto esperam a resolução de algum outro fator. No entanto, muitas vezes os projetos deveriam ter sido cancelados e os recursos realocados a projetos mais promissores, mas problemas de governança ou gerenciamento de projetos permitem que muitas atividades basicamente inúteis sobrevivam.

A Tabela 2.5 lista alguns exemplos de onde o gerenciamento de projetos deveria se concentrar em diferentes fases do ciclo de vida do projeto. Observe que onde o projeto foi dividido em diversas fases, cada divisão também segue essas fases. Assim, partindo de um dos pontos ilustrados na Tabela 2.5, se estamos no meio da fase 1 do projeto, com certeza já criamos um plano para a fase 1, mas não precisamos nos preocupar com um plano para a fase 5. Essa questão apresenta a relação entre a estrutura do projeto e o ciclo de vida, ambos os quais estão relacionados com o modo como gerenciamos a equipe do projeto e com a estrutura organizacional. Os patrocinadores e gerentes de projetos mais experientes estarão cientes dessas relações e suas consequências práticas para o projeto que estão gerenciando.

O PMI diz

Ciclo de vida do projeto e fase do projeto

"Ciclo de vida do projeto. Um conjunto de fases do projeto, geralmente em ordem sequencial, cujos nomes e quantidades são determinados pelas necessidades de controle da organização ou organizações envolvidas no projeto. Um ciclo de vida pode ser documentado com uma metodologia." PMBOK Guide (p. 368)

"Fase do projeto. Um conjunto de atividades do projeto relacionadas de forma lógica que geralmente culminam com o término de uma entrega importante. Na maioria dos casos, as fases do projeto ... são terminadas sequencialmente, mas podem se sobrepor em algumas situações do projeto. As fases podem ser subdivididas em subfases e depois em componentes; se o projeto ou parte do projeto estiverem divididos em fases, essa hierarquia fará parte da estrutura analítica do projeto. Uma fase do projeto é um componente do ciclo de vida do projeto. Uma fase do projeto não é um grupo de processos de gerenciamento de projetos." PMBOK Guide (p. 369)

Tabela 2.5 Exemplos de principais diferenças de foco do gerenciamento de projetos durante diferente fases do projeto usando o modelo de ciclo de vida mais simples possível

Começo	Meio	Fim
♦ Logo no começo, é aceitável não saber exatamente quais são as metas, justificativa e abordagem do projeto, mas todos devem ser definidos o quanto antes.	♦ Deve estar claro quais são as metas, justificativas e abordagem do projeto.	♦ A única coisa que importa é: o projeto atingiu suas metas?
♦ O momento certo para definir o plano.	♦ Deve estar seguindo o plano e fazendo o trabalho.	♦ O plano é irrelevante. As lições aprendidas devem ser capturadas e aplicadas a projetos futuros.
♦ É aceitável não saber quem fará o trabalho e como este estará organizado, mas isso deve ser definido o quanto antes.	♦ A equipe do projeto deve ter se unido e se integrado, formando um estilo próprio. Mudar alguns membros da equipe é normal.	♦ A equipe do projeto se separa e os indivíduos voltam à seus papéis de rotina ou a outros projetos.

▶ **Divisão do projeto em fases e ciclo de vida do projeto**

O ciclo de vida do projeto se divide em fases. A ideia é simples, mas compreendê-la corretamente pode ser muito valioso, pois ajuda a detectar problemas mais cedo e a gerenciá-los melhor. Uma das principais consequências dessa ideia é que as fases do projeto seguem uma sequência. Pode haver duas ou mais sequências igualmente boas, mas o importante é que o gerente do projeto e o patrocinador escolham uma sequência específica e sigam-na (ou então concordem em adotar outra).

Qual deve ser a sequência? Não há um modelo padrão que se aplique a todos os projetos. A escolha das fases e de como ordená-las varia de acordo com o setor da economia e o funcionamento da organização executora. Alguns aspectos do gerenciamento de projetos são absolutamente gerais e se aplicam a todos os projetos, tais como os tipos de perguntas que devem ser respondidas no termo de abertura do projeto (ou documento de iniciação do projeto), mas a divisão do projeto em fases não é um deles.

A questão sobre como dividir o projeto em fases e a sequência dessas fases se adaptará a uma de duas circunstâncias:

♦ Seu projeto poderá ser do tipo para o qual há um modelo estabelecido, possivelmente desenvolvido pela sua organização para atender suas necessidades específicas, ou por uma instituição profissional, ou um modelo pode ser disponibilizado informalmente, conversando com alguém que já trabalhou em projetos semelhantes no passado.
♦ Ou o projeto pode ser de natureza "céu azul", ou seja, algo inédito. Nesse caso, como dividi-lo em fases e as opções do ciclo de vida serão uma das primeiras tarefas do projeto e podem ser uma atividade considerável ou mesmo um subprojeto por si só.

Se já existe um modelo de ciclo de vida estabelecido para seu projeto, tente obtê-lo e revisá-lo para garantir que você entende como ele se aplica às necessidades do projeto (ou como difere delas). Adaptar parte desses modelos às suas necessidades pode ser útil, mas quase sempre é apenas uma questão de adaptação, não de partir do zero. Esses modelos nunca faltam em qualquer grande organização que trabalha com projetos, cada modelo com seu próprio grupo de apoiadores. A facilidade ou dificuldade de encontrar os modelos depende do sistema de gerenciamento do capital intelectual ou do conhecimento adotado pela organização. Os defensores adoram seus modelos específicos de ciclo de vida, mas você precisa entender as premissas implícitas por trás desse apoio, especialmente o tipo de projeto para o qual ele foi projetado e o tipo de problema que resolve. Selecionar um modelo de ciclo de vida é como selecionar qualquer outra ferramenta, ou seja, a ferramenta pode ser excelente sem ser a mais adequada para o trabalho. E também há o perigo do ótimo sendo inimigo do bom: não desperdice tempo tentando selecionar a ferramenta perfeita ou com diferenças insignificantes entre modelos muito parecidos quando qualquer boa ferramenta serve e esse tempo poderia ser gasto em outras atividades do projeto. Pense também nas necessidades da organização, não apenas no projeto. A organização se beneficia com a padronização das ferramentas, incluindo modelos de ciclo de vida. Esteja preparado para utilizar um ciclo menos do que perfeito para o projeto atual, pois a organização pode obter ganhos estratégicos com o uso de alguns poucos modelos de ciclo de vida padronizados. O texto no box a seguir descreve alguns modelos de ciclo de vida padrão, enquanto a Figura 2.6 oferece alguns exemplos.

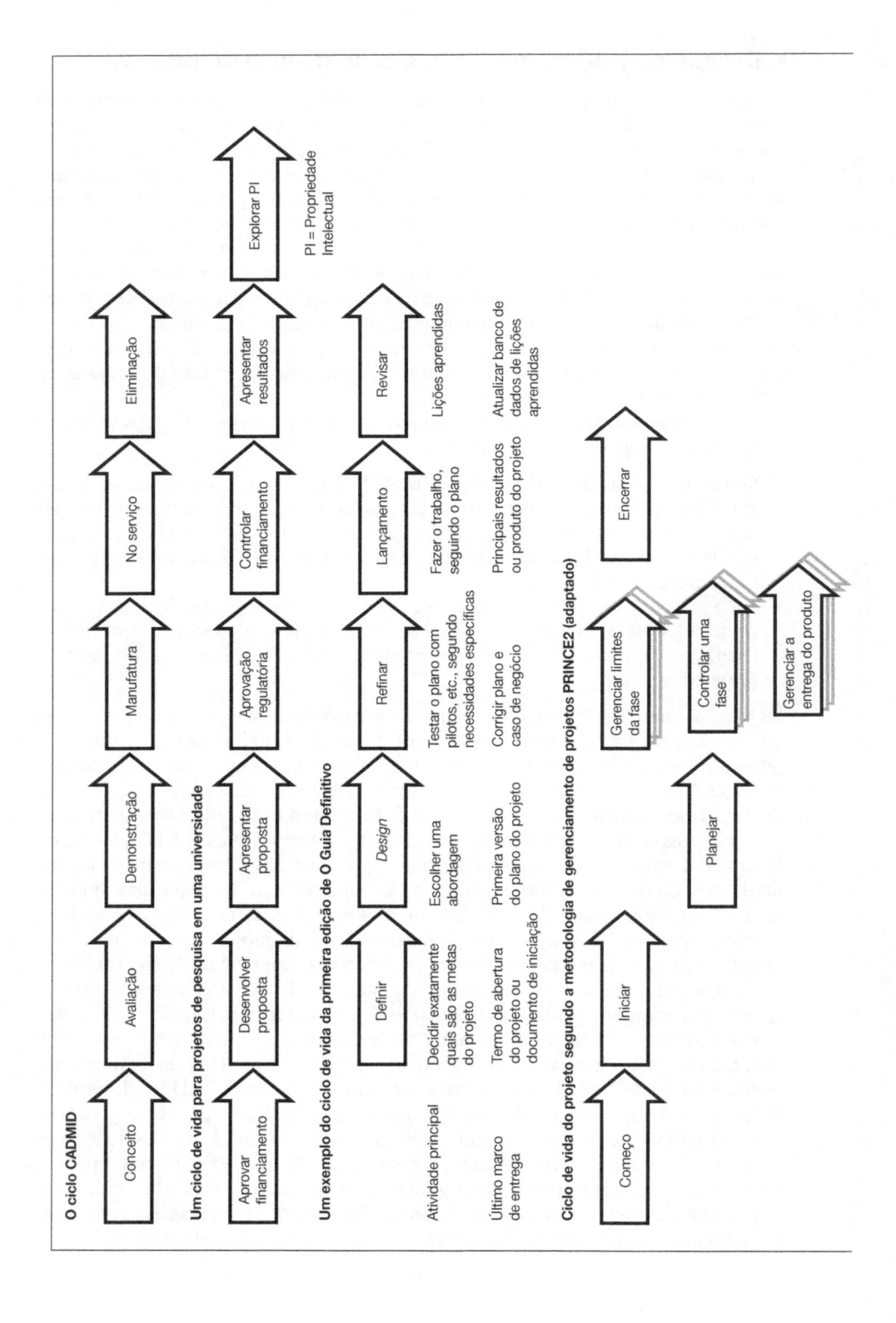

52 O guia definitivo do gerenciamento de projetos

O ciclo CADMID

Conceito → Avaliação → Demonstração → Manufatura → No serviço → Eliminação

Um ciclo de vida para projetos de pesquisa em uma universidade

Aprovar financiamento → Desenvolver proposta → Apresentar proposta → Aprovação regulatória → Controlar financiamento → Apresentar resultados → Explorar PI

PI = Propriedade Intelectual

Um exemplo do ciclo de vida da primeira edição de O Guia Definitivo

	Definir	Design	Refinar	Lançamento	Revisar
Atividade principal	Decidir exatamente quais são as metas do projeto	Escolher uma abordagem	Testar o plano com pilotos, etc., segundo necessidades específicas	Fazer o trabalho, seguindo o plano	Lições aprendidas
Último marco de entrega	Termo de abertura do projeto ou documento de iniciação	Primeira versão do plano do projeto	Corrigir plano e caso de negócio	Principais resultados ou produto do projeto	Atualizar banco de dados de lições aprendidas

Ciclo de vida do projeto segundo a metodologia de gerenciamento de projetos PRINCE2 (adaptado)

Começo → Iniciar → Planejar → Gerenciar limites da fase → Controlar uma fase → Gerenciar a entrega do produto → Encerrar

Organização, pessoas e gerenciamento do projeto 53

Ciclo de vida do projeto BAA PLC

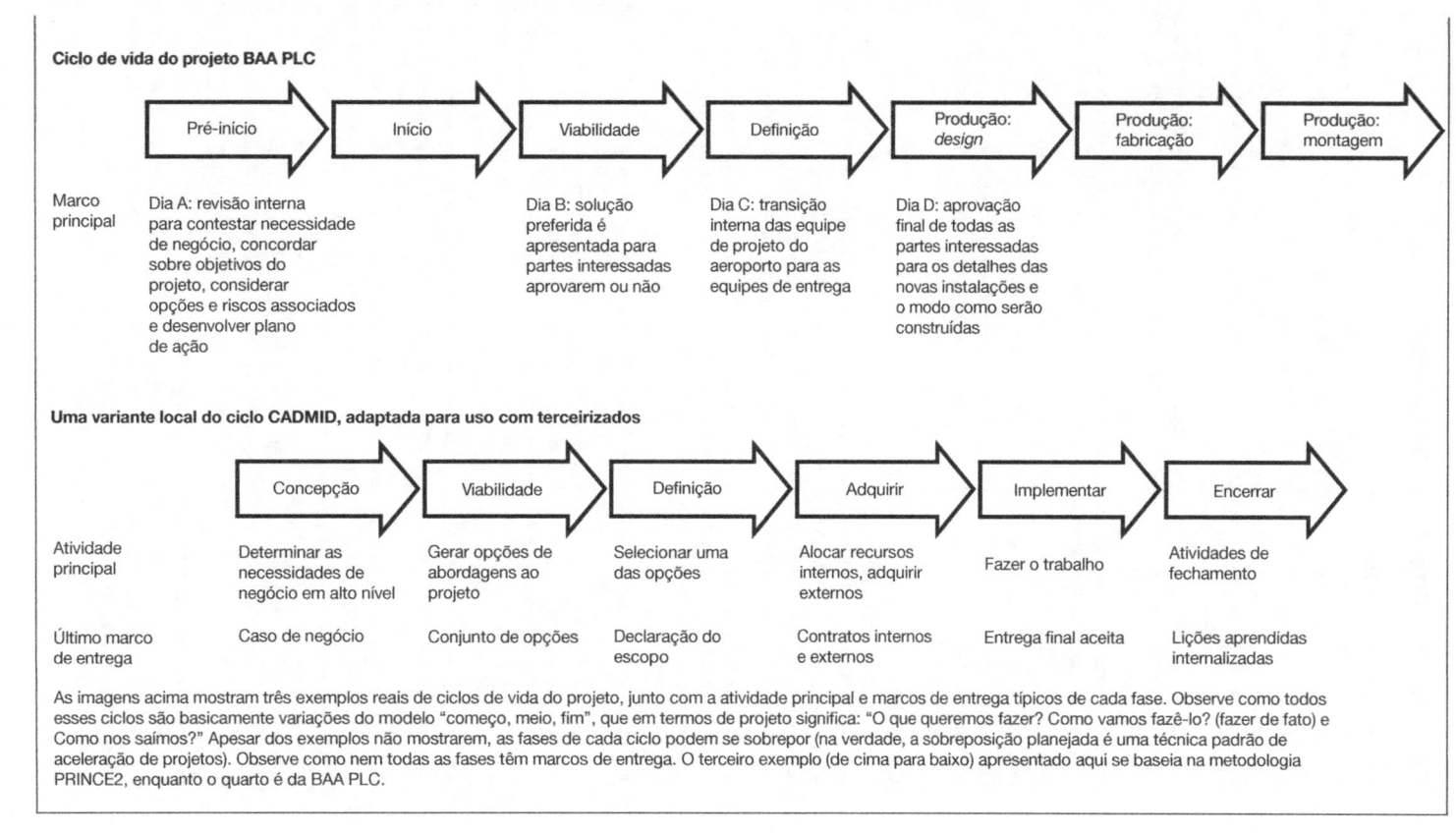

	Pré-início	Início	Viabilidade	Definição	Produção: design	Produção: fabricação	Produção: montagem
Marco principal	Dia A: revisão interna para contestar necessidade de negócio, concordar sobre objetivos do projeto, considerar opções e riscos associados e desenvolver plano de ação		Dia B: solução preferida é apresentada para partes interessadas aprovarem ou não	Dia C: transição interna das equipes de projeto do aeroporto para as equipes de entrega	Dia D: aprovação final de todas as partes interessadas para os detalhes das novas instalações e o modo como serão construídas		

Uma variante local do ciclo CADMID, adaptada para uso com terceirizados

	Concepção	Viabilidade	Definição	Adquirir	Implementar	Encerrar
Atividade principal	Determinar as necessidades de negócio em alto nível	Gerar opções de abordagens ao projeto	Selecionar uma das opções	Alocar recursos internos, adquirir externos	Fazer o trabalho	Atividades de fechamento
Último marco de entrega	Caso de negócio	Conjunto de opções	Declaração do escopo	Contratos internos e externos	Entrega final aceita	Lições aprendidas internalizadas

As imagens acima mostram três exemplos reais de ciclos de vida do projeto, junto com a atividade principal e marcos de entrega típicos de cada fase. Observe como todos esses ciclos são basicamente variações do modelo "começo, meio, fim", que em termos de projeto significa: "O que queremos fazer? Como vamos fazê-lo? (fazer de fato) e Como nos saímos?" Apesar dos exemplos não mostrarem, as fases de cada ciclo podem se sobrepor (na verdade, a sobreposição planejada é uma técnica padrão de aceleração de projetos). Observe como nem todas as fases têm marcos de entrega. O terceiro exemplo (de cima para baixo) apresentado aqui se baseia na metodologia PRINCE2, enquanto o quarto é da BAA PLC.

Figura 2.6 Alguns exemplos de diversos ciclos de vida do projeto.

Alguns modelos de ciclo de vida

Desenvolvimento em espiral

O desenvolvimento em espiral é uma das muitas respostas ao problema dos prazos e orçamentos estourados no gerenciamento de projetos de defesa e outros setores. O objetivo é superar três problemas:

- Tempo de ciclo/obsolescência: a velocidade dos avanços tecnológicos significa que, à medida que o projeto progride, o mercado disponibiliza novos métodos de trabalho e soluções que não poderiam ser previstos no começo, criando o risco de construir algo obsoleto. Acelerar o tempo de ciclo se torna uma necessidade de negócio.
- Interface: o problema de como organizações diferentes, com abordagens diferentes ao gerenciamento de projetos, incluindo modelos de ciclo de vida diferentes, podem colaborar em projetos conjuntos com eficiência.
- Desperdício: o risco específico de desperdício que surge quando o projeto avança demais sem verificar que suas atividades realmente são desejadas e têm valor.

O desenvolvimento em espiral é um novo nome para uma ideia velha: "constrói um pouquinho, testa um pouquinho".[4] O Departamento de Defesa dos EUA indica uma preferência clara por esse modelo em certas áreas (os sites do departamento contêm mais informações).[5] O *Software* Engineering Institute da Carnegie Mellon University (CMU)[6] é outro ponto de partida para mais informações sobre o desenvolvimento.

CADMID

O objetivo do ciclo CADMID, utilizado em aquisições de defesa na Grã-Bretanha, é o mesmo. Apesar de ser popular entre contratos e aquisições de defesa, o ciclo CADMID representa princípios práticos que podem reduzir custos e riscos em uma ampla variedade de setores, incluindo mercados de capital, farmacêuticos, governo, *software* e serviços financeiros. O ciclo possui três características principais que podem ser fatores significativos na hora de dividir seu projeto em fases. São elas:

- Primeiro, defina o conceito. Redigido em forma CADMID, esse passo parece óbvio, mas não separar explicitamente a definição do conceito de um novo produto ou serviço e sua criação e entrega aumenta os riscos de problemas com custos, controle do trabalho e comunicação com as partes interessadas.
- Faça uma demonstração antes de começar a produzir em larga escala. Uma fase de teste ou demonstração criada especificamente para aprender mais sobre o produto do projeto diminui riscos e custos posteriores. As partes interessadas mais graduadas podem não gostar disso, pois estão sob pressão para produzir resultados o quanto antes. No entanto, a experiência comprova que, em projetos desenvolvendo novos serviços ou novas tecnologias, a pressa aumenta os custos e desacelera o trabalho. Uma fase de demonstração completa, com seu próprio escopo e antes da produção principal, quase sempre é uma boa ideia.
- Planeje a aposentadoria do produto. Se o projeto produzir algo que tornará uma parte integral dos processos de negócio da organização, será necessário começar outro projeto quando chegar a hora de aposentar o produto do primeiro. A aposentadoria não precisa ser parte do projeto que criou o produto, mas será importante para capturar e armazenar informações críticas no longo prazo e ajudará a organização a criar o novo produto ou serviço. Em tempos recentes, o maior exemplo de não seguir esse conselho é a indústria do *software*, que precisou aposentar muitos itens em preparação ao ano 2000, mas que incorreu em custos enormes porque boa parte do conhecimento necessário para a aposentadoria segura e controlada desses programas de processo de missão crítica se perdera. Esse é um exemplo da importância do gerenciamento de informações e conhecimento no gerenciamento de projetos e programas, mas o assunto está além do escopo deste livro.

Reengenharia de processos de negócio

Existem muitas metodologias de reengenharia de processos de negócio, a maioria das quais baseada pelo menos em parte no trabalho de Michael Hammer.[7] A maior parte das grandes consultorias em gestão empresarial, tais como a IBM Consulting, usam seus próprios estilos de reengenharia de processos de negócio. Muitas grandes organizações comerciais e governamentais estão seguindo essa mesma tendência.

Se o projeto for mais "céu azul" ou se estiver lidando com o primeiro tipo e quiser uma revisão completa de um modelo existente de ciclo de vida, a lista de verificação abaixo contém uma série de perguntas para ajudá-lo a dividir seu projeto em fases corretamente:

- Como você vai saber quando o projeto chegou ao fim? Quais os critérios de sucesso? Como é o sucesso? O que o projeto terá entregue? Como ele mudará o mundo?
- Qual a "prova" pela qual seu projeto precisa passar? Ou que você precisa responder antes do projeto poder continuar?
- Qual a estrutura lógica do projeto, em termos de sequência de trabalho?
- Quem são as partes interessadas principais? O que elas esperam que o produto produza?
- Quais as consequências da divisão em fases para o fluxo de caixa e fatores orçamentários? E seu ciclo do ano fiscal?
- Quais as principais entregas? Quais suas consequências para a divisão em fases?
- Se você contratar terceirizados ou diversas equipes para o projeto, a chegada e partida desses grupos poderia delimitar as fases do projeto?
- Que testes regulatórios ou jurídicos precisam ser cumpridos? Esses testes deveriam delimitar as fases?
- Quanto *Front-End Loading* (FEL) será necessário nesse projeto? (O FEL é explicado na página 57.)

▶ **Marcos, fases e *stage-gates***

O termo "marco" foi usado até aqui sem uma definição. Um marco é um tipo especial de entrega ou evento que serve como divisor natural em um trabalho, tal como uma fase de um projeto, indicando seu término (e quanto mais óbvio, melhor). Uma prova ao final de um curso é um exemplo paradigmático de marco: não há dúvida que a prova ocorreu, o fato é definitivo e a prova em si é um evento, não uma atividade prolongada (se isso parece errado, considere o fim da prova como marco).

A gerência sênior gosta de ver relatórios de projetos em termos de marcos. A vantagem é que se os marcos forem bem escolhidos, o relatório pode ser simples e curto e ainda dar uma boa ideia sobre o avanço do projeto. Os marcos devem ser eventos binários, com respostas "sim" ou "não". "Entregamos o protótipo para o cliente?", "O banco de dados funciona?", "Já assinamos o contrato com os fornecedores?" e "Recebemos todo o pagamento?" são bons exemplos de perguntas de marcos.

Assim, os marcos representam limites naturais das fases. Esse fato introduz a ideia do escopo, um aspecto crítico do gerenciamento de projetos. O escopo do projeto é simplesmente um termo especial para os limites do projeto; assim, o limite ou escopo do projeto geral deve estar alinhado aos limites externos de cada fase. Pode parecer óbvio, mas às vezes ele é esquecido em projetos grandes e complexos. O mesmo vale para projetos pequenos: um evento simples pode sugerir um marco conveniente mas ter a consequência acidental de aumentar o escopo do projeto. A diferença entre os marcos finais "entregar o banco de dados" e "ser pago" é um bom exemplo de como essa questão pode ser importante.

> **O PMI diz**
>
> **Marco**
> "Marco. Um ponto ou evento significativo no projeto...." PMBOK Guide (p. 364)

▸ Divisão em fases no controle de custos e riscos

A divisão em fases pode ser usada para gerenciar o risco de desperdício de trabalho, problemas de coordenação e retrabalho desnecessário. Estes podem surgir de três formas diferentes:

- pessoas que querem fazer o trabalho na hora errada (cedo demais ou tarde demais para obter valor máximo);
- a tendência natural do custo das mudanças da probabilidade de término aumentarem à medida que o projeto avança; e
- não compreender a tempo os detalhes principais do projeto.

Observe que o desenvolvimento e uso da divisão em fases do projeto e o tipo de ciclo de vida selecionado têm funções importantes no gerenciamento de ambos os riscos.

▸ Fases a serem controladas quando o trabalho começa

Se você deixar uma criança escolher o que cozinhar, logo vai estar servindo uma refeição sem legumes nem aperitivos, mas com muito bolo de chocolate. Na versão mais adulta dessa história, seu projeto corre os mesmos riscos, tanto com indivíduos quanto com fornecedores e terceirizados, que podem ter fortes incentivos para começar o trabalho antes do projeto estar pronto para recebê-lo.

Imagine que além de "começo" e "fim", o projeto tem mais duas fases: M1 e M2. Imagine que M1 é chata e tediosa, mas que M2, muito interessante e divertida, não pode ser planejada corretamente até o fim da fase M1. A equipe de ambas as fases é composta por membros que se ofereceram para trabalhar horas extras. O risco é que alguns membros da equipe, se não forem controlados, começarão a trabalhar em M2 antes de M1 acabar, ou talvez até antes dela começar. No gerenciamento de projetos, uma maneira essencial de usar o conceito de ciclo de vida é saber quando dizer "não, isso não começa até aquilo terminar".

Você precisa entender qual a sequência lógica do trabalho e que partes não podem começar até que algum outro evento tenha ocorrido. A Estrutura Analítica do Projeto enfoca essa questão, enquanto a divisão em fases pode ser usada para fortalecer a disciplina em torno de pontos críticos de "não começar antes de X". Tenha certeza de entender os incentivos que podem fazer a equipe começar uma fase do projeto antes da hora certa.

▸ *Front-end loading* (FEL)

Front-End Loading é a ideia simples e intuitiva: investir mais em planejamento no começo do projeto para evitar riscos e custos posteriores. A ideia faz ainda mais sentido em projetos porque as mudanças são mais baratas no começo do que no fim. A Figura 2.7(a) e (b) demonstra essa situação. Ao construir uma casa, a hora de mudar a forma dos alicerces é antes de construí-los, não depois de colocar o telhado, pois qualquer mudança significa derrubar a casa e construir tudo de novo. Assim, *front-end loading* é um nome formal para uma abordagem de ciclo de vida que, de forma deliberada e com o objetivo de reduzir custos e riscos posteriores, aplica mais planejamento, testes e desenvolvimento nas primeiras fases do projeto. Com frequência, a técnica é combinada com o uso de *stage-gates*.

A principal consequência do FEL para a divisão do projeto em fases é que, ao utilizar o FEL, pode ser necessário prolongar ou multiplicar as fases iniciais (e, em ambos os casos, provavelmente aumentar o orçamento delas). No caso de negócio, inclua uma defesa do uso do FEL e uma justificativa para os custos adicionais a serem incorridos, ou seja, quais são os benefícios específicos futuros desses custos

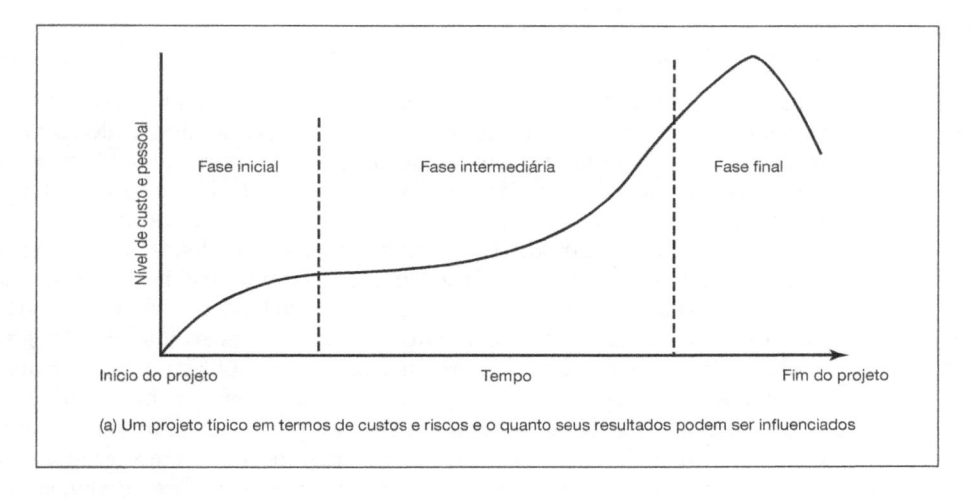

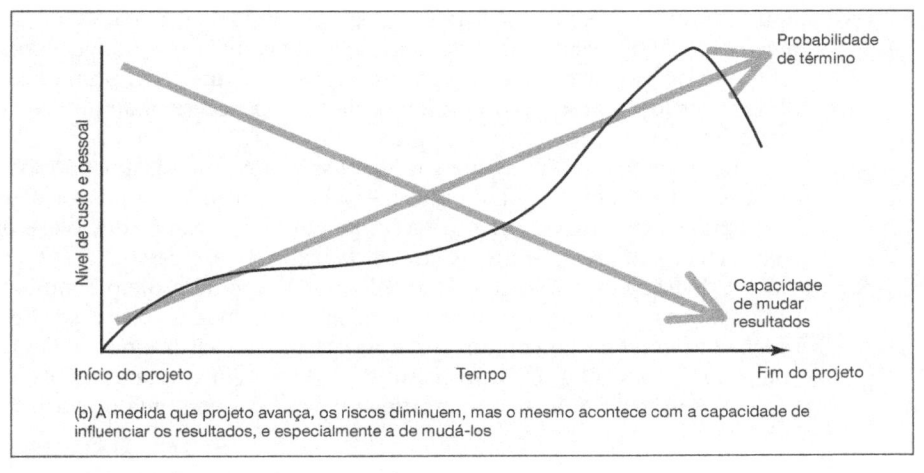

(a) Um projeto típico em termos de custos e riscos e o quanto seus resultados podem ser influenciados

(b) À medida que projeto avança, os riscos diminuem, mas o mesmo acontece com a capacidade de influenciar os resultados, e especialmente a de mudá-los

Figura 2.7 Custo e probabilidade de término.

imediatos. A lista a seguir representa um exemplo de implementação do FEL com *stage-gates*:

1. Conceito aprovado.
2. Viabilidade aprovada.
3. Definição finalizada.
4. Instalação e comissionamento pré-operacional.
5. Comissionamento operacional.

▶ Uma diferença importante: ciclo de vida *versus* grupos de processos do projeto

O próximo capítulo descreve os grupos de processos do projeto. São eles:

1. Iniciação.
2. Planejamento.
3. Execução.
4. Monitoramento e controle.
5. Encerramento.

A lista se parece muito com um modelo de ciclo de vida do projeto e palavras como "iniciação" e "planejamento" poderiam ser usadas como nomes de fases do ciclo, mas os grupos de processos do gerenciamento de projetos são diferentes. A diferença entre os dois é essencial. Muitos indivíduos aprovados pelos testes do PMI, mesmo com notas bastante altas, não entendem bem essa questão.

O ciclo de vida do projeto é o modo como ele foi dividido em diversas fases e cada projeto deve ter tantas fases quanto o gerente decidir. Não é verdade que todos os projetos devem ser forçados a adotar um ciclo de vida de "iniciação, planejamento, execução, monitoramento e controle e encerramento". Os grupos de processos do gerenciamento de projetos descrevem que processos têm maior probabilidade de serem úteis ao iniciar o trabalho de gerenciamento de projetos, quais para planejar, quais para executar e assim por diante. Quando o projeto trabalha com um ciclo de diversas fases, provavelmente muitos dos cinco grupos de processos serão necessários em cada uma delas. Obviamente, a fase de planejamento, se houver, provavelmente precisará de mais elementos do grupo de processos de planejamento. Mas mesmo a fase de fabricação (novamente, se houver) pode precisar do grupo de processos de planejamento, especialmente se as primeiras tentativas de fabricação do produto do projeto indicarem a necessidade de revisar o plano do projeto.

Em projetos com uma única fase, ou seja, em projetos que não são divididos em fases, provavelmente ainda será necessário usar todos os grupos de processos. Isso significa usar todos os cinco na mesma fase. Esperamos que o exemplo ajude a esclarecer a diferença entre as fases e os grupos de processos.

A divisão em fases varia de acordo com o tipo de projeto e muitos setores e organizações usam seus próprios modelos. Os grupos de processos de gerenciamento de projetos são conjuntos de processos que naturalmente são usados em conjunto. É possível utilizar processos de todos os cinco grupos na mesma fase do projeto. A utilização de qualquer grupo de processos em uma fase específica varia de acordo com as características de cada projeto. Por que essa diferença é importante? Cinco motivos. Confundir os dois:

- limita sua capacidade de explorar o valor integral ao modelo de ciclo de vida, se houver, ou de projetar um modelo ideal para o seu projeto;
- limita sua capacidade de obter todos os benefícios possíveis das técnicas de gerenciamento de projetos, tais como o PMBOK;
- pode enfraquecer sua credibilidade enquanto gerente de projetos perante as principais partes interessadas;
- cria trabalhos e riscos adicionais e desnecessários, tentando conciliar duas áreas que não precisam ser conciliadas; e
- ao reduzir a gama de ferramentas e técnicas que você considera aplicar em cada fase, aumenta os riscos do projeto.

Se depois de ler toda esta seção você ainda está confuso, não se preocupe. Depois do próximo capítulo, tudo ficará muito mais claro. Se não pretende ler o Capítulo 3 imediatamente, basta lembrar que uma fase do projeto é completamente diferente de um grupo de processos de gerenciamento de projetos.

▶ Ciclos de vida do projeto e ciclos de vida do produto

Às vezes, os membros da equipe do projeto podem confundir o ciclo de vida do produto com o do projeto. Observe que os dois são muito diferentes, apesar de terem alguma relação quando o projeto está tentando criar ou modificar um produto. Imagine que o objetivo do Projeto Ícaro é projetar e construir uma Grande Aeronave Fantástica (GAF). O contrato para o projeto afirma que Ícaro, o projeto, termina com o teste de aeronavegabilidade e aprovação da licença comercial da primeira GAF. O *design* e a fabricação do produto, a GAF, e toda a manutenção dela, ocorrerão depois e não serão de responsabilidade do Projeto Ícaro. Elas serão, na verdade, uma linha de negócios (ou seja, um processo) da GAF Ltda., a empresa dona da GAF. Espera-se que a GAF dure cinquenta anos, enquanto o Projeto Ícaro tem duração esperada de 10 anos. O ciclo de vida da GAF é maior do que o ciclo de vida do Projeto Ícaro e a vida da GAF em si começa muito depois do início do projeto. A diferença é bastante simples, mas vale a pena prestar atenção para que a equipe do projeto não se confunda entre os dois. Além disso, em comunicações com as partes interessadas, também é importante sempre ser claro sobre qual ciclo você está falando.

Observe que há alguma interação entre o ciclo de vida do projeto e o ciclo de vida do produto. Enquanto patrocinador ou gerente de projetos, pode ser necessário entender como essa interação funciona na prática, não com teorias complexas. Alguns processos terão relação com o produto e serão parte do seu projeto ou interagirão com ele. Estes geralmente são definidos no modelo de ciclo de vida do projeto. Por exemplo, em aquisições de defesa na Grã-Bretanha, muitos processos relacionados à criação de produtos como submarinos e aeronaves são definidos em termos do ciclo de vida CADMID. O trabalho de gerenciar a produção desses produtos é um projeto (ou programa) e utiliza as técnicas do gerenciamento de projetos.

▶ Resumo

As pessoas realizam projetos, então o gerenciamento de projetos trata, acima de tudo, sobre como gerenciar pessoas, o que significa que você precisa entendê-las. Como se organizar é uma questão central da administração em geral, não apenas do gerenciamento de projetos. Os projetos são de propriedade das organizações e a estrutura organizacional e estilo cultural da organização executora são dois fatores cruciais para determinar a estrutura ideal de cada projeto. As organizações variam desde aquelas que são, na prática, um conjunto de projetos, até as puramente funcionais. As organizações matriciais são uma adaptação das funcionais: cada tipo tem suas vantagens e desvantagens para o gerenciamento de projetos como um todo e cada projeto específico.

Em projetos, as duas principais funções são a de patrocinador (responsável pelos custos e resultados do projeto perante a organização executora) e de gerente do projeto. Os dois precisam trabalhar em equipe, especialmente no começo do projeto ou quando ele encontra problemas. O trabalho do gerente de projetos é gerenciar o projeto, não realizar o trabalho, que é de responsabilidade da equipe do projeto. A equipe do projeto pode conter gerentes de subprojetos e especialistas, além de membros de equipe comuns. Não se espera que o gerente de projetos enquanto tal seja especialista em todos os temas críticos para o projeto, mas espera-se que ele use especialistas para garantir que o projeto possui todos os conhecimentos e experiências que necessita à sua disposição. O gerente do projeto deve manter o patrocinador informado sobre todas as decisões, problemas e riscos mais importantes do projeto. Quando o projeto está em atividade, a tarefa mais importante do patrocinador é resolver as disputas políticas e interesses organizacionais que poderiam impedir o sucesso do projeto.

▶ Leituras adicionais

Berne, E., 1964. Games People Play. London: Penguin. Um estudo clássico sobre a psicologia das relações humanas, com muita utilidade prática para os gerentes de projetos.

Gallwey, W.T., 2000. The Inner Game of Work. New York: Texere. Os capítulos 1, 8, 9 e 10 são especialmente relevantes para os temas discutidos aqui.

Greene, R. and Elffers, J., 2000. The 48 Laws of Power. London: Profile Books. Um manual excelente e fácil de ler sobre como adquirir e utilizar o poder nas organizações.

Harris, T.A., 1995. I'm OK, You're OK. London: Arrow. Este livro é muito melhor do que o título sugere. Ele discute como as pessoas são levadas a adotar atitudes diferentes, chamadas de "pai", "adulto" ou "criança". A "criança" se comporta como se todo o mundo pudesse ser alterado ou consertado por um "pai". Os "adultos" entendem que isso nem sempre é possível, por mais desejável que seja.

Maslow, A.H., 1998. Maslow on Management. New York: Wiley.

Os sites a seguir são introduções úteis e contêm algumas ferramentas para avaliações de tipos de personalidade:

- http://skepdic.com/myersb.html
- www.capt.org/The_MBTI_Instrument/Isabel%20Myers.cfm
- www.belbin.com

▶ Notas

1. Professor Jay W. Lorsch, Harvard Business School, correspondência pessoal, junho de 2004.
2. A diferença não tem nenhuma relação com as indústrias de processos, tais como a petrolífera. Uma empresa de exploração de petróleo, apesar de categorizada como uma indústria de processos, ainda pode ser uma empresa por projetos. Continue a leitura para entender por quê.
3. BSI (March 2000), *British Standard BS 6079-2:2000. Project Management – Part 2: Vocabulary*. Third Edition. London: BSI.
4. Ver, por exemplo, Jackson, Joab. "Pentagon backs spiral development", *Washington Technology*, Issue 06/09/03, Vol. 18, No. 5.
5. "A publicação das diretrizes 5000.1 5000.2 do Departamento de Defesa estabelece a preferência pelo uso de estratégias de aquisição evolucionárias e que dependem de processos de desenvolvimento em espiral", *Cross Talk – The Journal of Defense Software Engineering*, August 2002.
6. www.sei.cmu.edu/cbs/spiral2000/february2000/finalreport.html.
7. Hammer, Michael. "Re-engineering work: don't automate, obliterate". *Harvard Business Review*, July–August 1990. Desde esse primeiro artigo fundamental, muitos comentaristas acreditam que Hammer atenuou sua posição em relação à parte do título que manda o leitor "obliterar" o trabalho.

Processos de gerenciamento de projetos

Grupos de processos: justificativa e princípios gerais
O grupo de processos de iniciação
O grupo de processos de planejamento
O grupo de processos de execução
O grupo de processos de monitoramento e controle
O grupo de processos de encerramento

Objetivos deste capítulo

Este capítulo apresenta o conceito dos grupos de processos de gerenciamento de projetos e descreve cada um deles em detalhes. O capítulo anterior descreveu os ciclos de vida do projeto e é essencial entender a diferença entre os grupos de processos e as fases do ciclo de vida. Ao final deste capítulo, o leitor deve ser capaz de:

- listar os cinco grupos de processos de gerenciamento de projetos na sequência correta;
- definir os principais produtos de cada grupo de processos;
- descrever o propósito de cada grupo de processos;
- usar algumas das principais ferramentas de cada grupo de processos.

O PMI diz

Grupos de processos do projeto

"Grupos de processos do projeto. Os cinco grupos de processos necessários para qualquer projeto que possuem dependências claras e que devem ser realizados na mesma sequência em cada projeto, qualquer que seja a área de aplicação ou das especificações do ciclo de vida do projeto aplicado. Os grupos de processos são: (1) iniciação, (2) planejamento, (3) execução, (4) monitoramento e controle, e (5)encerramento." *PMBOK Guide* (p. 370) [numeração dos grupos acrescentada]

Grupos de processos: justificativa e princípios gerais

Os cinco grupos de processos do projeto (Figura 3.1) são:

1. Iniciação.
2. Planejamento.
3. Execução.
4. Monitoramento e controle.
5. Encerramento.

O princípio geral por trás dos grupos de processos não passa de bom senso: planeje, e depois aja. O princípio é simples, mas sua importância é crítica. Ele é tão importante no gerenciamento de projetos que vale a pena explicitar o óbvio: se você começar a agir sem planejar, o resultado mais provável é um caos que termina em fracasso. No gerenciamento de projetos, a complicação é que, na prática, há uma tensão entre planejar mais e começar a agir. O risco de não encontrar o equilíbrio certo é, por um lado, cair em paralisia por análise ou, por outro lado, a "síndrome da galinha sem cabeça", ou seja, muita atividade com pouco dos efeitos pretendidos. Os grupos de processos de gerenciamento de projetos do PMBOK, assim como seus equivalentes em outras abordagens da disciplina, evoluíram como implementações de melhores práticas e o desenvolvimento desse simples princípio de gerenciamento de projetos.

O conceito básico de "planejar depois agir" pode ser aprimorado com uma série de especializações, muitas das quais valiosíssimas. Algumas organizações preferem essa ou aquela especialização e muitas ensinam seu modelo favorito como

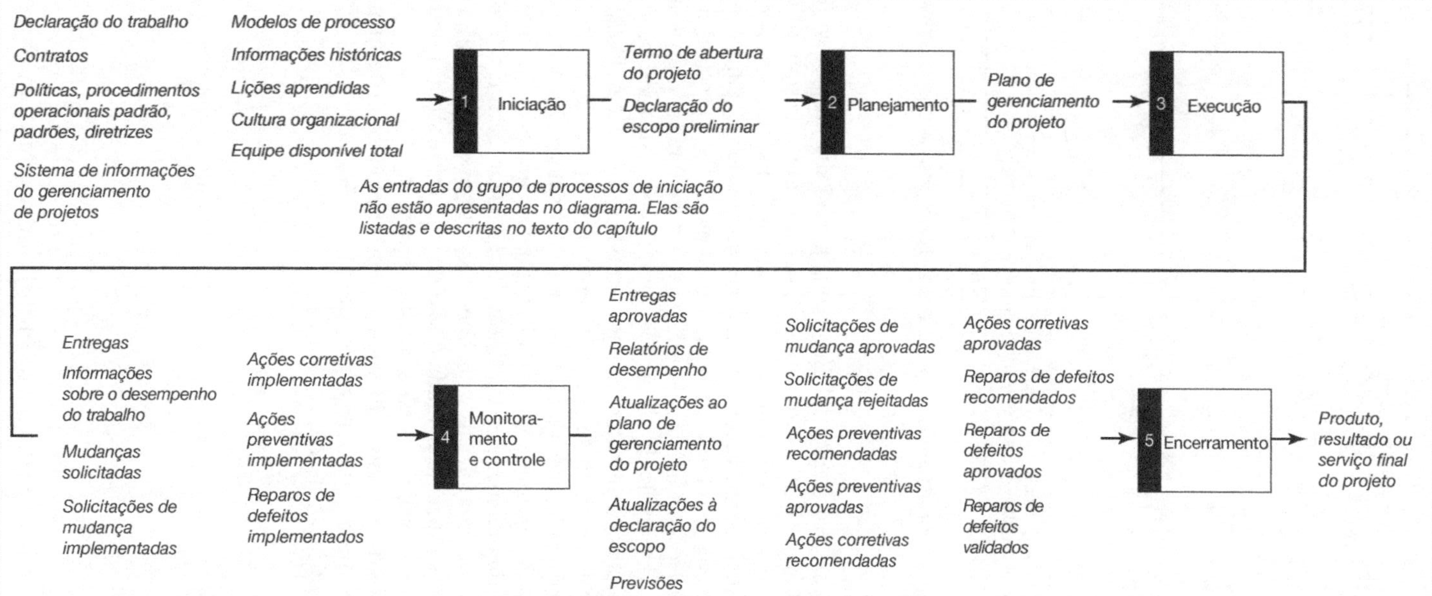

Processos de gerenciamento de projetos   65

Declaração do trabalho
Contratos
Políticas, procedimentos operacionais padrão, padrões, diretrizes
Sistema de informações do gerenciamento de projetos

Modelos de processo
Informações históricas
Lições aprendidas
Cultura organizacional
Equipe disponível total

Termo de abertura do projeto
Declaração do escopo preliminar

Plano de gerenciamento do projeto

1 Iniciação → **2** Planejamento → **3** Execução → **5** Encerramento

Produto, resultado ou serviço final do projeto

As entradas do grupo de processos de iniciação não estão apresentadas no diagrama. Elas são listadas e descritas no texto do capítulo

Entregas aprovadas
Relatórios de desempenho
Atualizações ao plano de gerenciamento do projeto
Atualizações à declaração do escopo
Previsões

4 Monitoramento e controle

Solicitações de mudança aprovadas
Solicitações de mudança rejeitadas
Ações preventivas recomendadas
Ações preventivas aprovadas
Ações corretivas recomendadas

Ações corretivas aprovadas
Reparos de defeitos recomendados
Reparos de defeitos aprovados
Reparos de defeitos validados

Entregas
Informações sobre o desempenho do trabalho
Mudanças solicitadas
Solicitações de mudança implementadas
Ações corretivas implementadas
Ações preventivas implementadas
Reparos de defeitos implementados

(a) Estrutura básica

Os grupos de processos do gerenciamento de projetos se encontram nas caixas numeradas de um a cinco, seguidos pelas entregas de cada grupo, que por sua vez são as entradas do grupo seguinte. Observe que essa é uma representação simplificada ou idealizada dos processos e sua interação. No entanto, essa representação idealizada também é a melhor maneira de aprender sobre os processos de gerenciamento de projetos como se aplicam no mundo real, pois entender a versão simplificada ajuda a compreender as complexidades e variações dos processos na vida real. A maior parte das complexidades surge da interação entre os grupos de processos. Por exemplo, uma mudança solicitada (saída do grupo de processos de execução) é trabalhada no próximo grupo (monitoramento e controle), mas pode causar a atualização do plano de gerenciamento do projeto, ou seja, replanejamento, que envolve processos de um grupo anterior (planejamento). Tudo isso não passa de bom senso. Mas se os grupos de processos interagem uns com os outros e às vezes funcionam em paralelo, por que ordená-los em uma sequência fixa? A resposta é que, primeiro, agrupar os principais tipos diferentes de processos é lógico e eficiente. Assim, os processos de planejamento estão sempre juntos, pois qualquer que seja a fase do projeto, o planejamento é sempre planejamento e a atividade não sofre nenhuma mudança fundamental em diferentes momentos do projeto. Segundo, a ordem ajuda a lembrar por que estamos realizando uma atividade específica e a determinar se ela é essencial para o projeto. Além disso, a ordem também garante que quando as mesmas informações podem ser usadas de diferentes maneiras, elas sempre são usadas da maneira necessária para o projeto. Em suma, é uma excelente maneira de organizar as complexidades do gerenciamento de projetos.

Figura 3.1a Os cinco grupos de processos do projeto e suas entregas.

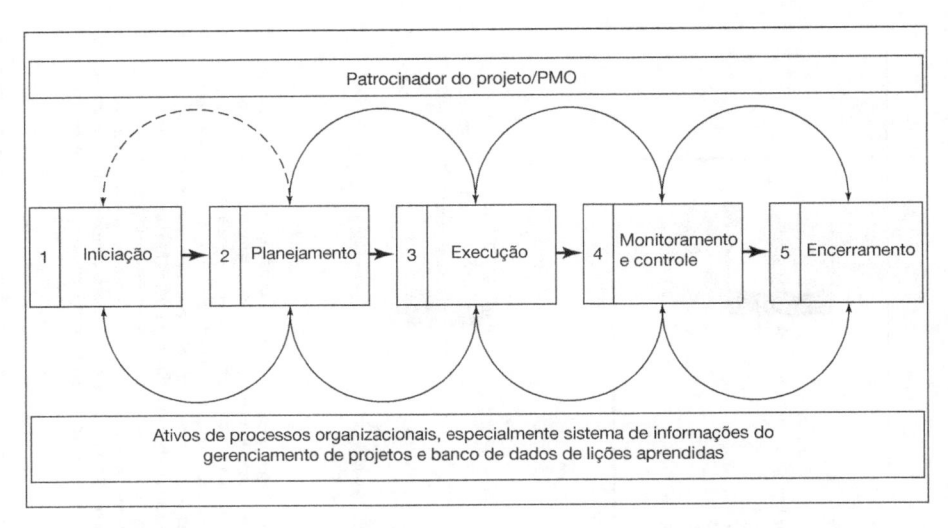

Figura 3.1b Algumas das principais interconexões entre os grupos de processos e outros ativos.

parte do processo de capacitação gerencial. Se você já possui sua própria variação do modelo básico de "planejar depois agir", vale a pena compreender que os princípios fundamentais são exatamente os mesmos que os dos grupos de processos do gerenciamento de projetos. Assim, você não vai precisar se esforçar para lembrar um conjunto completamente diferente (não é) e também não vai precisar tentar resolver as diferenças entre as duas abordagens (não há nenhuma importante e nenhuma que não possa ser conciliada com facilidade). E, acima de tudo, se você é recém-chegado à organização, esse entendimento impedirá que você defenda inutilmente que os grupos de processos do gerenciamento de projetos deveriam substituir o sistema atual da organização ou, pior ainda, tentar substituir os grupos de processos do PMBOK ou de alguma outra metodologia com a versão de "planejar depois agir" da sua própria organização. Você pode tentar fazer todas essas coisas, claro, mas nosso conselho é entender os princípios e não se preocupar muito com as diferenças entre versões específicas, ainda que todas as versões mais populares sejam muito valiosas para os propósitos para os quais foram criadas.

A seguir, analisamos duas versões diferentes do princípio básico de "planejar depois agir", ambos muito populares em grandes organizações: o ciclo OODA e o ciclo plano-execução-verificação-ação.

▶ O ciclo OODA

O ciclo OODA, desenvolvido por John Boyd[1], se divide em quatro estágios:

- Observar.
- Orientar.
- Decidir.
- Agir.

A Figura 3.2 descreve o ciclo e seu funcionamento. Uma característica importante do ciclo OODA é que ele divide a parte de planejamento do modelo "planejar

Processos de gerenciamento de projetos 67

Caixa superior esquerda:
- Qual é o ambiente estratégico?
- Como ele interage com o projeto?
- Até que ponto compreendemos o ambiente estratégico, ou seja, qual a probabilidade de termos as respostas erradas para as perguntas acima e o quanto elas estão incompletas?
- Construir elos com as principais partes interessadas, entender como gostam de se comunicar e quem são as suas redes.

Caixa superior direita:
A fase mais importante. Reunir as observações e formar um todo coerente. Faz sentido? Se não, observar e orientar mais.

Este passo inclui análise. O propósito da análise é permitir que o projeto tome boas decisões. Um bom teste do sucesso da orientação é quando o instinto coincide com os resultados da análise e não há dados contraindicadores.

Ciclo: Observar → Orientar → Decidir → Agir

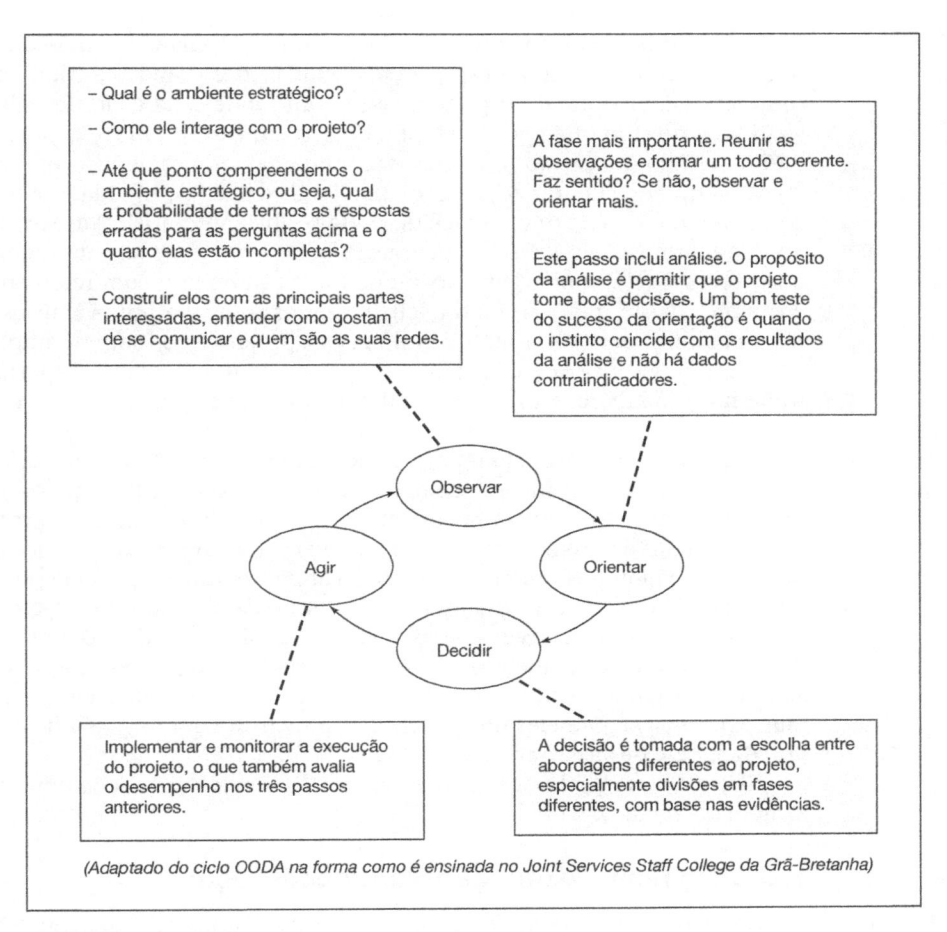

Caixa inferior esquerda:
Implementar e monitorar a execução do projeto, o que também avalia o desempenho nos três passos anteriores.

Caixa inferior direita:
A decisão é tomada com a escolha entre abordagens diferentes ao projeto, especialmente divisões em fases diferentes, com base nas evidências.

(Adaptado do ciclo OODA na forma como é ensinada no Joint Services Staff College da Grã-Bretanha)

Figura 3.2 O ciclo OODA.

depois agir" em três partes. O planejamento em si é representado pela parte decidir do ciclo OODA, precedido por observar e orientar. A divisão ocorre para adiar o planejamento até que o gerente saiba o suficiente sobre o contexto do plano. De certa maneira, essa divisão trata o Planejamento como a parte "depois agir" do modelo básico. Em outras palavras, ele introduz a ideia de ter um plano para o plano. No entanto, mais do que isso, a estrutura demonstra um entendimento prático sobre como a vida real funciona. Em novos ambientes ou circunstâncias, demora algum tempo para absorver o contexto e ajustar o raciocínio à situação.

No caso do desenvolvimento de um novo projeto de maior escala, a diferença entre observar e orientar é útil e muito prática, mesmo que ambos possam ser paralelos em alguns casos. Observar significa entender o ambiente e o contexto maior no qual o projeto está inserido. O passo orientar envolve pensar sobre como o projeto se encaixa nesse contexto. A diferença é que observar não envolve qualquer consideração sobre as especificidades do projeto, ao contrário de orientar.

Essas diferenças nas primeiras fases do ciclo OODA são mais úteis ao desenvolver um novo tipo de projeto em organizações grandes e complexas. Elas são menos úteis quando o projeto segue um modelo de ciclo de vida estabelecido e é do tipo que você, a equipe do projeto e a organização já realizaram muitas vezes no passado (a menos que tenha havido problemas com qualidade ou satisfação do cliente; nesse caso, uma análise mais detalhada, possivelmente com o auxílio da ferramenta OODA, pode ser bastante útil). Por exemplo, uma abordagem no estilo OODA funcionaria bem em um projeto de reengenharia dos processos de uma organização que nunca trabalhou com reengenharia ou em uma divisão que não muda seus métodos de trabalho há muitos anos. A mesma abordagem seria menos útil em um projeto que tentasse implementar uma tecnologia padrão, com uma equipe que já tem bastante experiência em trabalhos semelhantes e que está trabalhando com um ciclo de vida do projeto comprovado.

Assim, se você está em uma situação em que o ciclo OODA poderia ser útil, como usá-lo no gerenciamento de projetos? É simplesmente uma questão de manter os princípios do ciclo em mente enquanto trabalha os grupos de processos do gerenciamento de projetos. Por exemplo, no grupo de processos de iniciação, lembre-se de que há um forte requisito de observar e orientar. Esse fato pode significar a redação de uma versão "espantalho" do termo de abertura do projeto e da primeira versão da especificação de escopo, mais tarde utilizadas como ferramentas de comunicação para ajudá-lo a observar e orientar, ou seja, os dois documentos seriam distribuídos a todos e envolveriam partes interessadas em potencial em mais conversas sobre eles do que em um projeto no qual os benefícios do ciclo OODA fossem desnecessários.

Uma última observação sobre o ciclo OODA: ele é um ciclo, um círculo. Ele sempre continua.

▶ O ciclo plano-execução-verificação-ação

O ciclo plano-execução-verificação-ação (PDCA) (Figura 3.3) foi popularizado por Deming[2] e é composto pelos seguintes passos:

- **Planeje** mudar algo.
- **Execute**. Teste empiricamente a mudança planejada.
- **Verifique**. Avalie os resultados do teste para decidir se deve implementar a mudança ou realizar mais estudos.
- **Aja** com base no teste e na avaliação. Se a ação não produzir os resultados desejados, repita o ciclo usando um plano diferente.

Observe que o passo Execução não é simplesmente começar a fazer tudo, mas sim um teste do plano, combinado com o passo Verificação. Assim como o ciclo OODA descrito acima, o PDCA enfatiza o planejamento e a preparação, apesar de pequenas diferenças na ênfase do processo.

▶ Como usar os grupos de processos

No mundo real, a pior maneira de aplicar os grupos de processos ao gerenciamento de projetos é tentar usar todos. Na nossa opinião, mesmo se preocupar com lembrar de todos eles e o modo como se encaixam é uma má ideia. A experiência

Processos de gerenciamento de projetos 69

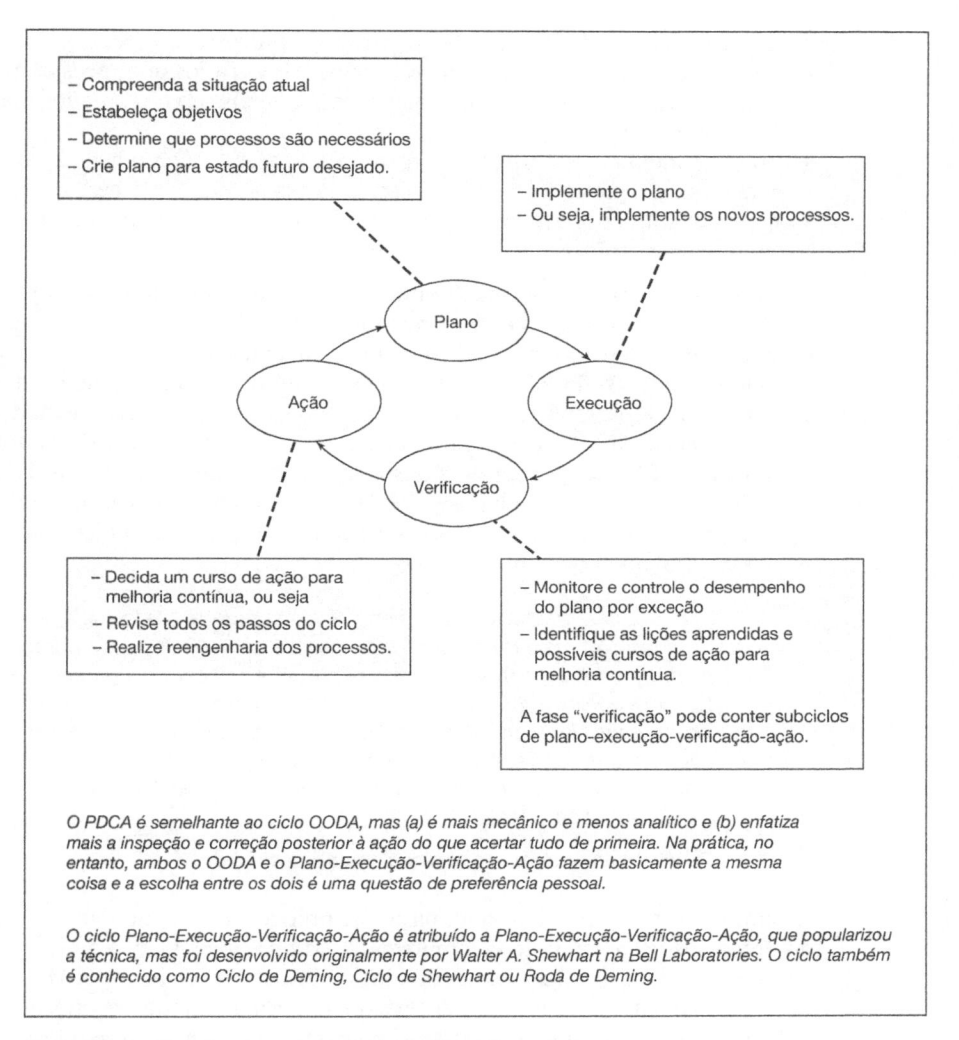

```
- Compreenda a situação atual
- Estabeleça objetivos
- Determine que processos são necessários
- Crie plano para estado futuro desejado.

                                         - Implemente o plano
                                         - Ou seja, implemente os novos processos.

                    Plano

        Ação                Execução

                 Verificação

- Decida um curso de ação para          - Monitore e controle o desempenho
  melhoria contínua, ou seja              do plano por exceção
- Revise todos os passos do ciclo       - Identifique as lições aprendidas e
- Realize reengenharia dos processos.     possíveis cursos de ação para
                                          melhoria contínua.

                                        A fase "verificação" pode conter subciclos
                                        de plano-execução-verificação-ação.
```

O PDCA é semelhante ao ciclo OODA, mas (a) é mais mecânico e menos analítico e (b) enfatiza mais a inspeção e correção posterior à ação do que acertar tudo de primeira. Na prática, no entanto, ambos o OODA e o Plano-Execução-Verificação-Ação fazem basicamente a mesma coisa e a escolha entre os dois é uma questão de preferência pessoal.

O ciclo Plano-Execução-Verificação-Ação é atribuído a Plano-Execução-Verificação-Ação, que popularizou a técnica, mas foi desenvolvido originalmente por Walter A. Shewhart na Bell Laboratories. O ciclo também é conhecido como Ciclo de Deming, Ciclo de Shewhart ou Roda de Deming.

Figura 3.3 O ciclo plano-execução-verificação-ação.

gradualmente faz com que memorizemos todos no mundo real do gerenciamento de projetos, na medida do necessário para cada grupo. A maneira certa de usar os grupos é passar os olhos pela lista e escolher os elementos que parecem mais úteis no momento. A maioria dos projetos corre muito bem sem a declaração do escopo preliminar, por exemplo, então comece a utilizar essa declaração e todos os seus processos associados quando ela não for necessária. No entanto, se sentir nos ossos que o escopo vai ser problemático desde o começo do projeto, considere utilizar a declaração preliminar e trate os processos associados como ideias a serem desenvolvidas. (Obviamente, se você está realizando as provas do PMI, será preciso aprender sobre todos os processos em detalhes, o que pode ser útil para gerentes de projetos novatos.) Em suma, se você já tem alguma experiência com o gerenciamento de projetos:

- Não tente usar todas as partes dos grupos de processos.
- Não se preocupe com entender os detalhes dos grupos de processos e o modo como se encaixam: você já sabe quase tudo que precisa e há modos mais fáceis de lidar com as lacunas.
- Utilize a ideia de alto nível dos grupos de processos como lista de verificação para garantir que está fazendo as coisas certas no momento certo.
- Use os detalhes dos grupos de processos como guia para refrescar a memória ou quando encontrar problemas específicos.

Essas quatro regras são conselhos suficientes sobre como tratar os grupos de processos, mas podemos oferecer mais algumas explicações. Ao descrever os grupos de processos, o grande risco é complicar demais uma ideia que deveria ser simples. Então por que descrevê-los? Documentar ou escrever um guia sobre gerenciamento de projetos acaba esbarrando em um problema geral, a saber, esse risco é inerente à natureza do tema. Na prática, podemos apenas escolher entre formas de complicações. Escolhemos o PMBOK por ser uma das formalizações menos arriscadas e, por ser a mais usada em todo o mundo, esperamos que a comunidade garanta que a representação teórica dos grupos de processos não irá prejudicar os projetos na prática.

Max Wideman resume esse risco:

> ... um projeto bem executado nunca é executado assim [ou seja, segundo o modelo de grupos de processos do PMBOK]. Se a duração do projeto for configurada corretamente para... o controle gerencial e os níveis apropriados de conceitualização, definição e planejamento forem realizados... as interações entre grupos de processos, na forma apresentada, são uma complicação desnecessária. Basta apenas realizar o ciclo gerencial padrão de planejar, organizar, executar, monitorar e controlar...
>
> De www.maxwideman.com/musings/process1.htm

Gostaríamos de deixar claro que, para fins práticos, recomendamos ler os grupos de processos neste capítulo e compreender os princípios amplos por trás de cada um, não que você decore todos os detalhes sobre eles. Escolha o que você acha que será útil, com base em sua experiência com gerenciamento de projetos no seu setor e depois consulte este capítulo para obter mais informações quando necessário. Por outro lado, se estiver se preparando para uma prova do PMI, será necessário decorar parte desse conteúdo. Em ambos os casos, caso se sinta confuso, lembre-se de que os grupos de processos apenas expandem uma ideia básica do bom senso: primeiro planeje os projetos, depois aja.

▶ O grupo de processos de iniciação

▶ O que é o grupo de processos de iniciação?

O grupo de processos de iniciação se concentra em começar o projeto. "Iniciação" significa fazer o projeto começar. O objetivo é responder "sim!" firme, bem definido e absolutamente sem ambiguidades às perguntas "o projeto já começou?" e "já sabemos mais ou menos o que o projeto quer fazer e por quê?". Assim como quem

Tabela 3.1   O que é iniciação, em termos de antes e depois da iniciação do projeto

Antes da iniciação	Depois da iniciação
♦ Em alto nível, você pode não ter certeza sobre o que é o projeto e por que está sendo realizado.	♦ Talvez você não tenha certeza absoluta, mas terá uma ideia mais clara para começar. Se não tiver certeza, pelo menos saberá o que precisa descobrir.
♦ O gerente e o patrocinador podem ter ideias muito diferentes sobre o projeto.	♦ Os dois terão mais ou menos a mesma ideia, ou pelo menos entenderão quais são suas diferenças. A ideia do patrocinador é a mais importante das duas.
♦ Não há uma "imagem reconhecida"[3] sobre do que se trata o projeto que possa ser usada como base geral para comunicação com terceiros, especialmente tentativas de vender o projeto e obter críticas construtivas sobre seus méritos e possíveis abordagens.	♦ Há uma "imagem reconhecida" do que o projeto é ou pode ser e sobre como ele se encaixa na organização e cria benefícios para ela. A imagem serve de base para o debate em toda a organização.

entende *como* fazer sempre trabalha para a pessoa que sabe *por que* fazer, o projeto que começa sem uma ideia bem definida de por que existe ficará a mercê de todos os outros projetos e grupos de interesses da organização. Esse projeto provavelmente não dará certo. O bom senso nos diz que devemos, desde o começo, garantir que o projeto (ou seja, o patrocinador e o gerente de projetos) entende bem o que está fazendo e por quê. O grupo de processos de iniciação não passa da aplicação do bom senso para permitir uma resposta eficaz e eficiente a essas perguntas.

A Tabela 3.1 mostra as três principais diferenças para o patrocinador ou gerente de projetos produzidas pela iniciação eficaz.

O PMI diz

Processos de iniciação
"Processos de iniciação. (Grupo de processos). Os processos realizados para autorizar e definir o escopo de uma nova fase ou projeto ou que podem resultar na continuação de um trabalho de projeto interrompido. Em geral, é realizado um grande número de processos de iniciação fora do escopo de controle do projeto pelos processos de organização, programa ou portfólio, e esses processos fornecem as entradas para o grupo de processos de iniciação do projeto." *PMBOK Guide* (p. 362)

▶ Qual a saída da iniciação?

A saída mais importante é o Termo de Abertura do Projeto, também conhecido como Documento de Iniciação do Projeto (no PRINCE2) e Briefing do Projeto (BS 6079). A outra saída é Declaração do Escopo Preliminar. O termo de abertura normalmente contém as informações listadas abaixo, mas considerando que a iniciação ocorre logo no começo do projeto (ou fase), todas as informações devem ser consideradas provisórias e sujeitas a testes no grupo de processos de planejamento.

♦ O que o projeto vai fazer exatamente?
♦ Por quê? Qual o caso de negócio? (resumo)
♦ Quem vai fazer? (Essa seção do termo deve informar pelo menos quem é o patrocinador e, se possível, o gerente do projeto. Se nenhum dos dois foi escolhido

durante a iniciação do projeto, o termo de abertura deve informar quando serão e descrever brevemente os tipos de habilidade, experiência e posição hierárquica necessários.)
- Quando?

Em geral, o termo de abertura de projetos de pequeno ou médio porte só precisa de uma página. Logo, as saídas devem ser consideradas em forma "espantalho", ou seja, devem ser compreendidas como provisórias, ainda que não criadas propositalmente dessa forma, e todos os leitores devem manter em mente que elas mudarão bastante no futuro.

Uma das utilidades do termo de abertura do projeto é servir de base para a decisão gerencial de proceder ou não com o projeto. A aceitação do termo de abertura do projeto por parte da organização executora também pode levar à liberação imediata do dinheiro e recursos necessários para realizar pelo menos a primeira fase do projeto.

▶ Por que a iniciação é importante no gerenciamento de projetos?

A iniciação é o grupo de processos mais importante, então passaremos um pouco mais de tempo com ela do que com os outros. A boa iniciação permite que você lide com muitos problemas posteriores. Mas seu projeto pode nunca se recuperar de uma má iniciação, mesmo que execute todos os grupos de processos subsequentes com perfeição. Um projeto ou fase que não inicia com eficácia sempre terá um risco maior de (na melhor das hipóteses) custos adicionais e (na pior) fracasso absoluto. É apenas lógica e bom senso: se o projeto não começa com uma ideia clara do que está fazendo e por quê, só sobram duas opções. Na primeira, ele precisará descobrir ambas durante o trabalho, ou seja, terá que inventar um motivo para existir durante a própria execução, um trabalho caro e que provavelmente vai prejudicar a credibilidade de todos os envolvidos. Na segunda, o projeto nunca obterá a tração e os recursos apropriados na organização e não terá entrega nenhuma.

Como funciona a iniciação? Quais as entradas, ferramentas e técnicas? O grupo de processos de iniciação possui dois processos:

- Desenvolver o termo de abertura do projeto.
- Desenvolver a declaração do escopo do projeto preliminar.

Muitas vezes, produzir um termo de abertura ou documento de iniciação do projeto é simplesmente uma questão de preencher um modelo e colocar as palavras no papel. O termo de abertura é basicamente os 5Ws do projeto:[4] O quê? Por quê? Como? Quando? Quem? No entanto, o trabalho intelectual e conceitual de responder essas perguntas sobre o projeto pode ser tão difícil e complicado quanto as perguntas são simples e diretas. O que o projeto faz, exatamente? E por quê? Qual o caso de negócio? Apesar dessas perguntas não precisarem de respostas detalhadas durante a fase de iniciação, saiba que respondê-las pode ser um trabalho enorme. A iniciação de alguns projetos é bastante prosaica e responder essas perguntas pode ser uma tarefa simples e direta, mas em outros projetos pode se tornar uma tarefa de grande importância.

A Figura 3.4 lista as entradas dos dois processos do grupo de iniciação. O mais importante é desenvolver o termo de abertura do projeto, também conhecido

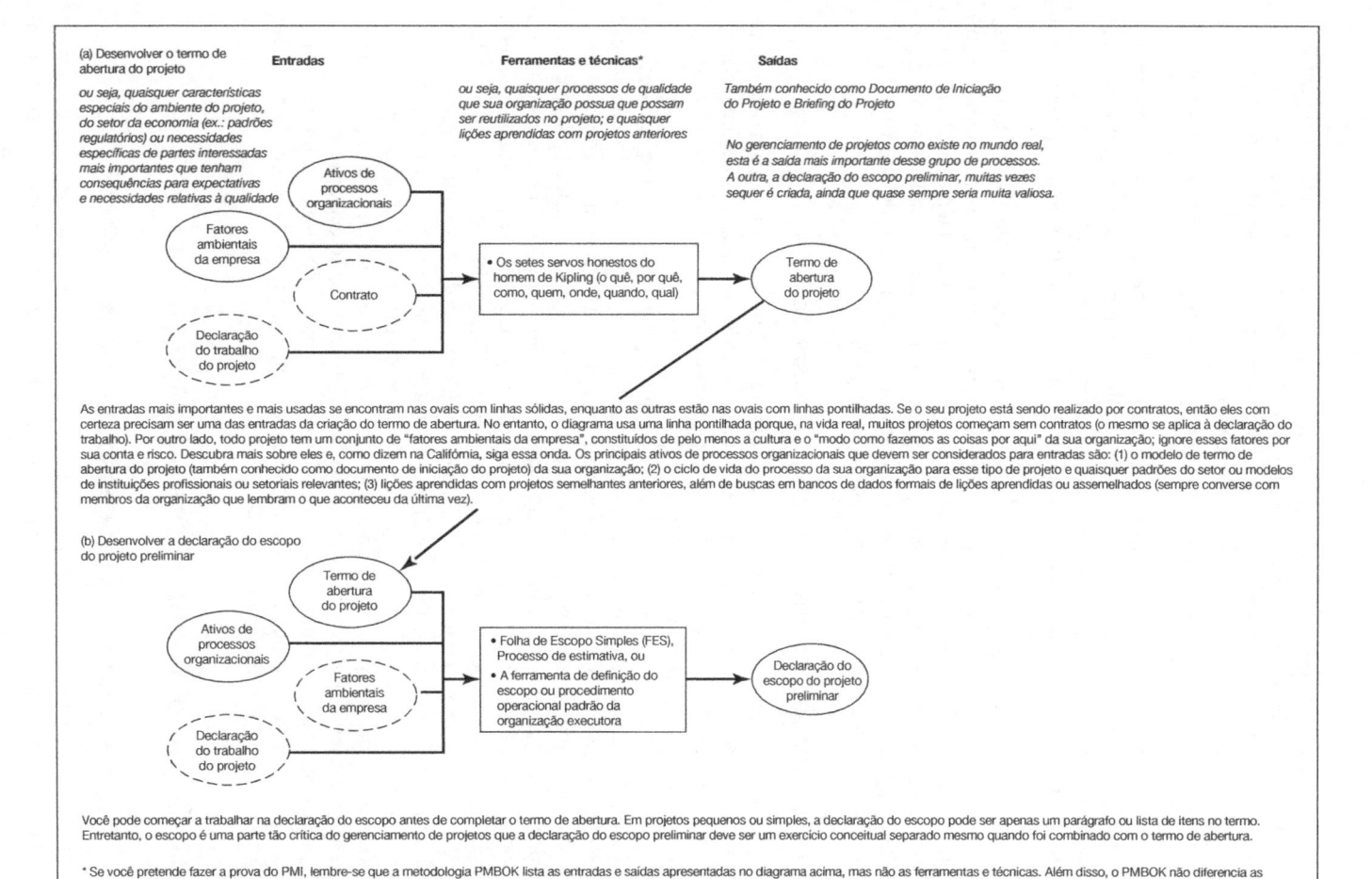

Processos de gerenciamento de projetos 73

(a) Desenvolver o termo de abertura do projeto

Entradas

ou seja, quaisquer características especiais do ambiente do projeto, do setor da economia (ex: padrões regulatórios) ou necessidades específicas de partes interessadas mais importantes que tenham consequências para expectativas e necessidades relativas à qualidade

- Fatores ambientais da empresa
- Ativos de processos organizacionais
- Contrato
- Declaração do trabalho do projeto

Ferramentas e técnicas*

ou seja, quaisquer processos de qualidade que sua organização possua que possam ser reutilizados no projeto; e quaisquer lições aprendidas com projetos anteriores

- Os setes servos honestos do homem de Kipling (o quê, por quê, como, quem, onde, quando, qual)

Saídas

Também conhecido como Documento de Iniciação do Projeto e Briefing do Projeto

No gerenciamento de projetos como existe no mundo real, esta é a saída mais importante desse grupo de processos. A outra, a declaração do escopo preliminar, muitas vezes sequer é criada, ainda que quase sempre seria muita valiosa.

- Termo de abertura do projeto

As entradas mais importantes e mais usadas se encontram nas ovais com linhas sólidas, enquanto as outras estão nas ovais com linhas pontilhadas. Se o seu projeto está sendo realizado por contratos, então eles com certeza precisam ser uma das entradas da criação do termo de abertura. No entanto, o diagrama usa uma linha pontilhada porque, na vida real, muitos projetos começam sem contratos (o mesmo se aplica à declaração do trabalho). Por outro lado, todo projeto tem um conjunto de "fatores ambientais da empresa", constituídos de pelo menos a cultura e o "modo como fazemos as coisas por aqui" da sua organização; ignore esses fatores por sua conta e risco. Descubra mais sobre eles e, como dizem na Califórnia, siga essa onda. Os principais ativos de processos organizacionais que devem ser considerados para entradas são: (1) o modelo de termo de abertura do projeto (também conhecido como documento de iniciação do projeto) da sua organização; (2) o ciclo de vida do processo da sua organização para esse tipo de projeto e quaisquer padrões do setor ou modelos de instituições profissionais ou setoriais relevantes; (3) lições aprendidas com projetos semelhantes anteriores, além de buscas em bancos de dados formais de lições aprendidas ou assemelhados (sempre converse com membros da organização que lembram o que aconteceu da última vez).

(b) Desenvolver a declaração do escopo do projeto preliminar

- Termo de abertura do projeto
- Fatores ambientais da empresa
- Ativos de processos organizacionais
- Declaração do trabalho do projeto

- Folha de Escopo Simples (FES), Processo de estimativa, ou
- A ferramenta de definição do escopo ou procedimento operacional padrão da organização executora

- Declaração do escopo do projeto preliminar

Você pode começar a trabalhar na declaração do escopo antes de completar o termo de abertura. Em projetos pequenos ou simples, a declaração do escopo pode ser apenas um parágrafo ou lista de itens no termo. Entretanto, o escopo é uma parte tão crítica do gerenciamento de projetos que a declaração do escopo preliminar deve ser um exercício conceitual separado mesmo quando for combinado com o termo de abertura.

*Se você pretende fazer a prova do PMI, lembre-se que a metodologia PMBOK lista as entradas e saídas apresentadas no diagrama acima, mas não as ferramentas e técnicas. Além disso, o PMBOK não diferencia as entradas e saídas mais importantes com ovais sólidas e pontilhadas.

Figura 3.4 O grupo de processos de iniciação.

como documento de iniciação do projeto (DIP). Antes de mais nada, concentre-se no termo de abertura, pois isso o ajudará a descobrir quais as entradas necessárias e que ferramentas e técnicas poderá usar para redigir o termo de abertura. As ferramentas e técnicas nesse grupo de processos se resumem ao bom senso e a toda e qualquer ferramenta gerencial usada em sua organização para definir problemas e produzir documentos.

Se for viável, uma das principais atividades da iniciação é criar uma descrição bem documentada dos requisitos do usuário final e usar esse documento para derivar um plano do projeto, incluindo tempo, recursos e custos. Não é possível tomar uma decisão adequada sobre proceder ou não com o projeto antes de obter essas informações.

Para gerentes de projetos, durante as primeiras fases vale a pena desenvolver o hábito de ter sempre consigo a última versão do termo de abertura do projeto. Imprima o documento e cole na capa da agenda, assim será fácil consultar o texto enquanto toma café com um colega ou visita as áreas de trabalho dos membros da equipe. (Em fases posteriores do projeto, substitua o termo de abertura por um gráfico de Gantt ou outro resumo do plano do projeto.)

▸ Quem deve se envolver com a iniciação?

O patrocinador e o gerente de projetos sempre devem se envolver com o grupo de processos de iniciação, mesmo que em certas ocasiões e organizações um deles ou ambos possam ser escolhidos apenas depois da iniciação. Às vezes, o escritório de projetos ou programas cuida da iniciação.

Depois de definir a necessidade geral que o projeto irá atender, este deve ser montado ou iniciado. Em algumas organizações, boa parte do trabalho de criação é desenvolvido pelo escritório de projetos ou alguma estrutura gerencial externa ao projeto em si, mas em algum momento o projeto precisa começar a funcionar por conta própria. Aqui entra a iniciação, e o modo como ela funciona na sua organização define quem deve se envolver com esse grupo de processos (além do gerente e do patrocinador). Iniciar um projeto não significa começar a trabalhar imediatamente na criação dos produtos desejados do processo: quase sempre ainda falta realizar muitas tarefas administrativas e esclarecer os objetivos do projeto e o que será necessário para atingi-lo. O grupo de processos de iniciação trata de começar e desenvolver essa administração e esse esclarecimento até um ponto útil para o projeto. Observe que esse trabalho também pode se estender ao grupo de processos de planejamento, mas quase todos os projetos precisam de uma dose mínima de iniciação antes de poderem avançar, antes do trabalho de verdade poder começar. Isso é a iniciação.

▸ O grupo de processos de planejamento

▸ O que é o grupo de processos de planejamento?

"Falhar em planejar é o mesmo que planejar falhar". Imaginamos que a ideia de planejamento não precisa de explicações. O grupo de processos de planejamento inclui todos os processos usados no gerenciamento de projetos para criar um plano para gerenciar o projeto. Um dos elementos essenciais do plano é o escopo, tão essencial no gerenciamento de projetos que merece ser listado no plano geral como uma saída independente do processo de planejamento (ver a definição do PMBOK), apesar de ser uma seção do próprio plano. Os projetos correm o risco do excesso e da falta de planejamento. Com exceção dos menores e mais simples, todos os projetos estão sujeitos a uma série de complicações e a principal meta do grupo de processos de planejamento é lidar com elas.

As complicações específicas enfrentadas pelo projeto ou fase durante o planejamento dependem do projeto e especialmente da equipe e organização envolvida com ele. Lembre-se também que o planejamento, ao contrário do processo anterior, a iniciação, continua durante todo o projeto. Em um projeto bem executado, a iniciação tem um término definido, enquanto o planejamento continua até quase o final de qualquer projeto, independente do seu tamanho. Novos fatores estão sempre surgindo, os antigos sofrem mudanças e a equipe do projeto começa a entender melhor suas ramificações. O replanejamento é uma necessidade constante. As complicações do planejamento incluem:

- Com que frequência replanejar?
- Como gerenciar as informações necessárias como entradas para o planejamento quando parte delas é atualizada constantemente?
- Como gerenciar os diversos níveis de qualidade e confiabilidade das entradas do planejamento?
- Como determinar o nível de granularidade e precisão com o qual planejar? E até que ponto no futuro?
- Como controlar as mudanças ao plano?
- Como controlar o impacto de mudanças planejadas, mas ainda não aprovadas sobre a execução do plano?
- Como gerenciar e comunicar as opções de planejamento para que possam ser discutidas com eficácia sem que o processo de comunicação envie os sinais errados?
- Como minimizar a burocracia do planejamento?
- Como e quando envolver as partes interessadas com o planejamento?

Em geral, se o seu projeto enfrenta qualquer uma dessas perguntas, se preocupar com a resposta perfeita é menos importante do que se decidir por uma resposta e se ater a ela até tomar a decisão definitiva de mudá-la (nesse caso, "você" significa o patrocinador e o gerente de projetos em conjunto). Tente ser pragmático, tome uma decisão, veja se ela funciona, mude-a se não der certo. Por exemplo, a primeira pergunta, "com que frequência replanejar?" Imagine que não sabe a resposta, o que é muito provável. O seu instinto pode sugerir um replanejamento a cada dois meses, com revisões mais abrangentes a cada seis. A menos que alguém possa demonstrar por que essa é uma péssima ideia, sugerir um cronograma de replanejamento alternativo e convencer o gerente e o patrocinador do projeto que o novo cronograma é mesmo melhor, siga seu instinto e não gaste muito tempo com esse debate. Depois, se ficar claro que é preciso replanejar com mais frequência, mude a decisão. E se o replanejamento a cada dois meses deixar de valer a pena, mude na outra direção e passe a replanejar a cada três, quatro ou até seis meses.

A Tabela 3.2 resume os resultados do processo de planejamento.

Tabela 3.2 O que é planejamento, em termos de antes e depois do planejamento

Antes do planejamento	Depois do planejamento
♦ Não há um plano suficientemente detalhado para gerenciar e controlar a execução.	♦ Há um plano que pode ser utilizado para executar o projeto.
♦ A definição do escopo na Declaração do Escopo Preliminar é vaga e incompleta.	♦ O escopo do projeto é compreendido, assim como suas ramificações para o projeto, a organização executora e as principais partes interessadas, e tudo isso está documentado na declaração do escopo (incluída como seção do plano do projeto).
♦ O gerente de projetos não compreende intuitivamente como proceder com confiança durante os próximos (por exemplo) três meses.	♦ O gerente de projetos tem confiança intuitiva sobre o que acontecerá durante os próximos três meses.
♦ As partes interessadas não têm confiança no plano.	♦ Todas as partes envolvidas estão envolvidas, compreendem o modo como o plano as afeta ou pode afetar (considerando os riscos do projeto) e têm suas próprias cópias do plano ou de parte dele.

O PMI diz

Processos de planejamento
"Processos de planejamento. (Grupo de processos). Os processos realizados para definir e amadurecer o escopo do projeto, desenvolver o plano de gerenciamento do projeto e identificar e programar as atividades do projeto que ocorrem dentro do projeto." *PMBOK Guide* (p. 367)

▶ Qual a saída do planejamento?

A principal saída do grupo de processos de planejamento é, obviamente, o plano do projeto, mas também não podemos nos esquecer das atualizações do plano. Uma das principais causas de erros em projetos é que a atividade real se desvia do plano, pois o plano não é atualizado para refletir mudanças necessárias ou desejadas. Isso não seria importante se o plano fosse inútil. Em outras palavras, se faz sentido ter um plano, e faz, então ele precisa orientar a execução. Se você vai deixar a execução do projeto ocorrer sem seguir o plano, por que se dar ao trabalho de fazer o planejamento? Uma complicação é o risco de o projeto se transformar em produzir o plano em vez do produto final do projeto. O risco precisa ser gerenciado com o desenvolvimento de um plano do tamanho certo, nem pequeno nem grande demais, e da estrutura certa para o projeto, a organização e a equipe. Abandonar o plano não é gerenciar esse risco, mas sim aumentá-lo. E, na prática, deixar de atualizar o plano a ponto de ele não mostrar mais o que está acontecendo de verdade e o que esperamos que aconteça no projeto é o mesmo que abandonar o plano por completo. Se você selecionar apenas os processos de planejamento relevantes para sua necessidade, esse grupo pode ser muito útil para o gerenciamento eficiente desse risco.

O *PMBOK Guide* apresenta uma lista completa de entradas e saídas para os processos de planejamento. O guia deve ser estudado cuidadosamente por quem pretende fazer as provas do PMI e provavelmente será muito valioso para todos os praticantes do gerenciamento de projetos.

▶ Quem deve se envolver com o planejamento?

Quem deve se envolver depende do tipo de projeto em questão. Projetos muito pequenos podem ser planejados apenas na cabeça do gerente, anotados no verso de um cartão-postal e executados de memória. Projetos grandes, tais como a construção de um túnel longo, o lançamento de um novo banco ou a criação de uma grande rede de varejo, podem precisar de equipes especializadas trabalhando nos vários elementos do plano.

▶ O grupo de processos de execução

▶ O que é o grupo de processos de execução?

O grupo de processos de execução transforma o plano teórico em algo concreto. O motivo para qualquer projeto existir é a produção de entregas, que podem ser produtos físicos ou algum outro fato reconhecível, como mudanças em práticas de trabalho.

O grupo de processos de execução contém mais que a produção das entregas do projeto; por mais difícil ou simples que seja completar a tarefa, esse grupo também trata da realização do plano do projeto e o modo como este evolui para atender a realidade das tarefas do projeto e do ambiente operacional. Assim, o grupo de processos de execução não deve ser isolado dos outros, mas sim considerado como um processo interligado como o grupo de processos de monitoramento e controle. Entre eles, esses dois grupos de processos trabalham o plano do projeto, alterando e documentando mudanças à medida que o plano evolui.

Os processos pertencentes ao grupo de execução produzem as entregas do projeto e realizam o trabalho de garantia da qualidade, verificando que estas atendem os padrões necessários. O processo de execução identifica mudanças solicitadas, quase sempre em consequência da experiência obtida com a execução de parte do plano do projeto, e implementa essas mudanças, conhecidas como ações corretivas. As solicitações de mudanças ocorrem para impedir que um risco se transforme em problema: fechar a porteira antes de o cavalo fugir é uma ação preventiva.

A seleção e desenvolvimento da equipe para completar os pacotes de trabalho do projeto é uma parte importante do grupo de processos de execução. Na maior parte dos casos, os riscos associados ao trabalho com uma equipe experiente e motivada são muito menores do que ao tentar executar o mesmo trabalho com uma equipe inexperiente.

A Tabela 3.3 resume os resultados do processo de execução.

O PMI diz

Processos de execução

"Processos de execução. (Grupo de processos). Os processos realizados para terminar o trabalho definido no plano de gerenciamento do projeto para atingir os objetivos do projeto definidos na declaração do escopo do projeto." *PMBOK Guide* (p. 360)

Tabela 3.3 O que é execução, em termos de antes e depois da execução

Antes da execução	Depois da execução
♦ Os pacotes de trabalho e entregas do projeto estão incompletos.	♦ Os pacotes de trabalho e entregas estão completos.
♦ O nível de risco associado a um pacote de trabalho é alto.	♦ O nível de risco associado a um pacote de trabalho foi reduzido.
♦ A equipe do projeto não está capacitada e não tem experiência.	♦ A equipe do projeto já trabalhou em conjunto e no mínimo começou a desenvolver algumas das habilidades necessárias para completar as entregas do projeto.
♦ As comunicações do projeto são quase todas teóricas e evoluem a partir da fase de planejamento.	♦ Como consequência das experiências conquistadas, as comunicações foram testadas e adaptadas.

▶ Qual a saída da execução?

A principal entrega do grupo de processos de execução é, obviamente, as próprias entregas do projeto: a saída de todo o projeto! Além das entregas, as outras principais saídas do processo de execução são as solicitações de mudança e sua implementação. Assim como o grupo de processos de monitoramento e controle, a execução é um processo iterativo e o gerente de projetos de sucesso está sempre verificando que a qualidade das entregas é adequada e gerenciando os riscos associados.

▶ Por que a execução é importante no gerenciamento de projetos?

Além da importância do projeto realmente executar a produção de um produto ou implementar uma mudança, o grupo de processos de execução é importante enquanto o processo que faz o plano de gerenciamento do projeto funcionar. Protocolos de gerenciamento de valor agregado mais antigos implicitamente usavam o processo de execução para testar o rigor do plano e, logo, a competência do gerente de projetos. Essa atitude é pouco produtiva, pois ignora a realidade que quase todas as mudanças aos projetos ocorrem devido a eventos que estão além do controle do gerente, tais como decisões das partes interessadas ou mudanças no ambiente físico, social ou econômico geral.

O General Dwight D. Eisenhower disse que "nenhum plano sobrevive ao contato com o inimigo, mas ainda assim você precisa ter um". Um comentarista militar muito anterior disse algo que complementa essa frase: "ninguém é vitorioso na estratégia". Unindo esses dois lemas, podemos dizer que o melhor plano de gerenciamento do projeto não vale nada a menos que possa ser adaptado às realidades do projeto. O processo de execução implementa as mudanças ao plano e identifica muitas das solicitações de mudanças à medida que os riscos ao projeto ficam mais bem definidos.

▶ Quem deve se envolver com a execução?

Assim como o grupo de processos de planejamento, os envolvidos dependem do tipo de projeto em questão. No mínimo, isso geralmente significa o gerente e a equipe do projeto. Projetos maiores podem precisar de interações com membros da organização externos à equipe do projeto ou membros de organizações realizando partes do projeto que foram terceirizadas.

As interações entre a equipe do projeto e seus membros quase sempre são as mais complicadas. A maioria das organizações possui procedimentos rigorosos para aquisição e contratação de serviços, mas seus processos de obtenção de bens ou serviços internos tendem a não ter a mesma qualidade. Do ponto de vista do gerente de projetos, todas as entregas ou pacotes de trabalho executados internamente na organização, mas externamente à equipe que controlam, devem ser planejados e gerenciados com os mesmos cuidados que seriam usados para contratações de fora da organização. Os riscos associados a trabalhos executados externamente à equipe do projeto costumam ser maiores do que para trabalhos semelhantes realizados internamente. Os principais motivos para esses riscos maiores são as comunicações adicionais entre o gerente e os colaboradores externos ao projeto e a falta de controle do gerente sobre eles para a entrega dos pacotes de trabalho dentro do cronograma do projeto. Os fornecedores e terceirizados externos à organização do projeto normalmente são controlados e obrigados pelo contrato a completar o trabalho de acordo com os padrões solicitados e no prazo acordado, mas membros da organização que estão além do controle do gerente do projeto quase nunca têm os incentivos apropriados.

▶ O grupo de processos de monitoramento e controle

▶ O que é o grupo de processos de monitoramento e controle?

O grupo de processos de monitoramento e controle é o mecanismo de *feedback* que compara o desempenho do projeto durante o processo de execução com o plano do projeto. Sempre há mudanças durante a execução do projeto, pois ela permite que a equipe compreenda melhor os riscos identificados durante o processo de planejamento. Muitos autores afirmam que os riscos do projeto diminuem à medida que ele avança, mas isso muitas vezes não é verdade, pois a menos que o processo de controle seja adequado, os riscos podem aumentar em projetos com linhas de base mal definidas ou instáveis.

Como o próprio nome sugere, o monitoramento e controle envolve duas ações: o projeto deve ser observado e seu progresso registrado; e as mudanças devem ser gerenciadas ativamente pelo gerente de projetos. Não basta o gerente observar as mudanças passivamente: sua variação em relação à linha de base precisa ser entendida e o gerente precisa realizar as ações apropriadas para corrigir o desvio em relação ao plano. Todas as mudanças ao plano do projeto devem passar pelo processo de controle integrado de mudanças, garantindo que as entregas do projeto estão em conformidade com a declaração do escopo do projeto.

A Tabela 3.4 resume os resultados dos processos de monitoramento e controle.

O PMI diz

Processos de monitoramento e controle

"Processos de monitoramento e controle. (Grupo de processos). Os processos realizados para medir e monitorar a execução do projeto de modo que seja possível tomar ações corretivas quando necessário para controlar a execução da fase ou do projeto." PMBOK Guide (p. 364)

Tabela 3.4 O que é monitoramento e controle, em termos de antes e depois do monitoramento e controle

Antes do monitoramento e controle	Depois do monitoramento e controle
♦ Os riscos são desconhecidos ou de probabilidade incerta.	♦ É possível determinar os riscos até o ponto em que podem ser gerenciados adequadamente.
♦ Mudanças ao plano do projeto ocorrem devido a influências externas ou para superar riscos identificados durante a execução.	♦ O controle de mudanças é integrado em um único processo bem definido, compreendido pela equipe do projeto.
♦ O desempenho do projeto é incerto.	♦ O desempenho do projeto é medido com relação à linha de base do plano e é possível prever o futuro do projeto.

▶ Qual a saída do monitoramento e controle?

A principal saída do grupo de processos de monitoramento e controle é o conjunto de ações necessárias para corrigir os problemas ou defeitos identificados durante o processo de execução. O processo de monitoramento e controle determina a diferença entre o estado e o plano do projeto. O *feedback* permite que todas as partes da fase de execução (qualidade, custos, cronograma e riscos) sejam mensuradas contra o plano do projeto. Nas palavras de Lord Kelvin, "apenas depois de medir e quantificar um objeto podemos compreendê-lo". Ao comparar o progresso do projeto com seu plano, podemos prever o futuro do projeto.

Além da variação entre as entregas do projeto e o plano, os processos de monitoramento e controle têm várias outras saídas. Elas estão todas listadas no *PMBOK Guide*, junto às entradas associadas. Acima, sugerimos como usar os processos de gerenciamento de projetos, mas gostaríamos de enfatizar que, a menos que você vá realizar as provas do PMI, essa parte da metodologia de gerenciamento de projetos deve ser usada com moderação.

▶ Por que o monitoramento e controle é importante no gerenciamento de projetos?

Passar do mundo teórico do planejamento para o ambiente real do projeto muda o modo como as partes interessadas entendem os objetivos do projeto. Nesse momento, é importante que o gerente do projeto saiba documentar e considerar quaisquer mudanças ao plano que possam ser causadas por esse novo entendimento.

Assim como os médicos medievais examinavam os quatro humores para determinar a sorte dos seus pacientes, os 12 processos de monitoramento e controle permitem que o gerente saiba o estado e progresso do seu projeto e faça previsões significativas sobre o seu desempenho. O nível de detalhamento necessário para registrar e monitorar o progresso quase sempre é determinado pelos detalhes e precisão exigidos da previsão.

▶ Quem deve se envolver com o monitoramento e controle?

O gerente de projetos, pois o processo de monitoramento e controle inclui algumas das responsabilidades mais fundamentais do responsável por gerenciar o projeto. Supervisionar e controlar o trabalho do projeto e gerenciar seus riscos são tarefas importantíssimas e que podem ser a diferença entre o sucesso e o fracasso do projeto. Projetos grandes ou altamente técnicos podem ter especialistas monitorando os riscos e controlando o cronograma, enquanto a função financeira da organização normalmente realiza o controle orçamentário. Dominar e entender o grupo de processos de monitoramento e controle são aspectos fundamentais da tomada de decisões por parte dos gerentes de projetos.

▶ O grupo de processos de encerramento

O que é o grupo de processos de encerramento?

O grupo de processos de encerramento é composto por duas atividades principais: encerramento do projeto e encerramento administrativo. O encerramento do projeto é a finalização formal das entregas do projeto e sua transferência para terceiros, tais como clientes ou destinatários de produtos ou serviços, término das atividades da equipe do projeto e fechamento das lições aprendidas ou experiências conquistadas com o projeto. O encerramento administrativo completa toda a documentação do projeto e termina formalmente quaisquer contratos externos à organização do projeto. A arquivação dos documentos do projeto e lições aprendidas são propriedades intelectuais valiosas que ajudam o planejamento e identificação de riscos em projetos semelhantes no futuro. A experiência demonstra que, sem a documentação apropriada, as memórias corporativas são excepcionalmente curtas. Mesmo entre os melhores do mundo, a memória individual é altamente seletiva e tende a se concentrar nos pontos altos e baixos associados ao projeto sem lembrar das razões fundamentais desses eventos. As experiências de uma empresa de engenharia envolvida com pesquisa e desenvolvimento técnico mostram que, mesmo se os indivíduos envolvidos com o projeto permanecerem com a organização, o conhecimento de trabalho necessário para completar projetos semelhantes se perde após mais ou menos dois anos.

A Tabela 3.5 resume os resultados do processo de encerramento.

O PMI diz

Processos de encerramento

"Processos de encerramento. (Grupo de processos). Os processos realizados para finalizar formalmente todas as atividades de um projeto ou fase e transferir o produto terminado para outros ou encerrar um projeto cancelado." *PMBOK Guide* (p. 354)

Tabela 3.5 O que é encerramento, em termos de antes e depois do encerramento

Antes do encerramento	Depois do encerramento
♦ As entregas do projeto não foram transferidas formalmente para terceiros.	♦ As entregas do projeto foram transferidas formalmente para terceiros ou o projeto cancelado foi encerrado.
♦ As lições aprendidas ou experiências conquistadas durante o projeto não foram documentadas formalmente.	♦ Todas as lições aprendidas com o projeto e os documentos relevantes foram arquivados pela organização.
♦ Os contratos com terceirizados externos à organização ainda estão ativos.	♦ Todos os contratos estabelecidos pelo projeto estão formalmente encerrados.

▶ Qual a saída do encerramento?

A principal saída do grupo de processos de encerramento é a transferência formal das entregas do projeto para terceiros, sejam eles internos ou externos à organização do projeto. Nesse momento, os processos de execução e monitoramento e controle devem ter convergido e as entregas completas correspondem ao plano de linha de base revisado. Para o gerente de projetos, vale a pena aproveitar esse momento para examinar as revisões ao plano de linha de base e compará-las com as premissas iniciais do processo de planejamento. A diferença entre as premissas e os riscos e mudanças externas que levaram à solicitação de mudanças pode ser bastante útil em projetos futuros, pois muitas vezes elas foram provocadas pelo ambiente ou estrutura organizacional nos quais o projeto foi conduzido.

A Tabela 3.6 descreve os dois processos associados ao grupo de processos de encerramento e suas entradas e saídas

Tabela 3.6 Os diversos processos do grupo de processos de encerramento, com as entradas e saídas de cada um

Entradas	Saídas
Encerrar o projeto	
♦ Plano de gerenciamento do projeto	♦ Procedimentos de encerramento administrativos
♦ Documentação do contrato	♦ Procedimentos de encerramento do contrato
♦ Fatores ambientais da empresa	♦ Produto, serviço ou resultado final
♦ Ativos de processos organizacionais	♦ Ativos de processos organizacionais (atualizações)
♦ Informações sobre o desempenho do trabalho	
♦ Entregas	
Encerramento do contrato	
♦ Plano de gerenciamento de aquisições	♦ Contratos encerrados
♦ Plano de gerenciamento de contratos	♦ Ativos de processos organizacionais (atualizações)
♦ Documentação do contrato	
♦ Procedimentos de encerramento do contrato	

▶ **Por que o encerramento é importante no gerenciamento de projetos?**

As fases finais do projeto costumam ser as mais difíceis para o gerente do projeto. A essa altura, o interesse no projeto pode estar morrendo e a sensação de que o trabalho acabou pode fazer com que a equipe se esforce menos. A função do gerente de projetos é garantir que todas as entregas foram completadas e que a declaração do escopo do projeto foi satisfeita. Alguns projetos sofrem com partes interessadas que expressam solicitações ou aspirações inesperadas durante a fase de encerramento. Para evitar esse problema, o gerenciamento das partes interessadas e as comunicações do projeto precisam ser mantidos até o encerramento formal do projeto.

▶ **Quem deve se envolver com o encerramento?**

O encerramento é basicamente uma ação para o gerente e a equipe do projeto. Durante as fases finais do projeto, o comprometimento dos membros da equipe pode diminuir rapidamente, pois estes passam a se concentrar em ser designados para novos projetos ou outras funções na organização. É importante que o gerente do projeto motive os membros da equipe e mantenha-os focados em completar o trabalho até o encerramento formal do projeto.

▶ **Resumo**

Os cinco grupos de processos do projeto são:

- Iniciação.
- Planejamento.
- Execução.
- Monitoramento e controle.
- Encerramento.

O princípio geral por trás dos grupos de processos de gerenciamento de projetos é simplesmente "planejar, depois agir": o ciclo OODA e o ciclo Plano-Execução-Verificação-Ação são duas metodologias que podem ajudar o gerente a encontrar o equilíbrio certo entre planejamento e ação.

    Os processos individuais que compõem os grupos de processos são descritos em termos de entradas e saídas. Se você está se preparando para as provas do PMI, será necessário decorar parte desse conteúdo. Para o gerenciamento de projetos no mundo real, recomendamos ler sobre os grupos de processos neste capítulo e compreender seus princípios gerais, mas não tentar decorá-los nos mínimos detalhes. Com base na sua experiência com gerenciamento de projetos no seu setor da economia, escolha o que você acha que será útil e depois consulte este capítulo quando necessário. Os grupos de processos permitem que o gerente de projetos aprenda um pouco sobre proporcionalidade: determinar o equilíbrio certo entre pensar e fazer.

▶ Notas

1. Coronel John (Richard) Boyd (1927–1997), piloto de caça da Força Área dos Estados Unidos.
2. Dr. W. Edwards Deming (1900–1993), pioneiro da gestão da qualidade moderna (cujo trabalho nesse campo é discutido no Capítulo 8). Deming reconheceu o trabalho de Walter A. Shewhart (1891–1967) e seu Ciclo de Shewhart como a fonte do ciclo PDCA, mas o conceito é ainda mais antigo.
3. O termo é uma derivação de "imagem aérea reconhecida", usado pela OTAN em guerras aéreas e parte importante das doutrinas da Força Aérea Real e da Força Aérea dos Estados Unidos. Sem uma imagem aérea reconhecida, a incerteza sobre quem acha que o quê está onde cria muitos riscos e desperdiça tempo com os pilotos no ar. Se a imagem aérea reconhecida está errada, ela logo é corrigida, pois todos os envolvidos estão atentos para possíveis problemas com a imagem, todos estão utilizando o mesmo processo padronizado para corrigi-la e todos recebem a imagem atualizada na mesma hora. Todas as partes do gerenciamento de projetos se beneficiariam com a adoção do conceito de "imagem reconhecida".
4. Ou cinco dos seis servos honestos do homem em *O Elefante Infante*, conto de Rudyard Kipling.

Gerenciamento de integração do projeto

O que é gerenciamento de integração do projeto?

A função da integração no gerenciamento de projetos

Uma primeira análise do gerenciamento de integração do projeto

Processos e grupos de processos do gerenciamento de integração

Desenvolver o termo de abertura do projeto

Desenvolver a declaração do escopo do projeto preliminar

Desenvolver o plano de gerenciamento do projeto

Iniciação do projeto

Orientar e gerenciar a execução do projeto

Outras ferramentas e técnicas de gerenciamento de integração do projeto

▶ Objetivos deste capítulo

O gerenciamento de integração do projeto é a alma do gerenciamento de projetos. Depois de completar este capítulo, você deve:

- saber o que é o gerenciamento de integração, qual sua relação com o gerenciamento de projetos como um todo e por que ele é importante;
- ser capaz de categorizar as atividades do projeto de acordo com pertencerem ou não ao gerenciamento de integração do projeto;
- saber que fatores fazem com que o gerenciamento de integração se torne mais importante em projetos maiores;
- ser capaz de aplicar os princípios do gerenciamento de integração do projeto na prática, de modo a aumentar a eficiência e eficácia e reduzir os riscos no modo como você gerencia projetos;
- ser capaz de explicar a outros gerentes e patrocinadores de projetos o caso de negócio para tratar o gerenciamento de integração do projeto como uma atividade independente dentro do gerenciamento de projetos;
- usar o gerenciamento de integração com frugalidade e apenas quando e onde for necessário para administrar seu projeto e não usar o projeto para administrar a burocracia do gerenciamento de integração.

▶ O que é gerenciamento de integração do projeto?

O gerenciamento de integração do projeto significa coordenar todos os outros processos e atividades do gerenciamento de projetos para garantir que os objetivos serão alcançados com o máximo de eficiência praticável. Assim, em termos de grupos de processos e áreas de conhecimento do gerenciamento de projetos, a integração é o meio pelo qual o gerente de projetos usa as partes certas dos grupos e áreas na hora certa e do jeito certo para realizar seus objetivos. O PMBOK afirma que a integração "inclui (...) unificação, consolidação, articulação e ações integradoras que são essenciais para o término do projeto, para atender com sucesso às necessidades do cliente e das partes interessadas e para gerenciar as expectativas"[1]. Mas o que isso significa na prática? Continue lendo!

A integração, enquanto termo utilizado no gerenciamento de projetos, trata de:

- realizar e gerenciar mudanças no projeto,
- tomar decisões,
- saber onde focar recursos e esforços,
- identificar riscos e problemas e
- reduzir ou eliminar o impacto dos riscos, problemas e mudanças.

Todo esse trabalho precisa ser controlado, gerenciado e integrado (Tabela 4.1) para ser benéfico ao projeto como um todo.

Tabela 4.1 Sete processos de gerenciamento de integração do projeto

		Grupo de processos		
Iniciação	Planejamento	Execução	Monitoramento e controle	Encerramento
1. Desenvolver o termo de abertura do projeto	3. Desenvolver o plano de gerenciamento do projeto	4. Orientar e gerenciar a execução do projeto	5. Monitorar e controlar o trabalho do projeto	7. Encerrar o projeto
2. Desenvolver a declaração do escopo preliminar			6. Controle integrado de mudanças	

Ideia importante

Gerenciamento de integração do projeto
Acima de tudo, o gerenciamento de integração do projeto significa decidir onde focar os esforços de gerenciamento de projetos, sistematicamente e de modo a aproveitar experiências passadas e melhores práticas.

O PMI diz

Gerenciamento de integração do projeto
"O gerenciamento de integração do projeto inclui os processos e as atividades necessárias para identificar, definir, combinar, unificar e coordenar os diversos processos e atividades de gerenciamento de projetos dentro dos grupos de processos. No contexto do gerenciamento de projetos, a integração inclui características de unificação, consolidação, articulação e ações integradoras que são essenciais para o término do projeto, para atender com sucesso às necessidades do cliente e das partes interessadas e para gerenciar as expectativas." PMBOK Guide (p. 337)

▶ A função da integração no gerenciamento de projetos

Integração significa fazer a coisa certa na hora certa para que o projeto aconteça.

Como vimos no Capítulo 3, cinco grupos de processos podem ser usados em projetos ou fases de projetos, enquanto as habilidades necessárias em todos os cinco se dividem em nove áreas de conhecimento. Essa terminologia pode parecer complicada, mas os cinco grupos de processos e as nove áreas de conhecimento são apenas o modo como o PMI divide o conhecimento que você, o gerente de projetos, precisa utilizar em grupos menores e mais acessíveis. Em troca da complexidade das duas dimensões, áreas e grupos, o resultado é uma maneira mais fácil de analisar todas as ferramentas e técnicas do gerenciamento de projetos e entender como elas se encaixam umas com as outras. Não se preocupe com a complexidade: se for um praticante, basta entender mais ou menos o sistema e absorver as partes que parecerem úteis para o seu projeto. Se estiver estudando para as provas do PMI, decore apenas o suficiente para ser aprovado. Na prática, a tarefa do gerente de projetos exige o gerenciamento de interações que vão além dos limites dos grupos de processos e áreas de conhecimento. E é assim que o gerenciamento de integração do projeto é útil no mundo real.

O gerenciamento de integração do projeto trata da ligação e coordenação de processos de produtos e projetos e áreas de conhecimento para garantir o melhor nível possível de planejamento e execução do projeto. A tarefa pode ser difícil. É necessário equilibrar e compensar objetivos e requisitos concorrentes. Por um lado, a integração incorre no custo da complexidade e burocracia, pois os gerentes de projetos precisam de duas dimensões das áreas de conhecimento e grupos de processos, em vez da simples dimensão de "preparar, planejar, fazer, revisar". Por outro, os benefícios obtidos ao organizarmos as ferramentas e técnicas do gerenciamento de projetos em áreas de conhecimento e processos deve ser maior do que os custos, pois permite que trabalhemos de modo muito mais eficiente ou em uma escala muito maior e com muito menos custos e riscos do que uma abordagem linear simples. Mas será que esse benefício líquido é real? Apenas se soubermos selecionar a ferramenta certa na fase certa do gerenciamento. É disso que trata a integração.

No mundo real, a capacidade de realizar a integração exige um certo nível de conhecimento e experiência por parte do gerente. O gerenciamento de integração é uma exceção à regra geral do gerenciamento de projetos que a maior parte das tarefas é a aplicação do bom senso, ou seja, que podem ser resolvidos se o gerente simplesmente pensar bem no assunto. O bom senso diz que em projetos grandes ou complexos, a integração é uma tarefa por si só, mesmo que seja chamada de algum outro nome, mas não é assim tão fácil deduzir os processos envolvidos com essa integração a partir de princípios gerais (ao contrário de boa parte do gerenciamento de recursos humanos e planejamento, por exemplo). A área de conhecimento da integração é derivada da análise meticulosa de como os projetos tiveram sucesso ou fracassaram durante muitos anos.

A quantidade de metodologias de gerenciamento de projetos não é pequena, mas o segredo de todas elas é a integração. A integração é importante porque, para satisfazer os requisitos do patrocinador e das partes interessadas, o gerente de projetos precisa gerenciar interações que atravessam todos os limites organizacionais e processuais. E para isso, o gerente precisa negociar. As trocas e compensações de desempenho vão mudar de projeto para projeto, então experiências e históricos são guias apenas parciais. Quanto maior e mais complexo o projeto, mais iterações serão necessárias para garantir que os requisitos das partes interessadas serão atendidos e para obter consenso sobre os resultados dos processos.

A principal responsabilidade do gerente de projetos é garantir que os objetivos e as entregas acordados serão cumpridos dentro do prazo e do orçamento. Isso é integração.

As ferramentas mais importantes do gerenciamento de integração do projeto são planejamento, comunicação e liderança. Outras habilidades importantes incluem influência, negociação e solução de problemas.

▶ Uma primeira análise do gerenciamento de integração do projeto

Esta seção cobre os seguintes aspectos:

- Compreender como o projeto vai interagir com a organização.
- Integrar entradas externas ao projeto.
- Influenciar e coordenar recursos além do controle do projeto.
- Selecionar as ferramentas de gerenciamento de projetos adequadas, dada a complexidade do projeto.

▶ Compreender como o projeto vai interagir com a organização

O primeiro passo do gerenciamento de integração do projeto é compreender como as entregas do projeto vão interagir com as operações presentes ou futuras da organização. Para usar um exemplo extremo e imaginário: se o seu projeto é substituir os motoristas de ônibus por robôs, isso significaria compreender a mão de obra atual e seus sindicatos, como os robôs interagiriam com os passageiros e qual seria sua relação com a polícia e as seguradoras em caso de acidente. Se a estrutura da organização será alterada durante a vida do projeto, as interações estabelecidas inicialmente entre o projeto e as partes interessadas precisarão mudar e se adaptar de acordo com a reorganização. Também deve haver um plano, e antes disso uma visão na mente do gerente do projeto, de como realizar e gerenciar essas mudanças. Assim, enquanto gerente de projetos, considere todas as mudanças organizacionais prováveis para que seu impacto seja sentido no seu trabalho de gerenciamento de projetos, especialmente no planejamento.

Um dos maiores impactos das mudanças organizacionais nos projetos é a mudança das partes interessadas. Novas estruturas organizacionais significam novas partes interessadas. Para minimizar o risco de se recusarem a aceitar as entregas do projeto, essas novas partes interessadas devem se envolver com a atividade de planejamento assim que forem identificadas.

▶ Integrar entradas externas ao projeto

Como vimos, integração significa reunir e priorizar e coordenar todas as atividades de gerenciamento de projetos. O gerente do projeto, quando necessário com o auxílio do patrocinador, terá autoridade sobre todos os recursos alocados ao projeto e sobre os processos dentro da jurisdição do projeto. No entanto, a natureza do gerenciamento de projetos é tal que muitos dos recursos e processos críticos para o sucesso do projeto não estão sob o controle do gerente ou mesmo do patrocinador. Na melhor das hipóteses, o gerente e o patrocinador têm alguma influência sobre muitos dos processos e recursos críticos. Assim, um fator crucial durante os processos de iniciação e planejamento é a integração dos recursos e processos necessários a partir daqueles além do controle do projeto. Falando claramente, você vai precisar fazer de tudo e mais um pouco para obter recursos. A Figura 4.1 mostra que o projeto precisa de recursos que estão além do seu controle. Essa é a parte difícil da integração e uma das mais difíceis do gerenciamento de projetos como um todo.

(a) O problema: uma grande lacuna entre o que o projeto precisa e o que ele tem. Os projetos não controlam recursos e processos necessários para o sucesso

Ativos realmente controlados pelo projeto

Ativos necessários para o sucesso do projeto

(b) A solução: entender o que está sob sua influência; e quando não tiver influência, pelo menos construir um sistema para ter certeza sobre o que está acontecendo

Zona de controle

Zona de influência

Zona de alerta ou zona de interesse

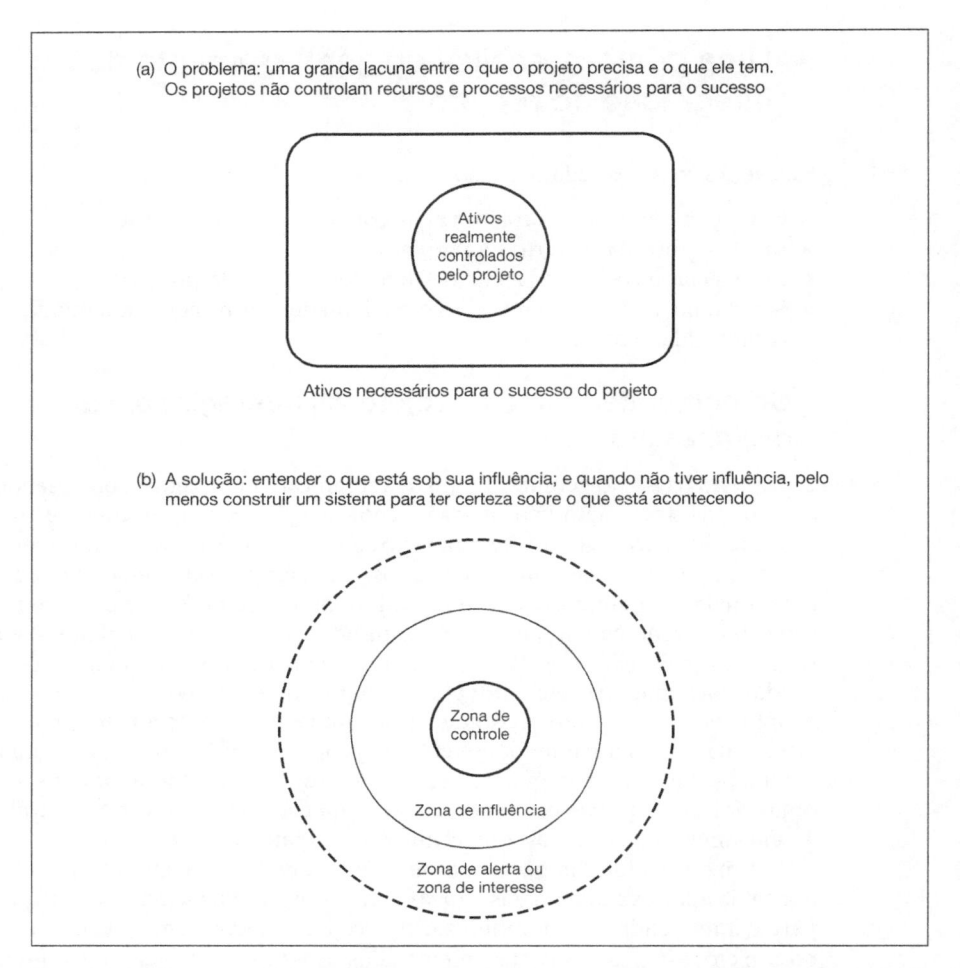

Figura 4.1 Os projetos devem obter o uso de ativos e processos além do seu controle.

▶ Influenciar e coordenar recursos além do controle do projeto

A influência sobre recursos além do controle do projeto está relacionada com a subseção anterior, sobre a integração de entradas externas ao projeto. O problema de influenciar e coordenar recursos sobre os quais a equipe do projeto não possui autoridade direta precisa ser gerenciado em todas as fases do projeto.

Os projetos nunca têm recursos ou acesso a processos em níveis suficientes. Essa é uma característica natural dos projetos, pois são empreendimentos temporários, envolvidos com inovação ou mudanças. Os projetos controlam diretamente apenas uma fração de tudo que precisam para ter sucesso. A Figura 4.1(a) representa esse problema. A Figura 4.1(b) mostra a solução: desenvolver uma zona de influência e, além desta, uma zona de interesse. A zona de influência reúne todos os ativos e processos necessários para o projeto sobre os quais este não tem controle direto, ou seja, todos aqueles que você vai precisar pedir, implorar, roubar, tomar emprestado, etc. As habilidades interpessoais do patrocinador, do gerente e da equipe do projeto e o poder e influência do primeiro serão críticos para garantir que a zona de influência é grande o suficiente para o projeto. Ainda sobram algumas áreas de risco, ativos e processos que ainda não estão dentro da zona de influência, mas que precisam ser controladas ou trazidas a ela no devido momento para que o projeto tenha sucesso. O projeto precisa desenvolver um sistema de coleta de informações ou inteligência para que saiba o que está acontecendo com esses ativos e aumente as chances do projeto de trazê-los para sua zona de influência ou controle em algum momento futuro.

▸ **Selecionar as ferramentas de gerenciamento de projetos adequadas, dada a complexidade do projeto**

Um dos problemas do gerenciamento de projetos é que as metodologias podem se tornar o foco do trabalho, deixando a entrega do projeto de lado. Em outras palavras, os resultados são o mais importante, não a aplicação da metodologia de gerenciamento de projetos. A metodologia precisa ser um meio, mas corre o risco de se tornar um fim em si mesma. Projetos grandes e complexos precisam de mais ferramentas e técnicas de gerenciamento do que projetos simples e pequenos. Para gerentes de projetos, uma habilidade crucial é saber que ferramentas usar, quando e como.

Como vimos anteriormente, o tamanho e a complexidade do projeto devem determinar quantos processos de gerenciamento de projetos devem ser utilizados. Os gerentes de projetos menos experientes (e aqueles trabalhando em projetos que estão dando errado) se sentem tentados a aplicar cada vez mais esforços à burocracia do projeto, por exemplo, produzindo documentação, realizando seminários sobre projetos e escrevendo relatórios. O gerenciamento de integração do projeto é um antídoto a essa burocracia fatal, mas para funcionar, a pessoa usando as ferramentas e técnicas dessa área de conhecimento precisa estar ciente dos riscos da aplicação inadequada de ferramentas e técnicas de gerenciamento de projetos e ter experiência com gerenciar projetos de verdade. O gerenciamento de integração do projeto ajuda a determinar que ferramentas usar e quando. "Sim, precisamos escolher parte da equipe do projeto, mas antes precisamos decidir exatamente o que estamos fazendo nesse projeto" – o gerenciamento de integração do projeto ajuda a fazer esse tipo de argumento.

O gerenciamento de integração do projeto garante que todas as áreas certas do projeto e da metodologia de gerenciamento de projetos foram cobertas, consideradas, adiadas ou rejeitadas como parte do processo de gerenciamento. O plano de gerenciamento inicial, produzido durante o processo de planejamento, demonstra a importância da integração. Depois que o projeto passou para o processo de execução, alguns aspectos podem ter mudado ou se alterado e gerado um desvio em relação ao plano original. A equipe do projeto avalia o impacto, o que por sua vez pode gerar um ajuste ao plano de gerenciamento do projeto inicial. Esse processo é uma abordagem iterativa, que exige a necessidade de integração e implementação por parte do gerente do projeto.

Um dos objetivos do gerenciamento de integração do projeto é usar a menor quantidade necessária de ferramentas e técnicas de gerenciamento para entregar os objetivos do projeto.

▶ Processos e grupos de processos do gerenciamento de integração

Esta seção descreve os principais processos que compõem o gerenciamento de integração do projeto. O objetivo é descrever cada processo e permitir que você entenda sua função na integração e saiba executá-los. O contexto aqui é o gerenciamento de integração do projeto. Os processos individuais que pertencem ao gerenciamento de integração do projeto são (entre parênteses, os grupos de processos aos quais pertencem):

- Desenvolver o termo de abertura do projeto (Iniciação)
- Desenvolver a declaração do escopo do projeto preliminar (Iniciação)
- Desenvolver o plano de gerenciamento do projeto (Planejamento)
- Orientar e gerenciar a execução do projeto (Execução)
- Monitorar e controlar o trabalho do projeto (Monitoramento e controle)
- Controle integrado de mudanças (Monitoramento e controle)
- Encerrar o projeto (Encerramento).

Observe que essa lista também pode ser interpretada como uma sequência de coisas a serem feitas para administrar o projeto. O termo de abertura é um "plano para o plano", ou plano de alto nível e primeira tentativa para o projeto. Quase sempre, basta uma página com "O quê? Por quê? Quem? Como? Onde? Quando?", descrevendo a concepção original do projeto, mas pode ser um documento mais longo em projetos maiores. O propósito da declaração do escopo é dizer o que pertence e o que não pertence ao projeto e, em consequência, quais as principais interfaces do projeto. Os principais elementos do termo de abertura e da declaração do escopo também são os principais ingredientes do plano do projeto. Por que a metodologia de gerenciamento de projetos separa as duas atividades antes do planejamento principal?[2] Com exceção de projetos muito pequenos e muito simples, o planejamento é uma atividade complexa e pode ser difícil entender como começar a planejar o trabalho. Se você está tendo dificuldade para decidir ou mesmo para pensar sobre como começar a planejar o projeto, não se preocupe: isso é normal, mesmo para executivos experientes e altamente qualificados.

Se você está tendo dificuldades para começar o planejamento, temos duas ideias que podem ajudar. O primeiro passo é escrever um plano de uma página, com apenas algumas linhas sob os subtítulos "o que estamos tentando fazer nesse projeto: Por quê? Como? Quando?" Segundo, desenvolva mentalmente, e depois coloque no papel, uma visão aproximada, de muito alto nível, dos objetivos e justificativas do projeto (fornecida pelo termo de abertura) e uma visão inicial ou "espantalho" do escopo aproximado do projeto e suas principais interfaces. Use a abordagem do espantalho em ambos os casos (ver box Ideia importante, a seguir). Sempre podemos revisar esses documentos depois de aprendermos mais sobre o projeto.

> **Ideia importante**
>
> **O espantalho**
>
> O dicionário define o "espantalho" como um argumento que é apresentado apenas para ser derrotado.[3] No gerenciamento de projetos, o termo representa algo, normalmente um plano ou relatório, que é criado para ser modificado ou alterado por completo. A ideia principal é criar um ponto de partida: críticas, comentários e mudanças radicais não são apenas aceitas, mas extremamente bem-vindas. Usamos o espantalho para começar a discussão. As pessoas que recebem ideias espantalho devem entender que não podem se irritar com elas ou usá-las para atacar o projeto. Se acreditam que as ideias são errôneas, então esses profissionais devem ter ideias melhores e apresentá-las ao projeto. Em culturas mais tradicionais, usar o espantalho exige certo nível de mudança cultural.

▶ A sequência de processos de integração

O gerenciamento de projetos começa com a iniciação do projeto. Nela, as diversas partes interessadas se reúnem para desenvolver o termo de abertura do projeto e a declaração do escopo preliminar. A seguir, o projeto passa para a fase de planejamento, que usa as saídas da iniciação para começar a integrar todos os detalhes necessários para preparar, desenvolver e coordenar os planos subsidiários produzidos no plano de gerenciamento do projeto.

A próxima fase do gerenciamento de integração é orientar e gerenciar o grupo de processos de execução, completando o trabalho especificado no plano de gerenciamento, além da implementação das mudanças aprovadas. Durante a execução, uma das principais saídas apresentadas ao gerente de projetos são as informações sobre o desempenho do trabalho. Essas informações são avaliadas e revisadas para determinar se o projeto está correndo como planejado ou se está apresentando variações em relação às linhas de base de desempenho. Esse trabalho de coleta de informações e avaliação é chamado de monitoramento e controle.

O controle gera um conjunto de ações preventivas. Estas necessitam de um processo de aprovação e de um controle de mudanças para evitar que o projeto comece a mudar descontroladamente, o que aumentaria os custos e riscos do trabalho. Como quase todo o resto do gerenciamento de projetos, isso é apenas bom senso, mas a experiência mostra que vale a pena explicitar esse ponto.

A seguir, analisamos alguns dos processos do gerenciamento de integração do projeto em mais detalhes.

> **O PMI diz**
>
> **Controle**
>
> "Controle (Técnica). Comparação entre o desempenho real e o planejado, análise das variações, avaliação das tendências para efetuar melhorias no processo, avaliação das alternativas possíveis e recomendação das ações corretivas adequadas, conforme necessário." *PMBOK Guide* (p. 355)

▶ Como os projetos começam?

Como nascem os projetos? As necessidades de negócio dos projetos têm muitas causas-raiz, incluindo as necessidades comerciais da organização ("de mercado"), novos requisitos jurídicos ou regulatórios, novas tendências ou respostas caracterizadas por uma ampla gama de riscos e apostas frente a avanços tecnológicos e a abertura de novos mercados. Alguns autores propõem que a vaidade e o ego dos executivos-chefes, políticos e burocratas também é um motivo importante, mas opinar sobre a provável validade dessas afirmações foge ao escopo deste livro. Depois de estabelecida a necessidade de negócio, a próxima fase é decidir como responder a essa necessidade. Uma abordagem comum é gerar uma série de abordagens possíveis e usar um processo de seleção para escolher qual será usada no projeto. Diga-se de passagem que esses processos de seleção podem ser uma fonte de problemas e preocupações nas grandes organizações, mas isso também foge do escopo deste livro.

O gerente do projeto deveria entender as restrições e premissas inclusas no termo de abertura. "Deveria", pois esse é o ideal e pode não ser possível. Por exemplo, se o projeto for grande e complexo (digamos, modernizar as práticas de trabalho em uma organização com grande diversidade e que trabalha em diversos setores), definir as restrições e premissas pode ser um miniprojeto em si. Nesses casos, o patrocinador e o gerente do projeto precisam estar cientes acima de tudo da própria ignorância e do tamanho da tarefa necessária para definir restrições e premissas o suficiente para permitir o planejamento adequado do projeto. Essa falta de conhecimento pode ser documentada no termo de abertura.

▶ Desenvolver o termo de abertura do projeto

Um termo de abertura do projeto:

- é um documento curto, no estilo de um sumário executivo,
- resume o que é o projeto,
- explica por que o projeto é necessário ou desejável,
- descreve como o projeto vai funcionar,
- é a primeira entrega do projeto,
- também é conhecido como documento de iniciação do projeto ou DIP,
- é o "plano do plano"
- autoriza formalmente o projeto,
- pode ser um *stage-gate*,
- pode ser usado para dar o tom do projeto junto às partes interessadas,
- pode definir o contexto e a abordagem para a realização dos benefícios.

A seguir, apresentamos um layout possível e a descrição de um termo de abertura do projeto, além de um exemplo de termo de abertura completo (Tadley). Muitas organizações usam seus próprios modelos de termos de abertura. Outro formato de termo de abertura muito usado é o modelo PRINCE2 de documento de iniciação do projeto (sinônimo de termo de abertura).

Ideia importante

Termo de abertura do projeto (ou DIP)

Um termo de abertura ou documento de iniciação do projeto (DIP) afirma, em alto nível, o que é o projeto e a justificativa para realizá-lo. O termo de abertura também pode ser usado para autorizar formalmente o projeto. É um documento curto e que pode ser alterado posteriormente, à medida que o entendimento das tarefas evolui.

O PMI diz

Termo de abertura do projeto
"Termo de abertura do projeto (Saídas/Entradas). Um documento publicado pelo iniciador ou patrocinador do projeto que autoriza formalmente a existência de um projeto e concede ao gerente de projetos a autoridade para aplicar os recursos organizacionais nas atividades do projeto." *PMBOK Guide* (p. 368)

Modelo de termo de abertura do projeto

Autor, data e versão

O quê?

Meta

- Declare a meta. O objetivo do projeto é... fazer o quê?

O que é o projeto?

- Descreva o projeto brevemente. (Use o "teste da vó". Sua vó entenderia o que você escreveu? Se não, simplifique e esclareça até que sua vó e um menino de 12 anos médio conseguirem entender tudo.)
- Qual o tamanho total do problema de mercado ou espaço de produto/mercado trabalhado pelo projeto?
- Qual o ponto final? Como saberemos quando o projeto terminou?

Quais são as entregas?

- Diga se é preciso realizar algum trabalho para definir as entregas.

Custo

- Estimativa de ordem de magnitude (ROM) do esforço em número de homem-dias e custos.

Por quê?

Por que estamos fazendo isso?

- Dê a explicação mais clara possível. A maior parte dos projetos é realizada por um de cinco motivos: (1) jurídico ou regulatório; (2) "manter as luzes acesas" ou sobreviver; (3) reduzir os riscos; (4) melhorar os lucros; ou (5) gerar a capacidade de atender novos mercados. Informe qual deles é válido.

Qual a necessidade de negócio?

- Se há uma necessidade de negócio, não regulatória ou judicial, explique-a brevemente.
- Que necessidade de negócio é atendida pelo cliente ou que problema do cliente ele resolve? Qual o caso financeiro?
- Qual o caso de redução de riscos?
- Qual o caso em termos de aumento da capacidade?
- Qual o caso regulatório?
- Que opções serão criadas?

Qual o problema urgente?

- Se há um problema urgente, declare-o em uma frase.

Valor estimado do projeto (e base)

- Interno
- Externo

Quem?

- Quem se envolverá, em que função e com que responsabilidades?
- Quem será crítico para entregar o programa? A equipe, parceiros, fornecedores?
- Quem é o regulador relevante?
- Quem são os parceiros de negócio para esse projeto? Eles já se envolveram? Com que base?
- Quem são os possíveis clientes de teste?
- Quem são os concorrentes?

Onde?

- Onde esse programa se encaixa na nossa estratégia?

Como

Abordagem geral

- Qual será a abordagem geral para como o projeto será realizado? Liste os(as):
    - metodologias,
    - trabalhos semelhantes anteriores,
    - marcos principais,
    - ferramentas e técnicas.
- Como as entregas do programa serão implementadas? (ou seja, projetadas, entregues, vendidas ou suportadas?)

Marcos

- Quais os marcos nesse projeto?
- Quais os possíveis ganhos rápidos?

Como planejaremos e garantiremos a qualidade?

- Como saberemos o que o cliente quer? Como saberemos todos os seus requisitos?
- Como preveniremos os erros?
- Já temos todas as capacidades necessárias para garantir uma probabilidade razoável de acertarmos de primeira? Ou provavelmente ainda precisamos adquirir novos recursos e capacidades para tanto?
- Que medidas devemos realizar, especialmente para melhoria contínua?

Quando?

- Quando o projeto será completado? (Dê uma data)
- Quando o primeiro cliente irá se cadastrar ou quando o primeiro usuário estará ativo?
- Quando o fluxo de caixa/redução de custo/ganho de eficiência/redução de riscos irá se materializar? Ou seja, quando nossa empresa começará a se beneficiar com esse projeto?

Exemplo de termo de abertura do projeto: Projeto de receita Tadley

Termo de Abertura do Projeto Tadley (Parte 1)

11 de outubro de 2007, preparado por I. Kant, patrocinador do projeto, e R. Descartes, gerente do projeto, Tabula Rasa Technologies, Inc.

Qual o objetivo do projeto?

- Definir e documentar a abordagem da Corporação à criação de um novo produto e ofertas de serviço para a gestão de desempenho no setor público de saúde.
- Identificar o trabalho necessário para estabelecer a estrutura de apoio para lançar a oferta e identificar todos os custos e benefícios de fazê-lo.

Por que esse objetivo é importante?

- Clientes de saúde, ao contrário de nossos clientes tradicionais no setor de serviços financeiros, não entendem o que a empresa faz. Este projeto remediará esse problema de entendimento para entregas de gestão do desempenho.
- Os clientes de saúde atuais fornecem evidências claras que uma oferta de gestão do desempenho é desejada. Logo, é provável que a procura do mercado seja mais ampla.
- Temos uma oportunidade para transferir conhecimentos para a Corporação, aumentando as ofertas atuais e usando esse conhecimento combinado para avançar ainda mais no espaço do setor público de saúde.

Onde será desenvolvido?

- Este projeto será desenvolvido pela equipe da Corporação, trabalhando em conjunto com consultores e analistas externos, antes de quaisquer ofertas ao mercado.

Quem se envolverá com o gerenciamento do projeto? Quais serão suas responsabilidades?

- Gerente do Projeto – R. Descartes
- Patrocinador do Projeto – I. Kant
- Escritório do Projeto – Anna X. Zimander

Como e quando tudo isso vai acontecer?

- Projeto iniciado em 01 de outubro. Toda a documentação a ser produzida por R. Descartes para revisão provisória e final por parte do grupo diretor do projeto.

Entregas finais

1. Revisão de Oferta de Produto de Gestão de Desempenho.
2. Plano de mercado finalizado, incluindo metas e custos de alto nível.

Cronograma

- Projeto para produzir primeira versão de entregas finais até 25 de outubro.
- Aprovação final para começar Parte 2 até 6 de novembro.

O termo de abertura define o que será o sucesso e pode indicar como esse será medido, detalhando os requisitos de alto nível do projeto. Assim, o termo de abertura prepara o contexto para a realização dos benefícios.

Acabamos de explicar por que o formato ou modelo para um termo de abertura ou outras documentações do projeto podem precisar de adaptações, dependendo do tipo específico de projeto em questão. Um modelo de gerenciamento de projetos criado para um tipo pode não ser ideal para o próximo. Assim, se o modelo de termo de abertura da sua organização parece complexo demais ou não está alinhado com as necessidades do seu projeto, talvez ele tenha sido desenvolvido para projetos de outros tipos. Por exemplo, na POTCOM (nome fictício), uma empresa de telecomunicações antiquada na qual a maioria dos projetos eram grandes empreendimentos de engenharia ou campanhas de *marketing* em nível nacional, os modelos foram projetados para projetos gigantes. Um dia, a POTCOM decidiu deixar de ser uma empresa de telecomunicações tradicional e começou a realizar vários novos projetos pequenos e interessantes de serviços *web*. No começo, a gerência achou que a POTCOM precisava de uma nova metodologia de gerenciamento de projetos, mas tudo o que ela precisava era ajustar os modelos para refletir as diferenças de tamanho e complexidade das novas iniciativas. Essa decisão economizou muito dinheiro e preveniu riscos e caos dentro da empresa.

Outro fator a ser considerado no desenvolvimento da documentação do projeto, incluindo o termo de abertura, é o tipo de processo interno no qual ela será usada. Muitas organizações estão adotando a abordagem de *stage-gates* (ver box Ideias importantes) para controlar projetos. O termo de abertura pode ser usado na decisão de aprovação *Stage-Gate* Inicial ou *Gate* 0. Se o seu termo será usado para isso, então é importante garantir que ele contém as informações exigidas pelo processo (em vez de você, enquanto gerente, e o patrocinador decidirem o que deve ser incluído ou não). A seguir, apresentamos um exemplo de termo de abertura (Whitby) para um tipo de projeto diferente do anterior (Tadley). O segundo projeto envolvia a criação de uma nova oferta de produtos e serviços, ou seja, foi criado para gerar novas receitas, enquanto o projeto Whitby é um projeto de *back office*, ou puramente interno. Tipos diferentes de projetos e circunstâncias diferentes exigem termos de abertura diferentes. Uma das principais diferenças é que alguns projetos pretendem gerar novas receitas ou tratam de outros temas relacionados com o cliente, enquanto outros estão voltados para questões administrativas ou de *back office*.

Ideias importantes

Stage-gate e revisão de *stage-gate*

Um *stage-gate* é um conjunto de condições que precisam ser atendidas antes que a próxima fase do trabalho comece. Essas condições incluem completar certos pacotes de trabalho e possivelmente a obtenção de aprovações ou o cumprimento de certos padrões de qualidade. O *stage-gate* é o equivalente do gerenciamento de projetos a dizer para uma criancinha "você só vai ganhar sorvete depois de comer todos os legumes". Os *stage-gates* são uma maneira de controlar os custos e esforços destinados ao projeto e garantir a disciplina de trabalho e gerencial do projeto. (Os *stage-gates* não são uma parte explícita do *PMBOK Guide*, mas podem ser úteis em projetos grandes e complexos. O conceito está implícito no *PMBOK Guide*.)

Uma revisão de *stage-gate* avalia as atividades e entregas até o momento e decide se deve aprovar que o projeto avance para a próxima fase ou não.

O Ministério da Defesa da Grã-Bretanha adotou a abordagem de *stage-gates* em projetos em resposta a uma série de orçamentos estourados e problemas de desempenho em projetos importantes. Por ora, os resultados parecem indicar que a situação melhorou.

Exemplo de termo de abertura do projeto: Projeto interno Whitby

Termo de Abertura do Projeto Whitby
15 de setembro de 2005, preparado por John McTaggart, Secretário da Empresa, Time Research Ltd.

Descrição do projeto
O ISO 9000 é uma certificação de qualidade que obriga as empresas credenciadas a estabelecer e seguir processos claros e a verificar o cumprimento dessas regras por meio de um processo formal de auditoria. Para extrair o máximo benefício possível da acreditação ISO 9000, a Empresa pretende usar a auditoria para identificar e priorizar os processos de negócios com maior impacto. O Levantine Quality Assurance Register (LQAR) foi contratado para prestar assessoria em ISO 9000.

Autoridade do projeto
- O patrocinador do Projeto é John McTaggart.
- O Gerente do Projeto será George Berkeley.

Objetivos
- O Projeto Whitby irá preparar a Empresa para uma auditoria ISO 9000, maximizando o valor obtido com o estabelecimento, implementação e auditoria de processos.
- O projeto será completado no primeiro trimestre de 2006.

Business Case
- O conhecimento preciso sobre os processos de negócio é uma entrada vital para avaliar o estado atual e planejar a direção futura da empresa. A aplicação correta da auditoria ISO 9000 permitirá que a Empresa organize seus processos por ordem de valor e estabeleça quais têm maior impacto sobre o negócio. Conduzir uma auditoria interna permitirá que a Empresa treine e refine as técnicas de levantamento e interpretação de processos internos com um projeto "ativo".
- Obter a qualificação ISO 9000 garante a qualidade dos processos de negócio da Empresa para nossos clientes e prospectos.

Entregas e descrição do produto
No mínimo, o Projeto Whitby obterá a certificação ISO 9000 para a Empresa. O sucesso do projeto será avaliado pelo maior conhecimento sobre nossos processos de negócios. No nível mais alto, as entregas do projeto são:

1. Completar o questionário: assim poderemos verificar que nossos processos cobrem todas as áreas do ISO 9000.
2. Decidir a data e o local da avaliação. O LQAR sugere que ela normalmente ocorre 6-10 semanas depois da finalização do questionário. A Empresa deve conseguir fazer isso em até quatro semanas.
3. Devolver o questionário e documentos de apoio ao LQAR.
4. Reunião de avaliação: explorar com o LQAR como realizar o valor dos nossos processos em vez de apenas avaliar com uma lista de verificação.
5. Organizar reuniões de vigilância contínuas, quando necessário.

Esforços/recursos necessários
Dois homens-mês distribuídos por todas as partes da empresa em preparação para a avaliação e dois homens-mês para a avaliação em si, seguidos de uma série de pequenas reuniões de revisão para responder a quaisquer sugestões e registrar o progresso.

▶ O termo de abertura do projeto enquanto dispositivo de controle e aprovação

Como vimos, o termo de abertura é um documento crucial no gerenciamento de projetos, pois oferece uma descrição de alto nível do projeto e funciona como "plano para o plano". O termo de abertura do projeto também desempenha uma função de controle. Em muitas organizações, o patrocinador e os membros do comitê diretor aprovam o termo de abertura como maneira de autorizar formalmente o projeto ou sua próxima fase, ou seja, o estabelecimento do projeto. Quando usado como mecanismo de autorização, a assinatura do termo de abertura por parte do comitê diretor libera recursos e autoriza um orçamento para o projeto.

▶ O termo de abertura do projeto e interfaces

Interface significa conexões entre o projeto e o resto do mundo, incluindo:

- outras partes da organização às quais o projeto pertence,
- quaisquer clientes externos do projeto e quaisquer entidades regulatórias,
- quaisquer fornecedores externos,
- os meios de se comunicar com esses terceiros,
- como essas comunicações funcionarão,
- que indivíduos específicos no projeto terão cada elo de comunicação e quem serão suas contrapartes no outro lado,
- como os processos do projeto irão interagir com os processos no resto da organização (ex.: processos orçamentários e de controle financeiro).

Um fator crítico de sucesso é a interface do projeto com o resto da organização. Se você errar a interface, seu projeto se transforma no albatroz de *A Balada do Velho Marinheiro*[4]: todos querem evitá-lo, pois acham que vai arruinar suas vidas. Mesmo que você seja perfeito em todos os outros aspectos do gerenciamento, errar a interface significa o fracasso do projeto. Acertar o apoio e a interação, ou seja, a interface, é acima de tudo uma questão de comunicação. O termo de abertura do projeto é uma excelente ferramenta de comunicação, disponível desde o começo do projeto, então use-o para isso. Lembre-se que você pode utilizar as primeiras versões do termo de abertura antes mesmo do começo formal do projeto, pois elas podem funcionar como espantalho para detectar prováveis problemas de interface.

O patrocinador é responsável pela emissão do termo de abertura do projeto, mas o gerente fica com o trabalho de redigir o documento e analisar os detalhes necessários para integrar os diversos aspectos apresentados no termo. Trabalhando em conjunto com o patrocinador, o gerente do projeto escreve o termo de abertura e obtém as informações e perguntas que compõem seu conteúdo. O documento é enviado às outras partes interessadas, em nome do patrocinador e com sua autoridade. Sugerimos enviar a primeira versão do termo de abertura para alguns aliados, modificá-la se necessário, de acordo com suas críticas, e depois distribuí-lo para todas as partes interessadas. O envio do termo de abertura deve usar a assinatura e a conta de *e-mail* do patrocinador, não do gerente do projeto.

▶ Declaração do trabalho

Em algumas organizações, uma das principais saídas antes da aprovação formal do termo de abertura do projeto é a declaração do trabalho (DT). Combinada com a estrutura organizacional, políticas, processos e procedimentos da empresa, a DT é usada para criar o termo de abertura (pelo menos em um mundo ideal). Em outras organizações, o termo de abertura vem antes e uma das tarefas seguintes é produzir a declaração do trabalho. O importante é produzir a DT no começo do projeto, pois ela é uma especificação formal do trabalho que será realizado. Especialmente em projetos grandes, pode haver mais de uma declaração do trabalho.

Ideia importante

Declaração do trabalho (DT)
Uma declaração do trabalho (DT) é uma declaração contratual (para fornecedores externos) ou semicontratual (para fornecedores pertencentes à mesma organização que o projeto) do trabalho a ser realizado. Para fornecedores externos, a DT pode ser um contrato. Para os internos, a DT costuma ser um mecanismo que estabelece um código de custos e facilita a contabilidade do projeto. As DTs internas podem ter outros nomes.

O PMI diz

Declaração do trabalho (DT)
"Declaração do trabalho (DT). Uma descrição dos produtos, serviços ou resultados a serem fornecidos." *PMBOK Guide* (p. 376)

Estudo de caso

Declaração do trabalho
A declaração do trabalho (DT) é gerada pelo patrocinador ou cliente e é uma das principais entradas do termo de abertura do projeto antes da sua aprovação formal. A declaração do trabalho deve ser produzida no começo do projeto, pois define a especificação formal do trabalho a ser realizado. Seguindo a Revisão Estratégica de Defesa de 1997, o Ministério da Defesa (MOD) britânico adotou um processo de aquisição mais orientado a capacidades e desenvolveu uma nova abordagem para a definição de requisitos. O novo processo de requisitos envolvia todas as partes interessadas e utilizava o Documento de Requisitos do Usuário (URD) e o Documento de Requisitos do Sistema (SRD).

O URD, composto por um conjunto completo de requisitos de cada usuário para o projeto, é equivalente a uma DT. O URD é o meio pelo qual o cliente desenvolve, comunica e mantém o requisito do usuário durante toda a vida do sistema. O SRD, equivalente à declaração do escopo do projeto, é uma definição completa e consistente de todo o sistema que será fornecido em resposta às necessidades do patrocinador descritas no URD. O SRD também especifica a funcionalidade e o desempenho necessários. O sistema de melhores práticas para o desenvolvimento da DT indica que:

- O patrocinador ou cliente lidera a produção, refinamento e manutenção do URD, obtendo o apoio das partes interessadas quando necessário.
- O patrocinador ou cliente garante que os critérios de identificação são identificados contra todos os requisitos do usuário e que tais requisitos estão priorizados.
- O patrocinador ou cliente busca o apoio de todas as partes interessadas para o URD em termos de seus requisitos específicos e do documento integrado como um todo.
- Quaisquer mudanças operacionais devem estar refletidas no URD.

> Depois de determinar a política sobre como o trabalho será completado, a DT (URD) pode ser dividida em requisitos mais detalhados, como definido pela declaração do escopo (SRD) e uma licitação aberta em um ou múltiplos agrupamentos. Todos os elementos do contrato têm sua própria declaração do trabalho do contrato dentro do URD, enquanto o SRD é mantido para mostrar a origem de cada demanda feita no sistema e o modo como cada requisito é atendido.
>
> Em contratos para o MOD, o SRD define o que o sistema precisa fazer para atender as necessidades do usuário, como definido pelo URD. Os dois documentos também servem de base para que a indústria entenda os requisitos do MOD para o projeto. O SRD também é atualizado para refletir decisões de trocas e compensações e melhorias aprovadas ao sistema em resposta a mudanças no URD. Como a DT define as necessidades do patrocinador, ela é a principal fonte de todos os requisitos do projeto

Exemplo de declaração do trabalho (DT)

Partes	ABC Ltd, Strand, Londres WC2 XYZ Ltd, Newersgate Street, Londres EC2
Nome do projeto	Fósforo
Datas do projeto	1 de março de 2008 a 31 de dezembro de 2008
Locais do projeto	Londres, Frankfurt, Nova Iorque, Singapura, Shanghai, Santiago
Serviços e materiais	A XYZ irá projetar e planejar treinamentos em gerenciamento e planejamento de contas/cobertura de vendas. A XYZ fornecerá especialistas em projetos, trabalhando sob a liderança do gerente de projetos da ABC. A XYZ fornecerá os seguintes materiais: • Perfil psicométrico • Modelos de entrevista da gerência sênior • Câmeras de vídeo e equipamento de edição • Produção de DVDs, 50 DVDs por local A ABC fornecerá escritórios, acesso à internet, impressoras e copiadoras. A ABC fornecerá equipamentos e recursos do escritório de apoio ao projeto.
Estrutura de honorários	Trimestral posteriormente, como no contrato anterior.
Honorários	USD 440.000 por trimestre, não incluindo impostos, viagens e despesas.
Acomodações	A serem reservadas apenas pela intranet da ABC e aprovadas pelo escritório do projeto.
Viagens	Idem acima.
Condições de pagamento	Pagamento depende do término satisfatório do trabalho em cada local, a ser decidido pela gerência local (e, em caso de disputa judicial, pela arbitragem vinculante do Tribunal de Arbitragem de Londres).

Apresentamos aqui um estudo de caso e exemplo de declaração do trabalho. Em algumas organizações, a declaração do trabalho é produzida pelas principais partes interessadas, com o objetivo de definir a necessidade de negócio e o escopo do produto. O documento também pode incluir informações relativas aos planos de longo prazo da empresa ou do cliente. Todos esses interesses precisam ser reunidos e considerados no processo de seleção. Também é possível contratar especialistas para auxiliar o processo. Os principais usuários e partes interessadas podem se envolver com o processo de seleção, ajudando a avaliar os projetos propostos. O envolvimento e integração de todas as partes interessadas associadas ao projeto, desde o primeiro momento do processo, deve melhorar a comunicação em toda a organização e produzir um documento mais completo e definitivo. Em fases posteriores do projeto, se for necessário alterar o termo de abertura, também é necessário analisar se o projeto ainda merece continuar.

▶ Desenvolver a declaração do escopo do projeto preliminar

Depois de desenvolver o termo de abertura do projeto o suficiente para obter aprovação, o próximo passo é desenvolver a Declaração do Escopo do Projeto. Precisamos fazer algumas observações para explicar como e por que garantir que esse documento não é uma burocracia enlouquecida. Desenvolver seu entendimento do escopo em conjunto com o patrocinador e outras partes interessadas não é nada mais nada menos que o primeiro passo do planejamento do projeto. O escopo é uma parte crítica do gerenciamento de projetos e do planejamento. Por isso, e porque é importante na vida real, ele foi transformado no seu próprio passo no fluxograma de integração do projeto no PMBOK. Mas se o projeto tem um escopo bem definido no termo de abertura, talvez por ser pequeno ou de um tipo bastante conhecido, ou simplesmente porque todo mundo entende bem do que se trata, esse passo pode ser ignorado. Também pode ser útil pensar na declaração do escopo, mesmo que apenas em sua forma preliminar, como apenas uma seção do plano do projeto. Ela é a primeira seção a ser escrita, pois define todo o resto do plano.

O escopo é essencial para o gerenciamento de projetos e o "aumento do escopo" é o maior assassino de projetos da história. Mesmo que você entenda perfeitamente o escopo do seu projeto, ele ainda precisa ser documentado para que possa ser comunicado a terceiros. Em um mundo ideal, a declaração do escopo deve ser aprovada pelas partes interessadas mais importantes e, se houver, pelo comitê diretor do projeto.

O escopo representa os limites do projeto, incluindo os métodos de aceitação que serão aplicados às entregas. Três fontes de informação podem ser usadas como entradas para a declaração do escopo preliminar:

♦ O patrocinador (a principal fonte de informações)
♦ A declaração do trabalho (DT)
♦ O termo de abertura do projeto.

A equipe de gerenciamento de projetos trabalha para refinar e melhorar a declaração do escopo preliminar. O adjetivo "preliminar" indica que essa versão é aprovada durante a fase de iniciação e se transforma em entrada para a de planejamento. Durante a fase de planejamento, o escopo é refinado novamente e se torna parte do plano. Obviamente, o escopo ainda pode mudar depois do plano ser aprovado durante a fase de planejamento e durante todo o projeto, mas as mudanças passam a ser controladas como parte do processo de controle integrado de mudanças.

Por que gastar tanta energia com a declaração do escopo? Além de criar um documento chamado "declaração do escopo preliminar", o efeito principal é garantir que o patrocinador e o gerente do projeto, além de outras partes interessadas mais importantes, tenham o mesmo entendimento sobre o escopo do projeto. Nas primeiras fases de um novo projeto, o entendimento individual sobre o escopo do projeto muda bastante e com frequência. Se você for o gerente, patrocinador ou parte interessada e ver o escopo mudando rapidamente nos primeiros dias do projeto, pode relaxar, o fenômeno é comum. Essa é apenas a evolução do seu entendimento, e do de todo mundo, sobre o escopo. O processo de produzir uma declaração do escopo preliminar ajuda a garantir que o diálogo será eficiente e estruturado. A definição do escopo é crítica para o sucesso de todo o projeto e deve ser estabelecida antes que o processo de planejamento possa começar.

> ### O PMI diz
>
> **Escopo**
> "Escopo. A soma dos produtos, serviços e resultados a serem fornecidos na forma de projeto." *PMBOK Guide* (p. 375)
>
> Comentário: na vida real, quase sempre é útil ampliar a definição do PMBOK e incluir os processos e partes da organização que serão usados para obter esses produtos, serviços e resultados.

▸ Desenvolver o plano de gerenciamento do projeto

Sem um plano, nenhum projeto dá certo. Mas lembre-se que o plano não é o projeto. O plano existe para fazer o projeto funcionar. Enquanto gerente de projetos, use o plano para fazer o trabalho, não comece a achar e a agir como se criar e atualizar o plano fosse a mesma coisa que realizar o projeto. Essa atitude só vai deixar você estressado e provavelmente vai destruir o projeto. Mas assim como hipotermia ou envenenamento por monóxido de carbono, você só vai perceber que está sofrendo dessa atitude quando for tarde demais. Logo, se você for um patrocinador, observe bem o comportamento dos seus gerentes de projetos e ajude-os a evitar esse risco.

O plano de gerenciamento do projeto é composto por todos os planos de gerenciamento e linhas de base de desempenho estabelecidos pela metodologia de gerenciamento de projetos aprovada. Observe que o plano deve incluir linhas de base, quando indicado pelo tipo de projeto. A linha de base é a estimativa ou orçamento atual de quanto as atividades do projeto vão demorar e quantos recursos serão necessários, incluindo tempo, dinheiro e pessoas. (Consulte o box "O PMI diz" para uma definição mais completa.) A linha de base deve ser incluída para garantir que você poderá medir o progresso do projeto em relação ao plano. Em algumas circunstâncias, tais como projetos muito pequenos e que não são prioridade da organização, pode não valer a pena incluir a linha de base. Em geral, no entanto, inclua linhas de base em projetos de todos os tamanhos, ainda que nem sempre na primeira versão do plano. À medida que as mudanças ao plano são aprovadas, pode ser necessário restabelecer as linhas de base. Enquanto gerente do projeto, você deve garantir que todas as partes interessadas conhecem a linha de base atual. Evite a situação de, por exemplo, ter um patrocinador achando que a linha de base é gastar 1 milhão de dólares e entregar o projeto no próximo verão, enquanto o executivo-chefe da organização trabalha com a linha de base antiga, com orçamentos e prazos que são metade dos atuais.

O plano de gerenciamento do projeto explica o que é o projeto, por que vale a pena realizá-lo e como ele vai funcionar. O *como* é a parte mais importante do plano, pois trata de como o projeto será executado, monitorado, controlado e encerrado. O plano de gerenciamento do projeto incluí as saídas produzidas durante o processo de planejamento; ou seja, quando você não começa a escrever plano de gerenciamento da estaca zero. A essa altura do ciclo de vida do projeto, você já deve ter produzido uma série de documentos que formam seções do plano (por exemplo, a declaração do escopo). Talvez seja necessário revisar e atualizar esses documentos com tudo que você aprendeu desde a última versão. O gerenciamento de projetos é um processo iterativo ou, para ser honesto, uma luta constante para não perder as mudanças de vida e manter o plano o mais próximo possível da realidade para que você e a equipe do projeto possam fazer seus trabalhos com o mínimo de estresse.

O plano serve a dois propósitos diferentes. Ele ajuda você e a equipe de gerenciamento de projetos a gerenciar o projeto, ou seja, ele é uma ferramenta de controle e gerenciamento; e ele também é uma ferramenta de comunicação, uma maneira de comunicar às partes interessadas o que se espera delas para que o projeto tenha sucesso e o que devem ou não esperar de você e do projeto.

Como deve ser o plano? O que ele contém? Tudo depende do tipo de projeto. O princípio fundamental é que o plano deve refletir o tamanho, complexidade, escopo e riscos associados do projeto. Um plano de venda de celulares em lojas de artigos esportivos enfocará o comportamento do consumidor, *marketing* e os riscos de encalhes e mudanças na moda. Seria uma estrutura muito diferente do plano para a construção de, por exemplo, uma nova ogiva nuclear, na qual se trabalharia com riscos de um tipo muito diferente. Sua organização pode ter diversos modelos de planos para projetos de tipos diferentes e também pode exigir que certas seções sejam incluídas em todos os planos de um certo tipo. Para projetos muito pequenos, o termo de abertura mais uma linha do tempo ou gráfico de Gantt pode ser suficiente. O mais importante do plano é que ele funcione, que o documento permita que você e a equipe entreguem o projeto e comuniquem o plano de modo aceitável às partes interessadas. Seria um erro usar o modelo de um tipo de projeto e aplicá-lo a projetos de outros tipos sem entender as diferenças. Uma busca no Google deve revelar muitos bons modelos para projetos do seu tipo. (Você também pode fazer *download* de planos de projetos no *site* www.aldpartners.com.)

O plano de gerenciamento do projeto pode incluir, entre outras, seções individuais sobre o seguinte:

- Organização do projeto.
- Declaração do escopo.
- Estrutura analítica do projeto.
- Estrutura analítica do produto.
- Documento de linha de base para melhorias de processo, cronograma e custos.
- Linha do tempo (Gráfico de Gantt, PERT ou outro formato).
- Plano de gerenciamento da qualidade.
- Plano de recursos humanos.
- Plano de comunicação.
- Plano de gerenciamento de riscos.
- Plano de aquisições.

Integrar todas essas partes em um plano geral de gerenciamento do projeto é um trabalho difícil, caro e demorado. O objetivo do gerenciamento de integração do projeto é evitar trabalhos desnecessários, garantindo que você fará apenas o necessário e na hora certa. A expansão desnecessária do plano de gerenciamento do projeto complica o seu trabalho enquanto gerente. Descubra que seções precisam ser colocadas no plano e garanta que elas, e apenas elas, estão no plano. Que seções pertencem ao plano depende dos requisitos de cada projeto, as preferências pessoais do patrocinador e possivelmente de outras partes interessadas e as convenções e exigências da organização na qual você está gerenciando o projeto.

O plano de gerenciamento do projeto diz como o projeto será realizado ou, para dizer a mesma coisa usando o jargão popular do momento, como será a execução. O plano descreve o que é o projeto e que princípios ele irá seguir. Essa descrição não é muito emocionante, é como definir em que lado da estrada os carros vão dirigir: o importante não é quais princípios ou abordagens específicos estamos seguindo (por exemplo, se as reuniões do projeto serão nas segundas ou nas sextas-feiras ou se usaremos esse ou aquele aplicativo), mas sim que todos os membros do projeto estão dirigindo no mesmo lado, por assim dizer. Boa parte do valor do plano do projeto nasce desse detalhe banal, mas que se torna crítico. O plano também mostra como o projeto irá gerenciar o escopo, o tempo e os custos. Além de especificar o que deve ocorrer, a direção dada pelo plano de gerenciamento do projeto também diz como tudo deve ser medido, controlado e completado.

Não é necessário planejar as fases posteriores do projeto com tantos detalhes quanto as primeiras fases. O planejamento pode ser, e talvez deva ser, um processo contínuo. Em geral, faz sentido detalhar a próxima fase do projeto e criar apenas rascunhos ou planos de alto nível para as fases subsequentes. Com essa abordagem, você não desperdiça esforços com o replanejamento de fases posteriores quando obtém novas informações ou as mudanças afetam algum requisito.

Depois do plano estar finalizado (ou quase), muitos gerentes realizam uma reunião de lançamento do projeto com as principais partes interessadas e a equipe. O objetivo é marcar o começo do projeto e repassar o plano. Do ponto de vista da integração, a reunião em si pode ser útil, pois permite a comunicação e coordenação de questões relativas ao projeto. Essas reuniões merecem um planejamento cuidadoso; o patrocinador e gerente do projeto devem decidir juntos o que ambos querem da reunião. As metas podem incluir a verificação dos planos de gerenciamento de riscos, a construção de sinergias com outros projetos ou defesa da abordagem (ou de partes dela) para partes interessadas que ainda não aceitaram o plano como um todo.

O PMI diz

Linha de base

"Linha de base. O plano dividido em fases aprovado (para um projeto, um componente da estrutura analítica do projeto, um pacote de trabalho ou uma atividade do cronograma), mais ou menos o escopo do projeto, o custo, o cronograma e as mudanças técnicas aprovadas. Em geral, refere-se à linha de base atual, mas pode se referir à original ou a alguma outra linha de base. Normalmente usada com um modificador (por exemplo, linha de base dos custos, do cronograma, da medição de desempenho, técnica)...." *PMBOK Guide* (p. 352)

> **Ideia importante**
>
> **Um gráfico de Gantt não é, por si só, um plano de projeto**
> Alguns gerentes acham que um gráfico de Gantt é um plano do projeto. Ter metas e escopo claros e entender os riscos são no mínimo tão importantes quanto o gráfico de Gantt. Para produzir um gráfico de Gantt confiável, antes você precisa de uma boa estrutura analítica do projeto (EAP). O gráfico de Gantt pode ser uma parte útil do plano do projeto, mas não é a mais importante.
> Um dos motivos pelos quais muitos gerentes de projetos novatos confundem o gráfico de Gantt com o plano do projeto é que o Microsoft Project e outros aplicativos são excelentes para produzir esses gráficos. Tais ferramentas têm sua função no gerenciamento de projetos, mas antes de começar a usá-las você precisa entender como e quando deve fazê-lo.

▸ Metodologia de planejamento de projetos

A metodologia de planejamento de projetos é definida como uma série de grupos de processos de gerenciamento de projetos e seus processos relacionados. As funções de controle utilizadas também fazem parte da metodologia, que por sua vez é combinada para formar a abordagem geral usada no projeto. A metodologia seguida pela empresa pode aplicar um conjunto formal de padrões estabelecidos de gerenciamento de projetos ou então usar adaptações informais dos processos, de acordo com as necessidades de cada projeto. O gerente pode usar técnicas formais ou informais, desde que elas ajudem a equipe de gerenciamento de projetos a desenvolver um termo de abertura e um plano de gerenciamento do projeto eficazes. Logo, a metodologia utilizada é uma das principais entradas no trabalho de determinar quantos e quais processos serão realizados. O primeiro reflexo da seleção da metodologia será o termo de abertura do projeto.

Os três elementos mais importantes do planejamento do projeto são:

- manter o objetivo e as necessidades de negócio do projeto em mente,
- pensar no escopo e em trocas e compensações do escopo, e
- começar o planejamento pela estrutura analítica do projeto (EAP).

O Capítulo 5 fala mais sobre o escopo e a EAP.

No planejamento do projeto, o pior erro de todos é começar por um gráfico de Gantt. Esses gráficos são ferramentas excelentes, mas podem ser muito perigosos se forem usados antes do desenvolvimento da EAP.

▸ Os benefícios do planejamento

Os benefícios do planejamento devem ser óbvios, mas na vida real, quando as partes interessadas começarem a pressioná-lo para encurtar o planejamento e "começar a trabalhar de verdade", pode ser útil lembrar (a si mesmo ou a eles) que o planejamento é trabalho de verdade. Os benefícios do planejamento incluem:

- O processo de criar um plano força as pessoas a pensarem sobre o que o projeto envolve e suas interdependências. Se não forem descobertas durante a fase de planejamento, as interdependências podem destruir o projeto.
- Ele permite a programação do uso de recursos escassos dentro do projeto e na organização como um todo.
- O plano pode ser comparado contra o progresso real do projeto, revelando divergências e permitindo que o gerente aja antes que a situação se torne crítica.

- Um plano bem pensado é uma das poucas defesas contra a solicitação de um prazo absurdo.
- Dividir o projeto em tarefas individuais, com saídas e prazos identificáveis, permite que o gerente do projeto delegue responsabilidades com eficácia. Com um plano bem estruturado, é mais fácil delegar com objetivos SMART (específicos, mensuráveis, atingíveis, relevantes e temporais), o que por sua vez aumenta a probabilidade dos membros da equipe produzirem as saídas desejadas no tempo certo.
- É mais fácil se concentrar em tarefas individuais do que no projeto como um todo, do qual somos uma parte muito pequena. Assim, estruturar o projeto corretamente tem o efeito de criar metas de curto e médio prazo gratificantes para os membros da equipe.
- O plano é uma ferramenta de comunicação. Clientes, fornecedores, membros da equipe, patrocinadores e partes interessadas têm o mesmo entendimento sobre quando as saídas estarão disponíveis e por que os prazos precisam ser cumpridos.
- Sem um plano, coisas são esquecidas, começam atrasadas ou são alocadas a várias pessoas ao mesmo tempo.

Ideia importante

Metodologia de planejamento de projetos

Uma metodologia de planejamento de projetos é um modo padronizado e comprovado de criar um plano de projeto. Acima de tudo, ela deve ajudá-lo a produzir um plano prático e confiável, de uma maneira eficiente. A maioria das grandes organizações possui suas próprias metodologias, adaptadas às suas necessidades específicas. As duas metodologias genéricas de maior sucesso são o PMBOK, desenvolvido pelo PMI, e o PRINCE2, criado especialmente para o serviço público na Grã-Bretanha.

▶ Como planejar

O modo como se planeja varia muito de organização para organização. O processo de planejamento de projetos está se tornando cada vez mais padronizado e controlado e é realizado com aplicativos e sites de intranet. No entanto, as principais ideias usadas no planejamento incluem:

- Definição da atividade.
- Estrutura analítica do projeto (EAP).
- Estrutura analítica do produto.
- Gráficos de Gantt ou linha do tempo do projeto.

Vale a pena entender as relações entre esses itens. Nenhum dos outros faz sentido antes de definir as atividades. Do mesmo modo, os gráficos de Gantt (linha do tempo) ou PERT (rede) só fazem sentido e não se transformam em grandes fontes de risco depois de produzirmos a estrutura analítica do trabalho. Os gráficos de Gantt, também conhecidos como linhas do tempo, mostram a passagem do tempo, enquanto os gráficos PERT (rede) mostram as dependências. Você ainda pode gerenciar projetos sem entender como ou por quê esses itens se relacionam entre si, mas será muito mais fácil e a probabilidade de sucesso será muito maior depois de compreender essas relações e usar esse conhecimento no planejamento do projeto.

A Figura 4.2 mostra um gráfico de Gantt simples para um projeto pequeno, enquanto a Figura 4.4, na página 116, mostra um gráfico do mesmo tipo para um projeto muito maior. A Figura 4.2 mostra como podemos adicionar linhas a um gráfico de Gantt para mostrar dependências. No entanto, se você quer apenas mostrar o cronograma do projeto, elimine as linhas para minimizar a poluição visual. A maior parte das representações gráficas de projetos é prejudicada pela poluição visual.

▶ Definição da atividade

Uma atividade é "um componente de trabalho realizado durante o andamento de um projeto" (*PMBOK Guide* (p. 350)). Uma saída é o resultado de uma atividade ou tarefa. A diferença entre uma atividade e sua saída é essencial, mas é fácil confundi-las, pois muitas atividades têm o mesmo nome que as saídas que tentam produzir. Descascar ervilhas é uma atividade, uma bacia da ervilhas descascadas é uma saída. A diferença é importante porque a chegada das saídas sinaliza que a atividade terminou e as seguintes podem começar, desde que as saídas estejam de acordo com os padrões de qualidade (ou seja, sejam adequadas para os propósitos). Se as saídas existem e estão completas, o gerente do projeto não tem dificuldade em descobrir o progresso da atividade (ela terminou). Mas se as saídas ainda não existem, o gerente precisa descobrir quanto da atividade ainda precisa ser realizada, um tipo de estimativa que normalmente é muito mais incerto.

Um dos principais conceitos do planejamento de projetos é a duração da atividade, ou seja, o tempo necessário para completar uma atividade. As durações podem ser fixas ou variáveis. Uma atividade de duração fixa demora sempre o mesmo tempo entre o início e o término, qualquer que seja o esforço alocado a ela. Por exemplo, se o tempo de ciclo de um equipamento especializado for de seis semanas, não importa se uma pessoa, 100 pessoas ou ninguém foi designado para esperar pelo equipamento, ele ainda vai demorar seis semanas. As atividades de duração variável quase sempre podem ser aceleradas com a alocação de mais pessoal para fazer o trabalho. Por exemplo, pintar uma parede: na teoria, dobrar o número de pintores corta pela metade o tempo necessário para terminar o serviço. Agora pense em cavar um buraco. Também pode ser possível cortar o tempo pela

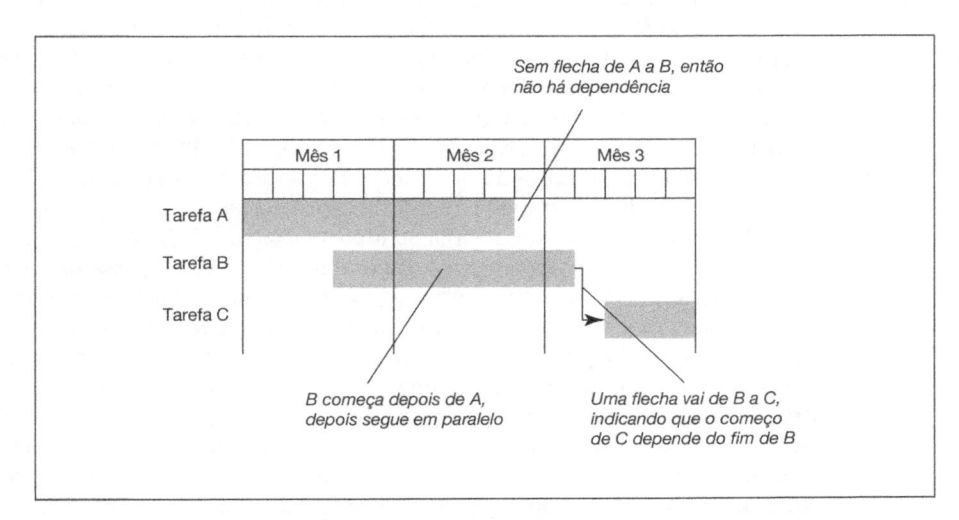

Figura 4.2 Um gráfico de Gantt mostrando relações de dependência.

metade se distribuirmos mais pás, mas se o buraco for estreito e profundo, pode não haver espaço para mais de uma pessoa dentro do buraco.

Essa aritmética simples para atividades de duração variável é muito atraente, mas sua aplicação simplista na maioria dos projetos do mundo real não é uma boa ideia. Imagine que você está gerenciando o projeto de cozinhar um jantar. Algumas atividades têm duração fixa (tempo no forno), mas algumas tarefas são de duração variável. O quão mais rápido seria o projeto do jantar se você tivesse uma equipe de 10.000 membros para ajudá-lo? Obviamente, seria muito mais demorado do que com uma equipe de três membros, pois você precisaria passar muito mais tempo estruturando o trabalho para que todo mundo tivesse algo o que fazer, alocando tarefas, coordenando e supervisionando. É por isso que os gerentes de projetos sabem que tentar acelerar um projeto atrasado com a contratação de mais membros apenas atrasa o projeto ainda mais. Mais recursos podem ajudar, mas eles precisam ser acrescentados de um modo inteligente.

As pessoas designadas para trabalhar em equipe na mesma atividade precisam conversar entre si e coordenar seu trabalho. Com apenas duas pessoas trabalhando na mesma atividade, os custos administrativos são pequenos, mas quanto mais pessoas se juntam ao grupo, mais tempo todos precisam gastar negociando com os colegas. Logo, praticamente não sobra tempo para trabalhar na atividade em si. Essa necessidade de coordenação e comunicação significa que cada pessoa adicionada a uma atividade acrescenta ligeiramente menos do que o esforço de trabalho de uma pessoa e também diminui o esforço disponível de todos os outros membros do grupo. Esse é um dos motivos pelos quais é tão importante que o gerente planeje o projeto. Com o plano, o gerente do projeto pode alocar atividades independentes para cada indivíduo de tal modo que todos saibam exatamente o escopo do próprio trabalho, o mínimo possível de atividades sejam alocadas a mais de uma pessoa e os custos de comunicação do projeto sejam minimizados.

Os planejadores de projetos dão significados especializados para certas palavras. Esforço, por exemplo, normalmente significa o número de horas ou dias de trabalho envolvidos em uma tarefa ou projeto, normalmente medido em homens-dias. O esforço e a duração estão relacionados, mas não devem ser confundidos um com o outro. Uma atividade pode se envolver em quatro horas de esforço, mas se elas estiverem espalhadas durante vários dias ou forem de duração fixa, a duração pode ser de uma semana. Dez dias de esforço podem ser completados em apenas três ou quatro dias reais se três pessoas compartilharem o trabalho (ainda que, pelos motivos descritos acima, elas possam acabar gastando 11 ou 12 dias de esforço, com 10 dias de trabalho e dois de coordenação).

Outra palavra favorita dos planejadores é "recurso". Os recursos são as pessoas, infraestrutura e equipamentos disponibilizados pela empresa para o projeto. Os recursos são tudo o que poderia ser usado em outras partes da organização e que deve ser reservado para garantir que o projeto poderá utilizá-lo quando necessário. Essa definição inclui itens como salas de reunião e de projetos, mas os recursos mais importantes de qualquer projeto são as pessoas. Todos os projetos têm uma dependência crítica dos seus recursos humanos e é importante reservar pessoas para o projeto o mais cedo possível, enquanto não há problema em planejar o acesso a salas de reunião na última hora. Assim, quando muitos gerentes de projetos falam em "recursos", na verdade estão falando de pessoas.

O planejador faz estimativas da duração e do esforço das tarefas com base em habilidades e experiência. No entanto, depois da execução, as durações e esforços reais podem não corresponder exatamente ao plano. Assim, fazemos uma distinção entre duração e esforço planejados e reais.

▶ Estrutura analítica do projeto (EAP)

Uma estrutura analítica do projeto é o ponto de partida mais fácil para o planejamento do projeto. Criar uma EAP também ajuda a definir as atividades (em geral, a melhor opção é realizar a definição das atividades e a criação da EAP em paralelo). A EAP não passa de uma lista melhorada de todas as atividades do projeto. As melhorias explicam como o projeto é dividido em tarefas, grupos de tarefas associadas e subprojetos, além de fornecer algumas informações sobre esforços ou durações.

Representar a estrutura analítica do projeto graficamente, com níveis de recuo na lista da EAP, pode ser útil e conveniente. Basta estruturar a lista como uma hierarquia de tarefas e subtarefas, como vemos na Figura 4.3a. As atividades que compõem fases ou subprojetos naturais são listadas em conjunto na estrutura analítica do projeto sob o título de subprojeto apropriado.

Cada atividade de cada nível pode ser dividida em mais partes, transformando-se em um título para outro grupo de tarefas constituintes. A estrutura analítica geral do projeto, dividida em fases, é dada pelo primeiro nível de títulos; os principais blocos de trabalho são listados abaixo de cada título de fase, cada um com suas próprias tarefas constituintes. Esse processo de dividir as tarefas em níveis cada vez mais específicos de subtarefas pode continuar eternamente. Em alguns casos, é uma boa ideia explorar o que acontece em cada atividade para garantir que entendemos quanto trabalho cada uma envolve. No entanto, também é fácil se deixar levar por esse processo e acabar com uma estrutura com dúzias de níveis; nesse caso, os últimos níveis acabam descrevendo tarefas equivalentes a "ficar de pé" e "abrir a porta", como vemos na Figura 4.3b.

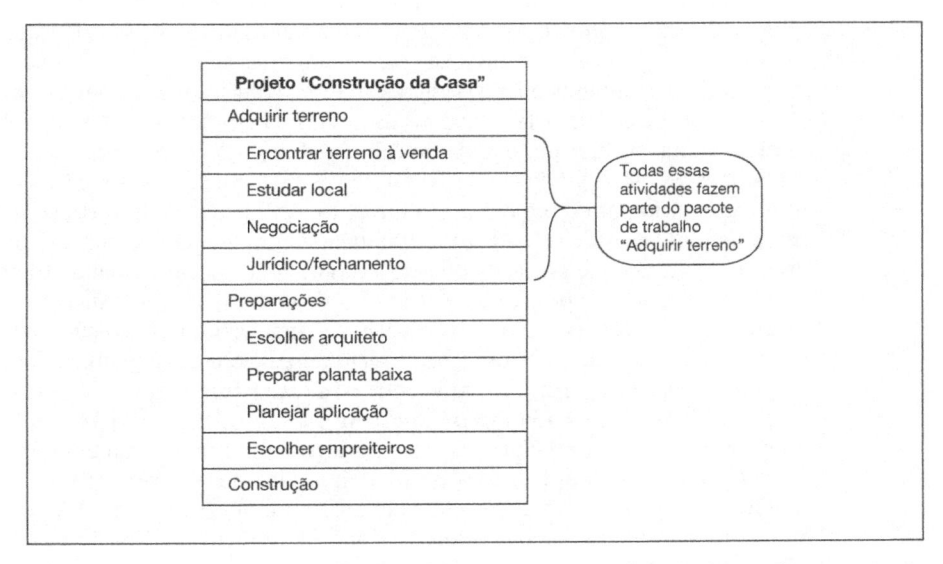

Projeto "Construção da Casa"
Adquirir terreno
Encontrar terreno à venda
Estudar local
Negociação
Jurídico/fechamento
Preparações
Escolher arquiteto
Preparar planta baixa
Planejar aplicação
Escolher empreiteiros
Construção

Todas essas atividades fazem parte do pacote de trabalho "Adquirir terreno"

Figura 4.3a Exemplo de estrutura analítica do projeto (EAP) do projeto "Construção da Casa".

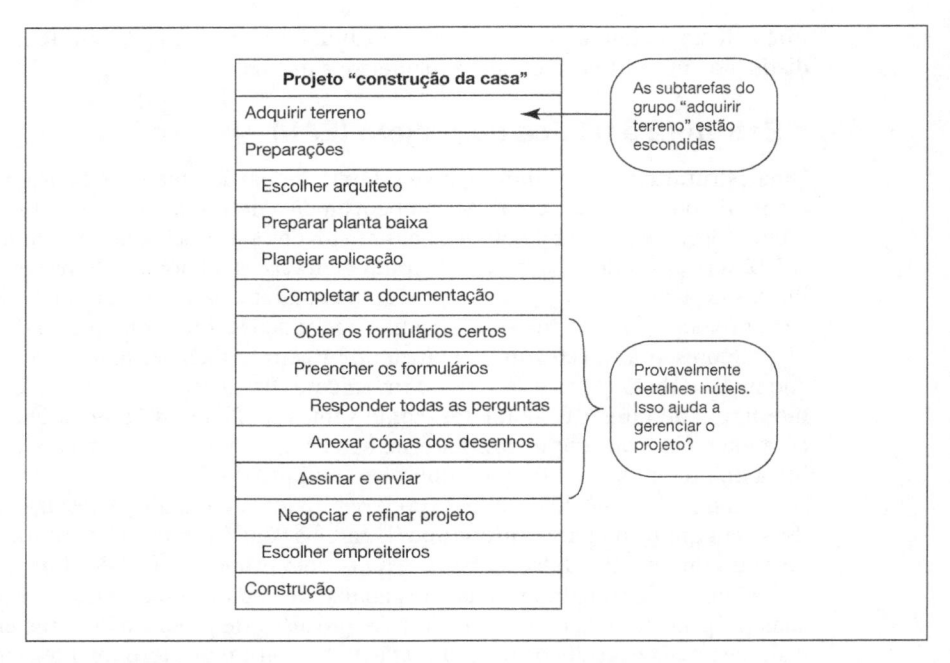

```
┌─────────────────────────────────────────────────────────┐
│         Projeto "construção da casa"      ╭─────────────╮│
│    Adquirir terreno              ◄────────┤ As subtarefas do ││
│    Preparações                            │ grupo "adquirir" ││
│                                           │ terreno" estão   ││
│    Escolher arquiteto                     │ escondidas       ││
│    Preparar planta baixa                  ╰─────────────╯│
│    Planejar aplicação                                    │
│    Completar a documentação                              │
│       Obter os formulários certos                        │
│       Preencher os formulários           ╭─────────────╮ │
│       Responder todas as perguntas    ───┤ Provavelmente││
│       Anexar cópias dos desenhos         │ detalhes inúteis.│
│       Assinar e enviar                   │ Isso ajuda a ││
│                                          │ gerenciar o  ││
│    Negociar e refinar projeto            │ projeto?     ││
│    Escolher empreiteiros                 ╰─────────────╯│
│    Construção                                            │
└─────────────────────────────────────────────────────────┘
```

Figura 4.3b Exemplo de detalhes em excesso em uma EAP.

É muito improvável que haja algum valor em levar a análise a esse nível (com exceção da geração de instruções de trabalho formais para processos industriais padronizados, mas estes não se encaixam no escopo do plano geral do projeto). A estrutura analítica das tarefas deve avançar até a identificação de tarefas independentes para cada indivíduo (ou grupo de indivíduos trabalhando em equipe), com uma explicação simples de todas as entradas e saídas necessárias. Na prática, mesmo projetos muito grandes e complexos raramente precisam de mais do que seis níveis e a maioria dos projetos pode ser representada adequadamente com três ou quatro.

Depois de criar a lista, podemos estimar o tempo necessário para realizar cada tarefa e anotar o valor junto a ela (ver Figura 4.3c). Os termos usados devem representar o esforço necessário para cada tarefa, de modo que possamos calcular o esforço total necessário para o projeto como um todo e para cada subprojeto com a simples soma de todos os valores na coluna. Também é bom registrar a duração das tarefas, especialmente porque estas serão necessárias quando chegar a hora de transformar a estrutura analítica do projeto em um gráfico de Gantt (linha do tempo). As durações devem ser colocadas em suas próprias colunas, independentes do esforço, para evitar a confusão entre as duas. As durações podem ser adicionadas diretamente, se forem fixas, ou calculadas a partir da relação entre o esforço necessário e os recursos alocados.

Por convenção, cada tarefa na estrutura analítica do projeto recebe um número ou outro código de identificação para facilitar a referência em resumos.

A maioria dos aplicativos de planejamento de projetos produz estruturas analíticas do projeto, agrupa tarefas em blocos de alto nível e permite que o usuário insira informações sobre esforços, durações e recursos. Em geral, os números identificadores de tarefas são acrescentados automaticamente.

Gerenciamento de integração do projeto 113

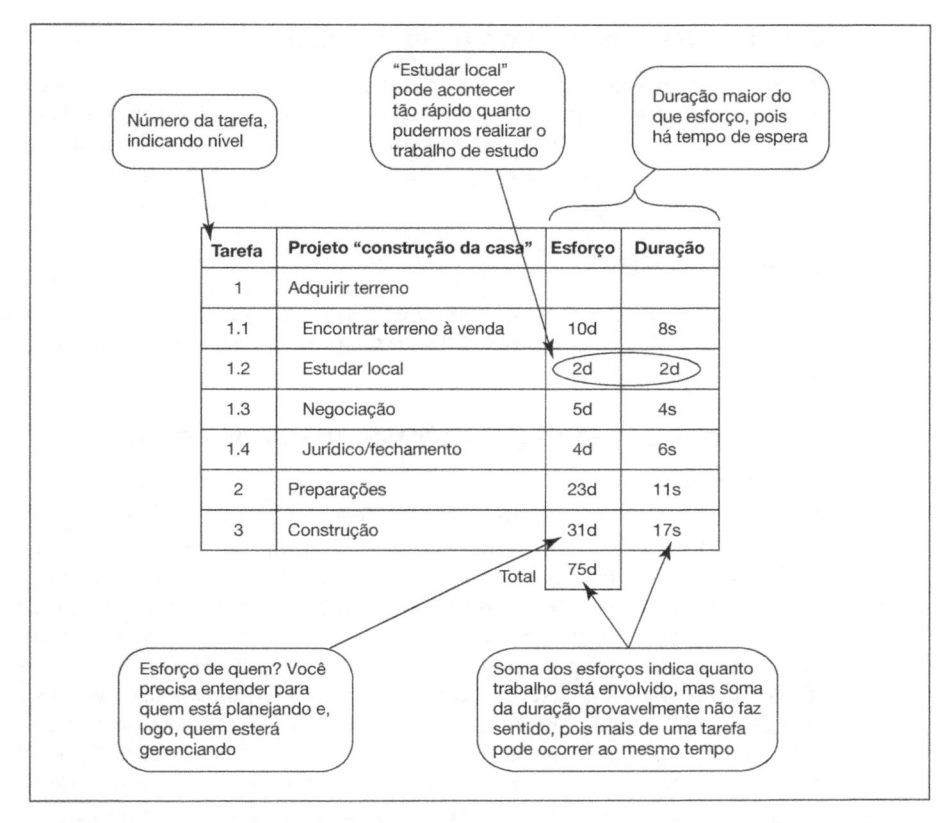

Tarefa	Projeto "construção da casa"	Esforço	Duração
1	Adquirir terreno		
1.1	Encontrar terreno à venda	10d	8s
1.2	Estudar local	2d	2d
1.3	Negociação	5d	4s
1.4	Jurídico/fechamento	4d	6s
2	Preparações	23d	11s
3	Construção	31d	17s
	Total	75d	

Anotações:
- Número da tarefa, indicando nível
- "Estudar local" pode acontecer tão rápido quanto pudermos realizar o trabalho de estudo
- Duração maior do que esforço, pois há tempo de espera
- Esforço de quem? Você precisa entender para quem está planejando e, logo, quem esterá gerenciando
- Soma dos esforços indica quanto trabalho está envolvido, mas soma da duração provavelmente não faz sentido, pois mais de uma tarefa pode ocorrer ao mesmo tempo

Figura 4.3c Exemplo de EAP completa, com esforços e durações listadas em dias (d) ou semanas (s).

A estrutura analítica do projeto é uma maneira conveniente de registrar e agrupar os blocos de trabalho que compõem o projeto, mas não contém nenhuma informação sobre as dependências entre as tarefas ou o seu sequenciamento. É impossível registrar na EAP que a tarefa X só pode começar depois que a tarefa Y (parte de um subprojeto completamente diferente) terminar. A EAP informa o esforço envolvido, mas não quanto tempo o projeto vai demorar, pois não nos diz a ordem das tarefas.

Depois de identificarmos as tarefas e quanto tempo cada uma vai demorar, acrescentar informações sobre a sequência das tarefas é relativamente simples, o que nos ajuda a entender a duração provável do projeto. Para cada tarefa, identifique as outras tarefas que fornecem as saídas necessárias e que, logo, devem ser completadas antes que a tarefa seguinte possa começar. Por exemplo, normalmente não podemos testar uma solução antes de construí-la, não podemos construir antes de projetar e não podemos projetar até conhecermos os requisitos do usuário. No linguajar do planejamento de projetos, o teste depende da construção, que depende da projeção e assim por diante. Essa cadeia de tarefas dependentes nos dá a primeira indicação sobre a duração do projeto.

▸ Estrutura analítica do produto (EAP)

Às vezes, desenvolver uma estrutura analítica do produto (EAP) ajuda a entender melhor o produto do projeto ou a descobrir as tarefas e estrutura analítica do projeto necessárias. O conceito é semelhante ao da estrutura analítica do projeto, mas essa segunda EAP decompõe o produto, não o trabalho do projeto.

A Tabela 4.2 apresenta a estrutura analítica do produto de um veleiro.

▸ Gráficos PERT

Os gráficos PERT, também conhecidos como diagramas de rede de dependência, são apresentados em mais detalhes no Capítulo 6, "Gerenciamento de Tempo do Projeto".

▸ Gráficos de Gantt (também conhecidos como linhas do tempo)

Um gráfico de Gantt[5] começa com a lista das atividades do projeto, no mesmo formato que a estrutura analítica do projeto. Na mesma linha, desenhamos uma barra na linha do tempo para mostrar o início e término planejado de cada atividade. Os aplicativos de planejamento de projetos criam essa imagem automaticamente a partir das informações inseridas na estrutura analítica do projeto. Se você não possui um aplicativo especializado, uma planilha eletrônica (como o Microsoft Excel) é um substituto adequado, como vemos na Figura 4.4. Seu gráfico de Gantt deve mostrar as tarefas na sequência certa, obtidas da EAP. Dependências entre tarefas podem ser indicadas por uma flecha, ligando o final da primeira tarefa com o começo da seguinte (ver exemplo na Figura 4.2, página 109). O Capítulo 6, sobre gerenciamento de tempo do projeto, entra em mais detalhes sobre as dependências, sua representação e como considerá-las no planejamento.

Tabela 4.2 Exemplo de estrutura analítica do produto de um veleiro

Veleiro (produto)
Superestrutura
Mastro e retranca
Cordame
Velas
Equipamento de segurança no convés
Casco
Convés
Cabina
Sistema de direção
Flutuabilidade e estiva
Quilha

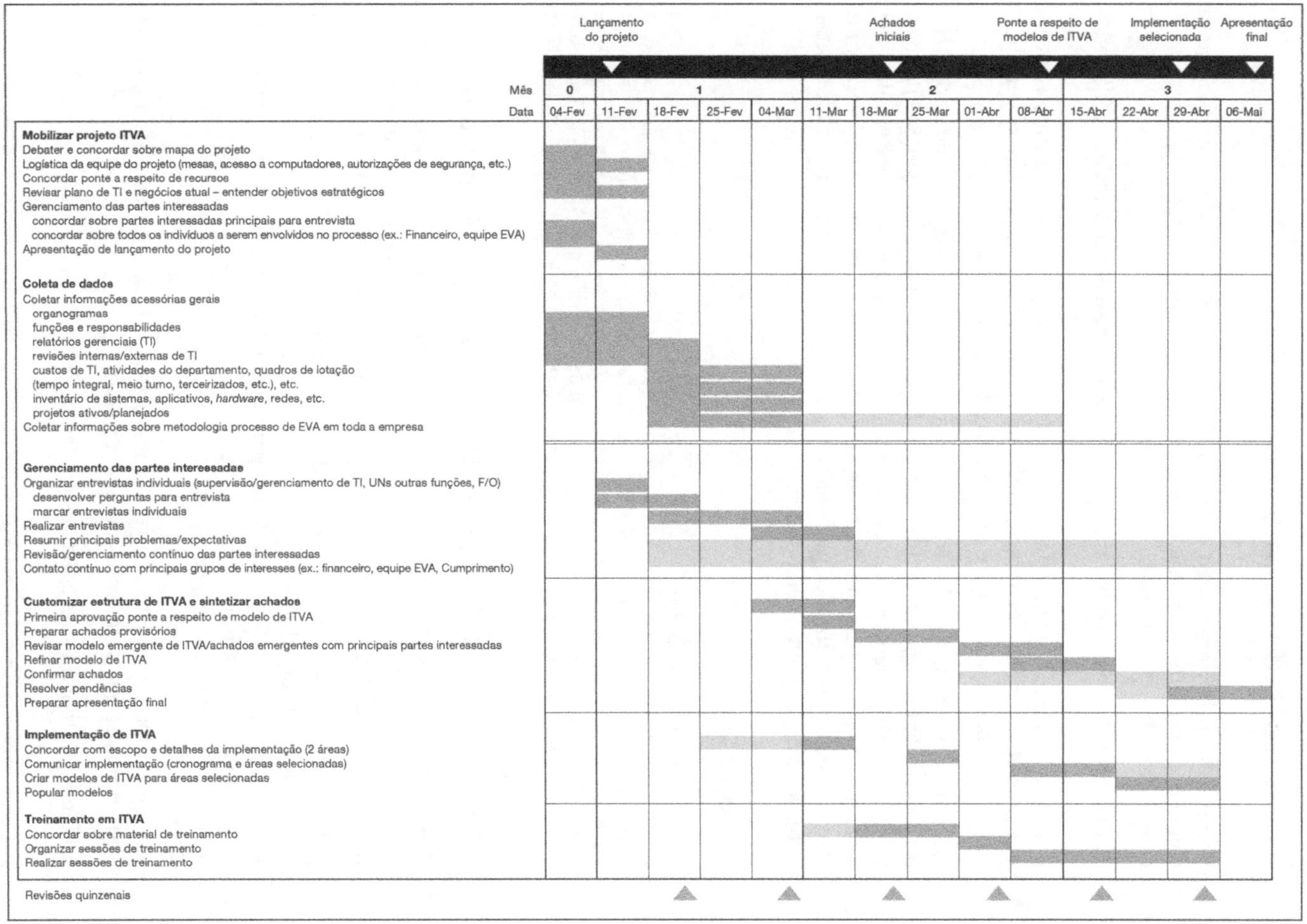

Gerenciamento de integração do projeto 115

Figura 4.4 Gráfico de Gantt do Projeto Grapple.

▶ Iniciação do projeto

Como o próprio nome sugere, "iniciação do projeto" significa simplesmente o começo do projeto. Os motivos para desenvolver uma metodologia em torno de como começar o projeto são:

- Começar o projeto com o máximo de eficiência, sem reinventar a roda todas as vezes.
- Aplicar lições da história do gerenciamento de projetos para minimizar os riscos
- Começar o projeto com esse objetivo em mente, assim o projeto (especialmente o patrocinador e o gerente do projeto) sabe para onde vai.

Enquanto patrocinador ou gerente, você precisa ter certeza de quem é o iniciador do projeto. O iniciador é o indivíduo ou grupo em sua organização que pode autorizar um novo projeto. Se tem experiência com a organização, você já sabe quem é essa pessoa. Caso contrário, ter certeza sobre quem é o iniciador pode economizar tempo e esforço, evitando que você construa o relacionamento errado tentando obter aprovação para o seu projeto.

O PMI diz

Processos de iniciação
"Processos de iniciação. (Grupo de processos). Os processos realizados para autorizar e definir o escopo de uma nova fase ou projeto ou que podem resultar na continuação de um trabalho de projeto interrompido. Em geral, é realizado um grande número de processos de iniciação fora do escopo de controle do projeto pelos processos de organização, programa ou portfólio, e esses processos fornecem as entradas para o grupo de processos de iniciação do projeto." *PMBOK Guide* (p. 362)

▶ Fatores que afetam os meios de iniciação do projeto

Como o projeto deve ser iniciado depende de uma série de fatores, não apenas de lições aprendidas com a história do gerenciamento de projetos e as melhores práticas gerais. Esses fatores variam de projeto para projeto. Eles incluem:

- Se o projeto atende uma necessidade de negócio[6] (ou de outro tipo) ou se é arriscado e especulativo.
- Se só há uma abordagem possível para o projeto ou se há várias e uma foi selecionada desse conjunto.
- O nível de risco do projeto.
- O tamanho do projeto.
- Se a equipe do projeto conhece a organização e possui experiência com o tipo de trabalho que será realizado pelo projeto.

A Figura 4.5 mostra os efeitos dos processos de iniciação.

▶ Compreender, documentar e comunicar premissas de planejamento

Premissas e fatores limitantes, tais como tempo, custos ou recursos, devem ser registrados para que o gerente do projeto possa gerenciar as mudanças rela-

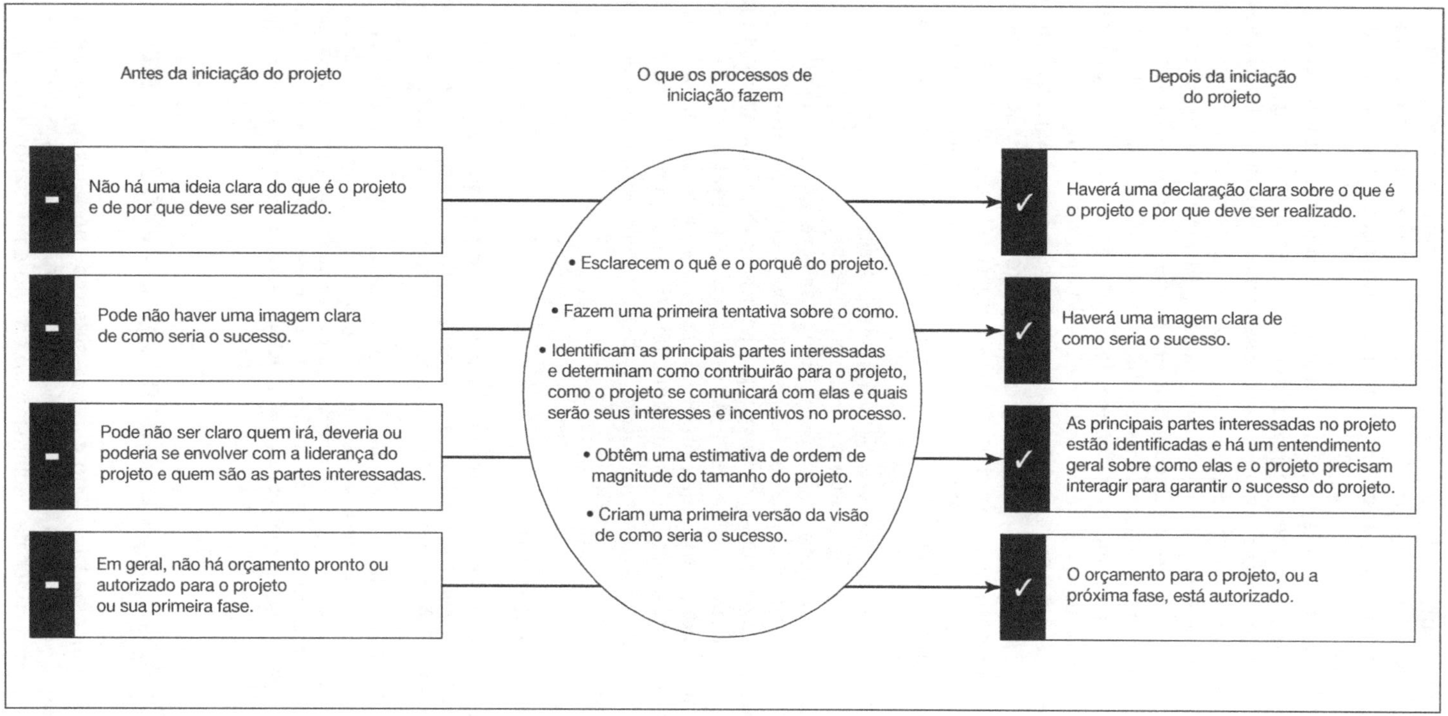

Gerenciamento de integração do projeto 117

Antes da iniciação do projeto

- Não há uma ideia clara do que é o projeto e de por que deve ser realizado.
- Pode não haver uma imagem clara de como seria o sucesso.
- Pode não ser claro quem irá, deveria ou poderia se envolver com a liderança do projeto e quem são as partes interessadas.
- Em geral, não há orçamento pronto ou autorizado para o projeto ou sua primeira fase.

O que os processos de iniciação fazem

- Esclarecem o quê e o porquê do projeto.
- Fazem uma primeira tentativa sobre o como.
- Identificam as principais partes interessadas e determinam como contribuirão para o projeto, como o projeto se comunicará com elas e quais serão seus interesses e incentivos no processo.
- Obtêm uma estimativa de ordem de magnitude do tamanho do projeto.
- Criam uma primeira versão da visão de como seria o sucesso.

Depois da iniciação do projeto

- Haverá uma declaração clara sobre o que é o projeto e por que deve ser realizado.
- Haverá uma imagem clara de como seria o sucesso.
- As principais partes interessadas no projeto estão identificadas e há um entendimento geral sobre como elas e o projeto precisam interagir para garantir o sucesso do projeto.
- O orçamento para o projeto, ou a próxima fase, está autorizado.

Figura 4.5 Iniciação do projeto, antes e depois.

cionadas. Ponha tudo no papel! A maneira mais simples é com uma planilha eletrônica ou documento de processador de texto: faça uma lista simples das premissas e inclua a data e as principais consequências caso as premissas estejam erradas.

Não imagine que você vai conseguir lembrar de mudanças nas premissas principais. Mesmo que consiga, ninguém mais vai caso a mudança ameace seus interesses e seu *status*. Anote as premissas e mostre para o patrocinador. Em projetos grandes ou em organizações burocráticas, obtenha aprovação para as premissas. Nas primeiras fases do projeto, ou seja, durante a iniciação, muitas premissas sobre fatores de custo e escopo sofrem mudanças significativas à medida que o entendimento sobre esse itens evolui. Isso é normal, mas colocar as premissas no papel, mesmo que todos concordem que são apenas um "espantalho" e provavelmente estejam erradas, vai protegê-lo de levar a culpa se a gerência sênior não perceber que os £20.000 para um banco de dados se transformaram em um projeto de £2.000.000. Por mais que se proteger seja razão suficiente, também há motivos positivos para colocar as premissas no papel: você estará ajudando as pessoas a desenvolverem seu entendimento sobre as questões envolvidas com o projeto e muito provavelmente sobre parte dos problemas estratégicos enfrentados pela organização.

Ao documentar as premissas e fatores desde o começo, todos os envolvidos conseguem entender melhor a natureza do projeto. Por exemplo, se o projeto parte do princípio que seis membros experientes da gerência média poderão se juntar ao projeto em junho do próximo ano, mas antes disso a empresa anuncie um corte de 10% no quadro de lotação, talvez não haja gerentes disponíveis em junho. Nesse exemplo, a falta dos gerentes teria ramificações em termos de custos, tempo, riscos e qualidade, fatores que precisam ser gerenciados assim que possível, não em junho do outro ano. Se a disponibilidade de alguns gerentes não foi documentada como premissa, essas ramificações podem ser esquecidas em meio ao frenesi do corte no quadro de lotação.

> **Ideia importante**
>
> **Apólice de seguro: documente todas as premissas**
> Para o bem da saúde mental e carreira do gerente do projeto, documentar todas as premissas mais importantes, especialmente durante as fases de planejamento e iniciação, é como adquirir uma apólice de seguro. Com ela, você, o gerente do projeto, se protege contra a possibilidade de virar bode expiatório se alguma mudança externa afetar o projeto. Assim você pode dizer "sim, X mudou, todos sabiam que planejamos e executamos o projeto baseados na ideia de que X não mudaria e que teríamos muitos problemas se mudasse". No mundo ideal, você pode até completar com "você decidiu não aplicar os recursos ao planejamento ou criação de uma reserva para contingências para caso X mudasse". Poder fazer isso já salvou as carreiras e bonificações de muitos gerentes de projetos.

▶ Orientar e gerenciar a execução do projeto

Essa é a parte da "ação" no gerenciamento de projetos. O trabalho deve ser gerenciado e executado de modo a atender os requisitos e objetivos do projeto, como especificados na declaração do escopo e no plano do projeto. Como todas as tarefas gerenciais, o maior desafio é a execução eficaz das tarefas, ou seja, atingir os objetivos, e além disso, ser eficiente, ou seja, com os menores custos e riscos. O gerente do projeto é a âncora da execução. Assim, ele se envolve com a organização e integração de todos os aspectos do projeto, desde a resolução de problemas menores até garantir que não há nenhum obstáculo bloqueando o avanço do projeto. Para isso, o gerente deve trabalhar em conjunto com o patrocinador do projeto.

Os esforços da equipe nunca devem se desviar das metas e entregas do projeto. O gerente do projeto deve garantir a continuidade desse foco e comparar regularmente o progresso do projeto com os planos de linha de base, gerenciando variações que ultrapassem os limites de tolerância. (Ver a subseção "Ações corretivas e preventivas", ainda neste capítulo.) Mesmo que o projeto seja bem gerenciado e orientado, as ações preventivas e corretivas são normais, especialmente no processo de qualidade.

O trabalho precisa ser controlado, especialmente para que ninguém comece a realizá-lo cedo demais. Se o trabalho começar antes da hora, você corre o risco de precisar de retrabalho. Além disso, muitas vezes as pessoas começam a fazer o trabalho mais fácil e mais interessante em vez daquilo que o projeto precisa com mais urgência. O sistema de autorização do trabalho gerencia esse problema. Ele é usado para instruir e orientar os membros da equipe ou terceirizados a começarem a realizar pacotes de trabalho específicos em cada momento. A alocação de quem deve realizar cada pacote de trabalho quando é uma parte importante do gerenciamento e controle eficaz das atividades do projeto. Projetos maiores utilizam um sistema mais rígido, simplesmente porque é necessário integrar uma grande quantidade de pacotes e profissionais. Normalmente, o sistema de autorização do trabalho é um processo normal da empresa, não algo gerado especificamente para o projeto.

Ao gerenciar a execução do projeto, o gerente deve estar sempre em contato e se comunicando com o patrocinador do projeto. Isso é essencial. O patrocinador consegue proteger o projeto de mudanças e da perda de recursos. Manter contato com ele significa garantir que a outra pessoa entende o que você quer dizer.

O PMI diz

Sistema de autorização do trabalho

"Sistema de autorização do trabalho (Ferramenta). Um subsistema do sistema de gerenciamento de projetos global. É um conjunto de procedimentos formais documentados que define como o trabalho do projeto será autorizado (inserido) para garantir que o trabalho será realizado pela organização identificada, no momento certo e na sequência adequada. Ele inclui os passos, os documentos, o sistema de acompanhamento e os níveis de aprovação definidos necessários para a emissão de autorizações de trabalho." *PMBOK Guide*

▶ Mudanças solicitadas

As mudanças solicitadas são entradas do processo de controle integrado de mudanças do projeto. Isso pode parecer óbvio, mas a experiência mostra que vale lembrar dois fatos relacionados. Uma mudança solicitada não passa disso, uma solicitação. Nada sugere que ela deve ou provavelmente será realizada. Enquanto gerente de projetos, você precisa começar a gerenciar as expectativas em torno de cada mudança assim que ela é solicitada. A pessoa fazendo a solicitação entende que o projeto não aceita e não pode aceitar mudanças automaticamente? Ela entende que há um processo por trás disso? Isso não é burocracia, é apenas bom gerenciamento. (O processo pode se tornar burocrático, mas essa é outra história.) Segundo, as solicitações entram em um sistema, elas não são tratadas individualmente. Solicitações de mudanças são normais, muito comuns exceto em projetos extremamente pequenos e simples. Não ter um processo sistemático para lidar com essas solicitações seria ineficiente demais.

Uma mudança solicitada ou, em outro estilo de linguagem, uma solicitação de mudança, deve incluir as informações a seguir. Caso contrário, seu trabalho enquanto gerente do projeto é descobrir:

♦ Quem quer a mudança?
♦ Por que a mudança é necessária ou desejável?
♦ Caso a mudança não seja realizada, quais serão as consequências?
♦ Qual o cronograma em torno dessa mudança?
♦ Quais são as ramificações para o projeto e as partes interessadas se essa mudança for realizada? E se não for realizada?

Durante o tempo do projeto, o patrocinador ou uma parte interessada pode identificar a necessidade de expandir ou reduzir o escopo do projeto. A alteração proposta ao projeto também pode impactar os custos ou cronograma. A declaração do escopo contém os critérios utilizados para avaliar o sucesso ou fracasso do projeto, então qualquer alteração em um requisito exige a apresentação de uma solicitação formal de mudança. A mudança solicitada pode partir de dentro ou de fora do projeto, mas em ambos os casos o processo precisa seguir o Sistema de Controle de Mudanças e a equipe implementa apenas as mudanças aprovadas. Mais uma vez, a necessidade de integrar a mudança é essencial para o sucesso do projeto.

▶ Entregas

Como vimos anteriormente, um projeto é um empreendimento temporário que cria um produto ou serviço único. Assim, as entregas são um conjunto de produtos ou serviços diferentes daqueles produzidos pelas atividades normais ou cotidianas da organização. O gerenciamento de projetos mostra quais são as entregas, quando devem ser entregues, como serão feitas, por que são necessárias e quem é responsável por quais partes delas. Ele também deve mostrar os processos usados para revisar e verificar a adequação ou qualidade do produto ou serviço. A entrega também pode ser usada para definir um conjunto de requisitos do cliente ou patrocinador e que precisam ser cumpridos antes do projeto receber aprovação ou aceitação. Depois de todas as entregas planejadas serem entregues aos cliente e aprovadas por ele, o projeto é considerado um sucesso e os procedimentos de encerramento podem começar. Se o cliente se recusar a aceitar as entregas sem uma justificativa razoável e o projeto possuir documentos que provam a falta de justificativa (por exemplo, porque as entregas foram produzidas de acordo com os requisitos acordados, dentro do prazo e do orçamento), o projeto continua muito bem posicionado.

Observe que a diferença entre uma entrega e um produto de trabalho é que a entrega pode ser, mas não é, necessariamente, um tipo de produto de trabalho. Um produto, segundo a definição do *PMBOK Guide*, é um "objeto produzido, quantificável e que pode ser um item final ou um item componente (...)". A principal diferença é que o produto é quantificável, mas a entrega precisa apenas ser verificável. Assim, um aumento nas vendas pode ser uma entrega do projeto, pois é um resultado verificável, mas não é um produto. Por outro lado, um aumento de 10% nas vendas pode ser um produto. Essa diferença tem alguma utilidade? Ela pode ter, em alguns casos. A menos que sua organização já tenha um significado específico para esses termos, recomendamos usar "entrega" como termo geral principal, significando "coisas que o projeto pretende criar".

O PMI diz

Entrega
" Entrega (Saídas/Entradas). Qualquer produto, resultado ou capacidade para realizar um serviço exclusivo e verificável que deve ser produzido para terminar um processo, uma fase ou um projeto. Muitas vezes utilizado mais especificamente com referência a uma entrega externa, que é uma entrega sujeita à aprovação do patrocinador ou do cliente do projeto....." *PMBOK Guide* (p. 358)

▶ Outras ferramentas e técnicas de gerenciamento de integração do projeto

Até agora, este capítulo explicou o que é o gerenciamento de integração do projeto e seus princípios mais amplos. O resto do capítulo resume os processos, ferramentas e técnicas, entradas e saídas e outros conceitos do gerenciamento de integração do projeto. Mas antes precisamos fazer uma pausa para esclarecer esses termos, começando pelas definições do PMBOK (ver box) e acrescentando alguns comentários.

As definições do PMBOK apresentadas são úteis, mas não são as únicas. Elas nos ajudam a entender exatamente o que devemos fazer durante o gerenciamento de projetos. Isso acontece das seguintes maneiras:

♦ Os processos respondem a pergunta "o que eu deveria estar fazendo agora, enquanto gerente do projeto?"
♦ As ferramentas e técnicas respondem a pergunta "como eu deveria estar fazendo?". A diferença entre os dois termos é que as ferramentas são coisas do mundo, tais como listas de verificação, aplicativos de *software* e procedimentos por escrito, enquanto as técnicas são hábitos mentais ou "ferramentas do cérebro", por assim dizer. O box de Ideia importante dá um exemplo que pode ajudá-lo a lembrar da diferença entre ferramentas e técnicas.
♦ As saídas respondem a pergunta "por que estamos fazendo isso?". Se não está apoiando direta ou indiretamente os objetivos do projeto, não é a saída certa.
♦ As entradas também só têm valor enquanto forem necessárias para as saídas.
♦ E as atividades respondem a pergunta "que parte do plano do projeto a equipe deveria estar realizando agora"

Entender claramente essas diferenças ajuda a evitar um dos maiores riscos pessoais do gerenciamento de projetos: se afogar em terminologia e procedimentos em vez de focar nas coisas importantes de verdade. Precisamos conhecer a maioria dos termos e conceitos, mas não podemos nos esquecer de usar o mínimo possível deles, apenas os certos para as necessidades imediatas do projeto. Isso é especialmente verdade no caso do gerenciamento de integração do projeto, no qual garantimos que todas as partes do projeto se encaixam com eficiência. Neste livro, usamos a palavra "conceito" para significar processos, ferramentas e técnicas, entradas e saídas e outros conceitos do gerenciamento de projetos.

O resto do capítulo descreve os principais conceitos do gerenciamento de integração do projeto, mas apenas na medida em que são necessários para essa área de conhecimento; elas não são descrições completas de cada ferramenta. As descrições completas se encontram em outras partes deste livro. Enquanto gerente de projetos, você precisa decidir sobre a utilidade de cada conceito para o projeto que está gerenciando no momento.

Você não vai precisar de todas as ferramentas em todos os projetos. Os conceitos são:

- ♦ Processos
  - Desenvolver a declaração do escopo do projeto preliminar
  - Orientar e gerenciar a execução do projeto
  - Monitorar e controlar o trabalho do projeto
  - Controle integrado de mudanças
  - Encerramento do contrato
  - Encerrar o projeto
- ♦ Ferramentas
  - Sistema de informações do gerenciamento de projetos
  - Gerenciamento de configuração
  - Sistemas de controle de mudanças (parte do gerenciamento de configuração)
  - Sistema de gerenciamento de configuração
- ♦ Técnica
  - Técnica do valor agregado
- ♦ Entradas e saídas
  - Mudanças solicitadas
  - Plano de gerenciamento do projeto
  - Entrega
  - Lições aprendidas
- ♦ Outros conceitos
  - Métodos de seleção de projetos
  - Metodologia de planejamento de projetos
  - Declaração do trabalho
  - Recursos tambor
  - Tarefas sumarizadoras
  - Ações corretivas e preventivas
  - Comitê de controle de mudanças
  - Encerramento administrativo

A Figura 4.6 é uma representação gráfica dessa lista. Ela mostra durante que partes do ciclo de vida do projeto cada conceito costuma ser usado e se ele é

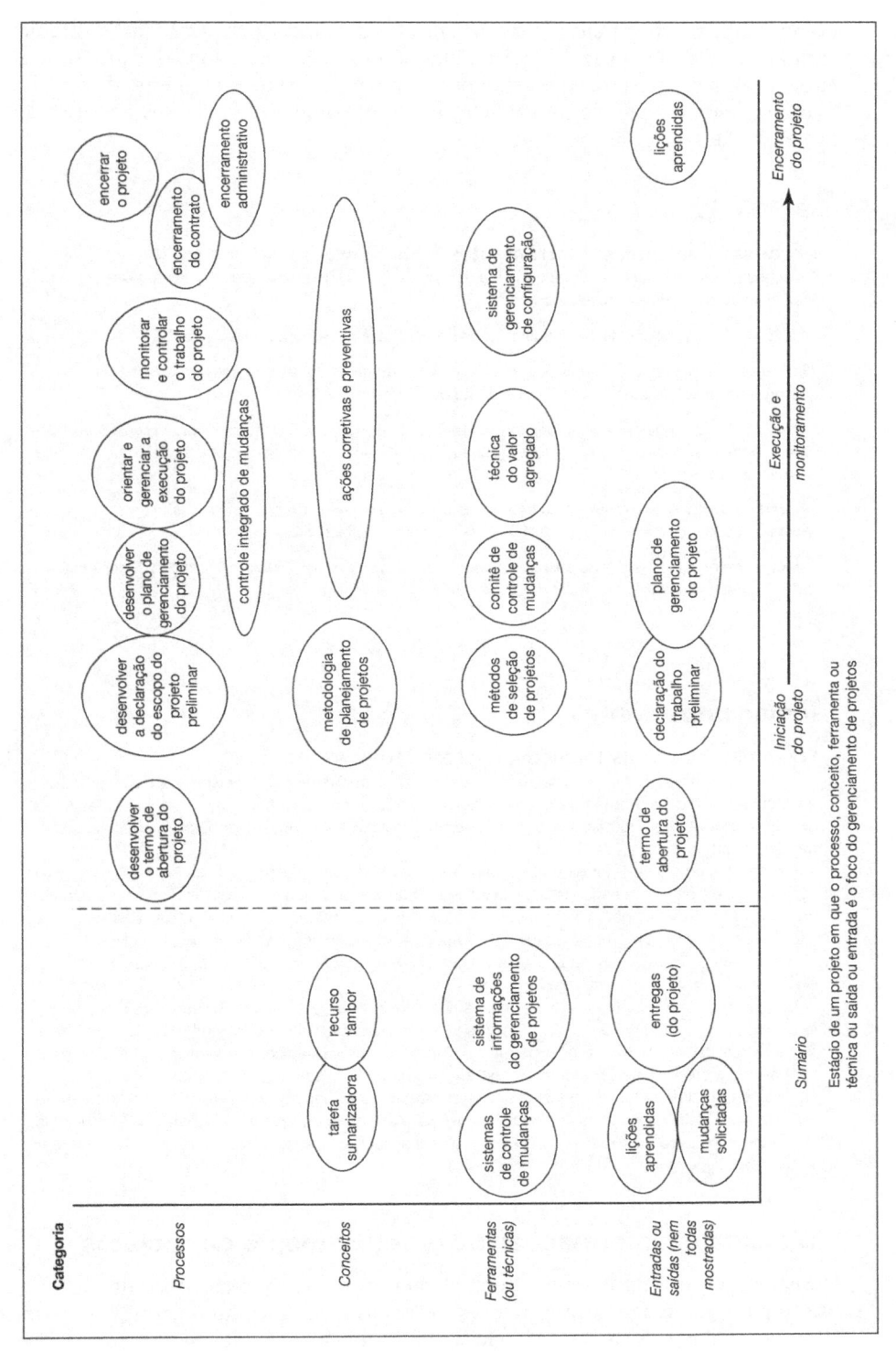

Figura 4.6 Processos, conceitos, ferramentas e técnicas, saídas e entradas de gerenciamento de integração do projeto, mostrando como normalmente são usadas e que tipo de ferramentas são.

ou não uma tarefa sumarizadora. (As tarefas sumarizadoras serão apresentadas com mais detalhes posteriormente; elas são tarefas executadas durante todo o ciclo de vida do projeto. Não estamos usando esse termo exatamente da mesma maneira que ele aparece no PMBOK, mas sim como a maioria dos gerentes de projetos o usa.)

O PMI diz

Processos, atividades, ferramentas e técnicas, entradas e saídas

"Processo. Um conjunto de ações e atividades inter-relacionadas realizadas para obter um conjunto especificado de produtos, resultados ou serviços."

"Atividade. Um componente de trabalho realizado durante o andamento de um projeto."

"Ferramenta. Alguma coisa tangível, como um modelo ou um programa de *software*, usada na realização de uma atividade para produzir um produto ou resultado."

"Técnica. Um procedimento sistemático definido usado por um recurso humano para realizar uma atividade a fim de produzir um produto ou resultado ou oferecer um serviço, e que pode empregar uma ou mais ferramentas."

"Entradas. Qualquer item, interno ou externo ao projeto, que é exigido por um processo antes que esse processo continue. Pode ser uma saída de um processo predecessor."

"Saídas. Um produto, resultado ou serviço gerado por um processo. Pode ser um dado necessário para um processo sucessor."

Fonte de todos: *PMBOK Guide* (p. 350ff.)

Ideias importantes

Ferramentas *versus* técnicas: qual a diferença?

As ferramentas são coisas que existem no mundo físico, ainda que não precisem ser objetos físicos. As técnicas estão na mente ou corpo do indivíduo e também são chamadas de habilidades (mas uma técnica é um tipo de habilidade que pode ser aprendida por várias pessoas, não algo exclusivo de cada uma).

Pense no exemplo de Tiger Woods, o famoso jogador de golfe. Seus tacos de golfe são as ferramentas. Quando ele dá uma tacada, essa é sua técnica. Outras pessoas podem ter as mesmas ferramentas, os mesmos tacos que Tiger, mas isso não é o suficiente para jogar tão bem quanto ele. Tiger dominou a técnica do golfe em um nível altíssimo e muito raro. Ainda assim, sem as ferramentas, os tacos, a técnica não seria suficiente para fazer a bola voar longe. Em outras palavras, sem as ferramentas certas, ele não realizaria os seus objetivos.

Enquanto gerente de projetos, pode valer a pena considerar se a melhor decisão para o seu projeto em um dado momento seria investir em técnicas, ferramentas ou uma mistura das duas. Os seus golfistas têm tacos? Se os tacos estão lá, o que seria mais vantajoso, comprar tacos melhores ou aprimorar a técnica, considerando o cronograma do projeto? Essa pergunta tem respostas diferentes em momentos diferentes. Os cursos de treinamento em gerenciamento de projetos, a construção de equipes e o coaching individual são maneiras de melhorar a técnica; exigir o uso de novas ferramentas (ou metodologias) conceituais e a aquisição de novos aplicativos de *software* são maneiras de melhorar as técnicas disponíveis.

▸ Sistema de informações do gerenciamento de projetos

O Sistema de Informações do Gerenciamento de Projetos (SIGP) é um sistema usado para gerenciar as informações necessárias para se administrar o projeto. Observe a palavra "sistema": ela não significa necessariamente "sistema de TI". Do ponto de vista da rotina do gerente de projetos, alguns dos melhores sistemas são de papel: é mais fácil andar pelo espaço de trabalho com um caderninho ou fichário, com todas as principais listas de verificação e documentos do gerenciamento do projeto. Apesar do que os fabricantes dizem no seu material de *marketing*, é impossível ser tão rápido e eficiente com um PDA ou telefone celular. Gostaríamos de sublinhar que o Microsoft Project não é um SIGP, mas apenas uma ferramenta para produção de gráficos de Gantt.

O propósito do SIGP é auxiliar a equipe do projeto a executar as atividades planejadas e listadas no plano de gerenciamento do projeto. Até recentemente, poucos aplicativos automatizados eram adequados para as tarefas práticas de gerenciamento de projetos no nível do gerente, então este quase sempre precisava de algum sistema manual para complementar o automatizado (e os sistemas bons e completos que existiam eram muito caros). Isso tudo está mudando, com os sistemas desse tipo ficando mais baratos e mais úteis para o gerente. Utilize as ferramentas de *software*, mas lembre-se que são apenas ferramentas. Não fique obcecado pelos novos brinquedos.

Os principais requisitos de um SIGP são ajudar o gerente de projetos a:

- Registrar o objetivo e escopo do projeto para que o gerente possa seguir o escopo e garantir que todos os outros membros do projeto farão o mesmo.
- Acompanhar as mudanças do projeto, controlando-as em vez de ficar à mercê de mudanças descontroladas.
- Monitorar e controlar as diversas atividades durante toda a vida do projeto, desde a iniciação até o encerramento, garantindo que o projeto será realizado.
- Resumir dados e relatórios de gerenciamento de projetos (relatórios resumidos também são conhecidos como "painéis de gerenciamento"), permitindo que o gerente enxergue o quadro geral e identifique os eventos e tendências mais importantes, comunicando-os ao patrocinador e outras principais partes interessadas, quando necessário, junto com as evidências relevantes.

Outras funções podem incluir:

- Acompanhar custos, cronograma e inventário
- Produzir relatórios gerenciais
- Mostrar níveis de recursos
- Identificar o caminho crítico

Um exemplo de SIGP para projetos menores é o Basecamp (www.37signals.com), um sistema de colaboração em projetos e processos via *web* que consegue ser barato, eficaz e fácil de usar. O Basecamp é uma das primeiras ferramentas de uma nova geração, mas muitas parecidas aparecerão nos próximos anos. Como sempre, uma busca no Google revela várias outras ferramentas de SIGP.

Ideia importante

Sistema de informações do gerenciamento de projetos (SIGP)

Gerenciar um projeto com eficiência e eficácia exige uma grande quantidade de informações. O gerente de projetos que não encontra as informações quando precisa não será eficiente e pode ser ineficaz. O SIGP não é necessariamente um sistema de TI: muitas vezes, um fichário bem indexado, com todas as informações mais importantes, é muito mais útil que um banco de dados sofisticado.

> **O PMI diz**
>
> **Sistema de informações do gerenciamento de projetos (SIGP)**
> "Sistema de informações do gerenciamento de projetos (SIGP) (Ferramenta). Um sistema de informações que consiste de ferramentas e técnicas usadas para reunir, integrar e disseminar as saídas dos processos de gerenciamento de projetos. Ele é usado para dar suporte a todos os aspectos do projeto, da iniciação ao encerramento, e pode incluir sistemas manuais e automatizados." *PMBOK Guide* (pp. 368–9)

▶ Sistemas de controle de mudanças

Por melhor que seja o plano, ele ainda vai precisar de mudanças. Enquanto gerente de projetos, você tem uma opção: controlar a mudança ou ser controlado por ela. A primeira é melhor, a segunda é fatal. No gerenciamento de projetos, as mudanças são controladas com um sistema de controle de mudanças. O sistema não precisa (e não deveria) ser complexo, mas ainda assim você precisa ter um sistema. Em geral, uma simples planilha eletrônica, quando aliada a um processo para usar as informações listadas no documento, atende a quase todas as suas necessidades. A planilha pode ter as seguintes colunas, por exemplo:

- Nome da mudança.
- Descrição da mudança.
- Motivo pelo qual mudança é necessária.
- Data levantada.
- Levantada por (nome).
- Aprovado ou rejeitado ou mais informações necessárias (escolher lista).
- Data da aprovação.
- Aprovada por (nome).
- Ações de mudança (ou seja, uma lista das ações necessárias para realizar a mudança).
- Proprietário das ações de mudança.
- Próxima data de revisão ou data de encerramento.

Se a sua organização tiver um sistema de TI de gerenciamento de projetos, este certamente inclui um banco de dados de controle de mudanças com campos semelhantes à lista acima.

O sistema de controle de mudanças é um componente importante do sistema de gerenciamento de configuração. Como parte do plano de gerenciamento total, todos os projetos precisam planejar como irão gerenciar as mudanças. O plano de gerenciamento das mudanças não precisa ser longo ou complexo, em muitos casos bastam duas ou três linhas. Por exemplo: "Depois da aprovação do termo de abertura do projeto (e, a seguir, do plano), quaisquer mudanças ao termo de abertura (ou plano) serão comunicadas ao gerente do projeto, que as registrará na planilha de controle de mudanças. A cada quinze dias, o patrocinador e o gerente do projeto irão revisar as solicitações de mudança e, em conjunto com os indivíduos apropriados, tais como o solicitante, determinarão a necessidade da mudança, avaliarão as opções e decidirão se e como implementar as mudanças. Quaisquer mudanças que exijam um aumento significativo no orçamento do projeto ou que provavelmente exigirão tal aumento serão apresentadas em uma reunião com todo o comitê diretor do projeto.

O Comitê de Controle de Mudanças é um conjunto de pessoas responsáveis perante a organização por avaliar e decidir sobre solicitações de mudanças. Os Comitês de Controle de Mudanças não são necessários em todos os projetos e normalmente são usados apenas nos maiores e mais complexos. A lista de verificação a seguir ajuda a garantir que seu projeto tem um sistema de controle de mudanças:

- Você e o patrocinador têm uma ideia clara de por que um sistema de controle de mudanças é necessário?
- Você sabe como ele vai funcionar no seu projeto?
- Está documentado em algum lugar?
- Ele está no plano?
- Ele foi ou será comunicado às partes interessadas principais, gerenciando suas expectativas sobre o que é ou não provável ou razoável do ponto de vista delas em termos de mudanças no projeto?
- A sua organização possui formulários padronizados para uso no controle de mudanças?
- Que indivíduos têm maior probabilidade de gerar solicitações de mudança ou se envolver de alguma outra maneira com o sistema de controle de mudanças?

O PMI diz

Sistema de controle de mudanças

"Sistema de controle de mudanças. (Ferramenta). Um conjunto de procedimentos formais e documentados que define como as entregas e a documentação do projeto serão controladas, alteradas e aprovadas. Na maior parte das áreas de aplicação, o sistema de controle de mudanças é um subconjunto do sistema de gerenciamento de configuração." *PMBOK Guide* (p. 353)

▶ Recurso tambor

Um recurso tambor determina o ritmo de todo o projeto. O termo é uma analogia com as galés da Antiguidade, nas quais o toque do tambor determinava o ritmo do remo e, assim, a velocidade do navio.[7] Em geral, o tambor é o recurso crucial para o projeto mais escasso. Nos bancos de investimento, este geralmente é o especialista em gerenciamento de riscos: o trabalho do projeto simplesmente não pode ser mais rápido que a disponibilidade de especialistas em gerenciamento de riscos, e estes tendem a ser muito ocupados. Isso significa que a melhor maneira de acelerar todos os projetos em um banco desse tipo é gerenciar cuidadosamente a disponibilidade dos gerentes de riscos, ou seja, do recurso tambor, para garantir que serão usados com o máximo de eficiência.

▶ Tarefa sumarizadora

O termo tem dois significados diferentes. Neste livro, seguimos o mais comum: uma tarefa que continua durante todo o projeto, do começo ao fim. Registro de tempo, manutenção do registro de problemas e comunicação com as partes interessadas são exemplos de atividades sumarizadoras. O termo original, *hammock task* (literalmente, "tarefa rede"), é uma analogia com a rede de descanso amarrada entre dois postes, que aqui representam o ponto de partida e o de chegada do projeto.[8] O PMBOK usa "atividade sumarizadora" para significar "atividade de resumo". Nesse sentido, ela é um conjunto de atividades informadas no nível de resumo, ou seja, com dados agregados. Não usamos o termo com esse significado neste livro (e, para os leitores interessados, até onde sabemos, conhecer esse uso não faz muita diferença para ser aprovado nos testes do PMI).

"Tarefa sumarizadora" é um termo útil, no sentido de tarefa que perpassa todo o projeto, pois ajuda o gerente a ter uma boa ideia sobre essas tarefas e a comunicá-las. Um exemplo sobre como o conceito ajuda o gerenciamento de projetos na vida real é que em vez de ocupar espaço em um gráfico de Gantt ou PERT para mostrar essas tarefas cruciais, elas podem simplesmente ser listadas sob o título "tarefas sumarizadoras". Assim, o gráfico fica um pouco mais simples e diminui os riscos de confusão, sem ignorar a importância desse tipo de tarefa.

▸ Controle integrado de mudanças

Plano nenhum sobrevive ao contato com a realidade. Na vida real, o plano precisa ser atualizado e adaptado para lidar com os fatos. O plano precisa ser alterado desde a iniciação até o encerramento do projeto. Se não atualizar o plano, a diferença entre o que ele diz e o que está acontecendo de verdade vai crescer sem parar, diminuindo a utilidade do plano e os riscos para o projeto e para a sua carreira. O controle integrado de mudanças é o processo pelo qual você controla as mudanças no seu projeto. Você tem uma opção: controlar as mudanças ou deixar que elas controlem você. (Já dissemos tudo isso antes, mas nossa experiência com gerenciamento de projetos no mundo real indica que vale a pena repetir esse ponto.)

A sequência de eventos em um processo de controle de mudanças normal é:

- Identificar uma mudança possível ou estabelecer uma mudança que já ocorreu.
- Revisar a mudança e entender seus motivos e impactos.
- Aprovar ou rejeitar a mudança, lembrando de envolver todas as partes interessadas mais importantes.
- Modificar o plano e as linhas de base de acordo com a mudança.
- Concordar sobre ramificações necessárias (ex.: aumento do orçamento) com partes interessadas.

O processo de controle integrado de mudanças também pode ser usado para avaliar e autorizar ações corretivas ou preventivas (ver abaixo). Todas as mudanças precisam ser incorporados ao plano de gerenciamento do projeto. Essa é uma parte essencial do gerenciamento de integração do projeto, pois sem ela perdemos a coordenação e a eficiência, os dois objetivos centrais da integração. Também pode ser necessário incorporar a mudança a outros planos e documentos do projeto, tais como orçamentos, planos de gerenciamento de riscos, estruturas analíticas, planejamentos de comunicação e especificações dos produtos. Além de avisadas sobre mudanças, todas as partes interessadas afetadas também precisam ser comunicadas com sensibilidade, garantindo que todos os envolvidos continuam a usar a mesma versão do plano de gerenciamento. Depois disso, o projeto deve ser gerenciado de acordo com a nova versão do plano.

O PMI diz

Controle integrado de mudanças
"Controle integrado de mudanças (Processo). O processo de revisão de todas as solicitações de mudança, aprovação de mudanças e controle de mudanças em entregas e ativos de processos organizacionais." *PMBOK Guide* (p. 363)

▶ Ações corretivas e preventivas

As ações corretivas e preventivas ajudam a manter o desempenho do projeto dentro das linhas de base especificadas. Em outras palavras, o desempenho real pode ser diferente do planejado e as ações preventivas e corretivas são modos de ajudar o projeto a corrigir as variações e voltar aos eixos. Simplificando ainda mais: uma ação preventiva é algo que você faz para evitar o problema antes que ele ocorra, enquanto a ação corretiva é algo que você faz para consertar um problema depois que ele ocorreu.

Obviamente, essas ideias são apenas bom senso, como quase todos os outros aspectos dessa disciplina. Elas são explicitadas no gerenciamento de projetos para ajudar a minimizar o desperdício de tempo, lembrando você de ser absolutamente claro sobre tudo o que precisa ser feito e pensado para que não seja preciso gastar tempo com esses assuntos quando eles não são necessários. Qualquer projeto suficientemente grande ou complexo envolve pessoas que, por um motivo ou por outro, na prática estão sempre pensando em ações preventivas quando você precisa de uma corretiva ou então começam a fazer correções antes do necessário. Uma categorização clara desses conceitos simples ajuda a integração e economiza tempo para os seus projetos.

Os relatórios usados no projeto devem ser criados de modo a garantir que as variações mais prováveis estão sendo informadas e, se possível, previstas regularmente. O relatório (ou relatórios) mais básico mostra, em cada momento do projeto, as despesas e entregas reais em comparação com as planejadas.

Todas as variações materiais em relação à linha de base planejada devem ser avaliadas e discutidas pelas partes interessadas relevantes, incluindo, no mínimo, o patrocinador e o gerente do projeto. Variações triviais podem ser ignoradas. Os projetos precisarão de ações corretivas ou preventivas para resolver a variação. As partes devem concordar sobre as ações usando os mecanismos apropriados, como definido pelo plano. Depois de implementadas, as ações devem ser documentadas nos planos e linhas de base. É importante usar uma abordagem sistemática para avaliar e decidir sobre ações preventivas e corretivas, não apenas por uma simples questão de eficiência, mas porque adotar uma abordagem diferente todas as vezes corre o risco de fazer as ações se voltarem contra o projeto. As partes interessadas não são diferentes do resto da humanidade: elas gostam de consistência no modo como são comunicadas sobre notícias que afetam diretamente os seus interesses.

> **O PMI diz**
>
> **Ações preventivas e corretivas**
> "Ações corretivas. Orientação documentada para realizar uma atividade que possa reduzir a probabilidade das consequências negativas associadas aos riscos do projeto." *PMBOK Guide (p. 356)*
>
> "Ações corretivas. Orientação documentada para que o trabalho do projeto seja executado de modo que seu desempenho futuro esperado fique de acordo com o plano de gerenciamento do projeto." *PMBOK Guide* (p. 367)

▶ Métodos de seleção de projetos

Todo gerente precisa lidar com o fato que nunca tem tempo e recursos suficientes para fazer tudo o que quer, ou seja, há mais projetos potenciais do que podem realmente ser realizados. Logo, todas as organizações possuem algum mecanismo para selecionar quais projetos devem ser desenvolvidos a partir de um número maior de projetos potenciais. O processo deve ser formal, pois sem ele o método padrão de seleção tende ao caos, à duplicação e à aleatoriedade. Em suma, vira tudo uma bagunça. Mas o que isso tem a ver com gerenciamento de integração do projeto?

O modo como os projetos são selecionados pode afetar a integração, como mostra o exemplo hipotético a seguir. Imagine que um projeto de 10 milhões de dólares foi aprovado porque, primeiro, ele produzirá um banco de dados necessário para o cumprimento de um novo regime regulatório e, segundo, consolidará três bancos de dados estaduais em um único regional. Nenhum dos benefícios justificaria o projeto por conta própria, mas em conjunto eles são suficientes. Depois de completar três quartos do projeto, parece que o regime regulatório será cancelado antes da entrega do projeto, mas os custos irrecuperáveis do projeto são tais que vale a pena continuar o projeto apenas para realizar os benefícios da consolidação. Esse exemplo hipotético demonstra duas possíveis relações entre a integração e os métodos de seleção do projeto.

Primeiro, a seleção e aprovação do projeto revela as principais interfaces e os critérios de sucesso do projeto, ambos os quais devem ser controlados pelo gerente para que o projeto possa mudar e se adaptar corretamente. Estes são revelados porque as principais partes interessadas são envolvidas ou identificadas no processo de aprovação e, depois de determinar quem elas são, fica mais fácil descobrir suas interfaces com o projeto e seus critérios de sucesso.

Gostaríamos de deixar claro que uma entrega perfeita, seguindo todas as especificações originais, mesmo que elas nunca tenham mudado, não significa necessariamente que o projeto foi um sucesso. Parte das responsabilidades do gerente do projeto, em conjunto com o patrocinador, é monitorar as mudanças no ambiente externo que afetam o valor do projeto para a organização e sugerir proativamente mudanças ao projeto. Entregar produtos que seguem perfeitamente as especificações do projeto em geral é sinônimo de sucesso, mas não raro a situação é outra. É assim que nascem os "elefantes brancos". O problema não é novo: quando os exércitos começaram usar pólvora, os castelos de pedra se tornaram obsoletos, pois não ofereciam defesas contra canhões. Antes da pólvora, construir um castelo de acordo com os planos era entregar um projeto de sucesso. O castelo era uma entrega concreta e o benefício de negócio era a defesa contra os inimigos. No instante que o inimigo começou a usar canhões, entregar um castelo tradicional era uma atividade destruidora de valor, mesmo que o castelo fosse entregue antes do prazo, abaixo do orçamento e lindo de morrer. O *design* de castelos precisou de alterações fundamentais para se contrapôr ao risco de ataque por canhões. Em 1859, Lord Palmerston iniciou a construção dos fortes Nelson e Brockhurst, entre outros, na colina de Portsdown, no sul da Inglaterra. No entanto, esses fortes ficaram obsoletos em poucos anos devido a avanços em tecnologia de artilharia.

Não construímos mais castelos, mas os erros desse tipo continuam vivos no gerenciamento de projetos. Os elefantes reais estão ameaçados de extinção, os brancos não. A capacidade humana de produzir elefantes brancos nunca foi tão forte. Seu dever é garantir que seu projeto não será um deles.

Do ponto de vista do gerenciamento de integração do projeto, as três informações mais importantes que o gerente de projetos precisa descobrir com o processo de seleção são:

- Quem tem interesse no projeto?
- Por que realizar o projeto? Em outras palavras, como o projeto deve agregar valor para a organização?
- Como os outros avaliarão se o projeto foi um sucesso ou não?

O processo de seleção de projetos ideal envolve o gerente de projetos. As organizações devem selecionar projetos usando algum mecanismo objetivo que os ordene por valor, mas, na vida real, em algumas organizações, certos projetos são selecionados apenas por serem os favoritos de um executivo sênior. (Isso não é necessariamente ruim: essas pessoas podem ter sido eleitas ou promovidas em grande parte por serem capazes de enxergar o valor de um projeto ou outros itens antes que haja um consenso sobre esse valor.) Nesses casos, a integração continua a mesma: o gerente de projetos se beneficia com o entendimento da situação e do conhecimento de quem são as pessoas próximas ao executivo sênior (em relação ao projeto) e porque esse executivo gosta do projeto.

Finalmente, vale a pena frisar que enquanto gerente de projetos, você deve no mínimo lembrar que seu projeto existe porque passou por algum processo de seleção, formal ou informal. Isso significa que um grupo de pessoas vai observar o projeto e terá expectativas sobre o que ele vai e não vai fazer. Gerenciar essas expectativas é parte do seu trabalho. Frustre-as por sua conta e risco.

▶ Técnica do valor agregado

Um método muito citado na teoria do gerenciamento de projetos para determinar o desempenho do projeto contra uma linha de base, da iniciação ao encerramento, é a Técnica do Valor Agregado (TVA). Em nossa experiência, a TVA é muito menos comum na vida real, mas é bom conhecê-la mesmo que não seja muito usada na sua organização. A TVA é útil para aquelas ocasiões em que um superior manda você justificar o progresso do seu projeto ou exige a implementação de um mecanismo "mais objetivo" de relatórios. É uma boa técnica para conhecer e guardar na manga, por assim dizer.

Alguns gerentes de projetos usam a técnica do valor agregado para comparar o desempenho real do projeto contra uma previsão planejada. A TVA é utilizada porque integra tempo, custos e trabalho realizado. Os valores também podem ser usados para realizar novas previsões sobre o desempenho futuro e data de término do projeto a partir do desempenho anterior. Diversas mudanças ou ações corretivas são realizadas após a aplicação dessa técnica de avaliação, pois ela pode ser útil para controlar custos e atividades de produção.

Um dos aspectos do controle é estabelecer a causa de quaisquer variações entre o desempenho real e o planejado. A TVA usa as linhas de base informadas no plano de gerenciamento do projeto para determinar o nível de progresso e as variações que ocorreram nas atividades planejadas, pacotes de trabalho ou contas de controle. A Tabela 4.3 lista os diversos termos e fórmulas usados na técnica do valor agregado.

Os parâmetros utilizados podem ser empregados de período em período (mês a mês, trimestre a trimestre, etc.) ou apenas cumulativamente durante todo o projeto. A seleção usada depende do cronograma geral do projeto e dos critérios de avaliação aplicados pelo patrocinador ou gerente do projeto.

Vamos deixar os detalhes dessas fórmulas de lado por um momento e fazer algumas perguntas. Por que as fórmulas existem? Como devemos usá-las?

Tabela 4.3   Termos, abreviaturas e fórmulas da técnica do valor agregado

Termo	Abreviatura e fórmula	Definição
Valor planejado	VP	Valor estimado do trabalho a ser realizado
Valor agregado	VA	Valor estimado do trabalho completado até o momento
Custo real	CR	Custo real do trabalho completado até o momento
Variação de custos	VC VC = VA − CR	Diferença do custo agregado menos o custo real. (Se positivo, abaixo do orçamento; se negativo, acima do orçamento)
Variação de prazos	VP VP = VA − VP	Diferença entre prazos agregados e prazos planejados. (Se positivo, adiantado; se negativo, atrasado.)
Índice de desempenho de custos	IDC IDC = VA/CR	Indicador de eficiência de custos que mostra os valores de custos produzidos pelo projeto. (Um valor maior do que 1 indica que os custos estão acima do orçamento; abaixo de 1, que estão abaixo.)
Índice de desempenho de prazos	IDP IDP = VA/VP	Indicador de término do cronograma, mostra o trabalho completado em comparação com o cronograma planejado. (Um valor maior do que 1 significa que o projeto está adiantado; menor do que 1, que está atrasado.)
Orçamento no término	ONT	Orçamento declarado para o projeto total, especificado no começo do trabalho.
Estimativa no término	ENT ENT = ONT/IDC	Custos totais do projeto segundo previsão atual.
Estimativa para terminar	EPT EPT = ENT − CR	A partir de despesas atuais, previsão de custo extra do projeto
Variação no término	VNT VNT = ENT − ONT	Diferença entre custos totais do projeto e custos orçados

Adaptado de *PMBOK Guide*, Chapter 7 "Project Cost Management," p. 157ff.

E o que cada uma significa para o gerenciamento de integração do projeto? Basicamente, essas fórmulas nos ajudam a entender e comunicar em que ponto do projeto estamos. Mais especificamente, do ponto de vista do gerenciamento de integração do projeto, elas nos ajudam a enfocar o que é importante. Por exemplo, imagine um projeto grande ou complexo, detalhado demais para você confiar na sua intuição sobre como ele está indo. O patrocinador pediu sua ajuda para preparar um relatório especial sobre o projeto para o executivo-chefe. Você faz os cálculos e descobre que o IDP é 1,1 e o IDC é 0,9. Isso diz que o projeto está adiantado, mas que os gastos estão acima do orçamento, ambos por 10%. Se essa variação é um problema, você sabe que precisa enfocar seus esforços em gerenciar os custos e não, por exemplo, em acelerar o projeto. Isso significa que você sabe mais ou menos onde aplicar seus esforços e qual o tamanho do problema. Se o IDP fosse 0,5 e o IDC 1,5, suas ações precisariam ser diferentes. Em projetos pequenos, sua intuição provavelmente será boa e confiável, mas mesmo neles pode ser necessário coletar dados objetivos para justificar suas opiniões. Em projetos maiores ou mais complexos, muitas vezes é impossível entender sua posição sem os dados.

Você é obrigado a usar as fórmulas apresentadas aqui? Não. Essas fórmulas são apenas a aplicação do bom senso para responder a certas perguntas mais importantes, tais como "gastamos demais ou de menos?", "nossos resultados estão atrasados ou adiantados?" e "quanto falta para acabar o projeto?" Você pode inventar suas próprias métricas para responder estas e outras perguntas; na verdade, sua organização pode preferir usar as próprias métricas, diferentes daquelas apresentadas acima, para medir o progresso dos projetos. Acima de tudo, você precisa saber que pergunta está tentando responder, garantir que a métrica oferece uma resposta de verdade e, finalmente, aplicar a métrica com consistência em todo o projeto. E do ponto de vista da integração, lembre-se que as métricas ajudam você a se concentrar nas coisas certas e no momento certo.

A análise da variação não trata apenas de custos e tempo. Também podemos avaliar a variação de fatores como escopo, risco e qualidade em relação ao plano do projeto. Outra área de análise é a tendência do desempenho, que determina se as saídas dos trabalhos mais recentes estão melhorando ou se deteriorando com o tempo. A escala do desvio em relação aos valores planejados provavelmente se reduzirá com o avanço do projeto, pois o entendimento da equipe cresce, enquanto o fator de risco também tende a se reduzir à medida que o projeto se aproxima do encerramento.

O PMI diz

Valor agregado e técnica do valor agregado

"Valor agregado (VA). O valor do trabalho terminado expresso em termos do orçamento aprovado atribuído a esse trabalho para uma atividade do cronograma ou componente da estrutura analítica do projeto...." *PMBOK Guide* (p. 359)

"Técnica do valor agregado (técnica). Uma técnica específica para a medição de desempenho do trabalho e estabelecimento da linha de base da medição de desempenho. Também chamada de método de creditação e regras de realização do trabalho." *PMBOK Guide* (p. 360)

▸ Sistema de gerenciamento de configuração

O sistema de gerenciamento de configuração é usado para acompanhar e monitorar todas as mudanças ao plano de gerenciamento do projeto. O sistema é usado para informar a equipe do projeto e as partes interessadas sobre as correções na versão atual de cada plano e documento de linha de base contido no plano de gerenciamento do projeto. O benefício desse tipo de sistema é que todos os envolvidos ficam cientes sobre a última versão das linhas de base de desempenho e cronograma.

O sistema de gerenciamento de configuração inclui o sistema de controle de mudanças. O sistema de gerenciamento de configuração também descreve os níveis de aprovação acordados para a autorização das mudanças propostas. Por exemplo, o gerente do projeto pode estar autorizado a aprovar variações negativas de até 5% e o patrocinador as de até 15%, enquanto as variações maiores precisam passar pelo comitê diretor. O sistema também cria documentos para auditoria, que valida e verifica a conformação com os requisitos. Criar documentos para uma auditoria não é importante apenas em burocracias estatais: em muitas empresas privadas, até o último minuto, os funcionários precisam provar que entregaram o que as pessoas disseram que queriam.

> **O PMI diz**
>
> **Sistema de gerenciamento de configuração**
>
> "Sistema de gerenciamento de configuração (ferramenta). Um subsistema do sistema de gerenciamento de projetos global. É um conjunto de procedimentos formais documentados usados para aplicar orientação e supervisão técnicas e administrativas para: identificar e documentar as características funcionais e físicas de um produto, resultado, serviço ou componente, controlar quaisquer mudanças feitas nessas características, registrar e relatar cada mudança e o andamento de sua implementação e dar suporte à auditoria dos produtos, resultados ou componentes para verificar a conformidade com os requisitos. Ele inclui a documentação, os sistemas de acompanhamento e os níveis de aprovação definidos necessários para autorização e controle das mudanças. Na maior parte das áreas de aplicação, o sistema de gerenciamento de configuração inclui o sistema de controle de mudanças." *PMBOK Guide* (p. 354)

▸ Comitê de Controle de Mudanças

O gerente do projeto não é sempre o especialista nem conhece todos os fatos necessários para decidir sobre uma solicitação de mudança. O projeto deve estabelecer um comitê de controle de mudanças (CCM) para revisar todas as solicitações e decidir se precisa de mais informações antes de avaliar as mudanças. O CCM deve ser composto pelo patrocinador, o gerente do projeto e partes interessadas, mas também deve incluir especialistas se as mudanças revisadas exigirem a presença de alguém com mais conhecimento sobre o assunto. Assim, o CCM é responsável por aprovar ou rejeitar as mudanças apresentadas e documentar as recomendações que realiza. Em muitos casos, o CCM é um subgrupo do comitê diretor do projeto.

> **O PMI diz**
>
> **Comitê de Controle de Mudanças**
>
> "Comitê de controle de mudanças (CCM). Um grupo formalmente constituído de partes interessadas responsáveis pela revisão, avaliação, aprovação, atraso ou rejeição de mudanças feitas no projeto, com registro de todas as decisões e recomendações." *PMBOK Guide* (p. 353)

▶ Monitorar e controlar o trabalho do projeto

O monitoramento e controle do trabalho do projeto vai da iniciação ao encerramento. Essa atividade é uma das principais funções de controle, permitindo que o gerente do projeto garanta que tudo está ocorrendo na hora certa e dentro dos custos. A integração de todas as entradas e saídas dos processos é essencial para controlar o projeto e manter o nível adequado de supervisão. Devido a seu tamanho e complexidade, os projetos maiores produzem mais atividades; logo, eles exigem um nível apropriado de orientação para controlar o processo de planejamento. As saídas do monitoramento e controle do projeto são ações corretivas e preventivas, reparos de defeitos e recomendações de mudanças para o projeto. Todas essas mudanças são consideradas, avaliadas e aceitas ou rejeitadas sob os auspícios do controle integrado de mudanças.

▶ Gerenciamento de configuração

O sistema de gerenciamento de configuração é descrito enquanto sistema em outra seção deste capítulo. Aqui, analisamos o conceito de gerenciamento de configuração. O principal objetivo do gerenciamento de configuração é garantir que o projeto e todas as mudanças atendem os requisitos definidos para ele. O sistema trata da adequação aos requisitos, o que o torna um aliado próximo do sistema de gerenciamento da qualidade. O tamanho e complexidade do projeto determina o nível de gerenciamento de configuração necessário. Os sistemas também servem para confirmar o resultado das mudanças implementadas anteriormente e comunicar a todas as partes interessadas sobre as mudanças aprovadas.

Gerenciamento de configuração = controle de mudanças
+ identificar e documentar as características ou
especificações exigidas dos produtos de trabalho
+ auditoria de conformidade com os requisitos

Ideia importante

Controle de mudanças e gerenciamento de configuração: qual a relação entre elas?

Controle de mudanças
+
Entender as características ou especificações
exigidas dos produtos de trabalho
+
Auditoria de conformidade com os requisitos
=
Gerenciamento de configuração

Uma das consequências da diferença entre gerenciamento de configuração e controle de mudanças, segundo a fórmula acima, é que as pessoas que administram o processo de controle de mudanças do projeto não precisam necessariamente entender as características dos produtos de trabalho que serão produzidos. Esse fator reduz o custo do processo de controle de mudanças e permite que a função seja gerenciada como um processo independente.

▶ Lições aprendidas

As lições aprendidas são a maneira mais fácil de melhorar o projeto atual e todos os projetos futuros, seus e da organização, mas também é a menos usada. Mais uma vez, aprender lições com o que fizemos é apenas bom senso. Isso precisa ser parte do seu processo de gerenciamento de processos. Se não for, as pressões do dia-a-dia vão aumentar muito a probabilidade de você perder os benefícios fáceis que vêm com as lições. Ter um processo formal também ajuda a garantir que você não é o único a aprender as lições. Finalmente, um processo de lições aprendidas em gerenciamento de projetos provavelmente será uma parte essencial dos procedimentos de gerenciamento da qualidade em sua organização (exemplo, ISO 9000).

As lições aprendidas são coletadas durante todas as fases do projeto, da primeira à última. Não adie a captura e discussão sobre lições aprendidas até "entrar no projeto principal", ou provavelmente você nunca fará nem uma nem outra. Comece do mesmo jeito que pretende continuar. O processo é essencial para a melhoria contínua do gerenciamento de projetos e outros processos da sua organização.

Como capturar as lições aprendidas? Se a sua organização já possui um processo de lições aprendidas, use-os. Se você não sabe o que ele é, navegue a intranet da empresa. Se isso ainda não for o suficiente, o gerente de qualidade da organização deve poder ajudá-lo. Se for preciso criar um processo de lições aprendidas do zero para seus projetos, seja pragmático e crie algo simples e funcional, sem muita complexidade. Os dois principais elementos são um modelo para registrar as informações e um processo para garantir a captura das informações e, acima de tudo, seu uso para melhorar o desempeno do projeto no futuro.

O modelo ou formulário de captura de lições aprendidas deve incluir as seguintes informações:

- Nome do projeto e data.
- Descrição da lição.
- A lição é algo que funcionou ou que deu errado?
- Se algo que deu errado, como poderia ter sido melhor? Se funcionou, o que deve ser repetido ou reutilizado da próxima vez? O essencial é o que devemos fazer de novo ou diferente da próxima vez.
- Breve justificativa para os itens acima, se não forem óbvios.
- Alguma indicação sobre a importância da lição: alto, médio ou baixo valor.
- A que área de conhecimento em gerenciamento de projetos a lição se aplica?
    - A que fase do ciclo de vida do gerenciamento de projetos
    - A quais processos da sua organização?
    - A quais divisões ou produtos da sua organização?
    - A quais pessoas na sua organização?

Ao desenvolver seu processo e abordagem geral para lições aprendidas, nunca se esqueça da psicologia humana. O objetivo principal é aprender com o que aconteceu, bom e ruim, e melhorar o resto do projeto atual e de todos os seguintes, sua carreira como gerente de projetos e a carreira de todos os outros envolvidos com o projeto. A ideia é que todos fiquem melhores do que seriam sem o processo de lições aprendidas. Se as lições forem vistas como uma ameaça, como distribuição de culpa ou escolha de bodes expiatórios, ou como uma burocracia inútil, não faz muito sentido ter esse processo. Assim, você precisa gerenciar as percepções sobre o processo e todas as emoções e o elemento humano em torno dele.

O documento deve descrever o que funcionou bem, o que não foi tão bem e como tudo poderia ter sido diferente. Em projetos maiores, faz sentido dividir as lições aprendidas em categorias. A lista abaixo sugere dez categorias possíveis:

- Aspectos técnicos do projeto.
- Qualidade do desempenho de planos do projeto e documentos relacionados.
- Se métricas e relatórios do projeto foram úteis e oportunos.
- Causas da variação encontrada no projeto.
- Problemas de comunicação e aceitação.
- Justificativa e sucesso de ações corretivas específicas.
- Quais ferramentas devem ser usadas novamente, quais abandonadas.
- Quais técnicas devem ser mais utilizadas.
- Que treinamento em gerenciamento de projetos ou outras disciplinas é necessário e para quem.
- O desempenho do gerente do projeto.

Sem esquecer nosso ponto sobre a psicologia das lições aprendidas, pode ser melhor executar o processo de lições aprendidas da última categoria acima de um modo um pouco diferente do que das demais.

O PMI diz

Lições aprendidas
"Lições aprendidas (saídas/entradas). A aprendizagem obtida no processo de realização do projeto. As lições aprendidas podem ser identificadas a qualquer momento. Também são consideradas um registro do projeto, que será incluído na base de conhecimento de lições aprendidas." *PMBOK Guide* (p. 363)

▶ Encerramento administrativo

O encerramento administrativo pode ocorrer em todas as fases do projeto, mas geralmente apenas nos limites entre as fases. Projetos pequenos ou médios costumam realizar o encerramento administrativo ao final do projeto, mas ele não pode ser concluído até o final do encerramento do contrato. Em comparação com o encerramento do contrato, o procedimento coberto pelo encerramento administrativo contém apenas as funções, responsabilidades e atividades da equipe do projeto. O procedimento também estabelece como o produto ou serviço será transferido para o usuário. Os outros elementos resolvidos no encerramento administrativo são como o projeto atenderá os requisitos especificados, o que é necessário para a aceitação das entregas e, finalmente, a confirmação dos critérios de término do projeto. A última tarefa é arquivar todas as informações e planos do projeto para referência futura.

▸ Encerramento do contrato

O encerramento do contrato se concentra no fim de um contrato ligado especificamente a um projeto. O encerramento do contrato é conduzido apenas no fim do projeto, mas também deve ser concluído se o acordo for interrompido ou rescindido por qualquer motivo antes do término formal. O procedimento de encerramento deve cobrir os passos a serem seguidos para cumprir todos os termos e condições definidos pelo contrato, além dos critérios listados para encerramento do contrato. O encerramento do contrato descreve as funções, responsabilidades e atividades da equipe do projeto, mas também inclui o envolvimento das partes interessadas e do cliente durante o processo. O procedimento de encerramento descreve o trabalho associado com o contrato, incluindo garantir que todas as ações de pagamento foram completadas e que os registros de custos foram finalizados para auditorias futuras. O relatório final de desempenho do contrato deve especificar a eficácia e sucesso do contrato. O procedimento também pode ser usado para descrever como e quando equipamentos emprestados devem ser devolvidos aos proprietários.

Depois dos critérios do projeto serem cumpridos e a aceitação formal começar, a próxima fase é transferir o produto ou serviço que ocasionou a autorização original do projeto. Em termos contratuais, o projeto deve obter um recibo, declarando que os termos e condições do contrato foram cumpridos pelo projeto. A formalidade do contrato significa que o projeto deve manter registros precisos, incluindo o contrato em si, listas de mudanças, alterações feitas às entregas e termos e condições acordados. Toda essa documentação já seria necessária para procedimentos normais de auditoria, mas também pode ser importante em casos de disputa que exijam proteção judicial.

▸ Encerrar o projeto

O processo de encarramento é o último dos cinco grupos e um de seus elementos é "encerrar o projeto". A principal atividade de planejamento conduzida sob o processo de encerrar o projeto é detalhar como ocorrerá o encerramento, além dos procedimentos necessários para encerramento administrativo e de contrato. Analisaremos os detalhes dos dois outros procedimentos em capítulos posteriores, mas a diferença entre eles está relacionada com a formalidade e frequência do trabalho. Depois que os trabalhos técnicos terminaram, o processo de encerrar o projeto envolve o término de todas as atividades de outros grupos de processos para permitir o encerramento formal do projeto ou fase em questão. Atividades semelhantes também seriam aplicadas na finalização de projetos cancelados, mas sem o requisito de transferir os produtos do projeto para o cliente ou usuário, o que é uma parte do grupo de processos de encerramento em projetos de sucesso.

O PMI diz

Encerrar o projeto

"Encerrar o projeto (Processo). O processo de finalização de todas as atividades entre todos os grupos de processos do projeto para encerrar formalmente o projeto ou a fase." *PMBOK Guide* (p. 354)

▶ Resumo

O gerenciamento de integração do projeto é a mais importante das nove áreas de conhecimento em gerenciamento de projetos e é a essência da disciplina. Ele inclui as seguintes atividades:

- Criar o termo de abertura do projeto.
- Desenvolver a declaração do escopo preliminar.
- Desenvolver o plano de gerenciamento do projeto.
- Orientar e gerenciar a execução do projeto.
- Monitorar e controlar a execução.
- Controle integrado de mudanças.
- Encerrar o projeto.

O tema central do gerenciamento de integração do projeto é garantir que tudo no projeto vai acontecer na hora certa, ou seja, a coordenação, ou ainda, a integração. Para tanto, é preciso ter um plano e linhas de base e também um sistema para identificar e aprovar as mudanças necessárias e fazer os ajustes correspondentes às linhas de base e correções do projeto. A comunicação é uma parte essencial da integração, pois nada acontece sem a ajuda e o apoio dos outros. A integração é como o malabarismo e quanto mais complexo o projeto, mais malabares estão no ar. Se você perder a integração de vista por um instante que seja, tudo desmorona, inclusive sua carreira. O gerente de projetos deve manter o foco e a atenção durante todo o projeto, garantindo que todas as atividades são definidas, avaliadas e implementadas corretamente. A área de conhecimento em gerenciamento de integração do projeto existe para ajudá-lo nessa missão.

▶ Leituras adicionais

O tema da integração não atraiu muitos autores, pelo menos não ainda. No entanto, ele é uma parte fundamental do gerenciamento de projetos e para os altos níveis do gerenciamento estratégico. O assunto é importantíssimo, como vemos nos problemas que as forças armadas americanas e britânicas enfrentaram depois da invasão do Iraque na Segunda Guerra do Golfo. A sociedade civil entrou o colapso e partes do país ficaram caóticas, um exemplo claro do que acontece quando falta integração – nesse caso, no nível político-estratégico. O assunto é, sem dúvida, muito difícil. Três livros e um artigo oferecem algumas boas orientações práticas sobre como pensar sobre a integração, ainda que nenhum deles use exatamente esse termo.

- Drucker, P. F., 1995. 'The information executives truly need'. *Harvard Business Review* (January–February 1995).
- Gause, D.C. and Weinberg, M., 1982. *Are Your Lights On? How to Figure Out What the Problem Really Is....* New York: Dorset House. Um clássico sobre como identificar e esclarecer problemas, apesar do título informal.
- Grove, A., 1995. *High Output Management*. New York: Vintage. O capítulo 6 apresenta 12 páginas da sabedoria de Andy Grove sobre o processo de planejamento. O resto do livro também é excelente e boa parte dele é diretamente relevante para o tema da integração. Grove fundou a Intel, empresa que fabrica chips e processadores.

- Ohmae, K., 1982. *The Mind of the Strategist*. New York: McGraw-Hill. As diretrizes de Ohmae sobre como pensar os problemas de gestão são inerentemente integrativas.

Nem todos os livros sobre gerenciamento de projetos tratam da integração, mas uma quantidade cada vez maior trabalha esse tema. Alguns dos mais úteis incluem:

- Maylor, H., 2002. *Project Management* (3rd edn). Harlow: FT Prentice Hall.
- Meredith, J.R. and Mantel, S.J., 2006. *Project Management: A Managerial Approach* (6th edn). New York: John Wiley & Sons.
- Young, J., 2002. *Orchestrating Your Project*. Wellington: New Zealand Institute of Management.

De interesse especial para o gerenciamento de projetos de TI:

- Cadle, J. and Yeates, D., 2004. *Project Management for Information Systems* (4th edn). Harlow: FT Prentice Hall.

▶ Notas

1. PMBOK, 3rd edition, Appendix F.
2. A separação do termo de abertura e da declaração do escopo não é exclusividade da abordagem do PMI. As metodologias PRINCE2 e APM fazem o mesmo, mas com uma terminologia ligeiramente diferente (por exemplo, o PRINCE2 usa "DIP" em vez de "termo de abertura do projeto".)
3. Adaptado da definição do *New Oxford American Dictionary*, 2nd edition, como implementada no aplicativo Apple Dictionary, v. 1.0.1. Copyright © 2005 Apple Computer, Inc., USA.
4. Coleridge, Samuel Taylor (1772–1834): *A Balada do Velho Marinheiro*.
5. Por que "Gantt" não está todo em letras maiúsculas e "PERT" está? Porque Gantt é um nome próprio, originalmente de Henry Gantt, enquanto PERT é um acróstico de *Project Evaluation and Review Technique* (Técnica de Revisão e Avaliação de Projetos). Por que isso é importante? Se escrever "Gantt" e "PERT" do jeito certo, você não tem nada a perder e ainda ganha com uma pequena demonstração de seu conhecimento sobre gerenciamento de projetos. Se escrever errado, corre apenas riscos menores. Mas concentrar-se em realizar o projeto dentro do prazo e do orçamento é mais importante do que detalhes desse tipo.
6. Neste livro, usamos o termo "necessidade de negócio" para representar uma necessidade legítima do negócio, incluindo aquelas principalmente regulatórias. Também usamos o termo no sentido de necessidades legítimas de organizações não comerciais, tais como os setores de caridade, voluntariado, estatal e supranacional, todos os quais, na prática, entendem esse termo dentro dos próprios contextos.
7. Somos gratos a nosso ex-colega Ian Major por explicar a origem e significado desse termo.
8. Mais uma vez somos gratos a nosso ex-colega Ian Major por explicar a origem e significado desse termo.

Gerenciamento do escopo do projeto

O que é gerenciamento do escopo do projeto?
Princípios do gerenciamento do escopo do projeto
Planejamento do escopo
Definição do escopo
Criar a estrutura analítica do projeto
Verificação do escopo
Aumento do escopo
Controle do escopo
O processo de gerenciamento do escopo em ação

▶ Objetivos deste capítulo

Este capítulo trabalha os processos e requisitos envolvidos com o gerenciamento do escopo do projeto, garantindo que apenas o trabalho definido pela declaração do escopo (e nada mais) será completado e verificado de modo a satisfazer os desejos do cliente. Ao final deste capítulo, o leitor deve:

- saber o que é o gerenciamento do escopo e qual sua relação com o gerenciamento de projetos e o sucesso na entrega do projeto;
- ser capaz de categorizar as atividades do projeto para confirmar que apenas os trabalhos designados foram completados, de acordo com a declaração do escopo do projeto;
- ser capaz de aplicar a definição do escopo como parte do gerenciamento de projetos, garantindo o controle do escopo e reduzindo a probabilidade do seu aumento dentro do projeto;
- ser capaz de explicar porque o gerenciamento do escopo do projeto deve ser tratado como uma área independente de conhecimento em gerenciamento de projetos.

▶ O que é gerenciamento do escopo do projeto?

O gerenciamento do escopo do projeto é o processo de determinar que trabalhos são necessários para atender os objetivos do projeto, aliado ao processo de controlar o escopo de cada projeto. Todas as atividades de planejamento ou trabalho que não se concentrem em completar os objetivos explícitos do projeto são desperdícios e não devem ser realizadas. Quase dois terços dos projetos fracassam devido às dificuldades de tentar controlar as entregas, cronogramas e orçamentos do projeto. Assim, a necessidade de gerenciar e controlar o escopo é essencial. Sem isso, o gerente não tem a menor chance de cumprir os objetivos aprovados e completar um projeto de sucesso.

O gerenciamento do escopo do projeto contém cinco grupos de processos (Tabela 5.1). Estes pertencem ao planejamento ou ao monitoramento e controle. O escopo é uma questão fundamental da iniciação, mas o grupo ainda não contém nenhum processo, pois a iniciação é apenas o momento em que o escopo surge pela primeira vez. A criação do escopo preliminar é mais uma parte da integração do que do gerenciamento do escopo. Depois de definido o escopo, ainda que apenas um "espantalho" e sem nenhum refinamento, este pode ser gerenciado. É disso que trata este capítulo.

O PMI diz

Escopo
"Escopo. A soma dos produtos, serviços e resultados a serem fornecidos na forma de projeto...."
PMBOK Guide (p. 375)

Tabela 5.1 Cinco processos de gerenciamento do escopo do projeto

	Grupo de processos			
Iniciação	Planejamento	Execução	Monitoramento e controle	Encerramento
	1. Planejamento do escopo 2. Definição do escopo 3. Criar EAP		4. Verificação do escopo 5. Controle do escopo	

O PMI diz

Gerenciamento do escopo do projeto
"O gerenciamento do escopo do projeto inclui os processos necessários para garantir que o projeto inclua todo o trabalho necessário, e somente ele, para terminar o projeto com sucesso. O gerenciamento do escopo do projeto trata principalmente da definição e controle do que está e do que não está incluído no projeto...." *PMBOK Guide* (p. 370)

▶ Princípios do gerenciamento do escopo do projeto

Os cinco grupos de processos do gerenciamento do escopo do projeto garantem que apenas os trabalhos contratados serão realizados. Em projetos, fazer trabalhos desnecessários também é conhecido como *gold plating* (ver box), uma atividade que cria desperdícios e riscos desnecessários. Assim, a função do gerente do projeto é monitorar e verificar que as partes interessadas e os membros da equipe não estão aumentando o escopo ou fazendo *gold plating*. Para o gerente de projetos, a prioridade é completar apenas os trabalhos especificados no termo de abertura e na declaração do escopo. Se um requisito extra, não constante no escopo do projeto, for considerado essencial, a única maneira de adicionar mais trabalho à declaração do escopo do projeto é com uma mudança autorizada e aprovada. As partes interessadas podem usar as solicitações de mudança para incorporar às especificações elementos que não foram incluídos durante o desenvolvimento inicial da declaração do escopo do projeto. O gerente precisa tomar cuidado com os interesses escusos que criam métodos alternativos de expandir o escopo do projeto, então muito cuidado com as solicitações de mudança. Sem esse processo, não há justificativa para completar os trabalhos adicionais sendo propostos.

O gerenciamento do escopo também é usado para cobrir o trabalho envolvido com o gerenciamento do escopo do projeto e do produto. Os dois termos são definidos como:

- O escopo do produto é medido contra os requisitos do produto e usado para descrever suas características e funções.
- O escopo do projeto é medido contra o plano de gerenciamento do projeto, a declaração do escopo do projeto e a EAP, e é usado para especificar o trabalho que

deve ser realizado para entregar um produto ou serviço com as características e funções especificadas.

O gerenciamento do escopo do projeto tenta garantir que apenas os trabalhos necessários para entregar um projeto de sucesso serão completados, ou seja, processos e áreas de conhecimento, e para cumprir os objetivos do projeto. Os processos individuais (e os grupos de processos a que pertencem) do gerenciamento do escopo do projeto são:

- Planejamento do escopo (Planejamento).
- Definição do escopo (Planejamento).
- Criar EAP (Planejamento).
- Verificação do escopo (Monitoramento e controle).
- Controle do escopo (Monitoramento e controle).

e a Figura 5.1 mostra como todos eles se encaixam.

A primeira pergunta a ser feita é como definir e gerenciar o escopo do projeto. Logo a primeira tarefa é conduzir o planejamento do escopo. O trabalho envolvido no planejamento do escopo leva ao plano de gerenciamento do escopo do projeto, que responde à pergunta sobre como definir e gerenciar o escopo. A primeira edição do plano de gerenciamento do escopo não é a palavra final, pois o plano pode ser ajustado e modificado para incorporar outros problemas, identificados e avaliados durante o grupo de processos de planejamento. A próxima fase do gerenciamento do escopo é expandir os detalhes contidos na declaração do escopo do projeto preliminar, gerando a declaração do escopo final. Depois de completar essa definição, o principal esforço da equipe do projeto é criar uma EAP e um dicionário da EAP a partir das entregas especificadas, dividindo o trabalho em pacotes. É preciso realizar uma série de inspeções e revisões para determinar o nível de trabalho completado e depois confirmar que as entregas atendem os requisitos e objetivos declarados nos planos do projeto. O último passo é obter a aceitação formal do cliente para as entregas completadas.

O processo de controle do escopo cobre boa parte do grupo de Monitoramento e controle nesta área de conhecimento. Esse elemento do gerenciamento de projetos é essencial para garantir que as especificações listadas foram atendidas, mas não estendidas. O sistema de controle de mudanças, enquanto parte do controle do escopo, é um procedimento documentado que define como as entregas e documentação serão controladas e aprovadas. Muitas mudanças são propostas por causa de variações no desempenho do escopo em relação à linha de base, sendo que os dados sobre variações são retirados das informações sobre o desempenho do trabalho do projeto. Assim, o controle do escopo é usado para recomendar ações corretivas e preventivas e depois para atualizar e revisar os documentos afetados pela mudança.

Ideia importante

Evite o *gold plating*

A expressão *gold plating* (literalmente, "banhar em ouro") significa fazer mais do que o exigido pelo escopo. Às vezes, as pessoas acham que é bom entregar algo extra ou com mais qualidade do que o especificado. Mas o *gold plating* é um desperdício e cria riscos e custos além do que foi acordado originalmente. Em vez disso, concentre-se em seguir o acordo. Na vida real, isso já é difícil o suficiente. Se quer uma entrega impressionante, troque o *gold plating* por uma entrega antes do prazo ou abaixo do orçamento.

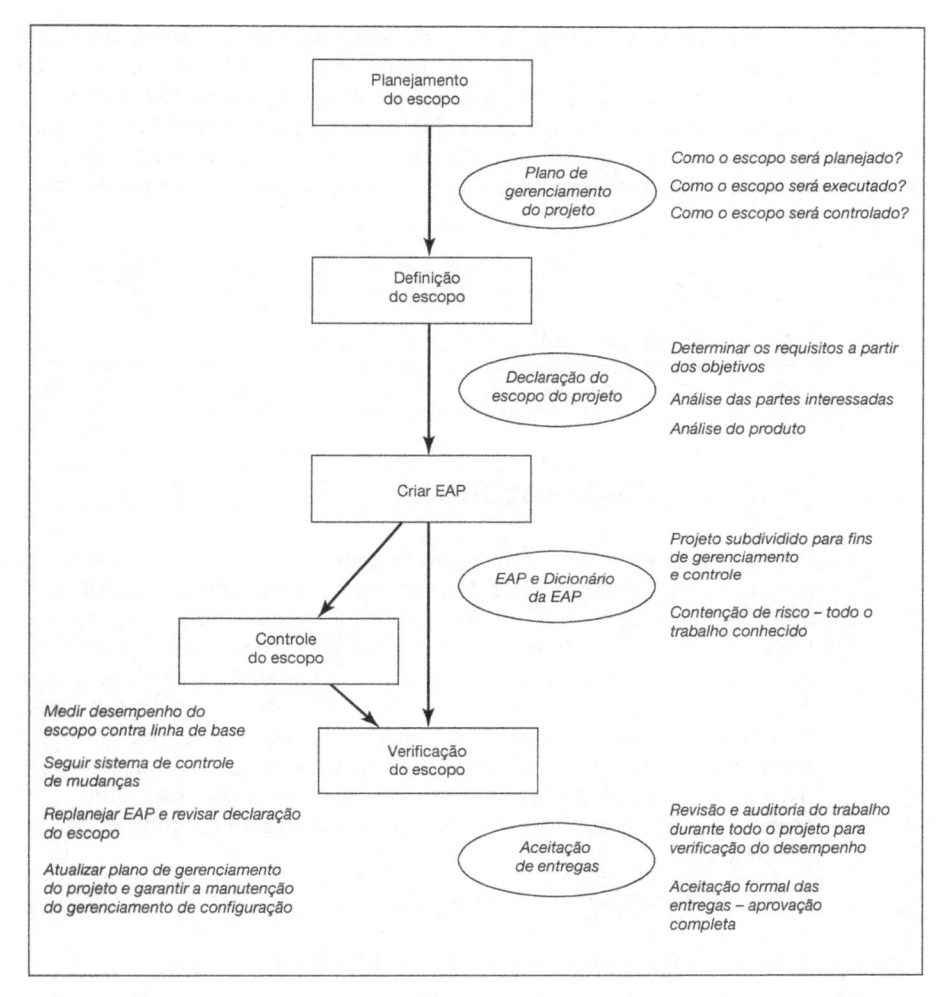

Figura 5.1 Gerenciamento do escopo do projeto: sequência de processos e atividades.

▶ Planejamento do escopo

O principal aspecto a ser determinado durante o planejamento do escopo é como este será especificado e verificado para garantir seu alinhamento com os objetivos do projeto. O ponto de partida para esse trabalho é o termo de abertura e a declaração do escopo preliminar, fornecido pelo patrocinador do projeto. Outras entradas importantes, úteis para o desenvolvimento do plano de gerenciamento do escopo do projeto durante fase de planejamento do escopo vêm das condições de mercado e cultura da organização, políticas e procedimentos relativos ao processo de planejamento e todas as informações sobre o histórico de projetos anteriores. As conclusões desse trabalho devem produzir um plano de gerenciamento do escopo capaz de definir, em detalhes, como o escopo será planejado, gerenciado, verificado e controlado.

Fatores como o tamanho e a complexidade do projeto influenciam a quantidade de esforços necessários para completar o processo de definição do escopo. Se a organização se envolve com muitos projetos pequenos ou semelhantes, pode fazer sentido usar um modelo padrão para gerenciamento do escopo. A maior parte dos projetos tem características exclusivas, ainda que alguns temas sejam comparáveis, então pode haver a oportunidade de produzir um modelo genérico.

O PMI diz

Planejamento do escopo

"Planejamento do escopo (Processo). O processo de criação de um plano de gerenciamento do escopo do projeto." *PMBOK Guide* (p. 375)

▶ Definição do escopo

Com a coleta e análise de mais informações junto a todas partes interessadas, o projeto desenvolve um entendimento mais sofisticado das suas necessidades, o que por sua vez permite definir melhor e expandir a declaração do escopo preliminar. Depois de estabelecer os limites do escopo para as entregas, podemos determinar o que está e não está incluído no escopo do produto e no do projeto. A última saída produz a declaração do escopo do projeto, um documento completo e detalhado que descreve todas as entregas, o trabalho necessário para produzi-las, os critérios de aceitação do produto e os requisitos de aprovação para cumprir os objetivos do projeto. Como diz o próprio nome, "definição do escopo" significa simplesmente definir o projeto. O escopo do projeto deve ser definido para:

- identificar os objetivos de negócios,
- identificar os requisitos,
- identificar as grandes áreas de trabalho necessárias.

O trabalho de refinar e melhorar os detalhes contidos na declaração do escopo preliminar é conduzido principalmente pela equipe de gerenciamento de projetos. A tarefa envolve descobrir as opiniões e necessidades das partes interessadas e transformar essas expectativas e objetivos em entregas específicas. As discussões e avaliações também devem determinar a prioridade de cada requisito do projeto, um conhecimento que pode ser extremamente útil se for preciso tomar decisões sobre problemas de trocas e negociações dentro da "restrição tripla". Também pode ser necessário usar a análise do produto para determinar os problemas com um produto antigo e decidir os requisitos para se produzir uma melhoria. A última fase da análise do produto é especificar o trabalho necessário para realizar os requisitos aprimorados para cada item. Opiniões especializadas são bem-vindas em todas as fases da análise, pois ajudam a desenvolver os requisitos necessários para cumprir os objetivos do projeto.

Os limites, premissas e restrições do projeto são fatores essenciais que devem ser considerados durante a definição do escopo. O conhecimento sobre o que está e não está incluído no trabalho do projeto continua a ser essencial para o sucesso do projeto. Não pode haver espaço para interpretações pessoais, pois elas podem causar mal-entendidos sobre o trabalho a ser realizado ou uma redefinição das restrições aplicadas ao projeto. As premissas e limitações iniciais, apresentadas no termo de abertura do projeto, são usadas como ponto de partida, mas ainda é preciso conduzir análises subsequentes sobre as limitações externas ou internas do projeto (ex.: perfil orçamentário, alocação de recursos e impactos no cronograma devido ao fechamento de uma unidade de produção). Esse trabalho também deve incluir uma revisão da precisão e consistência dessas premissas, além de expandir as declarações incluídas no termo de abertura. Você também pode pedir a ajuda de especialistas para determinar se a equipe do projeto não deixou passar alguma outra restrição ou premissa.

A série de atividades de análise conduzidas durante a definição do escopo podem produzir uma solicitação de mudança para o projeto. Por exemplo, o peso dos equipamentos adicionais instalados em um veículo para atender os requisitos do cliente pode obrigar o aumento da capacidade do motor. A solução proposta pode envolver a produção de uma solicitação de mudança para aumentar o tamanho do motor ou trocar o combustível utilizado. Antes de qualquer ação para alterar ou corrigir qualquer parte dos planos ou documentação do projeto, a mudança solicitada precisa ser avaliada pelo processo de controle integrado de mudanças. O processo de definição do escopo só pode ajustar os requisitos especificados durante o desenvolvimento da declaração do escopo do projeto depois que a mudança for aprovada.

A declaração do escopo do projeto deve garantir que todas as partes interessadas possuem o mesmo entendimento sobre o escopo e objetivos do projeto. A relação entre os requisitos individuais no termo de abertura e na declaração do escopo devem ser mantidos, indicando a justificativa de cada requisito incluído no segundo documento e o modo como cada entrega será atendida. O termo de abertura é a principal fonte de todos os requisitos do projeto, pois apresenta as necessidades do patrocinador.

O PMI diz

Definição do escopo
"A definição do escopo é o processo de desenvolvimento de uma declaração do escopo detalhada do projeto como base para futuras decisões do projeto." *PMBOK Guide* (p. 375)

▶ Criar a estrutura analítica do projeto

A estrutura analítica do projeto (EAP) é a principal saída do gerenciamento do escopo do projeto, pois determina que trabalhos devem ser completados para entregar os objetivos do projeto. A criação de uma estrutura analítica sistemática junto à equipe do projeto diminui as chances de ignorar algum elemento importante do projeto.

A EAP é uma decomposição hierárquica do trabalho a ser realizado para criar as entregas do projeto, mas não deve ser confundida com um organograma analítico. A EAP define e estrutura o escopo total do projeto, pois parte das entregas especificadas para o projeto. Depois de listar as entregas, a próxima fase é decompor o trabalho em seções menores. A ação de dividir os pacotes de trabalho permite a programação de um cronograma detalhado das atividades, ainda que o número de níveis do documento seja determinado pelo tamanho ou complexidade do projeto. A saída desse trabalho produz uma representação gráfica do trabalho especificado na declaração do escopo do projeto. A EAP é uma decomposição exclusiva do trabalho gerado para cada projeto, mas é possível utilizar uma EAP anterior como modelo para projetos semelhantes, pois as entregas de ambos provavelmente serão parecidas.

A razão para se dividir o projeto em seções bem definidas e mais fáceis de administrar é permitir que a equipe do projeto faça uma estimativa dos tempos e custos para cada atividade ou pacote de trabalho. A revisão e avaliação dos pacotes de trabalho menores por parte da equipe produz uma estimativa melhor dos custos totais do projeto. O mesmo processo pode ser seguido para estimar o tempo necessário para completar o trabalho, o que também produz um cronograma mais preciso para usar no planejamento do projeto. A criação de uma EAP:

- garante maior controle da definição do trabalho,
- permite que o trabalho seja delegado em pacotes coerentes,
- permite que o trabalho seja definido no nível correto para estimativas e controle e
- permite a contenção dos riscos.

Você precisa observar algumas regras básicas durante a criação da EAP, pois o diagrama produzido oferece uma indicação clara dos trabalhos envolvidos, além de maior nível de aceitação entre os membros da equipe devido ao seu envolvimento com o processo de trabalho e estimativa. A primeira regra é garantir que os membros da equipe ajudem a produzir a EAP de maneira sistemática. A próxima é verificar que a EAP inclui apenas o trabalho necessário para criar as entregas do projeto e que cada nível foi finalizado antes de começar a análise do seguinte. Uma consequência essencial dessa segunda regra é que qualquer trabalho não incluído na EAP deve estar fora do escopo do projeto. A última regra é continuar a dividir o trabalho até chegar ao nível apropriado para o gerenciamento do projeto; o gerente é o único que pode decidir o nível apropriado.

Produzir uma EAP completa e detalhada envolve muito trabalho, mas usar essa abordagem significa uma probabilidade muito menor de deixar algum trabalho para trás. A equipe também passa a ter um entendimento melhor do trabalho do projeto, aliado ao conhecimento sobre como seus respectivos elementos se encaixam com o resto do plano. A distribuição da EAP para todas as partes interessadas mantém a cooperação e comunicação entre todos os envolvidos, o que por sua vez pode ajudar o gerenciamento do projeto e das expectativas. A aceitação do documento por parte da equipe é mais um benefício essencial da EAP, assim como a oportunidade de garantir que ninguém está perdendo de vista as saídas do projeto.

Depois de terminada, a EAP se torna uma ferramenta valiosa para o gerenciamento do projeto como um todo. A EAP é especialmente útil quando precisamos avaliar o impacto de uma mudança solicitada no escopo durante o processo de controle integrado de mudanças ou quando estamos reavaliando o escopo do projeto devido a alguma mudança aprovada. Os eventos podem ser tão rápidos durante o gerenciamento de um projeto que não é difícil esquecer o que importa de verdade. Assim, a EAP é um documento de referência bastante útil para indicar o que está ou não incluído no projeto, facilitando o trabalho de controlar o aumento do escopo. O *layout* e a estrutura da EAP também oferecem uma ferramenta eficaz para a manutenção do fluxo de informações para todas as partes interessadas. Além disso, a EAP pode ser usada para informar os novatos sobre o *status* e o progresso do projeto. A linha de base do escopo do projeto precisa ser finalizada antes do encerramento do grupo de processos de planejamento, pois será usada para medir o nível de sucesso do projeto em atender os requisitos especificados. Os principais documentos da linha de base do escopo são a declaração do escopo do projeto, a EAP e o dicionário da EAP.

O PMI diz

Estrutura analítica do projeto

"A estrutura analítica do projeto (EAP) é uma decomposição hierárquica orientada à entrega do trabalho a ser executado pela equipe do projeto para atingir os objetivos do projeto e criar as entregas necessárias. Ela organiza e define o escopo total do projeto. Cada nível descendente representa uma definição cada vez mais detalhada do trabalho do projeto." *PMBOK Guide* (p. 379)

Ideia importante

Importância da EAP

Uma das maneiras mais fáceis de diferenciar o gerente de projetos amador do profissional é observar a importância que dão à EAP. O amador não pensa duas vezes antes de começar a planejar com um gráfico de Gantt e um dos aplicativos populares de gerenciamento de projetos. O profissional cria a estrutura analítica do projeto antes de mais nada, às vezes acompanhada de uma estrutura analítica do produto.

▶ Verificação do escopo

O processo de verificação do escopo confirma que o trabalho sendo completado coincide com os detalhes especificados na EAP, no plano de gerenciamento do escopo do projeto e no plano de gerenciamento do projeto. Normalmente, as inspeções usadas para determinar a verificação dos requisitos incluem revisões, auditorias e testes com usuários.

A última fase da verificação envolve obter a aceitação formal das partes interessadas para o produto ou serviço entregue, confirmando que as entregas correspondem aos requisitos incluídos na declaração do escopo e no termo de abertura do projeto com os quais todas as partes concordaram. Por exemplo, durante um jantar em um restaurante, o garçom pergunta se você está gostando da comida. Ele faz essa pergunta para determinar que a comida foi preparada e cozinhada de acordo com as suas expectativas. Se ninguém reclama de nenhum aspecto da comida, o garçom confirma que os clientes pagarão pela refeição, pois suas expectativas foram atendidas.

Se o fim do projeto for antecipado por qualquer motivo, ainda é preciso usar o processo de verificação do escopo para determinar o nível de sucesso do projeto. O relatório de verificação deve documentar o que foi produzido até o término do projeto, pois essas informações podem estabelecer o ponto de partida para quaisquer processos judiciais futuros.

Depois da declaração formal de que a entrega foi aprovada, a equipe deve gerar documentação confirmando a aceitação desse fato. (O pagamento da conta no restaurante é uma das maneiras de demonstrar a aceitação do cliente). Às vezes, a confirmação pode precisar da aprovação do patrocinador e do cliente antes que seja possível documentar o cumprimento formal de todas as condições relevantes. Se a entrega não atender os critérios de aceitação, no entanto, é preciso gerar um documento formal declarando o não cumprimento dos requisitos. Toda aceitação deve, acima de tudo, garantir o cumprimento dos requisitos antes que a equipe complete a documentação afirmando que a entrega foi realizada. Com tudo confirmado, o projeto finalmente pode obter sua aprovação formal.

> **O PMI diz**
>
> **Verificação do escopo**
> "Verificação do escopo (Processo). O processo de formalização da aceitação das entregas do projeto terminadas." *PMBOK Guide* (p. 375)

▸ Aumento do escopo

Mais cedo ou mais tarde, todo gerente de projetos desenvolve uma antena que está sempre tentando captar frases como "seria muito melhor se..." Essas frases têm um poder quase mágico: tirar o projeto dos trilhos. Deixar qualquer uma passar sem resposta pode ter consequências terríveis. Quando as pessoas dizem coisas como "seria muito melhor se...", elas quase sempre estão prestes a sugerir uma mudança no escopo do projeto. A sugestão pode ter a ver com os prazos ou, mais provavelmente, o desempenho das entregas, mas elas sempre afirmam que o resultado seria muito melhor e, logo, é muito fácil concordar com a sugestão. Só um idiota não concordaria com uma melhoria, certo?

O problema com o aumento do escopo não é que as sugestões são ruins: elas quase sempre são perfeitamente razoáveis. Os problemas surgem porque aceitar a sugestão significa mudar parte dos objetivos do projeto, então todos aqueles planos e recursos que correspondiam tão precisamente aos objetivos originais ficam subitamente incompatíveis. A menos que seja gerenciado corretamente, o aumento do escopo pode causar um dos seguintes tipos de problema:

- a sugestão é aceita e o projeto se compromete em fazer coisas que não estavam no plano, o que em geral leva a atrasos e custos adicionais e/ou prejudica a qualidade técnica; ou
- a sugestão é rejeitada automaticamente e a empresa perde a oportunidade de melhorar o retorno do seu investimento no projeto.

Parece uma daquelas situações em que todos saem perdendo. A saída é um processo de gerenciamento do escopo que permite manter os objetivos e planos do projeto alinhados; mudanças sugeridas podem ser aceitas, mas apenas se as consequências para o plano também forem. Antes de aplicar o processo de gerenciamento do escopo, você precisa reconhecer as sugestões mais perigosas. Elas podem vir de todas as direções, como mostram os exemplos a seguir:

- Outros funcionários da empresa podem enxergar paralelos entre os objetivos do seu projeto e as suas próprias necessidades. Uma pequena modificação ou melhoria no projeto poderia resolver as necessidades de um segundo grupo, não apenas as do grupo original, e pode ser muito mais eficiente satisfazer o segundo grupo dessa maneira do que montar todo um outro projeto apenas para isso.
- Outra fonte comum de problemas é o estabelecimento de prazos intermediários ou entregas intermediárias adicionais. Elas podem aumentar muito o retorno sobre o investimento de um projeto, mas criar um segundo conjunto de requisitos do usuário no meio do caminho quase sempre faz com que o projeto volte praticamente à estaca zero. Enquanto isso, tentar produzir mais maquetes da saída a tempo para um evento de relações públicas faz com que toda a equipe pare de trabalhar nas saídas reais do projeto.
- Os membros da equipe do projeto são uma das fontes mais criativas de aumento do escopo. As pessoas sempre tentam dar o melhor de si para o projeto e o cliente, então pode ser muito difícil convencê-las que basta entregar apenas as saídas que atendem os requisitos. Às vezes, esse comportamento não passa de exibicionismo técnico, mas em muitos casos ele é motivado pela crença sincera de que o profissional sabe o que os usuários finais querem de verdade, apesar de tudo que está escrito nos requisitos.
- Muitos usuários finais podem aumentar o escopo com o *feedback* sobre as primeiras versões da saída do projeto. Muitos não especialistas não conseguem imaginar uma solução antes do começo do projeto. Assim, apesar dos esforços de todos os envolvidos durante a fase de definição do projeto, alguns usuários só percebem o que querem de verdade quando põem as mãos em uma versão de teste. Além disso, se os usuários se entusiasmam com o projeto, eles podem gerar listas enormes de incrementos que o projeto poderia realizar para produzir ainda mais benefícios. Todas essas mudanças ao escopo original do projeto podem ser necessárias, mas precisamos reconhecer que há uma relação direta entre o escopo e os esforços (e, logo, os custos e cronogramas).
- Os fornecedores externos podem sofrer da mesma tentação de exagerar na engenharia de uma solução que os membros internos da equipe do projeto. Eles também causam problemas quando decidem estimar de custos e tempo durante a fase de definições com base em suas próprias capacidades internas no momento em que as estimativas foram geradas. Quando o projeto é autorizado e o pedido oficializado, o fornecedor pode estar ocupado demais, então o contrato precisa ser repassado para outros fornecedores (o que aumenta a tarefa de gerenciamento de fornecedores) ou o trabalho é realizado internamente (uma mudança óbvia nas premissas sobre limites de trabalho).
- Mudanças jurídicas ou regulatórias podem alterar de uma hora para a outra a natureza dos resultados permitidos do projeto. A necessidade de interromper, replanejar e reconfirmar o valor do novo projeto costuma ser óbvia nessas situações.

Um dos sintomas mais comuns de um projeto desgovernado é que os requisitos da declaração do escopo não correspondem mais aos objetivos do termo de abertura. Assim, sempre que você ouvir alguém falando sobre fazer coisas de um jeito diferente do que aparece no termo de abertura, alerta vermelho.

> **Ideia importante**
>
> **O aumento do escopo é um desafio constante**
> A lição mais importante de todo este livro é que nenhum risco é mais grave do que o aumento do escopo. O patrocinador e o gerente do projeto precisam gerenciar o aumento do escopo com firmeza. Nada neste mundo desperdiça mais dinheiro de contribuintes e acionistas.

> **O PMI diz**
>
> **Aumento do escopo**
> "Aumento do escopo. Adição de recursos e funcionalidade (escopo do projeto) sem consideração dos efeitos sobre tempo, custos e recursos, ou sem a aprovação do cliente." *PMBOK Guide* (p. 375)

▶ Controle do escopo

Dois fatores devem ser considerados no processo de controle do escopo: como controlar o impacto das mudanças ao escopo e a necessidade de controlar o aumento do escopo. A primeira fase da avaliação significa realizar uma revisão completa da solicitação, comparando-a com o escopo do produto e do projeto antes de passar para o próximo processo. A justificativa para a mudança pode ser gerada a partir de uma variação identificada nas informações sobre o desempenho do trabalho; os resultados podem determinar qual ação corretiva deve ser realizada para eliminar a variação. Depois de completar a primeira avaliação, apenas podemos considerar uma mudança solicitada ou ação corretiva depois de passá-la pelo processo de controle integrado de mudanças. Se a ação for aprovada, o próximo passo é voltar ao controle do escopo e atualizar o plano de gerenciamento do projeto e os componentes da linha de base do escopo. Se a mudança aprovada afeta o escopo do projeto, o último passo nesse procedimento pode ser revisar e redistribuir a declaração do escopo do projeto, a EAP e o dicionário da EAP.

> **O PMI diz**
>
> **Controle do escopo**
> "Controle do escopo (Processo). O processo de controle das mudanças feitas no escopo do projeto."
> *PMBOK Guide* (p. 375)

▶ O processo de gerenciamento do escopo em ação

Quase todos os projetos de desenvolvimento tecnológico usam um processo de gerenciamento do escopo (em geral chamado de "gerenciamento de configuração") para controlar a versão do *hardware* e *software* testado e distribuído para os usuários. Descrever um processo de gerenciamento do escopo de tecnologia que possa ser usado em qualquer situação e que substitua todos os sistemas que já estão em atividade está além do escopo deste livro. O que descrevemos a seguir pode ser usado para o controle de mudanças em projetos gerais e deve ser compatível com a maioria dos protocolos de controle de mudanças de tecnologia. O foco do processo está em gerenciar as mudanças ao projeto, seguindo a definição da declaração do escopo. Estas podem incluir mudanças em:

- Data alvo para término do projeto.
- Custos do projeto.
- Quantidade, qualidade e desempenho das entregas do projeto, ou seja, mudanças nas necessidades do usuário.

Mudanças aos riscos do projeto serão trabalhadas aqui apenas com relação à possibilidade que as ações produzidas pelo processo de gerenciamento de riscos possam ocasionar mudanças de tempo, custos ou entregas.

Depois de autorizada a declaração do escopo do projeto, o escopo fica congelado. Qualquer informação que sugira que o projeto real e aquele definido pela declaração do escopo serão significativamente diferentes deve acionar o processo de gerenciamento do escopo. O processo geral segue os passos descritos abaixo:

1. Sempre que uma ação for proposta, considere se ela representa uma mudança no escopo do projeto. Para facilitar essa decisão, tenha sempre consigo uma cópia do termo de abertura e da declaração do escopo do projeto.
2. Obtenha uma descrição por escrito da mudança proposta. A descrição deve ser o mais clara possível. Em um mundo ideal, o originador da proposta descreve os novos objetivos, mas com frequência o próprio gerente precisa pôr uma ideia alheia no papel. Nesse último caso, tente permanecer neutro e não deixar suas próprias opiniões influenciarem a descrição. Liste exatamente que parágrafos da declaração do escopo precisariam de alterações e inclua um texto alternativo. Apresente esse resumo ao originador, confirmando que ele captura a ideia, mas lembre-o que esse documento não significa que a ideia foi aceita. Algumas mudanças propostas nascerão da sua própria análise do estado do projeto e das ações necessárias para alinhá-lo com a meta. Trate as suas ideias da mesma maneira que trataria qualquer outra proposta.
3. Volte ao plano do gerenciamento do projeto e resolva as consequências de aceitar ou não a mudança. Concentre-se em cronogramas, custos, desempenho das entregas e riscos. Se muitas mudanças forem sugeridas, pode ser impraticável repetir o mesmo processo para todas elas. Nessas circunstâncias, agrupe as sugestões logicamente e produza planos de cenário de projeto nos quais um ou mais grupos podem ser acionados isoladamente. Nesse momento, pode ficar claro que algumas mudanças sugeridas entram em conflito com as prioridades do projeto. Por exemplo, elas podem causar um atraso no término do projeto, incompatível com o cumprimento de uma data de lançamento controlada por organizações externas à empresa. Nesse caso, a mudança deve ser rejeitada. Se as ideias tiverem valor, uma boa concessão é registrá-las e voltar a elas depois de encerrar a parte principal do projeto; talvez seja possível iniciar novos projetos a partir do original.
4. Discuta os resultados do exercício de replanejamento com o originador da ideia e garanta que ele entende as consequências da solicitação. Se ele decidir não seguir em frente com a mudança, registre a decisão e volte a trabalhar no projeto. Se a sugestão levaria a uma melhoria no projeto (custos menores, tempo de sobra, entregas melhores, etc.) sem qualquer outra desvantagem, o Comitê

de Controle de Mudanças (CCM) deve aprovar sua implementação. Nesse momento, o gerente do projeto deve atualizar e redistribuir todos os documentos necessários, garantindo que todos os envolvidos estão cientes da mudança. Mas as mudanças quase sempre têm alguma desvantagem. Fale sobre isso com o patrocinador do projeto, exatamente como fez quando estava produzindo o termo de abertura. Se a mudança solicitada não iria prejudicar o valor comercial do projeto, dependendo dos procedimentos da sua organização e da autoridade do CCM, o comitê pode autorizar a extensão do trabalho. Se for preciso realizar uma alteração muito significativa, pode ser necessário obter a aprovação do comitê de projetos para a nova versão do termo de abertura. O termo de abertura revisado deve esclarecer:

- a nova visão sobre os prováveis benefícios de negócio, com ou sem a mudança.
- a nova visão sobre os requisitos para obtenção de recursos, fundos e tempo, com e sem a mudança.

5. O comitê de programas compara a nova versão do termo de abertura e os benefícios de negócio sugeridos pelos valores com e sem a mudança com as outras maneiras em que a empresa poderia gastar seu dinheiro e recursos. Se a mudança for justificada, ela é autorizada. Às vezes, quando a mudança é um plano de recuperação que irá aumentar os custos e tempo além dos planos originais, o comitê precisa tomar uma decisão realista entre aceitar a mudança ou cancelar o projeto.
6. Se o projeto passar por essa fase e for reautorizado, você pode ter certeza que a empresa está comprometida com o novo projeto e que receberá os fundos e recursos necessários para executá-lo.

Se a mudança for aceita, você pode reiniciar o projeto. Garanta que todos os membros da equipe e partes interessadas conhecem os novos planos e objetivos. Vale a pela publicar os planos revisados para que todos tenham a oportunidade de analisar as mudanças.

▶ Resumo

O gerenciamento do escopo do projeto é essencial para um projeto de sucesso. O aumento do escopo é a principal categoria de ameaças aos projetos. Você precisa gerenciar o escopo com firmeza, a começar pelo entendimento do que são o escopo e o aumento do escopo e depois pelo planejamento do seu próprio trabalho de gerenciamento do escopo. A estrutura analítica do projeto (EAP) é uma ferramenta essencial nesse processo.

O escopo precisa de gerenciamento constante e vigilante. Se o projeto estiver passando por uma série de mudanças no escopo, a capacidade de identificar uma causa comum e resolver o problema produzirá benefícios no longo prazo. É melhor gerenciar problemas de escopo antes deles ocorrerem do que depois.

O objetivo do gerenciamento de escopo é garantir que:

- apenas trabalhos adequados sejam realizados
- trabalhos desnecessários não sejam realizados
- você realize o propósito do projeto.

O gerente do projeto pode gerenciar o escopo com a avaliação e aprovação (ou não) de solicitações de mudanças ao escopo do projeto e com a realização dos ajustes necessários às linhas de base de desempenho e planos do projeto. O gerente, em alguns casos aliado ao patrocinador do projeto, precisa informar todas as partes interessadas sobre mudanças no escopo imediatamente. O gerente do projeto precisa gerenciar as expectativas do patrocinador e das partes interessadas, pois seus interesses podem ser afetados e as entregas do projeto sofrer alguma alteração.

A última parte do gerenciamento do escopo é a verificação do escopo, na qual o projeto busca aceitação formal por parte do cliente.

Gerenciamento de tempo do projeto

O que é o gerenciamento de tempo?
Gerenciamento de tempo em projetos
Negociando o tempo
Grupo de processos do gerenciamento de tempo do projeto
Definição da atividade
Sequenciamento de atividades
Estimativa de recursos da atividade
Estimativa de duração da atividade
Desenvolvimento do cronograma
Controle do cronograma
Reuniões e gerenciamento de tempo

▶ Objetivos deste capítulo

O objetivo deste capítulo é mostrar o que você precisa saber para planejar e gerenciar seus projetos de acordo com os cronogramas adequados para as circunstâncias. Ele descreve os processos de gerenciamento de tempo em projetos, assim como os processos relacionados em outras áreas de conhecimento em gerenciamento de projetos. Ao final deste capítulo, você deve ser capaz de:

- listar os seis processos do gerenciamento de tempo do projeto e decidir quais são relevantes para o seu projeto;
- explicar a diferença entre a definição da atividade e o sequenciamento de atividades e por que a definição deve ocorrer antes do sequenciamento;
- desenhar um diagrama de rede;
- definir as duas principais diferenças entre os elementos representados em um diagrama ANS e em um ANN;
- definir brevemente o princípio do planejamento em ondas sucessivas;
- estimar os recursos necessários para o seu projeto;
- estimar a duração do seu projeto de duas maneiras diferentes;
- desenvolver um cronograma para o seu projeto;
- definir para que serve o nivelamento de recursos;
- controlar o cronograma do seu projeto.

▶ O que é o gerenciamento de tempo?

Se você perde 10 mil libras, mas alguma alma bondosa lhe dá outras 10 mil, sua situação continua a mesma, exceto pelo efeito do choque e talvez da bebida que tomou para se consolar antes do surgimento desse ser tão generoso. Do mesmo modo, se uma organização ou projeto perder 20 computadores, eles podem ser substituídos, desde que haja uma cópia de segurança dos dados. Mas com o tempo a história é outra. É impossível recuperar um único minuto, por mais dinheiro que você gaste. O tempo não pode ser armazenado ou substituído. Nenhum outro recurso possui essas características, pois todos os outros, especialmente dinheiro e equipamentos, podem ser substituídos, e pessoas também. Essa característica exclusiva significa que o gerente de projetos precisa tomar um cuidado todo especial com o gerenciamento do tempo. O gerente que não sabe gerenciar o tempo coloca todo o projeto em risco, pois desperdiça o tempo de todos os envolvidos e não apenas o próprio.

▶ Gerenciamento de tempo em projetos

Os projetos são transientes por definição: sua duração é finita e seus dias estão sempre contados. Para o gerente de projetos, isso significa que gerenciar o tempo é uma habilidade crucial. Mesmo quando a data de término não é uma restrição inflexível, cronogramas e gerenciamento de tempo ruins ou inexistentes afetam todas as outras restrições: custos, qualidade e satisfação do cliente. Em suma, o desperdício de tempo desperdiça mais que tempo: ele pode arruinar tudo, incluindo a credibilidade do gerente do projeto.

Este capítulo apresenta o processo de gerenciamento de tempo do projeto e descreve algumas ferramentas e técnicas práticas para auxiliá-lo. É importante que o gerente de projetos compreenda o tempo e o cronograma e saiba como fazer as ferramentas de planejamento servirem o projeto, não vice-versa.

A emergência do gerenciamento de projetos como habilidade profissional foi acompanhada pela proliferação dos aplicativos de *software* especializados nessa atividade. A vasta maioria desses programas são projetados para auxiliar o gerenciamento do tempo. Infelizmente, parafraseando o que Hobbes disse sobre as palavras, os aplicativos de gerenciamento de tempo foram feitos para a orientação dos sábios e a obediência dos tolos. O *software* pode apenas ajudar o gerente: o programa mais simples consegue produzir cronogramas e gráficos de progresso altamente complexos, mas a qualidade destes depende do plano usado para alimentá-los. A experiência demonstra que é mais fácil controlar projetos que seguem um ritmo regulado e bem planejado do que aqueles que avançam aos solavancos. A razão fundamental para essa constatação é que os projetos do mundo real não existem no vácuo: eles são espelhos do ambiente e estrutura organizacional em que operam. O gerente de projetos de sucesso conhece perfeitamente o ritmo do seu ambiente de projetos e nunca perde o compasso.

Ideia importante

Estimativa de tempo
"O tempo é como uma droga: mata pelo excesso." – Terry Pratchett.
Superestimar o tempo necessário para um projeto pode ser um erro tão caro quanto subestimá-lo.

▶ Negociando o tempo

Como vimos, o tempo é especial e, ao contrário de outros recursos, como dinheiro e pessoas, depois de perdido jamais pode ser recuperado. No entanto, isso não significa que o tempo não pode ser negociado. No contexto de gerenciamento de projetos, negociar o tempo significa reservar mais para uma atividade do que para outra ou desistir de algum outro aspecto do projeto para economizar tempo. O "outro aspecto" quase sempre pode ser definido em termos de escopo, custo, risco ou qualidade (a famosa "restrição tripla"). Assim, se estiver sem tempo em um projeto, identifique suas opções para criar mais tempo. Você pode começar com uma reflexão sobre:

- escopo: há alguma maneira de reduzir o escopo do projeto para economizar tempo?
- custo: há alguma maneira de gastar mais dinheiro, ou seja, aumentar os custos, e assim criar tempo? (Algo que "compre tempo"?)
- qualidade: há alguma maneira de reduzir a qualidade do trabalho para economizar tempo?
- risco: que riscos adicionais seriam aceitos pelo projeto ou que riscos atuais poderiam ser expandidos para economizar tempo?

Você também pode enfrentar o problema contrário: como gastar mais tempo (ou seja, demorar mais) para obter mais de algum recurso, tal como dinheiro ou pessoas, reduzir os riscos ou aumentar a qualidade. O miniestudo de caso do Channel Tunnel é um exemplo de trocar tempo por dinheiro.

Estudo de caso

Channel Tunnel Rail Link

O túnel que interliga a França e a Grã-Bretanha foi completado no final de 1994, mas o contrato para estabelecer uma conexão ferroviária de alta velocidade entre Londres e Folkstone, onde o túnel termina na Grã-Bretanha, só foi concedido em fevereiro de 1996. O consórcio London & Continental Railways Ltd (LCR) foi estabelecido para construir uma linha de alta velocidade entre o litoral e Londres e depois atravessando a cidade até a estação de St. Pancras. O projeto seria financiado pela LCR, que receberia receitas da operadora ferroviária Eurostar. Esperava-se que a construção começasse em 1998 e terminasse em 2003.

Ao final de 1997, era óbvio que as receitas da Eurostar não seriam suficientes para pagar as dívidas da organização se o projeto não sofresse alterações e logo ficou claro que o governo não garantiria os 1,2 bilhão de libras com um subsídio. Assim, o dinheiro disponível para o projeto era muito menor do que definido no plano original: havia um desequilíbrio entre custos de um lado e tempo e desempenho no outro.

Em junho de 1998, as partes concordaram com uma solução que realinhava custos, tempos e entregas. O projeto foi dividido em dois: uma parte ligava o túnel aos arredores de Londres e começaria imediatamente; a outra, atravessando Londres, seria atrasada. A construção da primeira parte estaria completa em 2003, mas era improvável que a linha fosse completada antes do final de 2006.

O consórcio LCR não foi a causa do problema de financiamento, mas ainda foi forçado a gerenciá-lo. Na época, seria impossível terminar o projeto sem custos excessivos, provavelmente a segunda melhor solução disponível (depois do acordo que foi realizado). A opção de simplesmente seguir em frente e torcer para tudo se ajeitar teria sido muito mais cara que ambas as outras. O LCR reconheceu a gravidade do problema e redefiniu o projeto para que o plano cumprisse os novos requisitos.

▶ Grupo de processos do gerenciamento de tempo do projeto

O grupo de processos de gerenciamento de tempo é um mecanismo lógico para transformar o plano do projeto em uma sequência e um cronograma para produzir as entregas. Esse grupo de processos é usado em todas as fases do ciclo de vida do projeto. Na fase de iniciação, a equipe quase sempre produz um cronograma de alto nível, criando uma estrutura no qual o plano pode evoluir à medida que o projeto passa pelas fases de planejamento, execução e monitoramento até o amadurecimento de um cronograma detalhado para o encerramento do projeto.

O grupo de processos de gerenciamento de tempo é composto por seis processos:

1. Definição da atividade: as entregas do projeto são estabelecidas em seu menor nível e as atividades necessárias para produzi-las são definidas.
2. Sequenciamento de atividades: a ordem lógica de ocorrência das atividades é determinada e registrada.
3. Estimativa de recursos da atividade: os requisitos de recursos para atender os requisitos do processo de sequenciamento de atividades são estimados.

4. Estimativa de duração da atividade: o processo pelo qual as durações das atividades são estimadas.
5. Desenvolvimento do cronograma: um processo contínuo pelo qual o cronograma de atividades é desenvolvido.
6. Controle do cronograma: o processo que o gerente de projetos usa para fazer com que o projeto siga o cronograma.

Esses processos não precisam ocorrer em sequência. O gerente obtém eficácia máxima quando todos os seis são determinados em alto nível e depois refinados até produzir os detalhes necessários para executar a tarefa. Reconhecer esse nível de detalhamento é uma habilidade que faz o gerente de projetos merecer o seu salário. Em geral, o nível necessário é proporcional aos riscos e à incerteza. Assim, o planejamento de gerenciamento de tempo não deve ser realizado no vácuo: sempre busque as opiniões da equipe que vai realizar as tarefas, garantindo o máximo de realismo possível para o sequenciamento e a duração das atividades.

▶ Definição da atividade

A definição da atividade disseca a estrutura analítica do projeto apresentada no plano, dividindo-a em partes cuja duração pode ser estimada com alguma precisão.

O último nível da estrutura analítica do projeto é o pacote de trabalho. A definição da atividade decompõe cada pacote em atividades do cronograma. Estas são usadas como base para a estimativa, agendamento, execução e monitoramento e controle do trabalho do projeto. Em outras palavras, definir a atividade significa dividir o projeto até o nível em que podemos estimar a duração das tarefas individuais.

Ideia importante

Definição da atividade
Definir a atividade significa descrever as tarefas que precisam ser realizadas, em detalhes suficientes, para estimar que tempo e recursos serão necessários para completá-las.

▶ Entradas da definição da atividade

A definição da atividade tem seis entradas:

- A declaração do escopo do projeto.
- O plano de gerenciamento do projeto.
- A estrutura analítica do projeto.
- O dicionário da estrutura analítica do projeto.
- Os ativos de processos organizacionais.
- Fatores ambientais da empresa.

A produção das primeiras quatro entradas do processo de definição da atividade está descrita acima. Estas definem as entregas do projeto e os passos necessários para produzi-las. Na definição da atividade, a tarefa do gerente do projeto é dividir esses passos em uma série de atividades cuja duração pode ser estimada de um modo consistente com as restrições dos ativos de processos organizacionais e dos fatores ambientais da empresa. Muitos projetos de grandes empresas de engenharia sofreram atrasos significativos porque os gerentes de projetos não souberam reconhecer que o sistema de aquisições da organização precisava de vários meses para produzir os itens mais simples. A capacidade de ser realista quanto ao que pode ser realizado em uma organização é crucial para o processo de gerenciamento de tempo.

▶ Ferramentas e técnicas para definição da atividade

Essa capacidade de reconhecer o que é possível e impossível costuma ser chamada de opinião especializada, uma das cinco ferramentas e técnicas usadas no processo de definição da atividade. São elas:

- Decomposição.
- Modelos.
- Planejamento em ondas sucessivas.
- Opinião especializada.
- Componentes de planejamento.

A decomposição é uma técnica de planejamento que divide o escopo e as entregas do projeto em partes menores, até que o trabalho esteja definido em detalhes suficientes para permitir sua execução, monitoramento e controle. A primeira experiência do gerente de projetos com decomposição é a criação de pacotes de trabalho na estrutura analítica do projeto. Na definição da atividade, os pacotes de trabalho são decompostos para definir as saídas finais na forma de atividades do cronograma. Observe a diferença entre as atividades do cronograma criadas por esse processo e as entregas na criação da estrutura analítica do projeto. Em geral, os membros responsáveis por cada pacote de trabalho realizam a decomposição.

Às vezes, a mesma organização pode já ter realizado projetos semelhantes. Nesse caso, o novo projeto pode ter acesso a modelos de listas de atividades.

O planejamento em ondas sucessivas é um método de planejar as tarefas imediatas com detalhes suficientes para permitir que o trabalho seja realizado, desenvolvendo o trabalho posterior apenas em alto nível e deixando os detalhes para um momento mais próximo da execução. A metodologia é especialmente útil quando informações detalhadas que afetam as fases posteriores do projeto não são conhecidas até o término de trabalhos anteriores. Os projetos de desativação de usinas nucleares economizaram bastante ao planejarem a demolição apenas depois de uma pesquisa completa dos perigos envolvidos. Essa decisão permitiu que o caso de segurança a favor da demolição se baseasse nos perigos reais em vez de ser forçado a partir da premissa do pior cenário possível, com desativação muito mais difícil.

Indivíduos ou grupos de especialistas sobre cada situação oferecem suas opiniões especializadas. No caso da definição da atividade, os especialistas provavelmente são os membros da equipe e outras partes interessadas com alguma experiência em projetos do mesmo tipo.

Em geral, a decomposição de atividades usa dois componentes de planejamento: a conta de controle e o pacote de planejamento. O melhor emprego desses componentes ocorre quando a decomposição do escopo do projeto é insuficiente para o desenvolvimento de pacotes de trabalho dentro da estrutura analítica do projeto. Nesse caso, o componente de planejamento pode ser usado para criar um cronograma de atividades de alto nível para o ramo relevante da estrutura analítica do projeto. Normalmente, isso acontece quando uma entrada de uma fase do trabalho depende do resultado desconhecido das fases anteriores. Por exemplo, só é possível criar o processo de produção em escalas de um novo produto farmacêutico a partir do processo de laboratório depois que este último for completado. A conta de controle é uma ferramenta gerencial que integra escopo, orçamento, custo real e cronograma e compara o conjunto com o valor agregado para medir o desempenho. O pacote de planejamento está um nível abaixo da conta de controle.

O PMI diz

Conta de controle

"A Conta de Controle é o ponto de controle gerencial onde se realiza a integração do escopo, do orçamento, do custo real e do cronograma e onde ocorrerá a medição de desempenho." *PMBOK Guide* (p. 355)

▶ Saídas da definição da atividade

A definição da atividade tem quatro saídas. São elas:

- A lista de atividades.
- Os atributos da atividade.
- A lista de marcos.
- Mudanças solicitadas.

A lista de atividades contém todas as atividades do cronograma que foram planejadas para o projeto. Nessa fase, nenhum cronograma foi determinado, assim como nenhuma dependência. As atividades na lista recebem um número de identificação exclusivo e o gerente registra uma descrição do escopo de trabalho de cada uma. Isso permite que os membros da equipe entendam referências a atividades e o resultado esperado de cada uma (por exemplo, as especificações de *design* de uma obra de engenharia ou os quilômetros de asfalto que serão usados em um projeto rodoviário). A lista de atividades é um componente do plano de gerenciamento do projeto, enquanto as atividades do cronograma são parte do cronograma do projeto.

Os atributos da atividade fornecem mais informações sobre cada um dos itens da lista de atividades, incluindo descrições, identificadores, atividades predecessoras e sucessoras, relacionamentos lógicos, requisitos de recursos, tempos de atraso e antecipação, restrições e premissas; em outras palavras, todas as informações disponíveis sobre a atividade. Esses atributos são entradas do processo de desenvolvimento do cronograma.

A terceira saída é uma lista de marcos, contendo os marcos do cronograma de todo o projeto. A lista documenta dois tipos de marcos: obrigatórios (por exemplo, acordos contratuais) e opcionais (derivados de requisitos do projeto ou informações históricas).

As mudanças solicitadas são a última saída desse processo. Durante o processo de definição da atividade, você provavelmente vai descobrir mudanças ao plano do projeto. Essas mudanças precisam ser documentadas e solicitadas formalmente por meio do processo de controle integrado de mudanças.

▶ Sequenciamento de atividades

O processo de sequenciamento de atividades determina e documenta os relacionamentos lógicos dos itens da lista de atividades, permitindo que eles sejam ordenados com coerência e que o cronograma do projeto seja desenvolvido. A principal saída do sequenciamento de atividades é um diagrama de rede, usado para mostrar a sequência de trabalho e as dependências entre atividades e para estimar a duração do projeto. Também podemos usar o diagrama de rede para controlar e fazer relatórios sobre o progresso do projeto.

O gerente de projetos ou um especialista em planejamento pode sequenciar as atividades. Dependendo do tamanho do projeto, a tarefa pode ser realizada a mão ou com *software* de sequenciamento especializado (mas não esqueça do aviso de Hobbes).

Ideia importante

Definição da atividade e sequenciamento de atividades
A definição da atividade descreve *o quê* precisa ser feito. O sequenciamento de atividades descreve a *ordem* em que tudo deve ser feito.

▶ Entradas do sequenciamento de atividades

O sequenciamento de atividades tem cinco entradas:

- A declaração do escopo do projeto.
- A lista de atividades.
- Os atributos da atividade.
- A lista de marcos.
- Solicitações de mudança aprovadas.

Exceto pela declaração do escopo do projeto, essas entradas são criadas durante o processo de definição da atividade (ver acima).

▶ Ferramentas e técnicas

Há cinco ferramentas e técnicas disponíveis para o sequenciamento de atividades:

- O método do diagrama de precedência.
- O método do diagrama de setas.
- Os modelos de rede do cronograma.

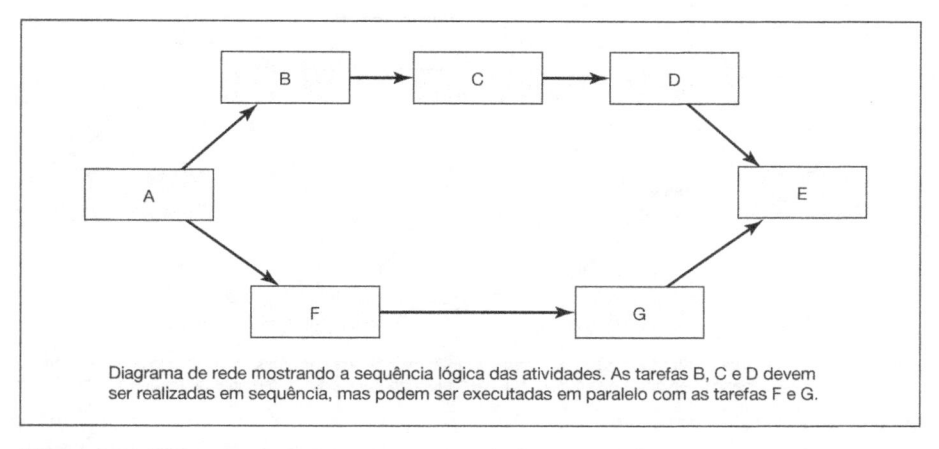

```
┌─────────────────────────────────────────────────────────────┐
│                    ┌─────┐     ┌─────┐     ┌─────┐          │
│                    │  B  │────▶│  C  │────▶│  D  │          │
│                    └─────┘     └─────┘     └─────┘          │
│                       ▲                       │              │
│             ┌─────┐   │                       ▼              │
│             │  A  │                        ┌─────┐           │
│             └─────┘                        │  E  │           │
│                │                           └─────┘           │
│                ▼                              ▲              │
│             ┌─────┐                        ┌─────┐           │
│             │  F  │──────────────────────▶ │  G  │           │
│             └─────┘                        └─────┘           │
│                                                              │
│   Diagrama de rede mostrando a sequência lógica das atividades. As tarefas B, C e D devem │
│   ser realizadas em sequência, mas podem ser executadas em paralelo com as tarefas F e G. │
└─────────────────────────────────────────────────────────────┘
```

Figura 6.1 Diagrama de rede.

- Determinação de dependências.
- Aplicação de antecipações e atrasos.

Método do diagrama de precedência

O método do diagrama de precedência cria um diagrama de rede (Figura 6.1) no qual as atividades do cronograma são representadas por nós (ou retângulos) e a relação entre eles por setas. Os diagramas de rede podem representar quatro tipos de relação de dependência e precedência. A saber:

1. Término para início: a atividade pode iniciar apenas depois do término da predecessora.
2. Término para término: a atividade pode terminar apenas depois do término da predecessora.
3. Início para início: o início da sucessora depende da predecessora já ter iniciado.
4. Início para término: a atividade sucessora só pode terminar depois do início da predecessora.

O método de precedência mais usado é a relação de término para início, enquanto a de início para término quase nunca aparece.

Método do diagrama de setas

O método do diagrama de setas, também conhecido como método atividade na seta, usa as setas para representar as atividades e os nós para as dependências. O método usa apenas o término para início, enquanto atividades fantasmas permitem a representação mais clara de todos os relacionamentos lógicos (ver Figura 6.2). Como a atividade fantasma não é real, sua duração tem valor zero.

Modelos de rede do cronograma

Os modelos de rede do cronograma podem ser utilizados para acelerar a criação de diagramas de rede para o projeto. Estes podem ser usados para todo ou parte do projeto e, caso a organização já tenha realizado projetos semelhantes no passado, serem aproveitados de dados históricos.

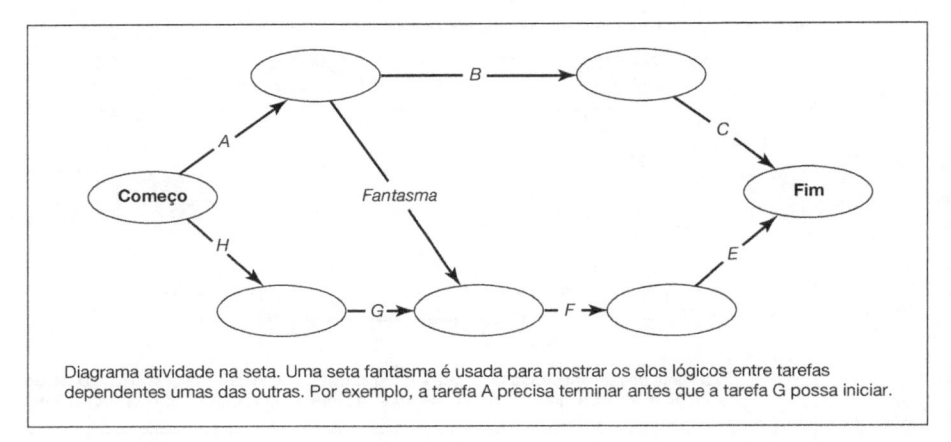

Diagrama atividade na seta. Uma seta fantasma é usada para mostrar os elos lógicos entre tarefas dependentes umas das outras. Por exemplo, a tarefa A precisa terminar antes que a tarefa G possa iniciar.

Figura 6.2 Diagrama de rede mostrando dependência fantasma.

Determinação de dependências
O método analisa as dependências para determinar o cronograma ou aspectos deste. As dependências podem ser de três tipos:

1. Dependências mandatórias costumam envolver uma limitação de recursos; também conhecidas como lógica rígida.
2. Dependências arbitradas são determinadas pela equipe do projeto, provavelmente com base em informações históricas ou melhores práticas.
3. Dependências externas são aquelas externas ao projeto; por exemplo, o processo de licenciamento em um projeto de construção.

Aplicação de antecipações e atrasos
A aplicação de antecipações e atrasos é a última ferramenta e técnica do sequenciamento de atividades. A técnica é aplicada pela equipe do projeto depois que todas as dependências estão definidas. A antecipação acelera uma atividade sucessora, enquanto o atraso tem o efeito oposto.

▶ Saídas do sequenciamento de atividades

O sequenciamento de atividades tem quatro saídas. A mais importante é a sequência de diagramas de rede do projeto. Estes formam uma representação esquemática dos relacionamentos entre todas as atividades necessárias para completar o projeto (exemplo: Figuras 6.1 e 6.2). As últimas três saídas atualizam as entradas para refletir as mudanças introduzidas durante o processo de sequenciamento de atividades. A lista completa de saídas do sequenciamento de atividades é:

- Sequência de diagramas de rede.
- Atualizações à lista de atividades.
- Atualizações aos atributos da atividade.
- Mudanças solicitadas.

▶ Estimativa de recursos da atividade

Depois que as atividades necessárias para completar o projeto foram identificadas e coordenadas em uma sequência lógica, o próximo passo é identificar os recursos necessários para realizá-las. A estimativa de recursos da atividade é o processo pelo qual tais recursos são identificados e quantificados. Os tipos de recursos variam de projeto para projeto, mas podem incluir pessoal qualificado, dinheiro, instalações e equipamentos. Pense em um projeto recente no qual você trabalhou e tente identificar todos os tipos de recursos utilizados. Você provavelmente consegue identificar mais do que imaginava no começo do exercício. Até um gerente de projetos experiente pode ter dificuldade para coordenar e gerenciar recursos conflitantes, mas a estimativa de recursos da atividade oferece um pouco de conhecimento antecipado sobre seus requisitos antes do início do projeto. Na verdade, a estimativa de recursos da atividade costuma determinar se o projeto poderá seguir em frente ou não. Por exemplo, se você está trabalhando em um projeto de construção e haverá uma escassez mundial de concreto durante os próximos seis meses, pode ser preciso adiar ou até mesmo cancelar o projeto.

> **Ideia importante**
>
> **Estimativa de recursos da atividade**
> Os processos anteriores descrevem *o que* e *em que ordem*. A estimativa de recursos da atividade descreve *quem* fará o trabalho (recursos físicos ou pessoas).

▶ Entradas

A estimativa de recursos da atividade tem seis entradas:

- Fatores ambientais da empresa.
- Os ativos de processos organizacionais.
- A lista de atividades.
- Os atributos da atividade.
- Disponibilidade de recursos.
- O plano de gerenciamento de programas.

Essas seis entradas podem ser divididas em dois grupos: as duas primeiras dizem o que está disponível, enquanto as outras quatro dizem o que você precisa para completar o projeto. O objetivo central da estimativa de recursos da atividade é combinar o que está disponível com o que é necessário.

A disponibilidade de recursos é nada mais nada menos que informações sobre a disponibilidade dos recursos necessários para o projeto. Estes podem incluir tipo, localização e disponibilidade dos recursos. Os melhores programadores da empresa podem estar disponíveis para o projeto, mas quando sairão de férias? O escopo e duração do projeto limitam a validade das informações sobre os recursos. É relativamente mais fácil determinar os requisitos iniciais do que os requisitos de dois anos no futuro.

▶ Ferramentas e técnicas

O gerente de projetos tem à sua disposição cinco ferramentas e técnicas para a estimativa de recursos da atividade:

- Opinião especializada.
- *Software* de gerenciamento de projetos.
- Análise alternativa.
- Dados de estimativa publicados.
- Estimativa *bottom-up*.

Já escrevemos mais que o suficiente sobre a opinião especializada e o *software* de gerenciamento de projetos, então avançamos diretamente para a análise das últimas três.

Análise alternativa

A técnica analisa os requisitos de recursos e tenta determinar alternativas que produziriam os mesmos resultados. Isso pode significar a escolha entre um operador altamente habilidoso que faria o trabalho em uma semana, mas que só está disponível durante 15 dias de cada mês depois das saídas necessárias, ou o operador novato mas competente, disponível imediatamente e capaz de completar o produto, mas sem a mesma garantia de qualidade que o profissional mais experiente.

Dados de estimativa publicados

Os gerentes de projetos também podem usar dados de estimativas publicados, produzidos por outras organizações. Estes fornecem informações atualizadas regularmente sobre o índice de produção e custo por unidade de uma série de recursos: mão de obra qualificada, matéria-prima, equipamentos, etc.

Estimativa *bottom-up*

A estimativa *bottom-up* é uma técnica que pode ser usada quando é impossível estimar todos os recursos da atividade imediatamente. Ela decompõe a atividade do cronograma em mais partes para possibilitar a estimativa individual de cada tarefa componente. O uso da estimativa *bottom-up* pode ser visto como uma iteração dos grupos de processos de definição da atividade e sequenciamento de atividades até a obtenção do nível de detalhes adequado. Na verdade, essa iteração se aplica apenas a algumas atividades e, exceto em casos extremos, não exige uma reavaliação do plano como um todo.

▶ Saídas

A estimativa de recursos da atividade tem cinco saídas:

- Requisitos de recursos da atividade. Esta é uma lista documentada dos requisitos de recursos para o término de sucesso do projeto e é a saída mais importante.
- Estrutura analítica dos recursos. Uma estrutura hierárquica dos recursos por categoria e tipo de recursos.
- Calendário de recurso. Esse calendário registra os requisitos e disponibilidades de recursos durante todo o projeto, incluindo dias úteis e feriados.
- Atributos da atividade.
- Mudanças solicitadas.

> **O PMI diz**
>
> **Estrutura analítica dos recursos**
> "A estrutura analítica dos recursos é uma estrutura hierárquica de recursos por categoria de recursos e tipo de recursos." *PMBOK Guide* (p. 372)

▶ Estimativa de duração da atividade

O quarto grupo de processos do gerenciamento de tempo do projeto é a estimativa de duração da atividade. Esta é a essência de todo o processo de gerenciamento de tempo. Os processos anteriores definiram o que, quando e quem para cada atividade, enquanto este determina quanto tempo cada uma deve durar.

> **Ideia importante**
>
> **Estimativa de duração da atividade**
> Os processos anteriores definiram *o que*, *quando* e *quem* para cada atividade, enquanto este determina *quanto tempo* cada uma deve durar.

▶ Entradas

Esse processo tem oito entradas:

- Fatores ambientais da empresa.
- Os ativos de processos organizacionais.
- Declaração do escopo do projeto.
- Listas de atividades.
- Atributos da atividade.
- Requisitos de recursos da atividade.
- Calendário de recurso.
- O plano de gerenciamento do projeto.

Todas essas saídas foram descritas anteriormente, pois são usadas como entradas nos grupos de processos anteriores. Em um projeto ideal, a duração de uma atividade seria estimada pela pessoa que realizará o trabalho. A função do gerente de projetos é selecionar as ferramentas e técnicas de estimativa adequadas e garantir acesso às informações históricas e organizacionais existentes para auxiliar o processo de estimativa.

▶ Ferramentas e técnicas

O gerente de projetos tem à sua disposição cinco ferramentas e técnicas para a estimativa da duração:

- Opinião especializada.
- Estimativa análoga.
- Estimativa paramétrica.
- Estimativas de três pontos.
- Análise das reservas.

Estimativa análoga

A estimativa análoga, também conhecida como estimativa *top-down*, usa os valores de parâmetros (exemplo: escopo, custo, orçamento e duração) de atividades anteriores semelhantes como base para estimar o mesmo parâmetro ou medida para uma atividade futura. A estimativa análoga é bastante usada para determinar parâmetros quando as informações detalhadas sobre o projeto são limitadas (por exemplo, na estimativa das fases iniciais). Essa técnica é uma forma de opinião especializada. Sua confiabilidade é máxima quando as atividades anteriores são semelhantes em sua essência, não apenas na superfície, e os membros da equipe do projeto preparando as estimativas estavam envolvidos com o trabalho anterior.

> **O PMI diz**
>
> **Estimativa análoga**
> "A estimativa análoga é uma técnica de estimativa que usa os valores de parâmetros, como escopo, custo, orçamento e duração ou medidas de escala, como tamanho, peso e complexidade de uma atividade anterior semelhante como base para estimar o mesmo parâmetro ou medida para uma atividade futura." *PMBOK Guide* (p. 351)

Estimativa paramétrica

A estimativa paramétrica permite que o gerente do projeto quantifique as durações das atividades com o uso de uma premissa simples (quase sempre linear) que estabelece uma relação entre a quantidade de trabalho e o índice de produtividade. Esse índice pode ser estimado com informações históricas ou opiniões especializadas. Exemplos de índices de produtividade incluem linhas de código por hora, metros de asfalto por dia, tijolos por hora e componentes usinados por semana. Samuel Johnson se baseou em uma estimativa paramétrica para aconselhar Boswell a não transformar suas terras em um pomar: "na Inglaterra, calculamos um muro de parque em mil libras por milha... por cem libras, você teria trinta e sete metros quadrados, o que é muito pouco".

Estimativa de três pontos

A técnica da estimativa de três pontos oferece uma estimativa média do tempo esperado para o término de uma atividade. A média é calculada a partir da duração mais otimista da atividade (O), a mais provável (M) e a mais pessimista (P). Assim, por exemplo, se o prazo otimista para a fabricação de um componente é 5 dias, a duração pessimista é 12 dias e a mais provável é 7, a média das três é igual a 8 dias. Logo, o projeto usaria uma duração estimada de 8 dias.

A técnica de estimativa PERT (Program Evaluation and Review Technique, [Técnica de Revisão e Avaliação de Programas]) usa uma média ponderada para criar um modelo da distribuição probabilística da duração, com a ocorrência de M sendo quatro vezes mais provável que a de O ou P. A distribuição PERT costuma ser normalizada com uma divisão por 6. No exemplo acima, o valor da distribuição PERT é 7,5 $((5+(4\times)+12)/6)$. A média da distribuição PERT é M. Logo, a variância (o valor esperado do quadrado da diferença entre qualquer valor e a média) é dada por $((P-O)/6)^2$ e o desvio padrão (o valor absoluto da raiz quadrada da variância) é ((P –O)/6). Assim, no exemplo acima, a variância é 9/36 e o desvio padrão é 7/6.

> **Ideia importante**
>
> **A distribuição PERT**
> A distribuição PERT é dada por (P + 4M + O)/6. A variância da distribuição PERT é ((P – O)/6)^2 e o desvio padrão é (P – O)/6.

Análise das reservas
A última técnica, a análise de reservas, examina os riscos ao cronograma do projeto e estabelece *buffers* ou reservas de tempo. O estabelecimento de reservas de tempo no projeto não pode ser confundido com a inserção de *padding* ("estofamento") no projeto. O termo *padding* costuma ser usado para descrever a folga ou o tempo de espera inserido no projeto para compensar a falta de conhecimentos realistas durante a fase de planejamento.

> **O PMI diz**
>
> **Análise das reservas**
> "A análise das reservas é uma técnica analítica para determinar as características e relações essenciais de componentes no plano de gerenciamento do projeto a fim de estabelecer a reserva para a duração do cronograma, orçamento, custo estimado ou fundos de um projeto." *PMBOK Guide* (p. 372)

▸ Saídas

O grupo de processos de estimativa de duração da atividade tem duas saídas:

- Estimativas de duração da atividade.
- Atualizações aos atributos da atividade.

▸ Desenvolvimento do cronograma

O desenvolvimento do cronograma é o processo que permite que o gerente use as estimativas de tempo determinadas com os recursos da atividade para criar o cronograma do projeto. O cronograma se baseia no calendário real e é durante sua formação que a maior parte dos planos do projeto encontra a realidade. Muitos projetos precisam de revisões radicais quando a equipe descobre que a data de entrega programa cai, na verdade, no dia 25 de dezembro.

▸ Entradas

O processo de desenvolvimento do cronograma tem nove entradas:

- Ativos organizacionais.
- Declaração do escopo do projeto.
- Lista de atividades.
- Atributos da atividade.

- Diagramas de rede do cronograma do projeto.
- Requisitos de recursos da atividade.
- Calendários de recurso.
- Estimativas de duração da atividade.
- O plano de gerenciamento do projeto.

▶ Ferramentas e técnicas

Dez ferramentas e técnicas diferentes podem ser usadas no desenvolvimento do cronograma do projeto. A maioria dos organizações, aliás, a maioria dos gerentes de projetos, tem um método favorito, mas o PMI não opina sobre qual é melhor ou quantos usar. Tudo depende do projeto. A seguir, fazemos apenas uma breve apresentação de cada método, pois há muitos bons livros dedicados a uma ou mais de uma dessas ferramentas e técnicas.

Análise de rede do cronograma

A aplicação dessa técnica leva à produção do cronograma do projeto. Ela é composta por uma série de outras ferramentas e técnicas, tais como o método do caminho crítico, compressão do cronograma, nivelamento de recursos, método da cadeia crítica e análise do tipo "e se?", entre muitas outras. Na verdade, a técnica abrange todo o processo de gerar o cronograma. A análise da rede do cronograma garante a identificação e resolução dos pontos de convergência e divergência, conflitos e outras inconsistências. Ela também identifica inícios e términos atrasados e adiantados para as atividades do projeto. Em projetos maiores, a técnica pode ser realizada com o auxílio de *software* especializado; nos menores, a análise de rede do cronograma pode ser vista como uma maneira de confirmar a sanidade dos planos.

O método do caminho crítico

O método do caminho crítico foi inventado pela DuPont Corporation durante a década de 1950. O caminho crítico é a sequência de elementos de rede do projeto com a maior duração total. Ela é usada para determinar o menor tempo necessário para completar um projeto. A duração do caminho crítico determina a duração de todo o projeto. O atraso de qualquer elemento no caminho crítico influencia diretamente a data de término planejada do projeto. Por exemplo, na Figura 6.3, o caminho crítico é igual a 10 dias (rota A-B-C). A quantidade de folga ou tempo de espera no projeto é igual à diferença de tempo de término das tarefas dentro e fora do caminho crítico. Na Figura 6.3, a folga é igual a 1 dia. Se a duração da tarefa D aumentar para 8 dias, o caminho inferior (rota D-E) passa a ser o caminho crítico de 11 dias.

> **O PMI diz**
>
> **Compressão (*crashing*)**
> "A compressão é uma técnica de compressão do cronograma do projeto na qual as trocas entre custos e cronograma são analisadas a fim de determinar como obter a máxima compressão da duração do cronograma pelo menor custo adicional." *PMBOK Guide* (p. 357)

```
                    A              B              C
                  2 dias         5 dias         3 dias

        Começo                                            Fim

                    D                         E
                  6 dias                    3 dias
```

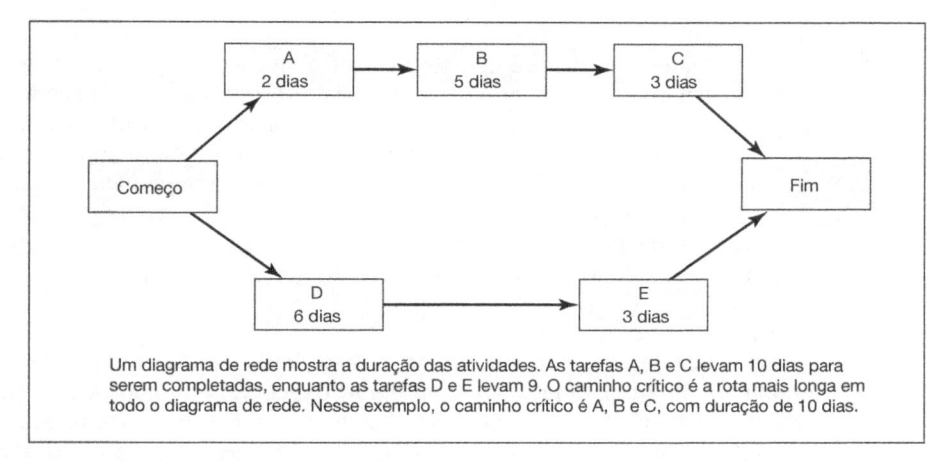

Um diagrama de rede mostra a duração das atividades. As tarefas A, B e C levam 10 dias para serem completadas, enquanto as tarefas D e E levam 9. O caminho crítico é a rota mais longa em todo o diagrama de rede. Nesse exemplo, o caminho crítico é A, B e C, com duração de 10 dias.

Figura 6.3 Diagrama de rede mostrando caminho crítico.

Compressão do cronograma

Essa técnica diminui o tempo necessário para completar o projeto sem reduzir o escopo. Fatores internos e externos podem forçar o gerente a recorrer a esse plano. Por exemplo, pode ser necessário lançar o produto antes do planejado para manter a vantagem competitiva. A compressão do programa pode usar duas técnicas diferentes: compressão (*crashing*) e paralelismo. Na compressão, o custo e o cronograma são comparados para determinar como obter o maior nível de compressão com o menor custo adicional, mas ela nem sempre produz uma alternativa viável e pode aumentar os custos. No paralelismo, o gerente do projeto executa ao mesmo tempo várias fases que deveriam ser sequenciais. É importante observar que sempre se ganha ou perde alguma coisa quando jogamos com tempo, escopo, custo ou qualidade; por exemplo, o paralelismo quase sempre aumenta os riscos associados a um plano.

> ### O PMI diz
> **Método do caminho crítico**
> "O método do caminho crítico é uma técnica de análise de rede do cronograma usada para determinar a flexibilidade na elaboração de cronogramas (a quantidade de folga) nos diversos caminhos lógicos de rede na rede do cronograma do projeto e para determinar a duração mínima total do projeto." *PMBOK Guide* (p. 357)

Planejamento de cenários do tipo "e se?"

Ao analisar o cronograma, sempre vale perguntar "e se?" Se o projeto depende da entrega de um componente específico até uma certa data, considere o que aconteceria se ele se atrasasse. Qual seria o impacto sobre o projeto se o componente chegasse um dia depois? Dois meses depois? Realizar essa análise é mais um modo de confirmar a sanidade do seu cronograma. Além disso, ela serve de base para o planejamento de contingência e, em alguns casos, pode levar a mudanças no escopo. Em projetos mais complexos, é possível usar modelos matemáticos, tais como a simulação de Monte Carlo.

Nivelamento de recursos

O nivelamento de recursos é uma técnica que alinha o cronograma aos recursos disponíveis. Por exemplo, seu programa principal já está comprometido com uma série de projetos, então seu cronograma precisa ser construído em torno deles, o que pode afetar o caminho crítico e o custo do projeto. Outra utilidade do nivelamento de recursos é manter os perfis de despesas constantes durante períodos orçamentários. Essa aplicação é especialmente útil em projetos no qual o tempo não é a principal limitação. O nivelamento de recursos harmoniza os picos e vales nos recursos do projeto, facilitando a previsão da demanda durante a vida do projeto.

Método da cadeia crítica

Uma técnica de rede do cronograma, o método da cadeia crítica altera o cronograma do projeto para levar em consideração recursos limitados, em geral usando técnicas probabilísticas e modelos semianalíticos para estudar a rede. Muitos livros e artigos discutem o método da cadeia crítica. Em resumo, ele usa os diagramas de rede da estimativa mais provável sobre a duração das tarefas, determinando o caminho crítico. A seguir, ele integra reservas de duração ao caminho crítico em diversos marcos do projeto.

> **O PMI diz**
>
> **Método da cadeia crítica**
> "O método da cadeia crítica é uma técnica de análise de rede do cronograma que modifica o cronograma do projeto para que leve em conta recursos limitados. O método da cadeia crítica mistura abordagens determinísticas e probabilísticas da análise de rede do cronograma." *PMBOK Guide* (p. 357)

Software de gerenciamento de projetos

O mercado oferece uma ampla variedade de *software* de gerenciamento de projetos, alguns que permitem gerenciar um projeto do começo ao fim e outros para realizar apenas tarefas específicas.

Aplicação de calendários

Os calendários de projetos (discutidos no gerenciamento de integração) e de recursos informam o gerente sobre quando as tarefas devem acontecer e quando os recursos estão disponíveis. Esses calendários devem ser aplicados durante o desenvolvimento do cronograma para garantir a sua viabilidade.

Ajuste de antecipações e atrasos

Essa técnica exige que o gerente do projeto retorne às antecipações e atrasos aplicados ao cronograma e avalie se elas são precisas. Em geral, o gerente adquire um entendimento melhor sobre os requisitos de tempo nas fases posteriores do projeto, o que permite a revisão de antecipações e atrasos definidos em partes anteriores do ciclo de planejamento.

Modelo de cronograma

Normalmente, um modelo de cronograma é uma ferramenta de *software* de gerenciamento de projetos usada junto com métodos manuais ou *software* especializado para realizar uma análise de rede do cronograma a fim de gerar o cronograma do projeto.

O PMI diz

Modelo de cronograma
"Um modelo de cronograma é um modelo usado junto com métodos manuais ou *software* de gerenciamento de projetos para realizar uma análise de rede do cronograma a fim de gerar o cronograma do projeto, que será usado no gerenciamento da execução de um projeto." *PMBOK Guide* (p. 374)

▶ Saídas

O desenvolvimento do cronograma tem oito saídas. A primeira é o cronograma do projeto. No mínimo, este contém datas de início e término para cada atividade do cronograma. Além disso, pode incluir datas alvo e marcos principais. Muitas vezes, o cronograma é apresentado com recursos gráficos, usando um ou mais dos seguintes formatos: diagramas de rede do cronograma do projeto, gráficos de barras (gráficos de Gantt) e gráficos de marcos. As outras cinco saídas são:

- Os dados do modelo de cronograma.
- A linha de base do cronograma.
- Atualizações dos requisitos de recursos.
- Atualizações dos atributos da atividade.
- Atualizações do calendário de projeto.
- Solicitações de mudança.
- Atualizações ao plano de gerenciamento do projeto.

▶ Controle do cronograma

O controle do cronograma é o último item no grupo de processos de gerenciamento de tempo. Ele permite que o gerente verifique o *status* do projeto, influencie mudanças propostas ao cronograma e identifique e gerencie mudanças ao cronograma.

Ideia importante

Controle do cronograma
O controle do cronograma é o processo pelo qual o gerente de projetos implementa o seu plano.

▶ Entradas

O processo tem quatro entradas: o plano de gerenciamento do cronograma, a linha de base do cronograma, os relatórios de desempenho e as solicitações de mudança aprovadas.

▶ Ferramentas e técnicas

Seis ferramentas e técnicas estão associadas com o controle do cronograma:

1. Relatórios de progresso. Estes são relatórios do progresso real do trabalho em comparação com as estimativas.

2. Sistema de controle de mudanças do cronograma. Sistema de controle que define os processos e procedimentos para solicitação, aceitação, rejeição e implementação de uma mudança ao cronograma.
3. Medição de desempenho. Esta técnica compara o desempenho real com o estimado.
4. *Software* de gerenciamento de projetos.
5. Análise da variação. Mede e analisa a variação entre o cronograma estimado e o real.
6. Gráficos de barras de comparação de cronogramas. Oferecem uma ferramenta visual simples para a comparação de atividades do cronograma.

▶ Saídas

O controle do cronograma produz nove saídas:

- Atualizações do modelo de cronograma.
- Atualizações da linha de base do cronograma.
- Medições de desempenho.
- Mudanças solicitadas.
- Ações corretivas recomendadas.
- Atualizações dos ativos de processos organizacionais.
- Atualizações da lista de atividades.
- Atualizações dos atributos da atividade.
- Atualizações ao plano de gerenciamento do projeto.

As saídas do controle do cronograma permitem o refinamento do gerenciamento de tempo, muitas vezes com mais iterações por todos os grupos de processos dessa área de conhecimento.

▶ Reuniões e gerenciamento de tempo

As reuniões são importantes para os gerentes de projetos, tanto por serem uma parcela considerável do tempo de trabalho total do gerente quanto por terem um impacto significativo na capacidade de realizar as tarefas do projeto. Apesar da seção do PMBOK sobre gerenciamento de tempo não possuir um subtítulo específico sobre o tema, incluímos as reuniões no capítulo sobre gerenciamento de tempo deste livro devido à sua importância para o gerente de projetos. Analisaremos especialmente como garantir o uso eficiente do tempo durante reuniões.

Enquanto atividade de gerenciamento de projetos, as reuniões são um paradoxo: extremamente úteis, pois são um dos principais modos de fazer as pessoas realizarem as tarefas, elas também correm o risco de ser um grande desperdício de tempo. Todo mundo deveria aprender no começo da carreira como controlar uma reunião ou como participar de modo eficaz e eficiente, sem desperdício de tempo. Certo? Em um mundo ideal, sim. Na prática, muita gente não aprende, então esta seção do capítulo tenta oferecer algumas dicas sobre como economizar tempo, gerenciando e participando das reuniões do projeto com eficácia.

▸ Processo

O segredo de uma reunião de sucesso está na preparação. Conversas rápidas e improvisadas exigem menos preparação do que apresentações formais, mas sempre alguma é necessária, mesmo que apenas para refletir "qual o meu objetivo com essa reunião? O que eu quero?" Na verdade, os requisitos mais básicos são ter uma ideia absolutamente clara sobre o problema em questão e sobre seus objetivos com a reunião. Qual a pergunta que precisamos responder? Com um bom entendimento do problema, fica muito mais fácil saber que tipo de reunião você precisa. A pergunta poderia ser respondida por um membro específico da equipe do projeto a partir de informações prontamente disponíveis? Nesse caso, vá até a mesa do membro da equipe e pergunte a ele. Ela envolve o compartilhamento de informações entre diversos grupos antes que uma decisão possa ser tomada? Nesse caso, pense bem em quem deve estar envolvido e marque uma reunião formal. Se não consegue identificar o problema básico, não gaste o tempo dos outros em busca de respostas para um problema que você não consegue definir com coerência. Em vez disso, considere a possibilidade de realizar uma reunião diferente, com participação e pauta mais limitadas, apenas para identificar exatamente o que é o problema. Uma rápida conversa preliminar com uma ou duas pessoas pode ser muito útil no esclarecimento da pauta de uma reunião maior sem que seja necessário tentar resolver o problema identificado.

Identificar o problema central deve permitir que você planeje a reunião:

♦ Quem precisa participar da reunião?
♦ Que informações eles têm que outras pessoas precisam?
♦ Quem precisa participar para fins de comunicação ou simplesmente para testemunhar que a decisão foi tomada de modo racional?
♦ Temos as pessoas com a autoridade para tomar as decisões que sabemos necessárias? (Se a pessoa certa não estiver disponível a tempo, nunca siga em frente do mesmo jeito: tente convencê-la a mandar um representante com a autoridade para tomar a decisão necessária durante a reunião. Caso contrário, você pode acabar realizando uma reunião sem qualquer utilidade.)
♦ Que tipo de preparação os participantes vão precisar ou que informações eles devem levar à reunião?
♦ Que *hardware*, instalações ou testes precisaremos ser capazes de demonstrar durante a reunião? Quais as consequências para o local, data e horário da reunião?
♦ Qual a primeira data possível para a reunião, dadas as disponibilidades conhecidas de informações e pessoal?
♦ Que preparação preciso fazer para garantir que uma decisão poderá ser tomada durante a reunião? Isso pode significar, por exemplo, trabalhar e analisar algumas ações possíveis e suas consequências, permitindo que os participantes escolham entre ações com consequências conhecidas. Sem fazer isso antes da reunião, é mais difícil convencer os participantes que a ação sugerida é realista.

A menos que a reunião seja grande e de uma natureza altamente delicada, a lista de verificação não precisa ser formal ou mesmo colocada no papel; em geral, basta repassá-la mentalmente. Sempre crie uma pauta antes de qualquer reunião, exceto talvez as menores e menos formais de todas. Assim como no planejamento do projeto, será necessário dar alguma ordem às contribuições de cada um para que seja possível apresentar as informações com coerência. Mesmo que seja apenas uma conversa de quinze minutos, pode ser muito útil estabelecer uma minipauta verbal antes da conversa. Por exemplo: "Vocês poderiam me explicar em no máximo dois minutos cada um o que está acontecendo com esse teste e quais são as nossas opções? Quando isso estiver claro, vamos decidir qual a melhor opção". A pauta mantém a reunião focada nos problemas mais importantes.

Durante a reunião:

♦ Defina o escopo e os objetivos. Esclareça o que está no escopo e o que será deixado para outro fórum.
♦ Explique a pauta, deixando claro que todos terão a oportunidade de falar, e que os horários são fixos.
♦ Faça a reunião seguir a pauta.
♦ Se necessário, intervenha para que os participantes não fujam do assunto, para impedir interrupções problemáticas de grupos com seus próprios interesses e, acima de tudo, para seguir o cronograma.

Seus colegas podem conversar de modo desestruturado durante ocasiões sociais, mas eles precisam aprender que serão interrompidos caso comecem a se enrolar durante uma reunião.

Não permita que novos problemas façam a reunião sair dos trilhos (a menos que representem uma mudança clara no nosso entendimento sobre todo o projeto de um modo que torne o propósito original da reunião irrelevante). Se surgirem novos problemas, faça uma anotação e lide com eles no momento apropriado; a grande maioria provavelmente não exigiria uma reunião com todos os presentes e alguns sequer precisariam de uma reunião. Do mesmo modo, não vá além do escopo da reunião depois de alcançar seus objetivos. Assim como acontece com outras tarefas da cadeia crítica, não se sinta obrigado a preencher o tempo apenas porque terminou mais cedo.

Se a reunião simplesmente não está avançando, você precisa decidir o que fazer. Permitir que a reunião passe do horário é uma opção, mas não é a única e pode não ser a melhor. Também pode ser possível remarcar uma sessão mais focada, agora que todos já expressaram suas preocupações. Por outro lado, você pode testar a vontade do grupo de tomar uma decisão, anunciando que se não houver consenso até o horário marcado para o fim da reunião, esta será encerrada e você tomará a decisão sozinho para defender os interesses do projeto. Alguns planos de ação precisam de muita sensibilidade política, pois muitas vezes não basta que as decisões sejam corretas: também é preciso que todos vejam que são corretas. Se o patrocinador do projeto estiver na reunião, pode ser interessante fazer uma pausa e conversar com ele sobre o melhor plano de ação.

Redija a ata à medida que a reunião avança. Se a reunião for maior ou mais demorada, escolha um secretário ou escriturário para realizar essa tarefa. A ata deve incluir:

♦ Data.
♦ Lista de participantes.
♦ Principais decisões ou outras informações principais.
♦ Ações designadas a indivíduos nomeados, com prazos acordados.

Lembre-se que "informações principais" não é o mesmo que uma transcrição de toda a reunião.

Elas indicam informações que influenciaram concretamente a decisão da reunião. Ao fazer circular a ata da reunião, quase sempre é muito mais importante que o documento seja distribuído imediata e precisamente do que siga uma formatação elaborada. Um *e-mail* ou, se for legível, uma fotocópia da página de caderno contém as mesmas informações que um texto digitado segundo o estilo formal.

▶ Resumo

O segredo do gerenciamento de tempo é que o gerente e todos os membros da equipe devem lembrar que, não importa o que estão fazendo, o tempo é sempre incrivelmente valioso e, literalmente, dinheiro. Ninguém pode desperdiçar um único segundo.

A melhor abordagem ao gerenciamento de tempo é definir que atividades precisam ser realizadas, definir a sequência em que devem ser feitas e finalmente que recursos são necessários para cada atividade. Isso, por sua vez, permite que o gerente estime o tempo necessário e crie um cronograma. A seguir, durante a execução do projeto, o gerente pode controlar o trabalho para que este siga o cronograma planejado ou para que ele possa atualizar o cronograma.

Gerenciamento de custos

Os custos são importantes
Conceitos principais
A importância dos custos e do conhecimento financeiro
Escopo e custos
Cinco regras básicas para estimativa de custos
Uma tarefa para especialistas
Grupos de processos do gerenciamento de custos
Estimativa de custos
Orçamentação
Controle de custos

▶ Objetivos deste capítulo

Ao final deste capítulo, o leitor deve ser capaz de:

- informar os dados de custos absolutamente mínimos do projeto sem a ajuda de um especialista em custos;
- explicar a teoria do gerenciamento de custos do projeto mais avançado, segundo o PMBOK, a ponto do gerente de projetos conseguir orientar e avaliar o trabalho de um contador de custos do projeto ou outro especialista em custos trabalhando em projetos maiores;
- apresentar as consequências de custos de quaisquer mudanças do escopo reais ou propostas.

▶ Os custos são importantes

Muitas vezes, o gerenciamento de custos é visto como uma tarefa acessória desagradável, não uma parte central do gerenciamento de projetos. Enquanto a maior parte dos gerentes é obrigada a informar os custos reais até o momento em comparação com as previsões, quase todos os projetos podem se beneficiar de muito mais do que o mínimo absoluto do gerenciamento de custos. (Os custos não são necessariamente monetários. Eles também podem ser tempo ou recursos.) Projetos maiores quase sempre têm um especialista em contabilidade de projetos para auxiliar o gerenciamento de custos, mas o gerente ainda precisa entender os princípios do gerenciamento de custos do projeto para aproveitar ao máximo as contribuições desse especialista.

Com relação às habilidades de gerenciamento de custos, o gerenciamento de projetos possui duas necessidades diferentes. Uma é a de estabelecer o orçamento certo para o projeto, ou seja, estimar os custos, entender os riscos de imprecisões nas estimativas e escolher o nível adequado de precisão provável nessas estimativas, tanto para cada projeto quanto para a organização proprietária. A outra necessidade é a de gerenciar o projeto dentro de quaisquer limites orçamentários que tenham sido estabelecidos. As duas são muito diferentes entre si. É possível ser um excelente gerente de projetos e ter uma grande carreira na área, gerenciando projetos de grande porte, sem jamais adquirir ou precisar das habilidades necessárias para planejar orçamentos de projetos. E também há pessoas que fazem carreiras de muito sucesso orçando os custos de projetos sem jamais se envolverem com todo o trabalho de gerenciamento de projetos que segue ao processo de orçamentação (os departamentos corporativos e de finanças estruturadas, por exemplo, têm muitos profissionais desse tipo). Então, seria demais tentar cobrir ambos os temas em um mesmo capítulo. Não tentaremos fornecer o nível de conhecimento e especialização em orçamentação de projetos que seria exigido de um analista de finanças corporativas em um banco ou de um orçamentador de projetos profissional. O objetivo geral deste capítulo será oferecer ao profissional de gerenciamento de projetos praticante uma introdução ampla o suficiente sobre o tema do gerenciamento de custos do projeto para que saiba o que precisa ser feito, não necessariamente para que ele próprio possa fazê-lo.

▶ Conceitos principais

O gerenciamento de custos do projeto tem quatro conceitos principais, definidos no box "O PMI diz". Observe a diferença sutil entre estimativa de custos e orçamentação. A primeira opera no nível das atividades, a segunda usa os custos estimados das atividades e agrega-os ao nível do projeto na forma de uma linha de base dos custos.

O PMI diz

Estimativa de custos, orçamentação, linha de base, controle de custos

"Estimativa de custos (processo). O processo de desenvolvimento de uma aproximação do custo dos recursos necessários para terminar as atividades do projeto." *PMBOK Guide* (p. 356)

"Orçamentação (processo). O processo de agregação dos custos estimados de atividades individuais ou pacotes de trabalho para estabelecer uma linha de base dos custos." *PMBOK Guide* (p. 356)

"Linha de base. O plano dividido em fases aprovado (para um projeto, um componente da estrutura analítica do projeto, um pacote de trabalho ou uma atividade do cronograma), mais ou menos o escopo do projeto, o custo, o cronograma e as mudanças técnicas aprovados. Em geral, refere-se à linha de base atual, mas pode se referir à original ou a alguma outra linha de base. Normalmente usada com um modificador (por exemplo, linha de base dos custos, do cronograma, da medição de desempenho, técnica)." *PMBOK Guide* (p. 352)

"Controle de custos (Processo). O processo de influenciar os fatores que criam as variações e controlar as mudanças no orçamento do projeto." *PMBOK Guide* (p. 356)

▶ A importância dos custos e do conhecimento financeiro

Os custos sempre importam. Mesmo quando o patrocinador ou as partes interessadas dizem "dinheiro não é problema", o que às vezes é mesmo verdade, sempre surge um momento em que os custos importam. Os custos são importantes no setor privado porque eles saem da receita, e se os custos forem maiores que a receita o lucro desaparece e a empresa se torna insolvente. Nos setores governamental e sem fins lucrativos, os custos também são importantes, pois apesar de não haver lucro, os orçamentos são finitos (pois os recursos são finitos) e se os custos excederem o orçamento, o resultado não será diferente: insolvência.[1] No fim das contas, é porque os custos sempre importam que o conhecimento de finanças é tão importante no gerenciamento de qualquer organização, com ou sem fins lucrativos. Quanto maior o cargo na organização, mais importantes as habilidades financeiras. Se ainda não o fez, o leitor que leva a sério a ideia de avançar no gerenciamento de projetos, ou qualquer outra carreira gerencial, faria bem em se inscrever em curso de "finanças para gerentes não financeiros" [2].

▶ O mínimo absoluto

Enquanto gerente de projetos, o mínimo absoluto que você deve ser capaz de informar é a posição real do projeto em termos de custos comparados ao orçamento planejado neste momento. Essa informação deve ser informada com precisão nos seus relatórios regulares para o patrocinador, normalmente semanais ou quinzenais. Se tiver sorte, você poderá contar com um escritório de apoio ao projeto para descobrir os chamados "planejado *versus* real", mas mesmo assim não terá como evitar a responsabilidade pela precisão do relatório. Você precisa entender o relatório e usar seus próprios cálculos aproximados para verificar que ele está correto.

A Tabela 7.1 é um relatório de planejado *versus* real (ou relatório de variação) bastante simples. Ela mostra todos os custos até a data do relatório, como indicado pelas palavras "até o momento" na primeira coluna. Isso está em contraste com os custos planejados totais para ambas as fases, ou seja, os custos planejados ao final de cada fase. Seria enganoso mostrar os custos planejados totais nesse relatório em vez dos custos planejados até o momento, pois isso impossibilitaria o cálculo da variação até o momento. Essa diferença é importante e, na verdade, quase sempre é crucial. É parecida com a diferença entre o corredor que está cinco metros atrás do líder em uma maratona a meio caminho do final, e a 10 metros atrás logo que ele cruza a linha de chegada.

Entretanto, costuma ser útil informar o orçamento total de cada fase além da posição atual (ou "até o momento") do projeto. Para isso, basta adicionar algumas linhas à Tabela 7.1, como vemos na Tabela 7.2.

▶ Escopo e custos

O escopo é um fator crítico no gerenciamento de projetos. Gerenciar o aumento do escopo é uma das maiores tarefas do gerente e do patrocinador do projeto e um dos principais temas deste livro. As partes interessadas sempre querem alterar ou expandir o escopo. Essa atitude quase nunca é proposital, mas apenas resultado de um melhor entendimento sobre o projeto e seus problemas e do ajuste das expectativas

Tabela 7.1 Exemplo de relatório de custos do projeto, planejado *versus* real
Relatório do Projeto PHAEDRUS, 14 de junho

	Fase 1: Piloto	Fase 2: Construção	Total
Custo planejado até o momento	£20.000	£45.000	£65.000
Custo real até o momento	£19.000	£49.000	£68.000
Variação até o momento	+ £1.000	−£4.000	−£3.000
Notas	Piloto completado, com £1.000 não gastos	Terceirizado 1 mês atrasado. Custo adicional de £4.000 até o momento para contratação de trabalhadores temporários devido a atraso de terceirizado. Novo terceirizado começou o trabalho. Talvez os £4.000 possam ser recuperados com o terceirizado original, mas seria prudente reservar £8.000 adicionais.	

Tabela 7.2 Exemplo de relatório de custos do projeto, planejado *versus* real, com datas e durações
Relatório do Projeto PHAEDRUS, 14 de junho

	Fase 1: Piloto	Fase 2: Construção	Total
Duração planejada (semanas passadas)	8	12	
Data de término planejada	10 de junho	10 de agosto	
Trabalho restante, planejado (semanas)	0	7	
Trabalho restante, real (semanas)	0	11	
Custo planejado até o momento	£20.000	£45.000	£65.000
Custo real até o momento	£19.000	£49.000	£68.000
Variação até o momento	+£1.000	−£4.000	−£3.000
Notas	Piloto completado, com £1.000 não gastos	Terceirizado 1 mês atrasado. Custo adicional de £4.000 até o momento para contratação de trabalhadores temporários devido a atraso de terceirizado. Novo terceirizado começou o trabalho. Talvez os £4.000 possam ser recuperados com o terceirizado original, mas seria prudente reservar £8.000 adicionais.	

de cada envolvido. Para o gerente de projetos, o problema está em encontrar um meio termo entre, por um lado, aparentemente dizer "não" para todo e qualquer pedido, e por outro, dizer "sim" muito facilmente e acabar descobrindo que o projeto não tem o tempo ou os recursos necessários para cumprir os compromissos adicionais.

A única coisa a fazer nessa situação é discutir a mudança de escopo solicitada com o patrocinador e a equipe do projeto, determinar o impacto provável nos custos e depois voltar ao solicitante e explicar as consequências de custos. No princípio, a resposta é "me dê um tempo para descobrir as consequências disso"; depois de falar com o patrocinador e a equipe, você pode voltar e dizer "se fizermos tal e tal mudança ao projeto, as consequências de custos seriam de $X.000, mais um atraso de Y meses". Obviamente, você precisará de dados para sustentar seu argumento. Apesar dos gerentes quase nunca precisarem saber como estimar os custos de todo um projeto, eles ainda precisam saber como realizar essas estimativas de custos revisadas ou supervisionar o trabalho de quem as realiza. (A abordagem descrita neste parágrafo é importante na vida real e nas provas do PMI.)

▶ Cinco regras básicas para estimativa de custos

À medida que você avança em sua carreira de gerente de projetos, tente descobrir regras básicas de estimativa de custos para ajudá-lo a economizar tempo e desenvolver uma intuição mais sensível para custos e riscos de custos em seus projetos. Como todos os setores e organizações são diferentes e cada um possui suas próprias características, seria impossível apresentar uma lista completa de regras básicas (na estimativa de custos, o que importa e o que funciona em um banco de investimentos é muito diferente do que importa em uma indústria de processos e o que funciona no Ministério da Saúde). Entretanto, as cinco regras básicas a seguir têm alguma aplicabilidade geral:

- Os custos totais de um funcionário são iguais ao dobro do seu salário-base.
- Todos os custos e cronogramas de TI reais tendem a estar mais próximos do dobro dos custos estimados.
- A probabilidade passada é o melhor guia para probabilidades futuras: em outras palavras, os custos, as probabilidades de sucesso e os cronogramas do projeto que você está planejando provavelmente são parecidos com projetos passados do mesmo tipo. Logo, se estiverem disponíveis, use dados históricos no planejamento de custos em vez de aceitar argumentos no estilo "dessa vez vai ser diferente".
- Na ausência de provas em contrário, parta do princípio que os projetos têm no máximo 50% de chance de realizar suas entregas dentro do prazo e do orçamento e de acordo com as expectativas do usuário.
- Calcule 200-220 dias de trabalho reais por ano por funcionário em tempo integral.

▶ Uma tarefa para especialistas

Ao estimar custos, o indivíduo ou equipe que realiza a estimativa precisa entender todos os detalhes, pois uma das fontes mais comuns de erros na estimativa de custos é o entendimento inadequado dos detalhes. Muitos projetos reais não criam o dicionário da EAP, por exemplo, mas muitos orçamentos reais estouram porque membros diferentes da equipe estão usando certos termos importantes com significados diferentes, justamente o motivo pelo qual devemos ter um dicionário da EAP. No entanto, em meio às pressões políticas e temporais da vida real, muitas vezes o dicionário da EAP é abandonado, visto como mera burocracia desnecessária. Assim, o gerente de projetos ou quem mais trabalhar na estimativa de custos precisa entender três coisas: (1) o que pode ser feito, na ausência de quaisquer restrições de tempo e recursos; (2) as restrições do projeto em questão, especialmente expectativas e fatores políticos; e (3) quais os riscos de aceitar essas restrições em termos de fontes prováveis de erros. Eles precisam comunicar esses riscos ao patrocinador e as partes interessadas para que estes possam aceitá-los ou modificá-los. E, obviamente, eles também devem documentar os resultados desse *feedback*.

A estimativa de custos é uma tarefa para especialistas e a leitura da lista ao final deste capítulo dá uma ideia do tipo e profundidade das habilidades necessárias para se adquirir essa especialização.

▶ Grupos de processos do gerenciamento de custos

A abordagem do PMBOK ao gerenciamento de custos do projeto identifica três processos dentro dessa área de conhecimento. A Tabela 7.3 mostra em quais dos cinco grupos de processos do gerenciamento de projetos eles se encaixam.

Tabela 7.3 Três processos de gerenciamento de custos do projeto

	Grupo de processos			
Iniciação	Planejamento	Execução	Monitoramento e controle	Encerramento
	1. Estimativa de custos 2. Orçamentação		3. Controle de custos	

Na prática, os três processos correm em paralelo. Por exemplo, depois do projeto iniciar, haverá uma necessidade constante de reestimativas e reorçamentação dos custos por causa de mudanças e das novas informações que surgem durante a execução do projeto, além do processo de controle de custos.

▶ Estimativa de custos

A Figura 7.1 mostra as entradas, ferramentas e técnicas e saídas do processo de estimativa de custos. O propósito fundamental do plano de gerenciamento de custos é responder duas perguntas:

- Quanto o projeto vai custar?
- Quanta certeza você tem da resposta acima?

O gerente do projeto, o patrocinador, a função de controle financeiro da organização proprietária e o cliente sempre querem saber as respostas dessas perguntas, assim como muitas outras partes interessadas. Enquanto gerente do projeto, você pode ter responsabilidade legal por garantir a preparação correta de todas as estimativas de custos, o que significa que é preciso documentar o mecanismo pelo qual essas duas perguntas foram respondidas, não apenas as próprias respostas.

O principal objetivo da estimativa de custos é responder essas duas perguntas. Nos termos das saídas listadas na Figura 7.1, isso significa atualizações ao plano de gerenciamento de custos (em geral, parte do plano do projeto) e especialmente as estimativas de custo da atividade. Acabamos de explicar a necessidade jurídica de informações de apoio. Outra razão para manter as informações de apoio para sustentar as estimativas, mais positiva, é que alguns especialistas e partes interessadas podem ajudar a reduzir os custos ou riscos do projeto com uma revisão dos detalhes, usando seus conhecimentos e experiências para sugerir métodos alternativos. Lembre-se de que, como muitas outras partes do gerenciamento de projetos, a estimativa de custos é um processo iterativo. Além do mais, você, o gerente, não precisa ser um especialista: basta saber gerenciar o processo. Assim, você deve encorajar e facilitar uma conversa franca sobre riscos e estimativas de custos, melhorando-os em ciclos, descobrindo e aproveitando o conhecimento relevante à disposição do projeto. E, é claro, você deve colaborar com o patrocinador nessa missão.

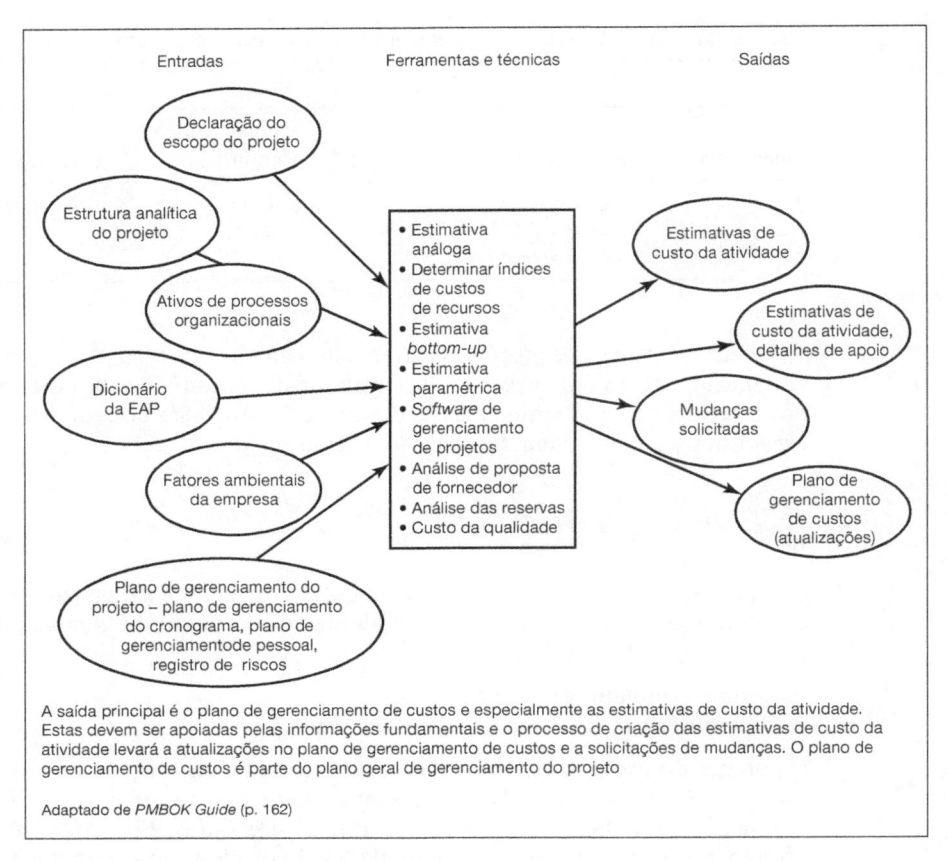

Figura 7.1 O processo de estimativa de custos.

Entradas:
- Declaração do escopo do projeto
- Estrutura analítica do projeto
- Ativos de processos organizacionais
- Dicionário da EAP
- Fatores ambientais da empresa
- Plano de gerenciamento do projeto – plano de gerenciamento do cronograma, plano de gerenciamento de pessoal, registro de riscos

Ferramentas e técnicas:
- Estimativa análoga
- Determinar índices de custos de recursos
- Estimativa *bottom-up*
- Estimativa paramétrica
- *Software* de gerenciamento de projetos
- Análise de proposta de fornecedor
- Análise das reservas
- Custo da qualidade

Saídas:
- Estimativas de custo da atividade
- Estimativas de custo da atividade, detalhes de apoio
- Mudanças solicitadas
- Plano de gerenciamento de custos (atualizações)

A saída principal é o plano de gerenciamento de custos e especialmente as estimativas de custo da atividade. Estas devem ser apoiadas pelas informações fundamentais e o processo de criação das estimativas de custo da atividade levará a atualizações no plano de gerenciamento de custos e a solicitações de mudanças. O plano de gerenciamento de custos é parte do plano geral de gerenciamento do projeto

Adaptado de *PMBOK Guide* (p. 162)

▶ Precisão das estimativas

O futuro é inerentemente imprevisível. Na meteorologia, as pessoas não se interessam por quantos milímetros de chuva vão cair amanhã, elas só querem saber se vai chover ou não. Isso significa que elas não precisam de uma previsão milimétrica da pluviosidade, então uma previsão desse tipo seria um desperdício de dinheiro. Outro problema da meteorologia é a famosa lei dos rendimentos decrescentes, ou seja, gastar mais dinheiro para tentar tornar as previsões mais precisas produz melhorias cada vez menores em precisão à medida em que mais dinheiro é gasto. A estimativa de custos não é diferente da meteorologia. Às vezes, uma estimativa precisa dos custos é desnecessária, basta a ordem de magnitude mais próxima. Em geral, as primeiras fases de iniciação ou planejamento precisam apenas de uma estimativa de custos de ordem de magnitude (ROM), possivelmente a ser refinada em uma das primeiras fases subsequentes do projeto.

Assim, antes de começar a estimativa de custos, você precisa se certificar do nível de precisão exigido para a estimativa e verificar se o custo dela vale a pena ou se uma estimativa menos precisa seria suficiente.

▶ Entradas, ferramentas e técnicas

A Figura 7.1 lista as entradas do processo de estimativa de custos. Elas não precisam de maiores explicações, pois já definimos por que o dicionário da EAP, quando existe, é uma entrada importante. Também já explicamos as saídas, que juntas respondem as duas perguntas principais, descritas acima. Assim, vamos passar o resto desta seção descrevendo as ferramentas e técnicas usadas na estimativa de custos, listadas na Figura 7.1 e categorizadas na Figura 7.2.

Métodos de engenharia
Os métodos de engenharia (também conhecidos como métodos de medição do trabalho) incluem:

- Estimativa *bottom-up*.
- Análise das reservas.

A estimativa *bottom-up* é a principal técnica nesse grupo; ela significa a construção de um modelo ou estrutura de custos "de baixo para cima".

A análise das reservas significa analisar a folga ou reserva do projeto, ou seja, a quantidade necessária de reservas "só por garantia". Ela pode ter dois fins diferentes no processo de estimativa de custos. Primeiro, as estimativas de custos do projeto podem incluir uma reserva para contingências. Segundo, há modos de usar as estimativas de reservas para verificar o orçamento total. A metodologia de gerenciamento de projetos de cadeia crítica dá ênfase especial ao uso e gerenciamento das reservas.

As principais características dos métodos de engenharia de estimativa de custos são:

- O método analisa os custos e tempos de todos os processos, entradas e saídas do projeto.
- Na prática, ele constrói um modelo de engenharia do trabalho a ser realizado.
- Tem a vantagem de ser um modelo do que fazer e pode ser desenvolvido em muitos detalhes.
- Tem a desvantagem de ser caro e, dependendo do projeto, também pode ser extremamente impreciso.
- Alguns contratos de projetos podem especificar que este método deve ser utilizado.
- Empresas de consultoria prestam esse serviço.

Método de conferência
O método de conferência significa perguntar aos outros o que eles acham. (Ele é semelhante à técnica Delphi de coleta de informações.) Ele pode ser aplicado de duas maneiras:

- Estimativa análoga.
- Análise de proposta de fornecedor.

A estimativa análoga significa encontrar projetos análogos, ou seja, projetos semelhantes que já tenham sido realizados ou que estejam em um estágio mais avançado; em outras palavras, ela pergunta o que aconteceu da última vez. O estudo de caso dá um exemplo de aplicação da estimativa análoga.

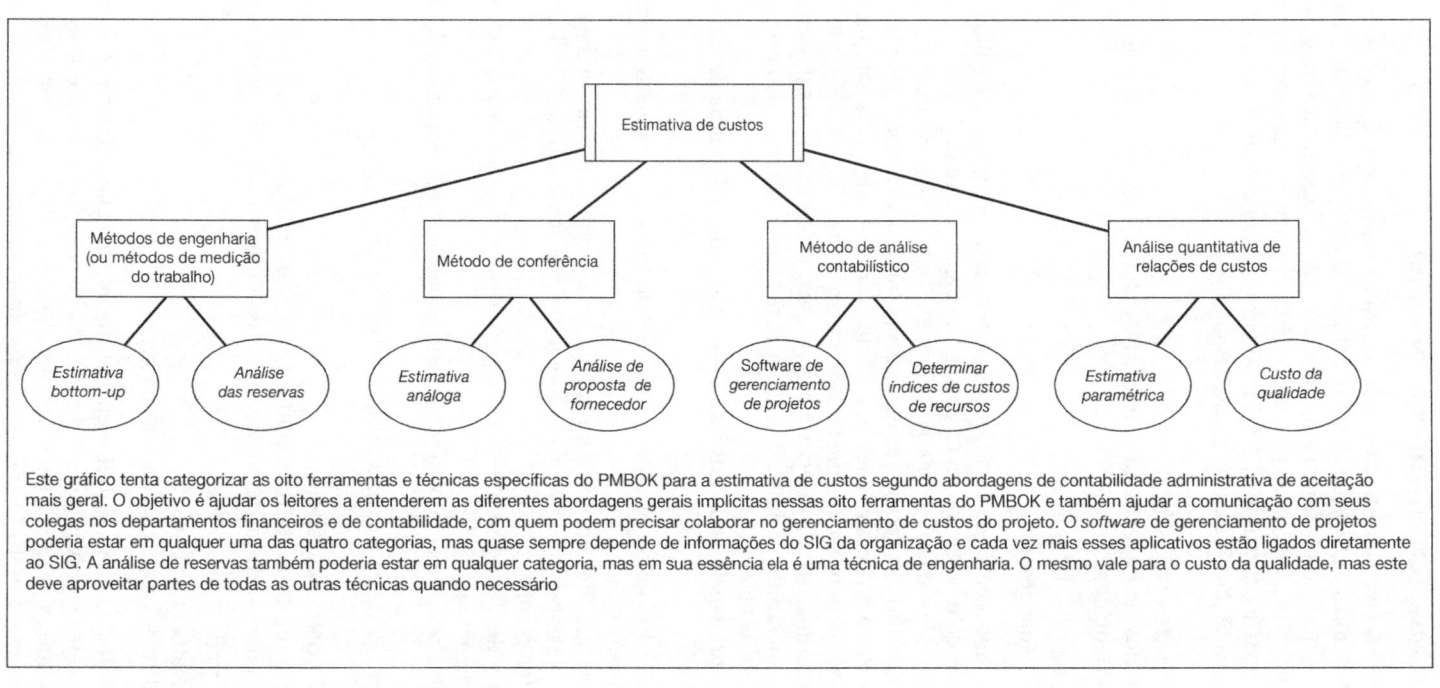

Este gráfico tenta categorizar as oito ferramentas e técnicas específicas do PMBOK para a estimativa de custos segundo abordagens de contabilidade administrativa de aceitação mais geral. O objetivo é ajudar os leitores a entenderem as diferentes abordagens gerais implícitas nessas oito ferramentas do PMBOK e também ajudar a comunicação com seus colegas nos departamentos financeiros e de contabilidade, com quem podem precisar colaborar no gerenciamento de custos do projeto. O *software* de gerenciamento de projetos poderia estar em qualquer uma das quatro categorias, mas quase sempre depende de informações do SIG da organização e cada vez mais esses aplicativos estão ligados diretamente ao SIG. A análise de reservas também poderia estar em qualquer categoria, mas em sua essência ela é uma técnica de engenharia. O mesmo vale para o custo da qualidade, mas este deve aproveitar partes de todas as outras técnicas quando necessário

Figura 7.2 As quatro abordagens à estimativa de custos.

Análise de proposta de fornecedor significa obter junto aos fornecedores uma ou mais propostas para o projeto ou partes dele e analisar os custos de dados contidos em cada uma. (Observe que solicitar propostas única e exclusivamente para extrair esses dados, ou seja, sem nenhuma intenção de aceitar a proposta, significa agir de má-fé, uma atitude antiética e que pode criar riscos de custos e judiciais. Mesmo que esses riscos não se materializem, quando uma organização adquire a reputação de ter esse tipo de comportamento, logo descobre que os bons fornecedores param de trabalhar com ela.)

As principais características do método de conferência de estimativa de custos são:

- O método obtém as opiniões de especialistas relevantes sobre o custo provável do projeto ou de suas partes e calcula uma média a partir dessas opiniões.
- Na prática, ele aproveita os conhecimentos e experiências relevantes para criar uma hipótese sobre os custos.
- As vantagens são a alta velocidade e os baixos custos.
- As desvantagens são a pouca importância dada aos novos métodos de trabalho; sua inadequação para projetos completamente inéditos; e o fato que os documentos de auditoria sobre como a estimativa foi produzida podem ser insuficientemente rigorosos para alguns fins.
- Ele oferece uma abordagem razoável para a estimativa de custos em muitos projetos e uma boa maneira de verificar os resultados de todos os outros métodos.

Estudo de caso

Estimativa análoga de custos

O Projeto CHRISTMAS era um projeto interno com orçamento de um milhão de libras. Ele incluía a construção de um banco de dados Oracle simples. Começaram a correr boatos por toda a organização de que o projeto tinha um orçamento astronômico. Quando o gerente do projeto CHRISTMAS foi conversar sobre os custos prováveis de construir o banco de dados com o departamento de TI, o diretor do departamento sugeriu que eles seriam de aproximadamente £200.000. O departamento de TI apresentou várias informações de apoio, todas aparentemente válidas e muito detalhadas sobre o que havia de tão especial na infraestrutura de TI da organização. O gerente de projetos voltou para o seu escritório e ligou para amigos e colegas que haviam construído bancos de dados Oracle simples parecidos; em outras palavras, ele fez uma estimativa análoga. Nenhum deles custou mais de £50.000 e o consenso geral é que £45.000 seria mais do que adequado para o banco de dados CHRISTMAS proposto. O gerente analisou as informações de apoio da estimativa fornecida pelo departamento de TI e encontrou várias áreas em que o projeto parecia pagar por atividades que o departamento de TI realizaria com ou sem ele.

O gerente lembrou de suas habilidades de facilitação e treinamento em intervenções. Apesar de ter certeza que o pessoal de TI estava, por assim dizer, jogando verde, ele decidiu não fazê-los passar vergonha com uma acusação explícita ou mesmo implícita. Em vez disso, ele se reuniu mais uma vez com o pessoal de TI para obter mais informações sobre estimativas de custos de banco de dados. O gerente sugeriu várias áreas em que os custos poderiam ser reduzidos com a terceirização de funções ou compartilhados por outros clientes do departamento de TI que também se beneficiariam com as medidas. Com boa educação e sem ser agressivo, mas também com muita firmeza, ele deixou claro que recebera várias estimativas de trabalhos parecidos a um quarto do preço e que esperava propostas no mesmo nível. A reunião teve um fim amigável e o departamento de TI prometeu que pensaria no assunto e daria uma resposta. E deu, no dia seguinte, com uma estimativa de £45.000.

Método de análise contabilístico

As duas técnicas específicas nessa categoria são:

- Determinar índices de custos de recursos.
- *Software* de gerenciamento de projetos.

As principais características do método de análise contabilístico de estimativa de custos são:

- Usa o livro-caixa geral e seu respectivo SIG para extrair dados e hipóteses a partir de ações anteriores da empresa para indicar os custos prováveis para o projeto.
- Na prática, aproveita os dados históricos relevantes da organização, registrados na contabilidade administrativa.
- Tem a vantagem de usar dados históricos das próprias experiências da organização, então os dados, quando relevantes, são confiáveis.
- Suas desvantagens são que não pode ser aplicado quando os dados não são relevantes (exemplo: em projetos inéditos); e possíveis distorções causadas pela metodologia de alocação de custos no SIG.
- Ele oferece uma boa abordagem razoável para a estimativa de custos de projetos em programas com projetos parecidos.

Análise quantitativa de relações de custos

As duas técnicas específicas do PMBOK nessa categoria são:

- Estimativa paramétrica.
- Custo da qualidade.

Em termos de estimativa de custos, o custo da qualidade é um caso especial de estimativa paramétrica. (A palavra "paramétrica" significa apenas que parâmetros ou outros fatores qualitativos são usados e nesse contexto significa exatamente o mesmo que o termo "análise quantitativa".)

As principais características do método da análise quantitativa das relações de custos da estimativa de custos são:

- Usa métodos formais e dados históricos e de outra natureza para estimar custos.
- Na prática, combina o método de engenharia com o método de análise contabilístico e possivelmente o de conferência para criar um modelo detalhado dos custos.
- Tem a vantagem de usar as características mais precisas dos três outros métodos.
- Tem a desvantagem de incorrer nos maiores custos, o que dependendo do nível de novidade do projeto pode não levar a uma estimativa melhor do que qualquer outro método.
- Ele oferece uma boa abordagem razoável para a estimativa de custos de projetos grandes nos quais a precisão das estimativas é importante e sem fortes incentivos para distorções nessas estimativas.

Gerenciamento de custos

▶ Orçamentação

A estimativa de custos e a orçamentação pertencem ao grupo de processos de planejamento e possuem uma relação forte entre si. A orçamentação usa como principais entradas as estimativas de custos para atividades ou pacotes de trabalho que foram as saídas do processo de estimativa de custos. A saída principal é o plano custeado. No começo deste capítulo, observamos a diferença entre a estimativa de custos e a orçamentação: a primeira opera no nível das atividades, a segunda usa os custos estimados das atividades e agrega-os no nível do projeto para formar uma linha de base dos custos. A Figura 7.3 mostra as entradas, ferramentas e técnicas e saídas do

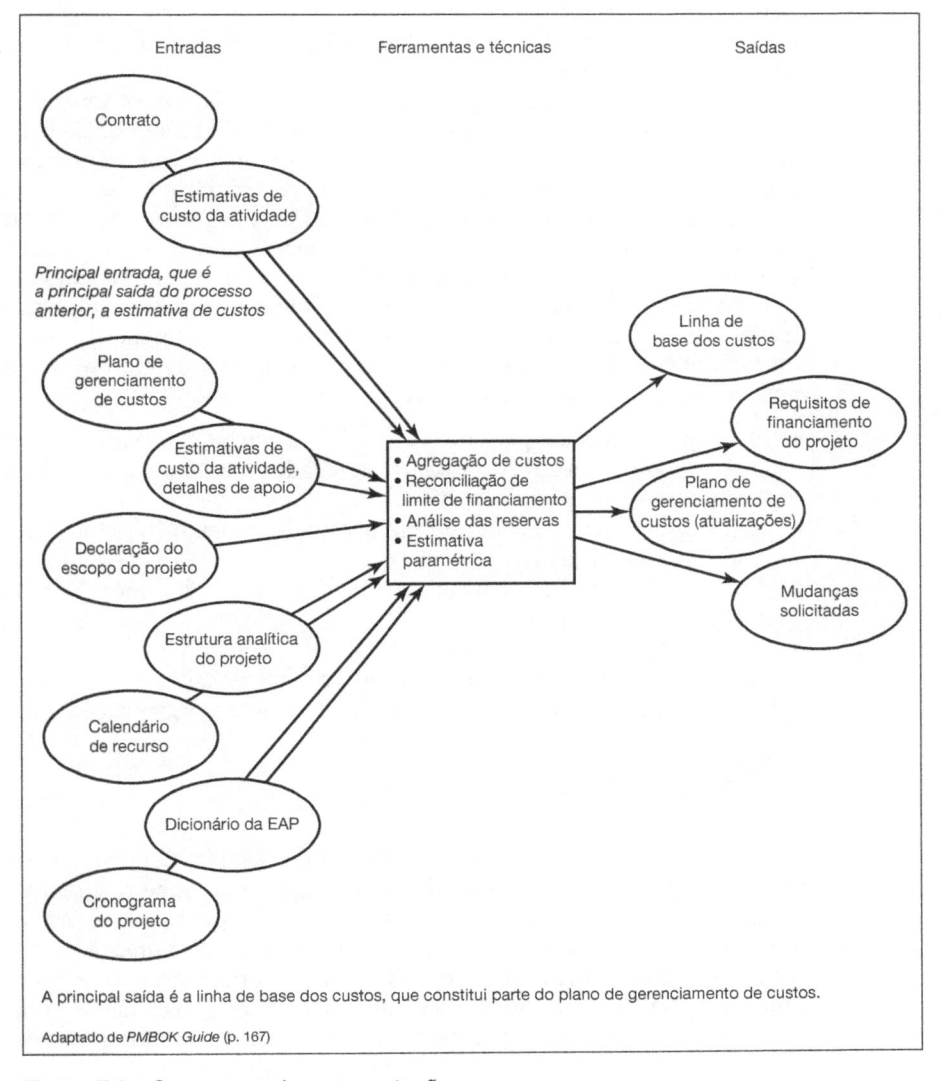

Figura 7.3 O processo de orçamentação.

processo de orçamentação; o processo é simples e direto e não precisa de maiores explicações, exceto que é essencial entender a diferença entre ele e o anterior, a estimativa de custos. Teremos mais a dizer sobre essa diferença a seguir.

Qual a diferença entre uma atividade custeada e um orçamento? Pense no exemplo do treinador de tênis. O custo de treinar um atleta é igual ao horário cobrado pelo treinador por hora, mas treinar dois pode custar o mesmo que um só se ambos forem treinados pela mesma pessoa e ao mesmo tempo. E talvez o treinador cobre mais no verão do que em outras estações. Assim, se o projeto envolve duas pessoas recebendo aulas de tênis, as variáveis de custo são quando elas serão treinadas e se receberão o treinamento juntas ou em separado. Os dados brutos sobre os custos e as variáveis de custos são revelados pelo processo de estimativa, enquanto a orçamentação envolve a decisão sobre que opção de custo escolher e o cálculo das consequências de custos para o projeto. A orçamentação também é o processo pelo qual o projeto recebe um código de custos e os pacotes de trabalho dentro dele recebem um subcódigo.

Em projetos internos, o plano de custos do projeto deve ser estruturado de um modo consistente com as políticas e procedimentos internos de contabilidade da organização executora. Também facilita a comunicação e economiza tempo se projetos com gerenciamento externo não têm problemas para se relacionar com o sistema contábil que a organização cliente utiliza. O gerente de projetos que não conhece os requisitos relevantes deve trabalhar com o patrocinador para localizar um contato no departamento de contabilidade e obter as informações necessárias.

Como deve ser o plano atualizado de gerenciamento de custos produzido por esse processo? Cada organização funciona de um jeito diferente e você deve obter um exemplo de como a sua própria prefere trabalhar. No entanto, ele geralmente inclui as seguintes informações de custos:

- Custos projetados em períodos regulares (normalmente semanais ou mensais) durante toda a duração do projeto, agregados e independentes até o nível do pacote de custos.
- Os custos e riscos de custos de cada pacote de trabalho.
- Custos de cada recurso.
- Mecanismos e critérios para liberar blocos futuros de fundos com aprovação condicional para o projeto.
- Avisos de custos e limites indicadores.
- Códigos orçamentários e contábeis, autorizações, limites.
- Interfaces de processos de custos entre o projeto e a organização executora.

▶ Controle de custos

Se você tem filhos, já deve ter percebido que alguns sabem cuidar do dinheiro melhor do que os outros. Talvez um nunca fique sem dinheiro e tenha excelente disciplina financeira, enquanto o outro, por mais que trabalhe, nunca tenha o suficiente. A diferença entre os dois provavelmente é uma questão de controle de custos. No gerenciamento de projetos, é preciso garantir que o projeto consegue controlar os custos. Mesmo que o controle de custos pareça não ter importância, ele tem, e sua carreira depende da manutenção da qualidade do controle de custos no projeto.

Gerenciamento de custos

O controle de custos do projeto depende de saber quatro coisas:

- Custos planejados.
- Custos reais.
- Causas da variação.
- Coisas que você pode fazer para reduzir custos futuros.

Em uma quantidade incrível de projetos, especialmente no setor público, o gerente não entende nada sobre nenhum desses fatores. As perguntas que você precisa responder são se o projeto está no caminho certo e, caso não esteja, qual a magnitude do problema e o que pode ser feito para remediá-lo.

A Figura 7.4 mostra as entradas, ferramentas e técnicas e saídas do processo de controle de custos do projeto. Observe que o controle de custos pertence ao

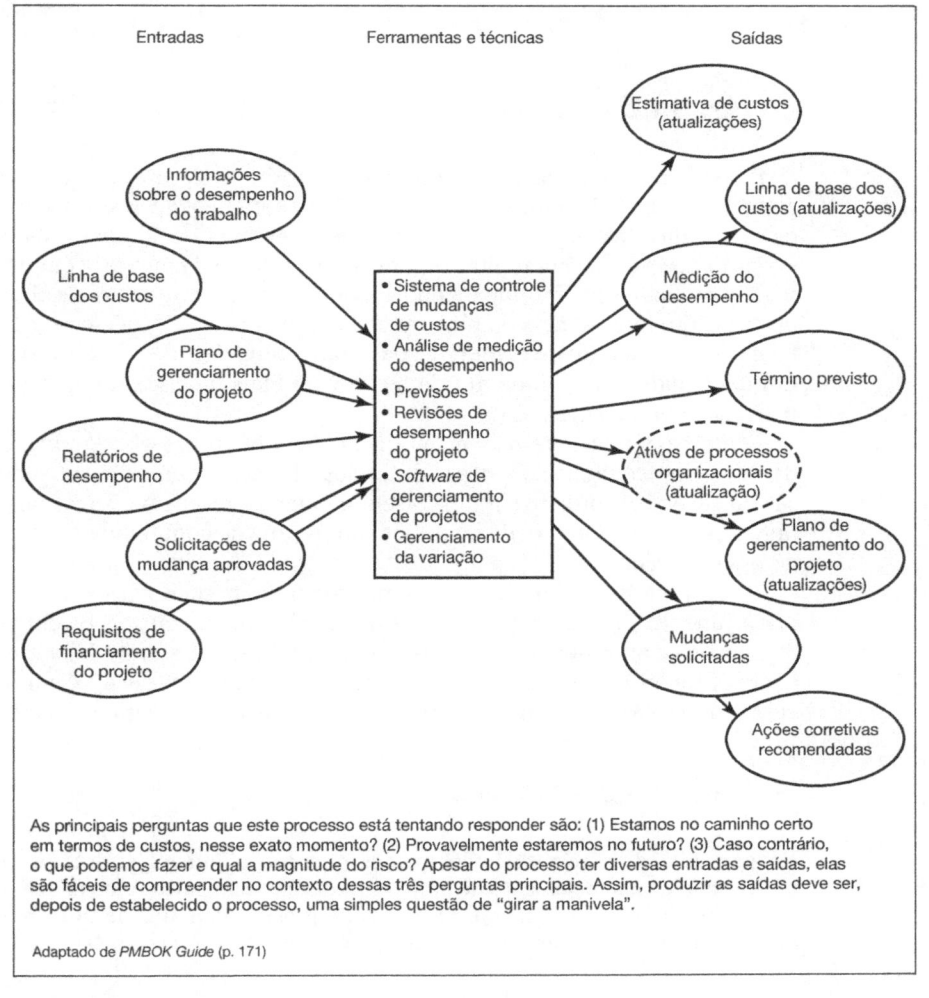

As principais perguntas que este processo está tentando responder são: (1) Estamos no caminho certo em termos de custos, nesse exato momento? (2) Provavelmente estaremos no futuro? (3) Caso contrário, o que podemos fazer e qual a magnitude do risco? Apesar do processo ter diversas entradas e saídas, elas são fáceis de compreender no contexto dessas três perguntas principais. Assim, produzir as saídas deve ser, depois de estabelecido o processo, uma simples questão de "girar a manivela".

Adaptado de *PMBOK Guide* (p. 171)

Figura 7.4 O processo de controle de custos.

controle integrado de mudanças. O processo de gerenciamento de custos é um dos mais mecânicos em todo o gerenciamento de projetos e sua parte rotineira, a de responder a pergunta "Estamos no caminho certo em termos de custos?" deve ser um processo automático simples e confiável. Sua habilidade e seus esforços devem ser reservados para a identificação de problemas de custos no futuro do projeto e das opções disponíveis para lidar com esses problemas.

Enquanto gerente de projetos, a parte mais importante dos problemas de custos é informar o patrocinador assim que possível. Esconder os problemas, incluindo os de custos, não faz eles sumirem. Eles só pioram.

Ideia importante

Controle de custos
O objetivo do controle de custos é manter os custos do projeto dentro do orçamento com o qual todas as partes concordaram.

▶ Resumo

O gerenciamento de custos é importante em todos os projetos, mesmo quando alguém diz que "dinheiro não é problema". A estimativa de custos trata de estimar os custos das diversas atividades do projeto. Assegure-se de que sabe o nível de precisão necessário. Em muitas organizações, é normal começar com uma estimativa de ordem de magnitude e depois refiná-la até encontrar uma estimativa mais precisa. Oito ferramentas ou técnicas estão à sua disposição nesse processo, a mais fácil sendo o método de conferência e a mais complexa, a estimativa paramétrica. Complexidade não é sinônimo de melhor ou mais preciso, então tenha cuidado para escolher a técnica certa.

A orçamentação toma a estimativa e descobre o que ela significa em termos de um plano com custos e datas definidos, de modo que os pacotes de trabalho são custeados e o projeto e todos os seus elementos recebem códigos de custos. Ela também liga a contabilidade do projeto ao sistema de contabilidade administrativa da organização.

A estimativa de custos e a orçamentação são parte do grupo de processos de planejamento. O terceiro processo de gerenciamento de custos, o controle de custos, pertence ao grupo de processos de monitoramento e controle, assim como do controle integrado de mudanças. O objetivo do controle de custos é garantir que os custos do projeto não ultrapassem o orçamento acordado para o projeto.

▶ Leituras adicionais

No princípio deste capítulo, afirmamos que seu objetivo geral seria oferecer ao profissional de gerenciamento de projetos praticante uma introdução ampla o suficiente sobre o tema do gerenciamento de custos do projeto para que ele saiba o que precisa ser feito, não necessariamente para que ele próprio possa fazê-lo. Os livros-texto mais usados no campo da orçamentação e avaliação financeira de projetos indicam o nível de conhecimento necessário para seguir carreira nesse campo. Dois deles são:

- Brealey, R.A. and Myers, S., 1996. Principles of Corporate Finance. New York: McGraw-Hill.
- Ross, S.A., Westerfield, R.W. and Jaffe, J.F., 1995. Corporate Finance. Mason, OH: Thomson/Nelson, Irwin.

O tema da contabilidade de custos e administrativa é uma disciplina maior e mais antiga que o gerenciamento de projetos. Antes de qualquer tentativa séria de ler os livros-texto de finanças corporativas listados acima, é preciso dominar os princípios dessa disciplina, ou princípios contábeis gerais equivalentes. Dois livros-texto líderes de mercado são:

- Hansen, D.R. and Mowen, M.M., 2005. Management Accounting: The Cornerstone of Business Decisions. Mason, OH: Thomson/Nelson, South Western College Publishing.
- Horngren, C.T., 2005. Management and Cost Accounting (3rd edn). Harlow: FT Prentice Hall.

Depois de obter as qualificações apropriadas, os gerentes de projetos advindos do setor de TI que desejam usar o gerenciamento de projetos para fugir desse setor deveriam considerar a possibilidade de estudar para qualificação de contabilidade administrativa CIMA. Os detalhes se encontram no *site* da CIMA, http://www.cimaglobal.com/.

▶ Notas

1. O leitor que duvida da possibilidade dos governos ficarem insolventes, especialmente o da Grã-Bretanha, está convidado a ler sobre o Escândalo dos Empréstimos de Guerra da década de 1930. O governo britânico esteve à beira da insolvência e só evitou o colapso com a destruição de boa parte da poupança da classe média. Tecnicamente, o governo britânico não ficou insolvente, mas a consequência para boa parte da população foi, possivelmente, ainda pior.
2. Os autores são gratos por esse conselho, cujo valor conhecemos em primeira mão, e que foi retirado de um livro incrível: Moran, R.A., 1994, Never Confuse a Memo with Reality: A Little Book of Business Lessons. London: HarperCollins.

Gerenciamento da qualidade

Uma introdução ao conceito de qualidade

Gerenciamento da qualidade: panorama da área de conhecimento

Definições de qualidade e gerenciamento da qualidade

Planejamento da qualidade

A diferença entre controle da qualidade e garantia da qualidade

▶ Objetivos deste capítulo

Ao final deste capítulo, o leitor deve ser capaz de:

- justificar por que o gerenciamento da qualidade deve ser tratado como uma disciplina independente dentro do gerenciamento de projetos;
- definir qualidade;
- listar os três processos do gerenciamento da qualidade do projeto;
- explicar o valor do gerenciamento da qualidade para a organização proprietária do projeto, além do valor de produzir as entregas do projeto de acordo com os padrões de qualidade;
- implementar um sistema de gerenciamento da qualidade em um projeto;
- explicar a diferença entre os conceitos de planejamento, garantia e controle da qualidade;
- listar três indicadores de um processo ou saída fora de controle;
- explicar a um patrocinador cético por que investir em um sistema de gerenciamento da qualidade em um projeto de médio ou de grande porte;
- compreender os benefícios pessoais para o gerente de projetos de adquirir algumas habilidades mínimas em técnicas de gerenciamento da qualidade do projeto;

▶ Uma introdução ao conceito de qualidade

Este capítulo apresenta a ideia de qualidade. Em certo sentido, ela é uma ideia esquisita, pois levanta a pergunta se a qualidade deve mesmo ser uma área independente dentro do gerenciamento de projetos e não algo que permeie todas as áreas da disciplina. O capítulo começa por responder essa pergunta em termos da administração como um todo e depois estabelece uma abordagem para o gerenciamento da qualidade em projetos. Assim como outros capítulos deste livro que tratam áreas de conhecimento em gerenciamento de projetos ou grupos de processos, este segue a abordagem do PMBOK ao gerenciamento da qualidade do projeto. A abordagem do PMBOK é consistente com as principais práticas mundiais de gerenciamento da qualidade, incluindo:

- Série ISO 9000[1].
- Ishikawa.
- Deming.
- Juran.
- Crosby.
- Seis Sigma.
- Análise de modos e efeitos de falha.
- Voz do cliente.
- Custo da qualidade (CDQ).
- Melhoria contínua (MC).
- Gerenciamento da qualidade total (GQT)[2].

A Tabela 8.1 resume as principais características de quatro destas. A abordagem do PMBOK também é consistente com as abordagens à qualidade defendidas por:

- Def Stan 05-973.
- Review, Learn and Improve (RLI).
- Qualidade enxuta.
- House of quality.
- Quality Value Added (QVA).
- Zero Defeitos (ZD).
- Baldridge.
- John Boyd/ciclo OODA.

O PMBOK adota as definições da ISO, sem modificação, para os principais termos de gerenciamento da qualidade (logo, este capítulo usa boxes "ISO diz" quando apropriado, não "O PMI diz"). Não é surpresa que a lista de abordagens compatíveis seja tão longa, apesar de muito incompleta, pois todas estão tentando fazer a mesma coisa. Vale a pena listá-las porque, às vezes, o gerente de projetos pode esbarrar em um executivo júnior com responsabilidade nominal por projetos ou qualidade tentando argumentar que a abordagem ao gerenciamento da qualidade que você quer utilizar não é compatível com algum padrão obrigatório. Sempre duvide de afirmações como essa: se encontrar esse problema, peça para ver as evidências e insista em analisar todos os detalhes do argumento. A experiência dos autores com gerenciamento da qualidade, depois de um pouco de ceticismo inicial, é que muitos aspectos das abordagens ISO 9000 e PMBOK ao gerenciamento da qualidade, entre outras, podem agregar muito valor a projetos e gerentes de projetos, desde que usadas com inteligência.

Gerenciar a qualidade é algo muito estranho. A ideia do gerenciamento como um todo não seria garantir a qualidade? Como disse alguém, se algo vale a pena ser feito, então vale a pena fazê-lo bem. E as pressões e incentivos da vida real significam que a resposta de Oscar Wilde, que se algo vale a pena ser feito, então vale a pena fazê-lo mal, não entra no cálculo da administração. A questão é: por que ter um ponto de vista especial no gerenciamento, incluindo o gerenciamento de projetos, apenas para a qualidade? Ela não deveria ser parte de tudo que fazemos no gerenciamento, nos negócios e no governo? Primeiro, vamos oferecer uma resposta rápida e tediosa para essa pergunta, para depois darmos as verdadeiras e mais significativas. A resposta tediosa é que temos um campo independente de gerenciamento da qualidade no gerenciamento de projetos, ou na administração em geral, porque queremos estar de acordo com padrões como o ISO 9000. A resposta de marcar itens em uma lista não é adequada para a pergunta.

A pergunta é importante pois haverá um custo significativo se o gerenciamento da qualidade for considerado uma parte independente do gerenciamento de projetos, mesmo que esse custo seja apenas o tempo do gerente de projetos. Esse custo deve ser justificado se espera-se que o gerente projetos gaste seu tempo com gerenciamento de qualidade, como acontece com o PMBOK e outras abordagens ao gerenciamento de projetos. Essa pergunta tem duas respostas possíveis, ambas dois lados diferentes da mesma moeda, por assim dizer. Uma resposta começa com a natureza humana, a outra com os problemas da complexidade. O leitor pode estar preocupado com o fato que ainda não definimos o que é qualidade. Nosso próximo passo é responder essa pergunta com qualquer que seja nossa noção intuitiva sobre qualidade para depois chegarmos a uma definição formal.

Tabela 8.1 Comparação entre quatro das principais abordagens da qualidade

	Crosby	Deming	Ishikawa	Juran
Definição de qualidade	Conformidade com os requisitos	Os três pilares da qualidade: ♦ o produto em si, ♦ o usuário e como ele usa o produto, ♦ instruções de uso	Mais econômico, mais útil e sempre satisfatório para o cliente	Adaptação ao propósito. O gerenciamento para a qualidade exige uma trilogia de processos de qualidade: ♦ planejamento ♦ controle ♦ melhoria
Abordagem geral	Acerte de primeira, motive as pessoas	Excelência e melhoria contínua; constância de propósito; uso de análise estatística	Implementar controle da qualidade por toda a empresa (CQTE). Conversar com os dados (usar métodos estatísticos)	Uma abordagem por projetos: ordene os problemas de qualidade e trabalhe nos mais significativos primeiro, de projeto em projeto
A abordagem em detalhes	Os 14 passos: 1. Comprometimento da gerência 2. Equipe de melhoria da qualidade 3. Medição de qualidade 4. Avaliação de custo da qualidade 5. Conscientização de qualidade 6. Ação corretiva 7. Estabelecer comitê para programa zero defeitos 8. Treinamento de supervisores 9. Dia zero defeitos 10. Estabelecimento de metas 11. Remoção de causa do erro 12. Reconhecimento 13. Conselhos de qualidade 14. Fazer tudo de novo	Os 14 pontos para a gestão: 1. Criar constância de propósito para melhoria de produtos e serviços 2. Adotar a nova filosofia 3. Deixar de depender da inspeção em massa 4. Terminar prática de escolher contratos apenas com base no preço 5. Melhorar continuamente o sistema de serviços de produção 6. Instituir métodos modernos de capacitação no trabalho 7. Instituir métodos modernos de supervisão	As 7 ferramentas: 1. Diagrama de Pareto: separar os poucos vitais dos muitos triviais 2. Diagrama de causa e efeito 3. Estratificação 4. Folha de verificação 5. Histograma (gráfico de barras) 6. Diagrama de dispersão (correlação) 7. Gráfico de controle	As 2 jornadas são necessárias. Jornada de diagnóstico 1. Estudar sintomas 2. Gerar teorias sobre as causas 3. Realizar análise experimental para estabelecer causas reais Jornada de solução: 4. Gerar soluções possíveis 5. Selecionar e aplicar uma solução 6. Consolidar e integrar melhorias

Gerenciamento da qualidade

Tabela 8.1 Continuação

Crosby	Deming	Ishikawa	Juran
	8. Acabar com o medo		
	9. Eliminar barreiras entre áreas das equipes		
	10. Eliminar metas numéricas da equipe		
	11. Eliminar padrões de trabalho e quotas numéricas		
	12. Remover barreiras que atrapalham trabalhadores de linha		
	13. Instituir programa vigoroso de educação e capacitação		
	14. Estruturar alta gerência para estimular constantemente os 13 pontos anteriores		
A abordagem em detalhes (continuação)			

A tabela resume as principais características das quatro abordagens principais à qualidade depois do ISO 9000, que aproveita elementos de todas elas. O PMBOK parece sofrer forte influência das sete ferramentas de Ishikawa (e recomenda-se que candidatos para a prova do PMI conheçam todas as sete e usem-nas no gerenciamento da qualidade do projeto). Os 14 pontos de Deming parecem um pouco ultrapassados, mas ainda hoje estão ausentes em muitas indústrias ocidentais. As abordagens acima apresentam uma tensão entre as técnicas estatísticas, que sugerem a necessidade de mensurações detalhadas, e as contrárias, que seguem uma tendência qualitativa e holística.

A maioria das pessoas, especialmente no mundo dos negócios, é perfeccionista. Por natureza, em uma situação normal, elas querem fazer trabalhos de alta qualidade. É difícil se manter motivado, entender o propósito do trabalho e ter orgulho por ele quando tentamos, de propósito, fazer algo de má qualidade. No entanto, mesmo as pessoas mais capazes e enérgicas podem produzir trabalhos de alta qualidade por muitos motivos diferentes. E pense bem: quem decide o que é qualidade? No gerenciamento de projetos, como em qualquer negócio, é o cliente, organização, pessoa ou equipe para quem o projeto está sendo realizado, não a pessoa ou equipe fazendo o trabalho em si, que decide o que conta como bom ou ruim, ou seja, o que conta como qualidade. Mesmo profissionais competentes, que se esforçam ao máximo, podem produzir trabalhos de baixa qualidade, pois, por exemplo:

♦ Os requisitos do cliente não foram compreendidos.
♦ Os requisitos do cliente foram compreendidos, mas era impossível realizá-los.
♦ Os requisitos do cliente mudaram.
♦ Todos os outros requisitos foram atendidos, mas a custos muito maiores do que seria necessário (ou seja, o requisito de custo implícito não foi atendido).
♦ As pessoas responsáveis não tinham as técnicas, experiências ou habilidades para realizar o trabalho com qualidade.
♦ O trabalho foi realizado de um modo que não durou (ou seja, o requisito implícito de persistência não foi atendido).
♦ O resultado final atendeu as expectativas de qualidade, mas o modo como foi realizado foi incômodo ou decepcionante.
♦ Tudo deu certo com respeito à qualidade, mas as pessoas que realizaram o projeto sofreram prejuízos físicos ou mentais no processo.

Todas essas causas possíveis de falhas de qualidade são consistentes com pessoas tentando fazer um bom trabalho. A última, em casos extremos com o profissional se matando de trabalhar na qualidade do produto, surge exatamente por excesso de esforço. Essa é uma falha de qualidade? Sim, a qualidade de vida da equipe do projeto é arruinada; como veremos, o escopo do gerenciamento da qualidade inclui mais do que a qualidade da entrega final.

Partindo de uma consideração sobre a natureza humana, alguns dos itens acima mostram como o problema da complexidade também afeta a qualidade. Quando o projeto é complexo (por exemplo, quando tem muitas partes interessadas e uma entrega com muitas características), pode não estar claro o que seria a qualidade. Um foco excessivo na satisfação de uma dimensão de qualidade, como a facilidade de uso, pode prejudicar algum outro aspecto, como a flexibilidade de uso. O gerenciamento da qualidade é uma ferramenta que ajuda a administrar essas trocas.

O último passo dessa introdução é considerar por que a qualidade deve ser tratada como um campo independente do gerenciamento, incluindo o gerenciamento de projetos. Ofereceremos a resposta do ponto de vista da administração em geral, pois ela se aplica facilmente ao gerenciamento de projetos. A administração, assim como o gerenciamento de projetos, é um todo unificado. A gestão financeira é parte da administração, assim como a gestão de pessoas, jurídica e regulatória, do modo explicado a seguir. O gerente não pode tomar decisões de importância estratégica nem decisões sobre a administração e direção geral da organização apenas com base em fatores financeiros, ignorando os fatores humanos, jurídicos ou regulatórios. Todos os diversos aspectos da administração precisam ser considerados, especialmente pela alta gerência, mas também pela gerência média e no gerenciamento de projetos. Dividir o tema maior e mais difícil da administração em áreas distintas (pessoal, finanças, liderança, jurídico e regulatório, *marketing* e vendas e assim por diante) melhora nosso desempenho. A qualidade é simplesmente uma das áreas da administração.

Agora que contextualizamos e apresentamos a noção de qualidade, passamos para uma definição formal do termo dentro do contexto específico do gerenciamento de projetos.

▶ Gerenciamento da qualidade: panorama da área de conhecimento

No gerenciamento de projetos, o propósito do gerenciamento da qualidade é simplesmente garantir que o projeto atende as necessidades para as quais foi criado. O problema é real. A maior parte dos projetos não atende as metas para as quais foram criados.

A área de conhecimento em gerenciamento da qualidade do projeto contém três processos: planejamento da qualidade, realizar a garantia da qualidade e realizar o controle da qualidade. Como esperado, os três se encaixam nos cinco grupos de processos de uma maneira bastante simples, até lógica, a começar pelo planejamento (Tabela 8.2). O controle da qualidade não começa com a iniciação, pois a essa altura seria cedo demais: é preciso entender melhor do que se trata o projeto e ter alguma noção, ainda que em alto nível, antes que seja possível agregar qualquer valor com reflexões sobre qualidade, então o planejamento do projeto é o momento certo para começar a pensar em qualidade. E o primeiro passo é planejar a qualidade. Este capítulo se concentra principalmente no planejamento da qualidade, pois a experiência comprova que acertar essa parte do trabalho faz com que o controle e a garantia da qualidade sejam relativamente simples e diretos.

A primeira parte do planejamento da qualidade, descrita em mais detalhes a seguir, é decidir o que o termo representa para cada projeto específico e suas entregas e quais os critérios de qualidade relevantes. Depois de preparar o plano de qualidade, parte do plano geral do projeto, não há mais nada o que fazer até a fase de execução; e assim como no gerenciamento de projetos como um todo, o planejamento da qualidade tem uma parte de realização ou execução e, ao mesmo tempo, uma de monitoramento e controle. Assim, medir ou monitorar a conformidade do projeto com os padrões de qualidade planejados é uma tarefa diferente de agir a partir dos resultados dessas mensurações, assim como pesar a farinha em uma balança é uma atividade diferente de misturá-la com ovos e leite para criar uma panqueca. Logo analisaremos em mais detalhes cada um dos três processos da área de conhecimento em gerenciamento da qualidade do projeto, mas antes precisamos definir o que é qualidade.

Tabela 8.2 Três processos de gerenciamento da qualidade do projeto

	Grupo de processos			
Iniciação	Planejamento	Execução	Monitoramento e controle	Encerramento
	1. Planejamento da qualidade	2. Realizar a garantia da qualidade	3. Realizar o controle da qualidade	

▶ Definições de qualidade e gerenciamento da qualidade

Não pode haver nenhuma dúvida sobre o que é qualidade no gerenciamento de projetos. O conhecimento sobre os significados mais aceitos de gerenciamento da qualidade, objetivos de qualidade e sistema de gerenciamento da qualidade pode ser muito útil. Uma definição de qualidade é "conformidade aos requisitos", mais fácil de lembrar do que a do ISO/PMBOK e perfeita para o uso no gerenciamento de projetos no mundo real[4].

Observe que em ambas as definições, seria igualmente errado exceder ou não alcançar a qualidade. Se você entrega um Rolls-Royce quando o cliente queria um Ford, então um dos dois está gastando demais. E talvez o Rolls-Royce seja muito pesado para a ponte frágil que o cliente atravessa no caminho de volta para casa. A analogia apresenta uma questão importante do gerenciamento de projetos na vida real: se você entrega qualidade em excesso, alguém, talvez o projeto, talvez o cliente, está pagando por ela. Não estamos negando que exceder os requisitos de qualidade é muito menos incômodo para o gerente de projetos do que deixar de cumpri-los e que o planejamento deve sempre envolver metas elevadas, não reduzidas, de qualidade. Mas o importante é que você deve tentar cumprir ou exceder apenas levemente as metas de qualidade em suas entregas e processos, nunca por uma larga margem, ou o resultado será o desperdício de recursos. Além de qualidade alta demais ou baixa demais, é possível ter excesso de variação. Isso não significa necessariamente que a entrega varia entre muito além e muito abaixo do padrão de qualidade; pode ser problemático se a qualidade está sempre dentro do aceitável, mas um pouco diferente a cada vez, confundindo as expectativas do cliente. Quando se trata de gerenciamento, as pessoas, especialmente os clientes, tendem a preferir a consistência, não as surpresas constantes.

ISO diz

Qualidade

"Qualidade: O grau com que um conjunto de características inerentes atende aos requisitos." ISO 9000 (e também PMBOK)

ISO diz

Definições de outros termos importantes de gerenciamento da qualidade

"Sistema de Gerenciamento da Qualidade: sistema de gestão para dirigir e controlar uma organização no que diz respeito à qualidade" ISO 9000

"Planejamento da Qualidade: parte da gestão da qualidade focada no estabelecimento dos objetivos da qualidade e que especifica os recursos e processos operacionais necessários para atender a estes objetivos." ISO 9000

"Objetivos da qualidade: aquilo que é buscado ou almejado, no que diz respeito à qualidade." ISO 9000

"Garantia da qualidade: parte da gestão da qualidade focada em prover confiança de que os requisitos da qualidade serão atendidos." ISO 9000

"Requisito: necessidade ou expectativa expressa, geralmente implícita ou obrigatória." ISO 9000

"Controle da qualidade: parte da gestão da qualidade focada no atendimento dos requisitos da qualidade." ISO 9000

▶ Planejamento da qualidade

O gerenciamento da qualidade usa o planejamento pelo mesmo motivo que todas as outras atividades: para desenvolver uma abordagem sensata, eficiente e estruturada à tarefa. O principal objetivo do planejamento da qualidade é produzir um plano de qualidade, ou seja, uma descrição de como o projeto cumprirá seus requisitos de qualidade e também quais são esses requisitos. Assim como o plano geral do projeto, ao qual pertence, o plano de qualidade cumpre duas funções: ele é um plano, mas também uma ferramenta de comunicação, especialmente útil para envolver as principais partes interessadas no processo de gerenciamento da qualidade.

O plano de qualidade não precisa ser longo, complexo ou caro. Em projetos pequenos ou simples, um parágrafo pode ser suficiente. Observe o plano de qualidade apresentado aqui, usado por uma empresa londrina que executou um projeto para criar uma nova divisão, que ofereceria cursos de treinamento para o público. O exemplo mostra que o plano de qualidade pode ser curto, simples e direto. Ele também mostra por que é útil colocar o plano no papel: ninguém pode duvidar do que se espera em termos de qualidade. Nele, todos os envolvidos sabem qual é o objetivo de qualidade: 60% ou mais votos "Sim". Obviamente, em muitos projetos mais complexos, o plano deverá ser maior.

Agora vamos analisar o processo de planejamento da qualidade, como representado pela Figura 8.1.

Ideia importante

Plano de qualidade
"O plano de qualidade é um veículo para mitigar os riscos..." Def Stan 05-97, MOD, Grã-Bretanha

Exemplo de plano de qualidade

O objetivo de qualidade da nova divisão de treinamento é oferecer capacitação em XXXX a um nível de qualidade tal que os delegados e seus gerentes sintam que o treinamento valeu o honorário pago e recomendem a colegas e amigos que se matriculem em nossos cursos. Mediremos a satisfação do cliente com formulários de *feedback* anônimos, a serem distribuídos ao final de cada curso. A pergunta principal será: "Você recomendaria que um colega ou amigo participasse desse curso, dado o seu custo? – Sim/Talvez/Não". A recomendação "Sim" em 60% dos formulários depois do segundo piloto representa o sucesso deste projeto. Antes de oferecer o primeiro piloto ao público, todos os nossos instrutores irão:

1. participar de um curso de um dia em técnicas instrucionais para adultos,
2. assistir um vídeo de si mesmos dando o curso em um ensaio,
3. ser aprovados pelo diretor do projeto como competentes para lecionar o curso,

e o diretor do projeto ficará satisfeito que todos os ensaios cumpriram os padrões qualitativos necessários para que possamos proceder com os cursos públicos.

▶ Entradas do processo de planejamento da qualidade

O primeiro passo do planejamento da qualidade é reunir as entradas. O plano de qualidade será parte do plano do projeto e o gerenciamento da qualidade

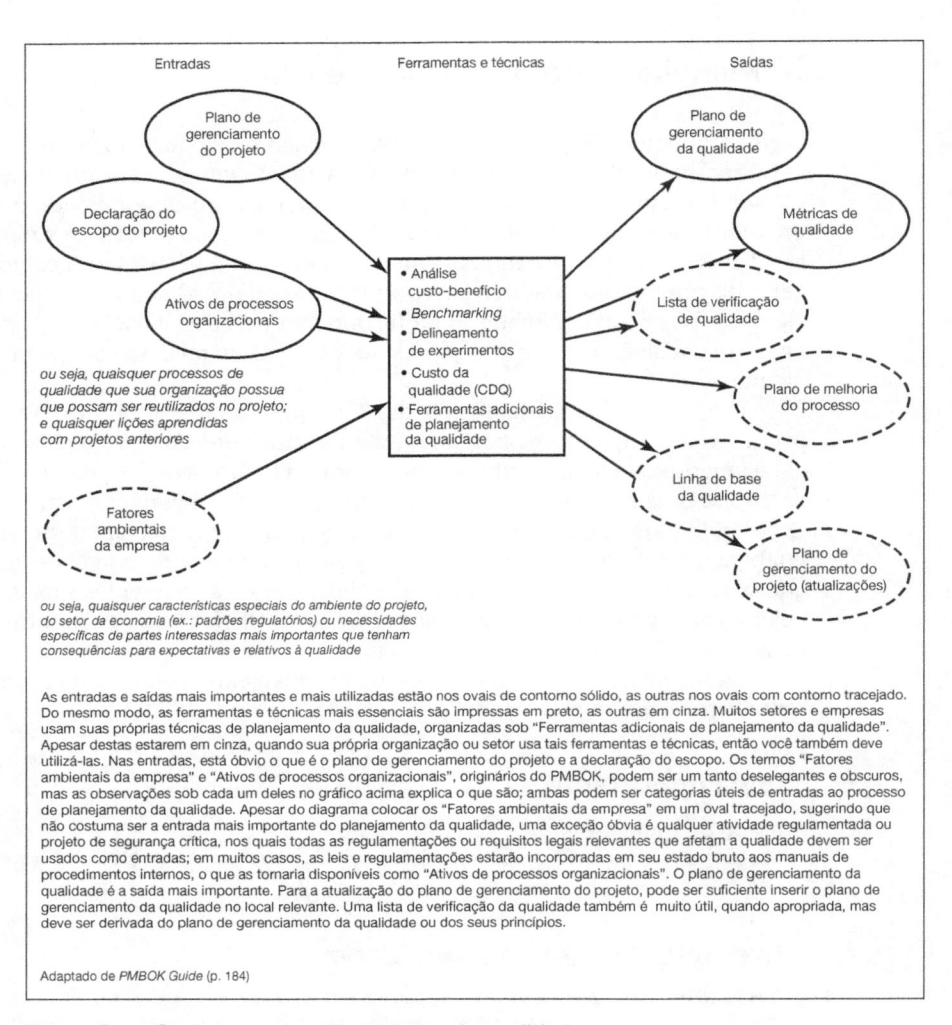

208 O guia definitivo do gerenciamento de projetos

Entradas	Ferramentas e técnicas	Saídas
Plano de gerenciamento do projeto	• Análise custo-benefício	Plano de gerenciamento da qualidade
Declaração do escopo do projeto	• Benchmarking	Métricas de qualidade
Ativos de processos organizacionais	• Delineamento de experimentos	Lista de verificação de qualidade
ou seja, quaisquer processos de qualidade que sua organização possua que possam ser reutilizados no projeto; e quaisquer lições aprendidas com projetos anteriores	• Custo da qualidade (CDQ)	Plano de melhoria do processo
	• Ferramentas adicionais de planejamento da qualidade	Linha de base da qualidade
Fatores ambientais da empresa		Plano de gerenciamento do projeto (atualizações)

ou seja, quaisquer características especiais do ambiente do projeto, do setor da economia (ex.: padrões regulatórios) ou necessidades específicas de partes interessadas mais importantes que tenham consequências para expectativas e relativos à qualidade

As entradas e saídas mais importantes e mais utilizadas estão nos ovais de contorno sólido, as outras nos ovais com contorno tracejado. Do mesmo modo, as ferramentas e técnicas mais essenciais são impressas em preto, as outras em cinza. Muitos setores e empresas usam suas próprias técnicas de planejamento da qualidade, organizadas sob "Ferramentas adicionais de planejamento da qualidade". Apesar destas estarem em cinza, quando sua própria organização ou setor usa tais ferramentas e técnicas, então você também deve utilizá-las. Nas entradas, está óbvio o que é o plano de gerenciamento do projeto e a declaração do escopo. Os termos "Fatores ambientais da empresa" e "Ativos de processos organizacionais", originários do PMBOK, podem ser um tanto deselegantes e obscuros, mas as observações sob cada um deles no gráfico acima explica o que são; ambas podem ser categorias úteis de entradas ao processo de planejamento da qualidade. Apesar do diagrama colocar os "Fatores ambientais da empresa" em um oval tracejado, sugerindo que não costuma ser a entrada mais importante do planejamento da qualidade, uma exceção óbvia é qualquer atividade regulamentada ou projeto de segurança crítica, nos quais todas as regulamentações ou requisitos legais relevantes que afetam a qualidade devem ser usados como entradas; em muitos casos, as leis e regulamentações estarão incorporadas em seu estado bruto aos manuais de procedimentos internos, o que as tornaria disponíveis como "Ativos de processos organizacionais". O plano de gerenciamento da qualidade é a saída mais importante. Para a atualização do plano de gerenciamento do projeto, pode ser suficiente inserir o plano de gerenciamento da qualidade no local relevante. Uma lista de verificação da qualidade também é muito útil, quando apropriada, mas deve ser derivada do plano de gerenciamento da qualidade ou dos seus princípios.

Adaptado de *PMBOK Guide* (p. 184)

Figura 8.1 O processo de planejamento da qualidade.

é uma parte essencial do gerenciamento de projetos, então o primeiro plano é uma entrada: nunca planeje a qualidade sem considerar o resto do plano do projeto. A declaração do escopo é uma entrada essencial do planejamento da qualidade, pois não é necessário planejar ou gerenciar a qualidade de nada que está além do escopo. Por exemplo, se o escopo do projeto de construção de um banco de dados é elaborar uma prova de conceito que não será utilizada para fins operacionais, então talvez você possa ignorar uma série de requisitos de qualidade, por exemplo, aqueles relacionados com longevidade, manutenção e segurança. Seguindo com o mesmo exemplo, algumas organizações têm profissionais especializados em garantir o cumprimento de diversos padrões de TI em bancos de dados; aliado à declaração do escopo, o plano de qualidade pode ser uma maneira eficaz, profissional e positiva de comunicar a eles que, nesse projeto, todos esses padrões e procedimentos podem ser ignorados. Do mesmo modo, quando algo faz parte do escopo, é preciso compreender todos os requisitos relevantes para a qualidade e incluí-los no processo de planejamento da qualidade. Assim, a declaração do escopo é a principal entrada do processo de planejamento da qualidade.

A Figura 8.1 lista outras entradas do processo de planejamento da qualidade: fatores ambientais da empresa e ativos de processos organizacionais. Os ativos de processos organizacionais são simplesmente ativos que sua organização possui e que podem ser úteis enquanto entradas do processo de planejamento da qualidade, tais como:

- O manual de qualidade, plano de qualidade, processos de qualidade da organização.
- Lições aprendidas com projetos anteriores ou outras atividades relevantes para o seu projeto.
- Especialistas internos em qualidade.
- Conhecimento interno relativo às áreas mais importantes do seu projeto.
- Manuais e procedimentos internos, incluindo aqueles que especificam como a sua organização irá cumprir os requisitos regulatórios e jurídicos.
- Bancos de dados e arquivos com padrões, políticas e procedimentos.

Essa entrada, os ativos de processos organizacionais, demonstra um ponto geral para todo o gerenciamento de projetos, não apenas o planejamento da qualidade: não transforme o trabalho em algo longo, caro e burocrático. Se forçado a escolher, peque pela falta, não pelo excesso. O bom senso, a urgência e a eficiência são indispensáveis; na melhor das hipóteses, uma abordagem impensada, baseada apenas nas regras, fica à beira do desastre. O que isso significa? Com relação a encontrar ativos de processos organizacionais para serem usados como entradas no planejamento da qualidade, isso significa passar os olhos por cima da organização, procurando tudo que puder ser útil, seguido por uma análise rápida do que você encontrar para tentar descobrir se cada item pode ou não ser útil para o seu projeto. As empresas que dão prejuízo e os departamentos estatais falidos do mundo ocidental estão cheios de homens grisalhos (e são quase sempre homens) que aproveitam qualquer oportunidade para gastar semanas e meses em documentações inúteis, regurgitação de detalhes irrelevantes e modelos de processo desnecessários. Não se envolva com eles e não deixe que atrasem seu projeto. Procure entradas nos lugares mais óbvios, faça uma avaliação rápida e altere e adapte tudo o que encontrar às necessidades do seu projeto. Lembre-se, é claro, de sempre informar o patrocinador sobre o que está fazendo e obter sua ajuda na hora de decidir onde procurar ativos de processos organizacionais.

Os fatores ambientais da empresa são a última entrada. Esse termo gigante representa coisas como:

- Padrões que precisam ser cumpridos por ordem de um regulador, lei ou órgão do setor.
- Outros procedimentos operacionais padrão e diretrizes específicos à área de aplicação do projeto.
- Normas e padrões esperados na sua organização ou de partes interessadas mais importantes, que apesar de não serem diretamente relevantes para o seu projeto, podem criar expectativas ou oportunidades para ele.

▶ Ferramentas e técnicas usadas no processo de planejamento da qualidade

Depois de reunir as entradas, você está pronto para criar o plano de qualidade. A rincipal ferramenta é o bom senso, também conhecido como análise custo-benefício. Não vale a pena gerenciar a qualidade se o custo da atividade, em burocracia ou no que for, exceder os benefícios. Para usar um exemplo de fora do gerenciamento de projetos, se um incêndio prendê-lo dentro do escritório, você vai usar o extintor de incêndio (se houver) e tentar fugir imediatamente. Você não vai se sentar à mesa, conduzindo avaliações de risco e elaborando planos de qualidade, pois não há vantagem nenhuma nisso. O único benefício possível nessa situação é fugir do perigo. Esse argumento pode ser descrito como um argumento de custo-benefício. Na vida real, um perigo constante no gerenciamento da qualidade é que os custos de gerenciar a qualidade podem ser maiores do que os benefícios. Mas não precisa ser assim. Enquanto gerente de projetos, seu trabalho é garantir que qualquer aspecto de gerenciamento da qualidade em seu projeto irá criar benefícios maiores do que custos.

Não se assuste com o termo "análise custo-benefício". Você não precisa de habilidades financeiras especiais ou planilhas eletrônicas complexas. Na verdade, talvez não precise de planilha nenhuma. Basta marcar algumas linhas, uma para cada benefício de usar o gerenciamento da qualidade em seu projeto, e descrever em palavras os custos e benefícios da atividade. A Tabela 8.3 apresenta um exemplo disso para um projeto hipotético de construção de um banco de dados para gerenciar os documentos legados necessários para investigar indenizações de seguro.

A Tabela 8.3 mostra o argumento de custo-benefício em termos qualitativos, ainda que também objetivos e verificáveis. Como qualquer plano, o de qualidade deve ter objetivos claros; estes são chamados de objetivos de qualidade. Isso significa apenas que você precisa ser claro sobre o que está tentando fazer com relação à qualidade. A Tabela 8.3 é um exemplo de como nem todos os objetivos de qualidade estão diretamente relacionados com o cliente. Um deles trata do conforto, saúde e segurança dos funcionários que irão utilizar o banco de dados. Esse fator pode ter um efeito indireto no cliente final, mas os principais afetados são os funcionários, que recebem a garantia de uma experiência segura e confortável quando inserem dados no arquivo. Este é um objetivo de qualidade válido. Depois de desenvolver um caso de custo-benefício qualitativo, tal como o exemplo na Tabela 8.3, o próximo passo, se necessário, é estendê-lo e talvez acrescentar mais quantificação.

As outras ferramentas e técnicas apresentadas na Figura 8.1 para uso no planejamento da qualidade são basicamente tipos especiais de análise custo-benefício, exceto que o *benchmarking* também pode ajudar a gerar opções para objetivos de qualidade. O termo *benchmarking* significa analisar o que os outros estão fazendo na mesma área (ou em áreas semelhantes) e como estão se saindo para que você possa tentar produzir resultados equivalentes. A lógica por trás do processo é que se alguém pode fazê-lo, você também pode, pelo menos na teoria. O *benchmarking* se aplica ao planejamento da qualidade de duas maneiras: você pode descobrir quais os objetivos de qualidade alheios ou que padrões eles estão seguindo ou tentando seguir para cumprir certos objetivos. Lembre-se que o *benchmarking* pode ser externo (ou seja, em comparação com outras organizações) e interno (ou seja, em comparação com outras partes da sua própria organização, mas além do projeto que está gerenciando).

Tabela 8.3 Exemplo de análise custo-benefício no planejamento da qualidade

Possível objetivo de qualidade	Custo	Benefício	Comentário
1. O conteúdo do banco de dados deve ter as mesmas convenções e estrutura explícitas e implícitas que nossos outros bancos de dados corporativos principais.	Se usarmos nossa própria equipe: custos de horas extras, um dia de treinamento para cada um, mas algum atraso no projeto devido a disponibilidade limitada. Se usarmos equipe temporária: custos com terceirizados, duas semanas de treinamento mais verificação do histórico de cada um; uma opção mais cara.	1. Confiança que os dados estão estruturados e representados de um modo que nossa organização e clientes compreendam. 2. Menos custos de seguro e gerenciamento de riscos.	Estimativas de custos derivadas do piloto de agosto. Fator decisivo é se podemos nos dar ao luxo de atrasar o projeto; por ora, as partes interessadas dizem que sim.
2. Seguir ISO 17799 para segurança em TI.	Mínimo. Já trabalhamos assim. Os únicos custos seriam auditoria e documentação extra.	Precisamos fazer isso para cumprir os requisitos dos nossos sócios na joint-venture, que estão pagando pelo banco de dados.	Não é um custo material.
3. Fornecer duas telas grandes em vez de uma tela de tamanho padrão para cada usuário do banco de dados, aumentando a facilidade e conforto do uso.	Estimativa inicial aproximada de £15.000.	1. Maior facilidade de uso: o piloto de agosto mostrou que operadores têm forte preferência por duas telas grandes. 2. Menor risco de custos de indenização por saúde e segurança devido ao uso de telas pequenas por parte dos operadores.	Variação de custo de menos de 5%, benefícios prováveis de aceleração do trabalho mais do que recuperação do investimento. Litígio de saúde e segurança é pequeno, mas no ano passado perdemos um caso semelhante a um custo de mais de £1 milhão. Provavelmente vale a pena comprar as telas duplas.

> **Ideia importante**
>
> **Objetivos de qualidade**
> Os objetivos de qualidade devem ser colocados no papel. Eles não precisam ser compridos. Na verdade, quanto mais curtos e simples, melhor. Eles devem ser claros e SMART, ou seja:
>
> e**S**pecíficos,
> **M**ensuráveis,
> **A**tingíveis,
> **R**elevantes e
> **T**emporais.

O custo da qualidade é um refinamento da análise custo-benefício geral. Imagine que estamos comandando uma guerra e usando caças para lutar contra nossos inimigos. Os motores estragam devido a problemas de qualidade, fazendo com que os aviões sofram acidentes. Nós podemos (a) não fazer nada e seguir comprando aviões novos e treinando pilotos novos, (b) reprojetar os motores para que estraguem com menos frequência, (c) aumentar nossa capacidade de engenharia e manutenção, para que os motores sejam consertados com mais frequência ou (d) comprar um novo tipo de motor da Engrenolândia, um país neutro com excelente tradição em engenharia. Todas essas opções têm custos diferentes, que precisam ser comparados com o custo da qualidade atual, ou seja, o custo de seguir comprando novos aviões e treinando novos pilotos. Essa linha de raciocínio pode levar a uma nova opção (que batizaremos de [a.i]): comprar assentos ejetores e paraquedas melhores; talvez possamos tolerar a qualidade dos motores se pudermos evitar a perda de pilotos. Produtos, serviços e organizações têm uma estrutura de custo e o mesmo vale para a qualidade. Um dos principais benefícios da abordagem do "custo da qualidade" é que ela nos ajuda a entender a estrutura de custos da qualidade, o que nos permite gerar opções para o planejamento da qualidade.

Muitas outras técnicas e ferramentas podem ser usadas no planejamento da qualidade; por exemplo, delineamento de experimentos, programação linear e brainstorming. Não limite as ferramentas e técnicas à sua disposição e seja pragmático: se tiver uma ferramenta ou técnica útil, use-a. Em geral, não vai haver tempo para aprender uma nova ferramenta para o seu projeto. Use o que já conhece ou, melhor ainda, delegue a tarefa aos especialistas em qualidade da sua organização, caso estejam disponíveis. O planejamento da qualidade não é diferente do planejamento realizado pela administração geral: ele é apenas a aplicação de técnicas de planejamento ao campo específico do gerenciamento da qualidade. As ferramentas mais eficazes para você provavelmente serão aquelas com as quais você já possui alguma experiência.

Ao planejar a qualidade, use dados objetivos e factuais como entradas do processo de planejamento da qualidade.

▶ Saídas do planejamento da qualidade

A principal saída do planejamento da qualidade é o plano de qualidade. Este não é independente do plano do projeto, mas uma seção dele. O planejamento do projeto é um processo iterativo, então o processo de planejamento da qualidade começa com uma versão do plano do projeto que não possui uma sessão sobre gerenciamento da qualidade e termina com um plano atualizado, incluindo uma seção sobre qualidade. Esta seção é o plano da qualidade; os dois são a mesma coisa.

O tamanho dos planos de qualidade varia de acordo com a magnitude e tipo do projeto. Um projeto pequeno e simples pode ter um plano de qualidade de apenas algumas linhas, ou talvez até nem ter um plano. Projetos grandes e complexos, em ambientes de segurança crítica, podem precisar de planos de qualidade igualmente grandes e complexos. Mesmo o menor plano de qualidade deveria incluir:

- Objetivo de qualidade do projeto.
- Lista de padrões, ferramentas ou técnicas de qualidade a serem utilizados.
- Uma declaração de como a qualidade será medida e que métricas serão utilizadas.

Se o plano de qualidade não for absolutamente mínimo, ele também deve incluir:

- Nomes dos revisores independentes que irão revisar a qualidade.
- A abordagem que o projeto usará para garantia da qualidade.
- A abordagem que o projeto usará para controle da qualidade.

Em projetos grandes ou complexos, o uso de revisões externas ou por pares pode ser muito vantajosa. Essas revisões podem ser muito valiosas mesmo que apenas ofereçam um novo par de olhos para analisar certos aspectos do que o projeto realizou. As revisões desse tipo fazem naturalmente parte do gerenciamento da qualidade. Em alguns setores e empresas, as revisões externas são obrigatórias. Quando forem realizadas, o plano de qualidade deve descrever:

- Como a revisão externa ou por pares vai funcionar.
- Os objetivos de usar uma revisão por partes ou externa.
- Seu escopo.
- Quem fará a revisão.
- Em que fase do projeto ela será realizada.

Depois de estabelecer objetivos de qualidade, o projeto precisa comparar o desempenho com os objetivos. Como diz o ditado, o que não se pode medir, não se pode gerenciar. O plano de qualidade deve especificar a métrica que será usada para medir a qualidade. No contexto do gerenciamento da qualidade, a métrica é um sistema de medição. (Observe que ela não é a própria medição.) As instruções a seguir apresentam um exemplo de métrica:

> *Ao final do curso de treinamento para agregação de novos membros à equipe do projeto, o instrutor distribuirá o questionário de encerramento padrão, lerá a rubrica impressa no alto do questionário para a turma, enfatizando a natureza anônima do questionário e do processo de feedback, e pedirá à turma que complete o questionário e deixe-o na caixa selada antes de sair da sala. Os resultados serão reunidos e analisados pelo departamento de gerenciamento da qualidade e devolvidos aos instrutores.*

O exemplo deixa muitos dos detalhes das métricas implícitos em termos como "questionário (...) padrão", mas para essa organização ele afirma qual será a métrica e como será implementada no projeto. O parágrafo abaixo apresenta mais um exemplo:

> Depois da construção final, o banco de dados será testado pela BreakIT Corporation, Inc., uma organização independente de teste de software, que realizará teste de stress e de volume, usando simulações de Monte Carlo para determinar o número de usuários necessário para afetar negativamente o desempenho e o perfil quantitativo da degradação, especialmente o índice de aumento no atraso do tempo de resposta após a inserção de dados novos e atualizações da tela com respeito ao aumento no número de usuários de (a) a tela de usuário principal a níveis de 50, 75 e 100 usuários e (b) da tela de inserção de dados na amplitude entre 20 e 60 usuários, em incrementos de cinco usuários. A BreakIT também registrará quaisquer outros resultados de testes que sua opinião especializada considerar significativos e relatará os achados dos testes por escrito.

As métricas de qualidade são uma parte essencial do plano de qualidade. Outras saídas possíveis do processo de planejamento incluem listas de verificação, um plano de melhoria de processos e uma linha de base da qualidade. As listas de verificação são uma ferramenta simples e eficaz para melhorar a qualidade e vale a pena utilizá-las sempre que a situação for apropriada. Listas curtas e simples são melhores. Quando o plano do projeto inclui uma seção para o plano de melhoria de processos, suas atualizações devem ser uma saída do planejamento da qualidade, mas na prática isso se aplica apenas a projetos grandes e complexos. A linha de base da qualidade é apenas o que o próprio nome informa, essencial porque, sem ela, as métricas não teriam nenhum significado prático. As linhas de base podem ser muito simples; por exemplo: "Linha de base para membros da equipe do projeto SQEP: Em abril de 2006, no começo do projeto, dois dos 18 membros da equipe tinham as habilidades e experiências que serão necessárias até o prazo de teste principal em dezembro de 2006". Ou, para usar um exemplo de engenharia: "O tempo médio entre falhas dos sistemas de propulsão a jato Mark IX no começo do projeto é de 92 dias; índices de baixa/morte de pilotos devido a falhas do Mark IX durante voos é de 51%". Ambos os exemplos representam linhas de base que permitem melhorias, ou pioras, na qualidade a ser medida.

▶ A diferença entre controle da qualidade e garantia da qualidade

Os dois têm uma relação próxima, mas são diferentes. A garantia trata principalmente dos meios pelos quais o projeto espera cumprir seus requisitos de qualidade, além de fazer com que as principais partes interessadas acreditem na capacidade do projeto de cumpri-los. O controle, por outro lado, trata principalmente de medir e testar o cumprimento real desses requisitos. Além disso, o controle interpreta os resultados de testes e medições quando a qualidade difere das metas para determinar as causas relevantes e, assim, ajudar a identificar o que pode ser feito para ajustar a qualidade. A IBM descreve a diferença da seguinte maneira: "A garantia da qualidade enfoca atividades de controle de processos e prevenção de defeitos. O controle da qualidade enfoca atividades de detecção e correção de defeitos" [5].

▸ Garantia da qualidade

A garantia da qualidade tem dois aspectos especiais. O primeiro é garantir que os objetivos de qualidade sejam cumpridos; o outro é fazer as partes interessadas confiarem nesse cumprimento. Seria possível, mas uma má ideia, não cumprir os objetivos de qualidade e ainda inspirar confiança no seu cumprimento, mas isso não passaria de fraude, pura e simples. A Enron[6] conquistou sua má fama por ser muito habilidosa nesse mau uso da garantia da qualidade. Um tipo mais honesto de problema envolve o projeto que está cumprindo seus padrões de qualidade, mas cujas principais partes interessadas não reconhecem esse cumprimento. Nessa situação, a resposta não é aumentar a qualidade, mas sim comunicar a qualidade que já foi realizada. Assim, as principais perguntas na garantia da qualidade são:

- Estamos cumprindo nossos objetivos de qualidade?
- E como sabemos e que confiança temos na nossa resposta para a pergunta anterior?
- Quem precisa saber que estamos cumprindo-os?
- Eles estão confiantes que estamos cumprindo ou que podemos cumprir os objetivos?
- Se não, o que precisamos fazer?

As perguntas "como sabemos" e "eles estão confiantes", acima, podem ser respondidas em termos de que processos estão em atividades. Essa é a abordagem do PMBOK, mas nem todas as organizações ou setores da economia se adaptam bem a uma abordagem centrada em processos e essas perguntas podem ser respondidas sem ela. Por exemplo, históricos de longo prazo e medições simples dos resultados reais podem ser suficientes.

ISO diz

Garantia da qualidade

"Garantia da qualidade: parte da gestão da qualidade focada em prover confiança de que os requisitos da qualidade serão atendidos." ISO 9000

O PMI diz

Garantia da qualidade

"A garantia da qualidade (GQ) é a aplicação das atividades de qualidade planejadas e sistemáticas para garantir que o projeto emprega todos os processos necessários para atender aos requisitos." *PMBOK Guide* (p. 187)

▶ O processo de garantia da qualidade

A Figura 8.2 mostra o processo de garantia da qualidade e lista suas entradas, ferramentas e técnicas e saídas. Lembre-se que a garantia da qualidade possui duas metas diferentes, mas inter-relacionadas: garantir o cumprimento dos objetivos de qualidade e inspirar confiança no seu cumprimento entre as partes interessadas. Do ponto de vista de garantir o cumprimento dos objetivos, as saídas mais importantes do processo de garantia da qualidade são as mudanças solicitadas e as ações corretivas recomendadas, pois ambas melhoram a qualidade. O plano do projeto também deve ser atualizado sempre que necessário em consequência do processo de garantia da qualidade. As saídas também funcionam como segunda meta da garantia da qualidade, fazendo com que as partes interessadas confiem no cumprimento presente ou futuro dos objetivos de qualidade. No entanto, às vezes a maneira mais rápida e eficaz é apenas escrever um

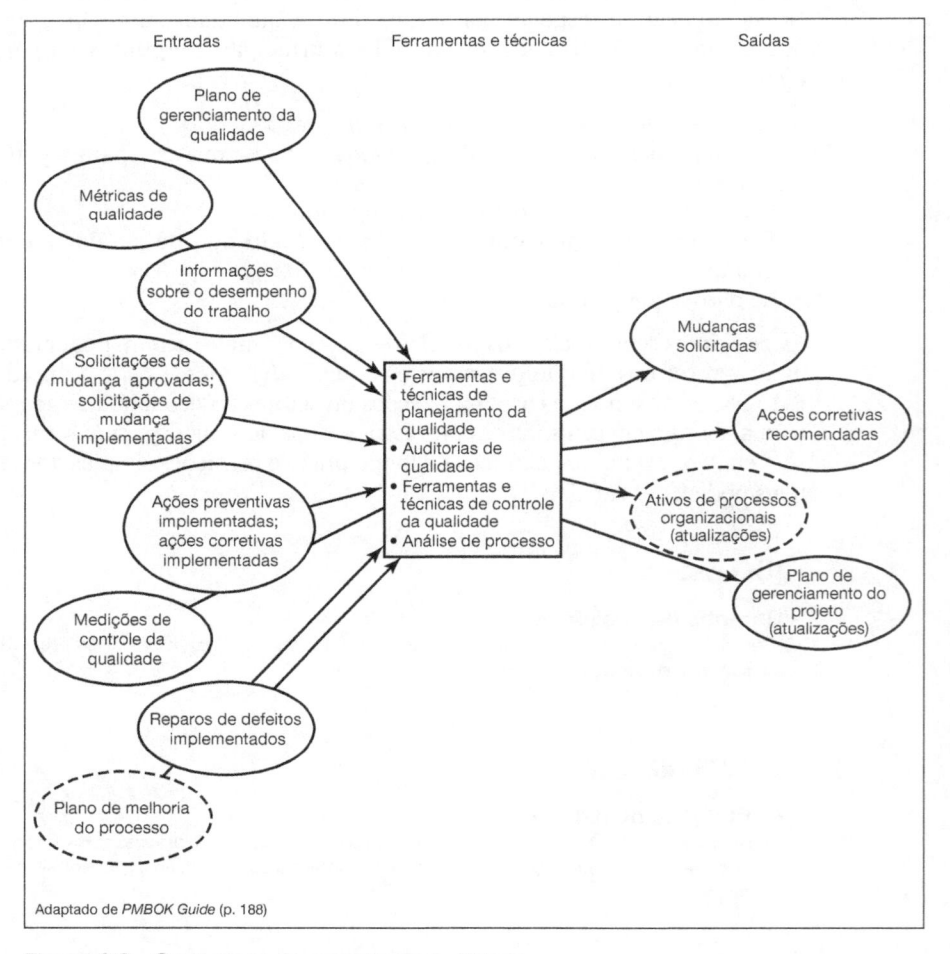

Figura 8.2 O processo de garantia da qualidade.

"relatório de GQ" como saída para essa segunda meta. O texto a seguir apresenta um exemplo desse tipo de relatório.

A auditoria de qualidade é a principal ferramenta ou técnica da garantia da qualidade, além daquelas de planejamento da qualidade, que são identificadas e implementadas durante a própria fase. A ideia da auditoria é simples e pode ser realizada sem muitas complicações, mas a palavra "auditoria" pode ter conotações muito negativas na vida real. Em algumas organizações, a única maneira de realizar uma auditoria, de qualidade, ou de qualquer outro tipo, é usar alguma outra palavra e fingir que a atividade não tem nada a ver com auditorias. O box "ISO diz" apresenta definições formais de auditoria de qualidade e termos relacionados, mas não se preocupe muito com o adjetivo "independente" na definição de "auditoria da qualidade". A independência do projeto pode ter muitos níveis diferentes; a meta não é alcançar um *status* mítico de distância máxima na sua auditoria da qualidade, mas apenas a independência necessária de você e do resto da equipe do projeto para poder oferecer informações úteis ao patrocinador e ao gerente do projeto, permitindo que você gerencie a qualidade com sucesso, ou, por outro lado, que tenha credibilidade perante as partes interessadas enquanto analista objetivo da situação. Qual desses fatores é o mais importante depende de qual das duas metas diferentes da garantia da qualidade é mais importante no momento.

Qualquer que seja a situação, a auditoria precisa ter critérios, normalmente os objetivos de qualidade registrados no plano. Lembre-se de que, como afirmamos na seção sobre planejamento, você provavelmente não precisa realizar ou se preocupar com quase todas essas atividades enquanto gerente de projetos: a maioria das organizações de qualquer tamanho possui uma equipe de gerenciamento da qualidade para aconselhar o projeto sobre as questões relacionadas ao seu campo ou que podem até se responsabilizar pelo processo. Nesse caso, a tarefa de realizar auditorias de qualidade é exatamente o tipo de situação em que mais podem contribuir para o projeto.

Do ponto de vista do projeto, a saída mais importante do processo de garantia da qualidade é uma solicitação de mudança, pois é assim que os problemas de qualidade (e, na verdade, todos os problemas) são resolvidos de maneira controlada. Observe que a saída é uma solicitação de mudança, não a mudança em si, pois ela deve entrar no processo de controle de mudanças do projeto e não deve ser implementada imediatamente. Mas isso não é burocrático? Não, não deve ser. Implementar a mudança diretamente e ignorar o processo de controle de mudanças do projeto criaria uma mudança descontrolada, o que significaria aumentar os riscos. Também pode ser necessário atualizar o plano para refletir a mudança recomendada pelo processo de garantia da qualidade, o que representa mais uma saída. Apesar de não ser importante para o projeto no curto prazo, a organização no qual ele está sendo realizado provavelmente dá valor às lições inerentes às mudanças recomendadas, que são mais uma saída do processo.

Relatório de garantia da qualidade

Preparado para: M. Ballon
Por: Local Moth Exterminator Co. SA
Data: 10 de agosto de 2007

> **Projeto Dark Shot**
>
> Em 5 de agosto de 2007, as medições de qualidade coletadas pelo Projeto Dark Shot sobre tolerância da fabricação de engrenagens mostrou uma variação negativa em relação ao plano de 10% além da proporção de defeitos permissíveis no processo. O propósito deste relatório é descrever o que foi descoberto até o momento sobre as causas prováveis dessa variação e a ação corretiva planejada para remediar a variação ocorrida no Projeto Dark Shot.
>
> A última análise dos defeitos realizada pelo projeto mostra que a causa provável da variação é uma série de erros na comunicação sobre tolerâncias aceitáveis à Cato Manufacturing Company, de Shanghai, China, empresa terceirizada do projeto. Mais especificamente, a tolerância aceitável foi especificada em centímetros, mas a Cato interpretou os valores como medições em polegadas.
>
> Duas ações corretivas foram iniciadas. Primeiro, o projeto se reuniu com os gerentes da Cato responsáveis pelo fornecimento de engrenagens e confirmou verbalmente e por escrito que todas as dimensões do projeto seguem o sistema métrico, especificamente em centímetros, a menos que afirmado explicitamente do contrário. Segundo, o projeto e a Cato estão revisando todas as medidas nas especificações para garantir que as unidades de medida correta estão em operação. Esta segunda ação esterá terminada em meados da próxima semana e o texto do contrato de terceirização será alterado para esclarecer que a unidade de medida passa a ser um item material. Os custos da variação até agora foram mínimos e a Cato concordou em se responsabilizar por eles.
>
> Local Moth Exterminator Co. SA
> Paris

> **ISO diz**
>
> **Auditoria da qualidade e termos relacionados**
> "Auditoria da qualidade: processo sistemático, documentado e independente para obter evidências de auditoria e avaliá-las objetivamente para determinar a extensão na qual os critérios da auditoria são atendidos." ISO 9000
>
> "Evidências da auditoria: apresentação de fatos ou outras informações, pertinentes aos critérios de auditoria e verificáveis." ISO 9000
>
> "Critérios da auditoria: conjunto de políticas, procedimentos ou requisitos usado como uma referência." ISO 9000

▶ Controle da qualidade

Como ocorre com a garantia da qualidade, os requisitos do controle da qualidade são estabelecidos no plano de qualidade do projeto. O controle da qualidade se resume a duas perguntas:

♦ O projeto está cumprindo os requisitos de qualidade?
♦ Se não, o que fazer para resolver o problema?

A Figura 8.3 mostra as entradas, ferramentas e técnicas e saídas do processo de controle da qualidade. O plano de qualidade e as métricas de qualidade especificados nele são, obviamente, entradas essenciais ao controle da qualidade: precisamos saber o que devemos medir e a relação desses fatores com nossos planos para a qualidade. As listas de verificação de qualidade, assim como nossos velhos amigos, os "ativos de processos organizacionais", também podem ser entradas. Se o projeto já chegou a essa fase, as entregas se tornam, é claro, entradas princi-

Gerenciamento da qualidade 219

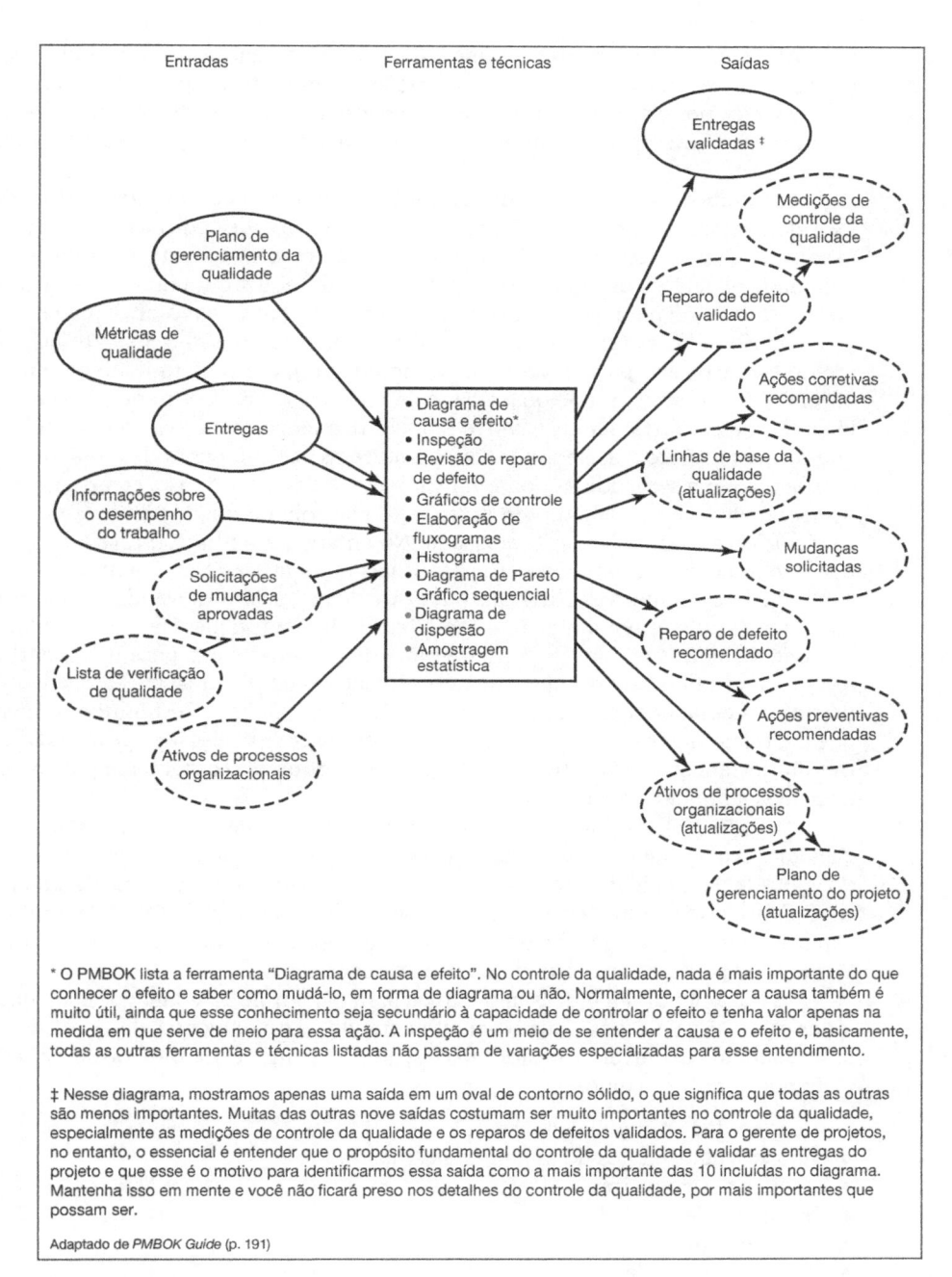

Entradas	Ferramentas e técnicas	Saídas
Plano de gerenciamento da qualidade	• Diagrama de causa e efeito*	Entregas validadas ‡
Métricas de qualidade	• Inspeção	Medições de controle da qualidade
Entregas	• Revisão de reparo de defeito	Reparo de defeito validado
Informações sobre o desempenho do trabalho	• Gráficos de controle	Ações corretivas recomendadas
Solicitações de mudança aprovadas	• Elaboração de fluxogramas	Linhas de base da qualidade (atualizações)
Lista de verificação de qualidade	• Histograma	Mudanças solicitadas
Ativos de processos organizacionais	• Diagrama de Pareto	Reparo de defeito recomendado
	• Gráfico sequencial	Ações preventivas recomendadas
	• Diagrama de dispersão	Ativos de processos organizacionais (atualizações)
	• Amostragem estatística	Plano de gerenciamento do projeto (atualizações)

* O PMBOK lista a ferramenta "Diagrama de causa e efeito". No controle da qualidade, nada é mais importante do que conhecer o efeito e saber como mudá-lo, em forma de diagrama ou não. Normalmente, conhecer a causa também é muito útil, ainda que esse conhecimento seja secundário à capacidade de controlar o efeito e tenha valor apenas na medida em que serve de meio para essa ação. A inspeção é um meio de se entender a causa e o efeito e, basicamente, todas as outras ferramentas e técnicas listadas não passam de variações especializadas para esse entendimento.

‡ Nesse diagrama, mostramos apenas uma saída em um oval de contorno sólido, o que significa que todas as outras são menos importantes. Muitas das outras nove saídas costumam ser muito importantes no controle da qualidade, especialmente as medições de controle da qualidade e os reparos de defeitos validados. Para o gerente de projetos, no entanto, o essencial é entender que o propósito fundamental do controle da qualidade é validar as entregas do projeto e que esse é o motivo para identificarmos essa saída como a mais importante das 10 incluídas no diagrama. Mantenha isso em mente e você não ficará preso nos detalhes do controle da qualidade, por mais importantes que possam ser.

Adaptado de *PMBOK Guide* (p. 191)

Figura 8.3 O processo de controle da qualidade.

pais. Além disso, as informações sobre como o projeto está sendo realizado sempre funcionam como entradas. As solicitações de mudanças aprovadas precisam ser entradas, pois assim garantimos que o processo de controle da qualidade está operando no desempenho real do projeto e não em uma imagem desatualizada da situação.

Como mostra a narrativa da Figura 8.3, o objetivo central do controle da qualidade é validar as entregas. Esse é o objetivo final de todas as ferramentas usadas no controle da qualidade, que se resume a medir os diversos atributos de qualidade e, quando estes não corresponderem aos requisitos, entender a causa e efeito da situação para que o projeto possa corrigi-la e alcançar o nível planejado.

Quase todas as ferramentas e técnicas listadas na Figura 8.3 são principalmente estatísticas e partem da premissa implícita que o projeto lida com engenharia e possui uma grande quantidade de dados a serem capturados. O cenário ideal para essas ferramentas envolve uma fábrica de geringonças, com máquinas que cospem geringonças, rebimbocas e parafusetas aos milhões, todas com dimensões que podem ser medidas quantitativamente. Se esse for o caso, como costuma ocorrer com o gerenciamento de projetos, o controle de qualidade deve utilizar as técnicas estatísticas em sua plenitude. No entanto, em muitos projetos, a qualidade é importante, mas sua natureza é mais qualitativa do que quantitativa. A experiência de compra dos clientes em novas lojas ou *sites* de vendas, a intensidade emocional de um anúncio, a semelhança de uma sequência com o primeiro filme da série e o valor de um programa de pós-graduação para funcionários recém-contratados são exemplos de outros objetivos de projetos, mas estes não se prestam imediatamente à análise quantitativa, pelo menos não no mesmo nível que a fábrica de geringonças. Entretanto, depois de compreender os princípios por trás das ferramentas estatísticas, você logo vê que os princípios também podem ser aplicados a projetos menos objetivos.

A Figura 8.4 explica o que é um diagrama de causa e efeito e apresenta um exemplo. O diagrama é uma das ferramentas de apresentação mais úteis no campo do controle da qualidade, apesar de não ser, obviamente, uma ferramenta analítica. O fluxograma é uma ferramenta analítica e não estatística de CQ. A Figura 8.5 explica a simbologia convencional padrão para uso em fluxogramas, enquanto a Figura 8.6 apresenta um exemplo de uso desses símbolos.

As ferramentas analíticas necessárias para o controle da qualidade são quase todas estatísticas e exigem que o gerente entenda os fundamentos da estatística e da probabilidade (nível avançado, para seguir a terminologia da Grã-Bretanha), incluindo conceitos como:

- Aleatoriedade e ruído aleatório.
- Amostragem e efeitos do tamanho da amostra.
- Média e desvio padrão.
- Sensibilidade.
- Teste de regressão.
- Medidas de correlação.
- Variáveis dependentes e independentes.
- Erros Tipo I e Tipo II.
- Graus de confiança, intervalos de confiança e limites de confiança.
- Teste de hipóteses.
- Teste t Student.

Gerenciamento da qualidade

Causas   **Efeito**

(Causa possível)   (Causa possível)   (Causa possível) ────► [Efeito]

(Causa possível)   (Causa possível)

Exemplo de diagrama de causa e efeito, como desenhado inicialmente

- Operadores não têm habilidade
- Operadores ainda não avançaram suficientemente na aprendizagem
- Rede é mais lenta que premissas de planejamento
- Tecnologia de banco de dados não consegue lidar com volume de dados inserido
- Dados inseridos são mais complexos do que no piloto

[Entrada de dados ao banco de dados sendo realizada a 50% da velocidade planejada]

O diagrama de causa e efeito é um desenho simples. Comece listando as causas possíveis. Ele é uma ferramenta de comunicação útil para produzir um consenso sobre todas as causas possíveis. Garanta também que há um consenso sobre que problema ou efeito precisa ser compreendido, exatamente, e qual a melhor maneira de descrevê-lo; ou seja, garanta que você está respondendo a pergunta certa.

Diagrama de causa e efeito após ajudar o entendimento da causa-raiz

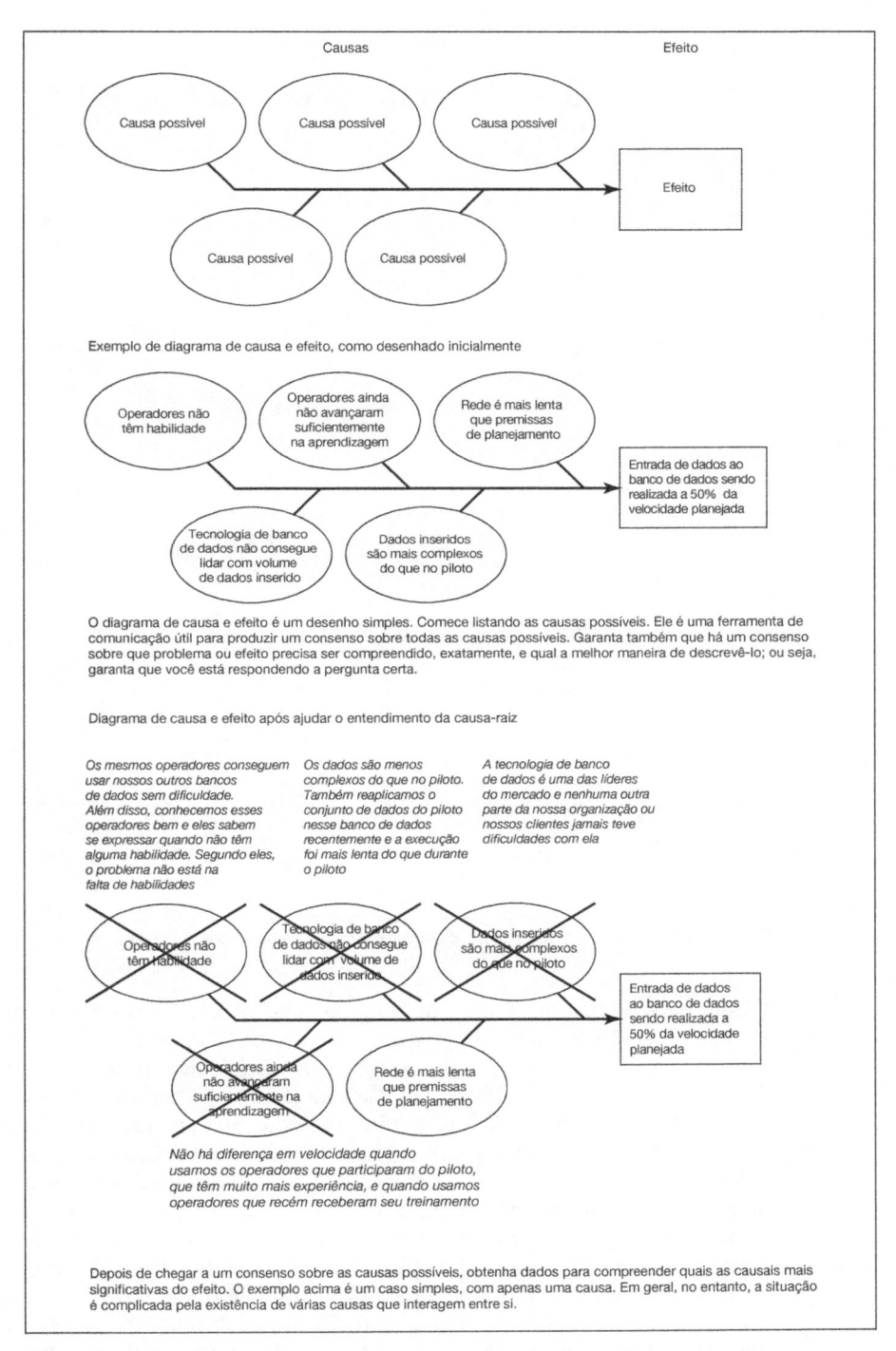

Os mesmos operadores conseguem usar nossos outros bancos de dados sem dificuldade. Além disso, conhecemos esses operadores bem e eles sabem se expressar quando não têm alguma habilidade. Segundo eles, o problema não está na falta de habilidades

Os dados são menos complexos do que no piloto. Também reaplicamos o conjunto de dados do piloto nesse banco de dados recentemente e a execução foi mais lenta do que durante o piloto

A tecnologia de banco de dados é uma das líderes do mercado e nenhuma outra parte da nossa organização ou nossos clientes jamais teve dificuldades com ela

~~Operadores não têm habilidade~~   ~~Tecnologia de banco de dados não consegue lidar com volume de dados inserido~~   ~~Dados inseridos são mais complexos do que no piloto~~

~~Operadores ainda não avançaram suficientemente na aprendizagem~~   Rede é mais lenta que premissas de planejamento

[Entrada de dados ao banco de dados sendo realizada a 50% da velocidade planejada]

Não há diferença em velocidade quando usamos os operadores que participaram do piloto, que têm muito mais experiência, e quando usamos operadores que recém receberam seu treinamento

Depois de chegar a um consenso sobre as causas possíveis, obtenha dados para compreender quais as causais mais significativas do efeito. O exemplo acima é um caso simples, com apenas uma causa. Em geral, no entanto, a situação é complicada pela existência de várias causas que interagem entre si.

Figura 8.4 Diagrama de causa e efeito (também conhecido como diagrama de Ishikawa ou diagrama espinha-de-peixe), com exemplo.

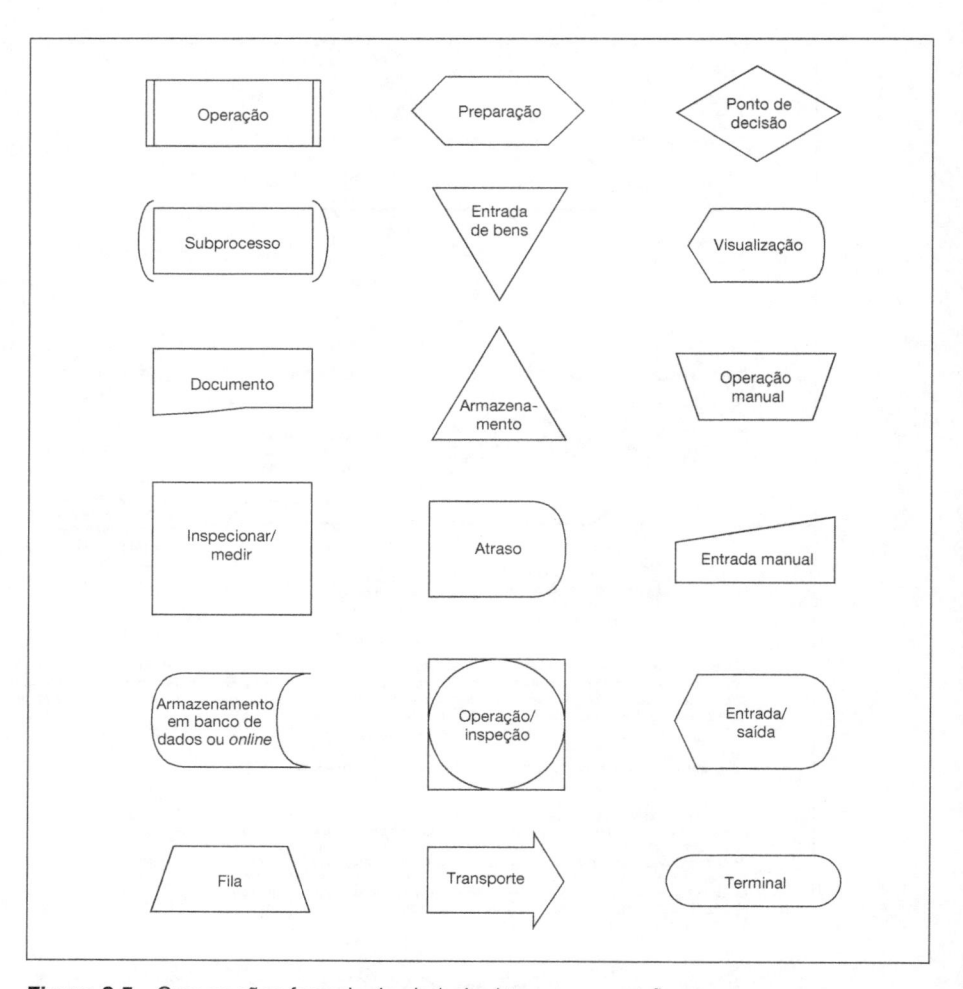

Figura 8.5 Convenções formais de simbologia para uso em fluxogramas.

Os manuais de gerenciamento de projetos tendem a ignorar essas técnicas estatísticas ou então passam a impressão de que são indispensáveis à atividade. Enquanto gerente de projetos, não é vergonha nenhuma ficar intimidado pela aridez de alguns textos sobre técnicas estatísticas. Dentro do controle da qualidade no gerenciamento de projetos, o propósito dessas técnicas é ajudá-lo a compreender o nível de qualidade sendo produzido e, caso ele seja insuficiente, a decidir o que fazer quanto ao problema. Se você conhece a teoria estatística necessária, ótimo. Se não, provavelmente não faz muito sentido tentar adquirir conhecimento sobre estatística aos pedaços e com pressa. Se quiser aprender, uma maneira fácil é se limitar às funções disponíveis em planilhas eletrônicas, como o Microsoft Excel e o Lotus 1-2-3, e estabelecer a meta pessoal de aprender uma nova função estatística por dia ou por semana. Mais importante do que saber realizar os cálculos é entender os princípios por trás de cada técnica, especialmente que tipo de pergunta cada uma pode responder e quais suas limitações.

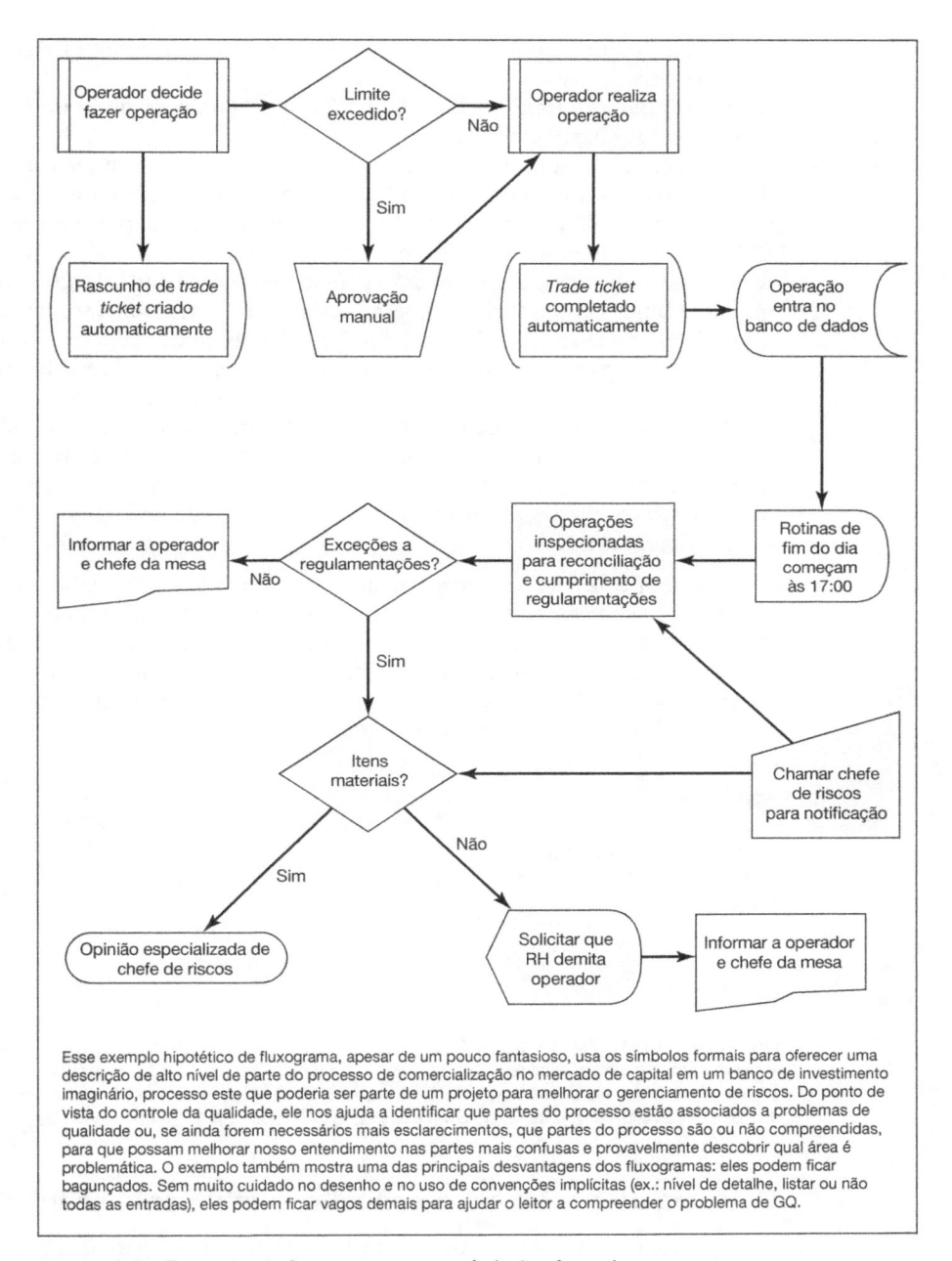

Figura 8.6 Exemplo de fluxograma, com símbolos formais.

Este livro não tenta ser um manual de estatística, mas enquanto exemplo do tipo de coisa que você precisa conhecer em relação aos princípios e limites das técnicas estatísticas, pense um pouco sobre a média aritmética e o desvio padrão. Para aplicar essa ferramenta ao controle da qualidade, você precisa saber que:

- A média aritmética é um tipo de média; logo, ela indica um valor típico ou conjunto de dados.
- O desvio padrão é uma medida da distância de qualquer dado individual no conjunto em relação à média.
- O desvio padrão (representado pela letra grega σ, "sigma") também é uma medida do quanto o conjunto de dados, ou de certos subconjuntos dos dados, estão próximos da média; ou, em outras palavras, quanto os dados dentro do conjunto são semelhantes ou dessemelhantes entre si.
- A média aritmética e o desvio padrão podem não ser ferramentas úteis, a menos que uma única característica esteja sendo medida (em termos técnicos, o conjunto de dados deve ser unimodal, não bimodal ou multimodal).
- Quanto mais assimétrica a distribuição dos dados em torno da média, menos o desvio padrão funciona como indicador confiável da sua dispersão.
- Muitas características arriscadas do mundo natural apenas seguem a distribuição normal quando ela não é importante. Quando importa, a distribuição normal e o desvio padrão, derivado da primeira, acabam valendo tanto quanto um cinzeiro em uma motocicleta, mas com um valor de revenda no eBay ainda menor (leptocurtose).

Antes de fechar esta seção sobre as ferramentas do controle da qualidade, descreveremos mais uma: os gráficos de controle. Oferecemos essa descrição por dois motivos. Primeiro, eles são uma parte importante das provas do PMI. Segundo, e mais interessante do ponto de vista do gerente de projetos praticante, as ideias por trás deles, não a ferramenta em si, são muito valiosas no controle da qualidade e em toda a reflexão sobre gerenciamento de projetos.

ISO diz

Controle da qualidade
"Controle da qualidade: parte da gestão da qualidade focada no atendimento dos requisitos da qualidade." ISO 9000

O PMI diz

Realizar o controle da qualidade
"Realizar o controle da qualidade (CQ) envolve o monitoramento dos resultados específicos do projeto a fim de determinar se eles estão de acordo com os padrões relevantes de qualidade e de identificação de maneiras de eliminar as causas de um desempenho insatisfatório." *PMBOK Guide* (p. 366)

▶ Gráficos de controle e o conceito estatístico de controle

A ideia do bom senso sobre controle é tudo que precisamos para compreender os conceitos estatísticos avançados de controle. Além disso, o bom senso também nos diz que essa ideia é fundamental para o controle da qualidade e para o gerenciamento da qualidade como um todo na disciplina de gerenciamento de projetos. Caso o projeto patrocinado por um de seus subordinados seja apresentado a um membro da alta gerência, a primeira coisa que ele vai querer saber é "o projeto está sob controle?" A diferença entre um projeto que está indo mal, mas continua sob controle, e um que está indo mal, e está descontrolado, é óbvia. Projetos descontrolados costumam ser cancelados para proteger o resto da organização. Um projeto descontrolado pode derrubar empresas e até governos. Dada a sua importância no bom senso, não surpreende que o controle é identificado como um fator crucial na saúde dos projetos.[7]

Podemos definir um projeto como estando sob controle (Figura 8.7) caso as seguintes condições sejam atendidas:

- O patrocinador e o gerente do projeto têm o mesmo entendimento sobre quais são os fatores críticos de sucesso.
- Depois da fase de iniciação vem o plano do projeto. O progresso em relação ao plano é medido regularmente e as variações significativas são reconhecidas e trabalhadas para reduzir a diferença entre o plano e os resultados.
- Depois da fase de iniciação, qualquer mudança ao escopo do projeto passa pelo processo de controle integrado de mudanças.
- O patrocinador e o gerente do projeto acreditam que as entregas podem ser realizadas dentro de 10% dos custos e tempo planejados. Uma pessoa razoável concordaria com a avaliação dos dois.
- O projeto não passou por mais de dois riscos ou eventos não planejados importantes recentemente ("importante" significa 10% do orçamento ou fator relacionado, "recentemente" significa 20% do cronograma total do projeto.)

Em muitos projetos, a ideia de controle pode ser refinada ao ponto de a medição de algum atributo de uma entrega ou processo poder indicar objetivamente se este está ou não sob controle. Em um projeto de desenvolvimento de uma nova aeronave, com duração de 10 anos, por exemplo, se os custos reais forem maiores que os custos estimados em todos os meses, não seria difícil dizer que os custos do projeto estão descontrolados. A ideia apresentada nesse exemplo pode ser estendida com algumas ferramentas estatísticas elementares, que nos permitem criar um gráfico de controle. A Figura 8.8(a) é um exemplo de gráfico "sob controle".

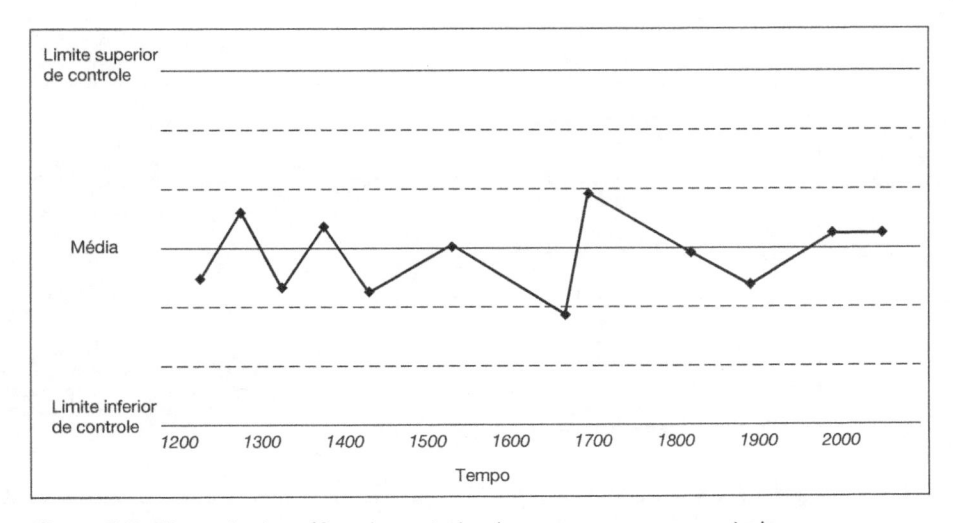

Figura 8.7 Exemplo de gráfico de controle, de um processo em controle.

O propósito do gráfico de controle é criar uma representação gráfica do processo ou conjunto de entregas e mostrar se ele está ou não sob controle. Dois indicadores, ambos descritos acima, mostram que algo está sob controle. De onde saem os limites superiores e inferiores de controle? Eles podem ser definidos arbitrariamente, por exemplo, com a empresa decidindo que uma variação de ±10% é

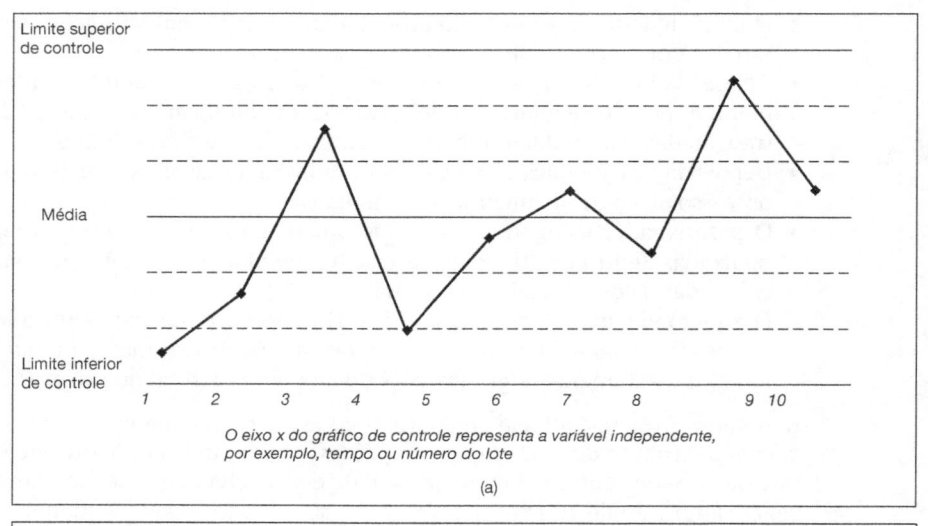

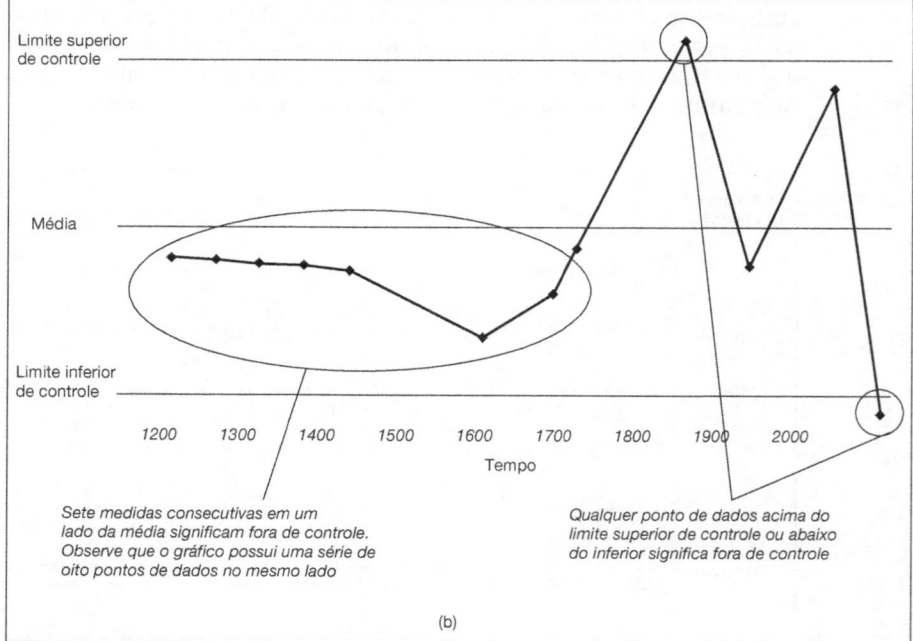

O eixo x do gráfico de controle representa a variável independente, por exemplo, tempo ou número do lote

(a)

Sete medidas consecutivas em um lado da média significam fora de controle. Observe que o gráfico possui uma série de oito pontos de dados no mesmo lado

Qualquer ponto de dados acima do limite superior de controle ou abaixo do inferior significa fora de controle

(b)

Figura 8.8 Gráficos de controle: (a) sob controle; (b) duas maneiras de estar fora de controle.

aceitável para os custos do projeto e qualquer valor acima disso indica uma situação fora de controle; ou com alguma fórmula estatística, por exemplo, definindo que qualquer medição acima de cinco ou seis sigma (cinco ou seis vezes o desvio padrão) representa um indicador fora de controle. Observe que o termo utilizado pode não ser "fora de controle", mas sim "inaceitável", "a ser escalado" ou algo semelhante, mas, para fins de controle da qualidade, o controle é o conceito relevante. Por que sete pontos consecutivos no mesmo lado da média significam que o indicador está fora de controle? Sete é uma convenção, mas baseada na ideia que em situações normais, a aleatoriedade faria com que as medições flutuassem em torno da média. Assim, sete pontos consecutivos no mesmo lado sugerem a presença de um fator não aleatório significativo. Em geral, faz bastante sentido usar os sete pontos como um indicador de problema de controle (as provas do PMI testam esse conhecimento). Entretanto, essa regra básica pode mudar em alguns casos, por exemplo, para considerar apenas pontos consecutivos em um lado da média e não do outro, ou então séries menores que sete pontos[8]. A Figura 8.8(b) mostra duas maneiras de estar "fora de controle".

As duas principais saídas do processo de controle da qualidade são as medições de controle da qualidade e, quando relevantes, reparos de defeitos validados. Outras saídas importantes possíveis, dependendo da natureza do projeto, incluem as atualizações às linhas de bases, recomendações de ações preventivas e corretivas e recomendações de mudanças e reparos de defeitos. O conjunto de todas as saídas possíveis se encontra na Figura 8.3.

O PMI diz

Controle
"Controle (Técnica). Comparação entre o desempenho real e o planejado, análise das variações, avaliação das tendências para efetuar melhorias no processo, avaliação das alternativas possíveis e recomendação das ações corretivas adequadas, conforme necessário." *PMBOK Guide* (p. 355)

▶ Resumo

Qualidade é conformação aos requisitos. A definição formal do ISO e do PMBOK é "o grau com que um conjunto de características inerentes atende aos requisitos". Um projeto ou suas entregas podem não cumprir os objetivos de qualidade de três modos diferentes:

- A qualidade está baixa demais.
- A qualidade está alta demais.
- A qualidade está variável demais.

O gerenciamento da qualidade do projeto possui três processos:

- Planejamento da qualidade.
- Realizar a garantia da qualidade.
- Realizar o controle da qualidade.

O propósito do gerenciamento da qualidade é agregar valor ao tornar a ideia de qualidade uma parte explícita do seu projeto. Isso significa ter e seguir um plano de qualidade, ajustando-o durante a execução do projeto sempre que necessário. Em certo sentido, isso não passa de bom senso, assim como a própria noção de qualidade. O valor de explicitar a qualidade no gerenciamento de projetos está em sua capacidade de reduzir custos e riscos, agregando valor ao processo.

Assim como finanças e risco, a qualidade é uma subdisciplina da administração como um todo e possui seu próprio conjunto de ferramentas e técnicas. O plano de qualidade é uma parte essencial do gerenciamento da qualidade. O plano deve definir claramente quais os objetivos de qualidade do projeto e como serão realizados. As principais entradas do plano são a declaração do escopo e o plano do projeto. O processo de planejamento da qualidade deve considerar opções de objetivos de qualidade, selecioná-los com base em ferramentas e técnicas de custo-benefício e mostrar como serão realizados. A percepção de estar cumprindo os objetivos é tão importante quanto sua realização em si. Esse processo, conhecido como garantia da qualidade, trata de inspirar confiança nas partes interessadas de que os padrões de qualidade serão cumpridos. O controle da qualidade, por outro lado, trata do cumprimento real desses padrões. Ambos são essenciais no gerenciamento da qualidade e ambos dependem da realização do processo de planejamento da qualidade.

▶ Leituras adicionais

O ISO 9000 e séries relacionadas, disponível para *download* no *site* www.iso.ch, é a fonte de referência definitiva para o padrão de qualidade ISO 9000. Esse padrão pode ser muito valioso em projetos. Os elementos da série mais relevantes para o gerenciamento da qualidade do projeto são:

- ISO 9000 Sistemas de gestão da qualidade – Fundamentos e vocabulário
- ISO 10005 Sistemas de gestão da qualidade – Diretrizes para planos da qualidade

As séries ISO 9000 a seguir podem ser muito relevantes para alguns projetos:

- ISO 9001 Sistemas de gestão da qualidade – Requisitos
- ISO 9004 Sistemas de gestão da qualidade – Diretrizes para melhoria de desempenho

Todos os padrões ISO são publicados pela Organização Internacional para Padronização, sediada em Genebra, Suíça.

Ver também os seguintes livros:

- Coram, R., 2002. *Boyd: The Fighter Pilot who Changed the Art of War*. New York: Little Brown.
- Crosby, P. B., 1979. *Quality is Free*. New York: New American Library.
- Deming, W. E., 1982. *Out of the Crisis*. New York: Cambridge University Press.
- Harry, M. and Schroeder, R., 2000. *Six Sigma*. New York: Random House.
- Imai, M., 1986. *Kaizen: The Key to Japan's Competitive Success*. New York: McGraw-Hill.
- Ishikawa, K., 1986. *Guide to Quality Control*. Quality Resources.
- Juran, J.M., 1992. Juran on Quality by *Design*: The New Steps for Planning Quality into Goods and Services (revised edition). New York: Free Press.

Para uma visão muito diferente do movimento Seis Sigma, ver: Marsh, Peter, 'When boring beats buccaneering', *Financial Times*, London, 7 June 2006. O texto é uma entrevista com David Farr, executivo-chefe da Emerson. Ela está disponível no *site* www.ft.com; pode ser necessário pagar pelo acesso.

▶ Notas

1. *International Standard ISO 9000:2000(E)*, 2nd edition, International Organization for Standardization, Geneva, 2000.
2. *PMBOK*, 3rd edition, p. 180.
3. *Defence Standard 05-97*, Issue 2, Ministry of Defence, London, 2002.
4. Em alguns casos, a IBM define qualidade como "conformação a requisitos especificados e atender as expectativas dos clientes." De: IBM Global Services internal paper, 'Quality Plan for Application Domain', Unique ID APP 134, version 3.0, January 2000.
5. IBM Global Services internal paper, 'Quality Plan for Application Domain', Unique ID APP 134, version 3.0, January 2000.
6. Muitos autores escreveram sobre o colapso da Enron e das fraudes dos seus executivos. Um artigo conciso é: Jopson, B. 'Accounting for Capitalism after Enron'. *Financial Times*, September 2006. www.ft.com
7. Ver, por exemplo: *Driving the Successful Delivery of Major Defence Projects: Effective Project Control is a Key Factor in Successful Projects*, The Comptroller and Auditor General, 2005. (Apresentado à Câmara dos Comuns sob a Seção 9 do National Audit Act, 1983.)
8. Em uma distribuição aleatória em torno da média aritmética, a probabilidade de qualquer ponto ser maior ou menor que a média é igual a 50% (por conveniência, partimos do pressuposto que a média em si não é um valor possível). A probabilidade de sete pontos de dados ficarem no mesmo lado da média é igual a $(50\%)^6 = 1,5625\%$ (um meio elevado à sexta potência, não à sétima, pois o primeiro dos sete tem 100% de chance de estar em algum lado da média; o cálculo representa a probabilidade dos seis pontos subsequentes ficarem todos no mesmo lado que o primeiro).

Gerenciamento de pessoas (recursos humanos)

As pessoas são importantes
Processos do gerenciamento de RH do projeto
Planejamento de RH
Montar a equipe do projeto
Desenvolver a equipe do projeto
Gerenciar a equipe do projeto

▶ Objetivos deste capítulo

As pessoas são importantes. Como veremos, elas são especialmente importantes no gerenciamento de projetos. Este capítulo trata de como gerenciar o lado pessoal dos projetos, com um foco especial na administração de pessoas. Gerenciar pessoas é uma tarefa central de todo o gerenciamento, mas sua administração é essencial para a motivação da equipe e a realização do trabalho. A administração pode ser um trabalho chato, mas isso não significa que não é importante. Se quiser testar essa afirmação, experimente não pagar seus funcionários e veja quanto tempo eles continuam trabalhando. As metas deste capítulo são:

♦ mostrar por que o gerenciamento de RH é importante no gerenciamento de projetos;
♦ descrever o que ele é;
♦ mostrar como planejar e gerenciar os quatro processos de gerenciamento de RH;
♦ identificar as principais tensões no gerenciamento de RH.

▶ As pessoas são importantes

O diagrama da Figura 9.1 mostra os dois grandes dilemas enfrentados por quem tenta gerenciar o lado pessoal dos projetos. No primeiro, entre avançar com o trabalho e treinar a equipe. No segundo, entre gerenciar as pessoas sistematicamente de acordo com medidas objetivas das habilidades e gerenciá-las de acordo com suas emoções e outros aspectos essenciais do que separa o homem das máquinas. A área de conhecimento em gerenciamento de RH do projeto contém as ferramen-

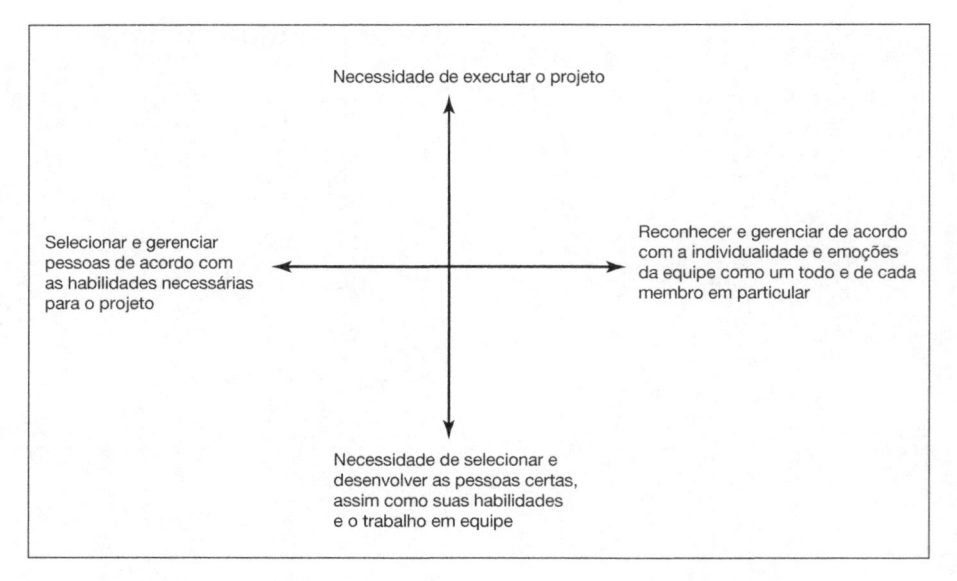

```
                    Necessidade de executar o projeto
                                 ▲
                                 │
Selecionar e gerenciar           │          Reconhecer e gerenciar de acordo
pessoas de acordo com            │          com a individualidade e emoções
as habilidades necessárias  ◄────┼────►     da equipe como um todo e de cada
para o projeto                   │          membro em particular
                                 │
                                 ▼
                    Necessidade de selecionar e
                    desenvolver as pessoas certas,
                    assim como suas habilidades
                    e o trabalho em equipe
```

Figura 9.1 As duas grandes dinâmicas no gerenciamento de RH do projeto.

tas e técnicas necessárias para gerenciar essas tensões com eficiência. As pessoas realizam projetos, não os gráficos, *software*, máquinas e metodologias. Por causa dessa verdade fundamental, qualquer um dos itens a seguir pode transformar um projeto perfeitamente possível em fracasso ou, na melhor das hipóteses, em um projeto atrasado e com orçamento estourado:

- Ter as pessoas erradas
- Ter as pessoas certas, mas não fazer com que trabalhem em equipe no nível necessário
- Ter as pessoas certas, mas sem ter desenvolvido suas habilidades corretamente.

▶ Processos do gerenciamento de RH do projeto

O gerenciamento de RH do projeto têm quatro processos, que se dividem nos grupos de processos mostrados na Tabela 9.1.

- O planejamento de RH trata de determinar as funções e responsabilidades em projetos, tanto em nível individual quanto no modo como se encaixam e formam a equipe.
- Contratar ou mobilizar a equipe do projeto trata de fazer com que as pessoas certas participem ou apoiem o projeto.
- Desenvolver a equipe do projeto trata de melhorar as habilidades individuais e a capacidade de trabalho em equipe das pessoas contratadas ou mobilizadas no último processo, de acordo com as necessidades do projeto.
- Gerenciar a equipe do projeto trata de aplicar o ciclo OODA (ou seja, aplicar um ciclo de *feedback*; ver páginas 66-7) para melhorar o desempenho individual e coletivo no contexto do projeto, assim como o da organização à qual os membros da equipe pertencem.

Ideia importante

Gerenciando pessoas
Pessoas, e apenas pessoas, realizam projetos. *Software*, metodologias e tudo mais, exceto pessoas, não conseguem. Somente pessoas conseguem. Assim, gerenciar pessoas corretamente é o coração do gerenciamento de projetos.

Tabela 9.1 Quatro processos do gerenciamento de RH do projeto

Grupo de processos				
Iniciação	Planejamento	Execução	Monitoramento e controle	Encerramento
	1. Planejamento de RH	2. Contratar ou mobilizar a equipe do projeto	4. Gerenciar a equipe do projeto	
		3. Desenvolver a equipe do projeto		

▶ Planejamento de RH

O planejamento de recursos humanos ocorre durante a fase de planejamento do ciclo de vida do projeto. É durante esse processo que o gerente identifica os requisitos de RH do seu projeto, incluindo as funções e responsabilidades, a estrutura hierárquica e o plano de gerenciamento de pessoal. A Figura 9.2 mostra que o grupo de processos de planejamento possui três entradas, três saídas e três ferramentas e técnicas. Você já deve conhecer muito bem as três entradas desse grupo de processos: os fatores ambientais da empresa, os ativos de processos organizacionais e o plano de gerenciamento do projeto. No entanto, assim como em todas as áreas de conhecimento, diferentes aspectos de cada entrada são importantes para cada área de conhecimento.

Como vimos anteriormente, os fatores ambientais da empresa são todos aqueles fatores ambientais externos ou organizacionais internos que podem afetar a entrega do projeto. Em muitos processos, eles são "bons de ter", e não entradas absolutamente necessárias para o processo. No entanto, nos processos de RH, e especialmente no planejamento de RH, a consideração dessas entradas é crucial, especialmente os requisitos jurídicos e regulatórios e todas que puderem afetar a motivação da equipe. O mesmo vale para ativos de processos organizacionais e processos de gerenciamento de RH.

Modelos e listas de verificação são especialmente úteis no planejamento de RH. Eles podem ser usados para ajudar a identificar as competências principais necessárias para os membros da equipe ou podem mostrar o organograma.

Três ferramentas e técnicas podem ser aplicadas ao processo de planejamento de RH:

♦ Organogramas e descrições de cargos
♦ *Networking*
♦ Teoria organizacional.

Organogramas e descrições de cargos podem ser usados de muitas maneiras diferentes para representar a estrutura de uma organização. Os organogramas se dividem em três tipos principais. A Figura 9.3 mostra um exemplo de organograma

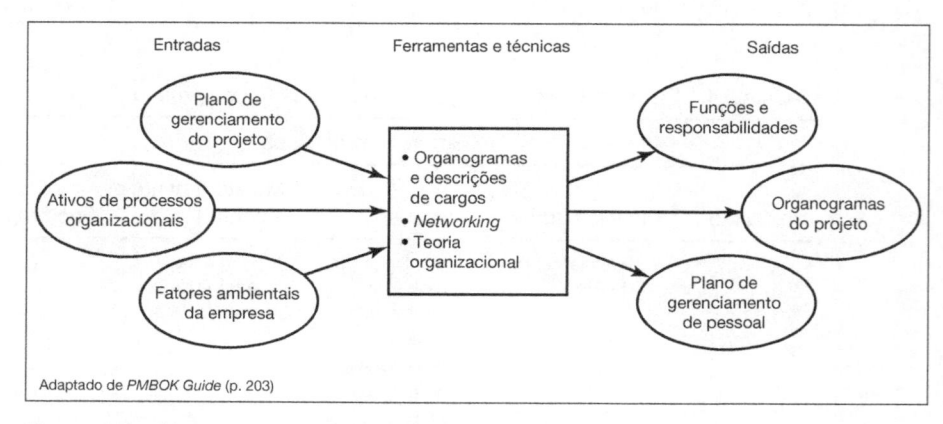

Adaptado de *PMBOK Guide* (p. 203)

Figura 9.2 O processo de planejamento de RH.

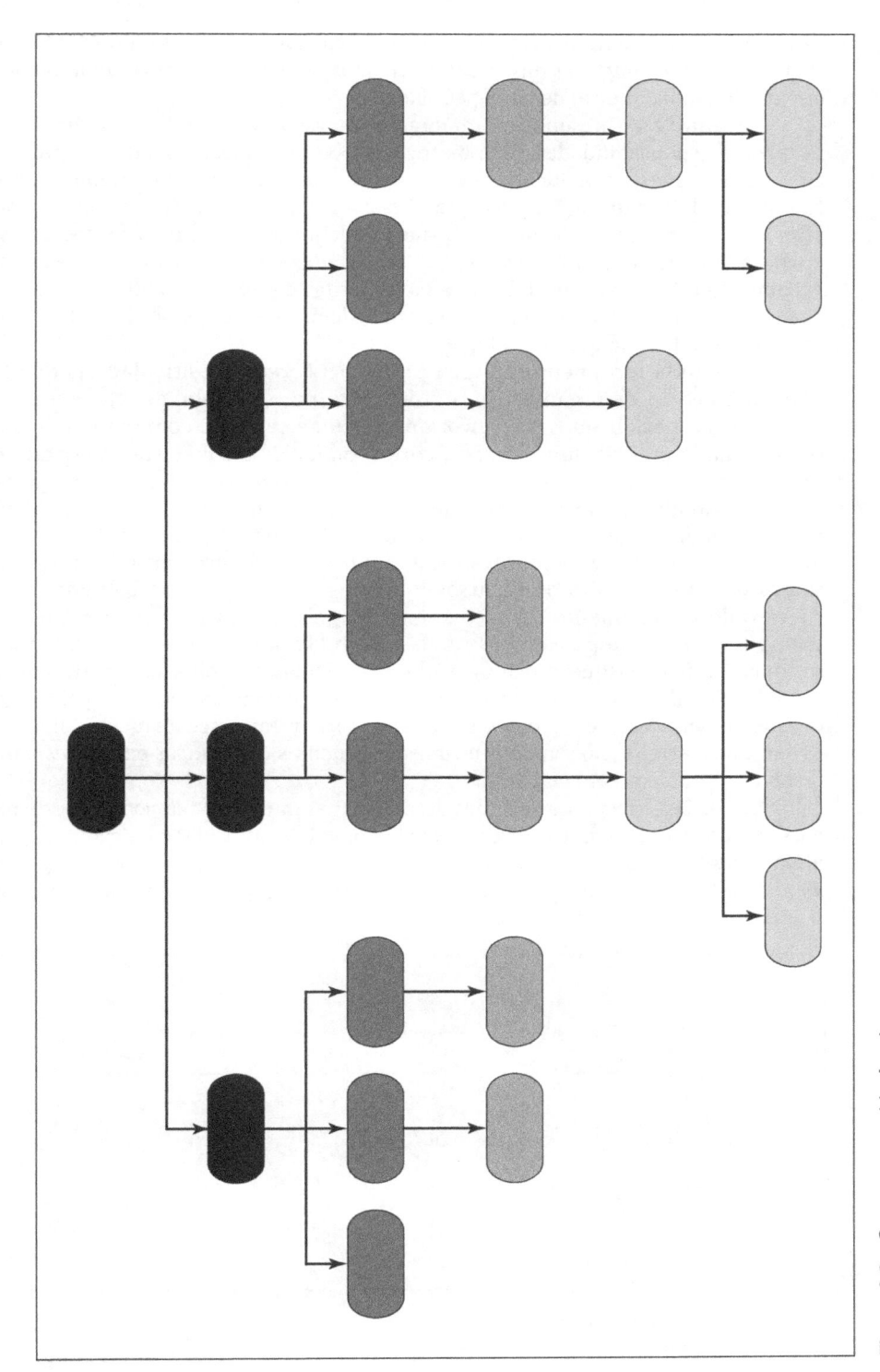

Gerenciamento de pessoas (recursos humanos) 235

Figura 9.3 Organograma hierárquico.

hierárquico. Considerado a forma tradicional, ele coloca o chefe da organização, função, departamento ou grupo no topo, ligados diretamente a seus subordinados em um diagrama que vai de cima para baixo.

A Figura 9.4 apresenta um diagrama matricial, cujo melhor exemplo é a matriz de responsabilidades. Essa matriz lista as principais atividades do projeto e especifica as responsabilidades de cada parte envolvida. Ela é uma importante ferramenta de comunicação, pois apresenta com clareza quem deve ser contatado para cada atividade. Os formatos textuais podem ser usados para fornecer descrições detalhadas das funções e responsabilidades de cada membro da equipe. Algumas funções e responsabilidades são descritas em seções do plano de gerenciamento do projeto. Por exemplo, os registros de riscos e problemas identificam os proprietários de cada risco e problema.

A segunda ferramenta ou técnica é o *networking*. A atividade pode ser realizada dentro da organização ou fora dela, por exemplo, em conferências ou eventos especializados. O *networking* costuma ser visto como uma atividade informal e pode incluir almoços, correspondência e conversas. A terceira e última ferramenta é a teoria organizacional. Segundo o PMBOK, isso significa a capacidade de fornecer "informações sobre o modo como pessoas, equipes e unidades organizacionais se comportam". Ainda segundo o PMBOK, "a aplicação de princípios comprovados diminui o tempo necessário para criar as saídas de planejamento de recursos humanos e aumenta a probabilidade de sucesso do planejamento". Mas o que isso significa na vida real? Em poucas palavras, se sua equipe está passando por problemas organizacionais, leia as últimas teorias. Busque no Google um *site* respeitável sobre comportamento organizacional, compre um livro sobre o assunto ou converse com um psicólogo organizacional. Seu objetivo não deve ser se tornar um especialista, afinal, você já tem uma carreira, mas apenas usar as ferramentas ou técnicas existentes para resolver o problema em sua equipe.

As funções e responsabilidades desenvolvidas durante o planejamento de recursos humanos devem descrever a função e nível de autoridade de cada pessoa, além das suas responsabilidades e as competências necessárias para completar as atividades do projeto. O organograma do projeto representa graficamente os

Atividade	Pessoa				
	Abel	Bunty	Casimir	Deepak	Eli
Definir requisitos	R	A	I	C	I
Desenhar protótipo	A	R	I	C	I
Criar protótipo	I	A	C	R	C
Testar protótipo	I	R	I	A	C

Figura 9.4 Uma matriz de responsabilidades.

membros da equipe do projeto e sua linha hierárquica. A última saída, o plano de gerenciamento de pessoal, forma parte do plano de gerenciamento do projeto. Esse plano costuma incluir:

- Processos de aquisição de pessoal.
- Cronogramas de requisitos de pessoal.
- Critérios para liberar pessoal para sair do projeto.
- Necessidades de treinamento da equipe.
- Critérios de reconhecimento e recompensas.
- Estratégias de cumprimento.
- Políticas e procedimentos de saúde e segurança.

O PMI diz

Fatores ambientais da empresa

"Fatores ambientais da empresa. Esses fatores são de qualquer uma ou de todas as empresas envolvidas no projeto e incluem cultura e estrutura organizacional, infraestrutura, recursos existentes, bancos de dados comerciais, condições de mercado e *software* de gerenciamento de projetos." *PMBOK Guide* (p. 360)

O PMI diz

Networking

"*Networking*. Desenvolvimento de relações com pessoas que podem ser capazes de ajudar na realização dos objetivos e responsabilidades." *PMBOK Guide* (p. 365)

▶ Montar a equipe do projeto

A Figura 9.5 mostra o grupo de processos para contratação da equipe do projeto. As entradas desse processo são os ativos de processos organizacionais, os fatores ambientais da empresa e as três saídas do processo de planejamento de recursos humanos: funções e responsabilidades, organogramas do projeto e o plano de gerenciamento de pessoal.

Quatro ferramentas e técnicas podem ser usadas durante esse processo. A primeira técnica é a pré-designação, na qual os membros da equipe sabem de antemão que vão trabalhar no projeto. Em geral, ela ocorre quando indivíduos específicos se comprometem com o projeto durante uma proposta competitiva. A segunda técnica é a negociação. Em geral, o processo de contratar ou mobilizar os membros da equipe exige que o gerente do projeto compita com outros por alguns membros mais importantes. A negociação pode ser realizada com projetos concorrentes ou gerentes funcionais. A aquisição do pessoal necessário quase sempre depende da influência do gerente do projeto. A terceira técnica é a aquisição, usada quando não há recursos internos que possam preencher um aspecto do projeto. O gerente pode escolher contratar novos funcionários, procurar consultores ou terceirizar o trabalho. A última ferramenta é o uso de equipes virtuais.

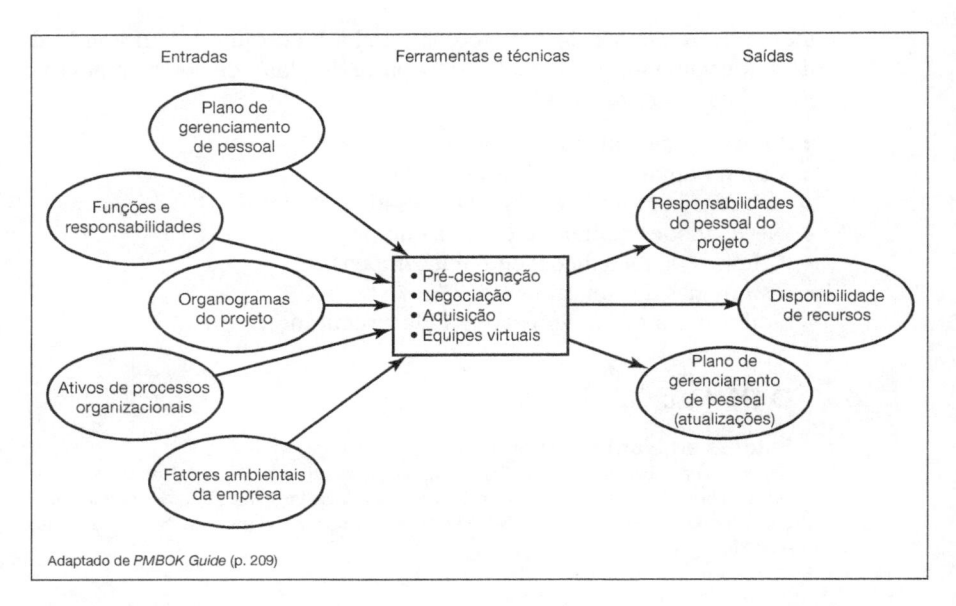

Figura 9.5 O processo de contratar a equipe do projeto.

O PMI diz

Equipes virtuais

"Equipes virtuais. Um grupo de pessoas com um objetivo compartilhado que executam suas funções sem se encontrarem pessoalmente na maior parte do tempo. A disponibilidade de comunicações eletrônicas, tais como *e-mail* e videoconferência, viabilizou tais equipes." *PMBOK Guide* (p. 379)

▶ Desenvolver a equipe do projeto

O gerente do projeto é responsável por desenvolver a equipe do projeto. No começo de alguns projetos, os membros nunca trabalharam em equipe antes. O gerente precisa garantir a transformação da equipe em um grupo de indivíduos capazes de entregar o projeto a tempo, dentro do prazo e de acordo com o escopo. A Figura 9.6 apresenta o processo de desenvolver a equipe do projeto.

O treinamento pode ser oferecido formal (por exemplo, com a obtenção de uma certificação) ou informalmente (por exemplo, em sessões de *coaching* ocasionais). A terceira técnica é a atividade de construção de equipe. Esse tipo de atividade é muito variado, desde a reunião semanal até o dia em que toda a equipe se encontra fora do local de trabalho. Tarefas do projeto, tais como o desenvolvimento da estrutura analítica do projeto, podem ser usadas para construção de equipe. É absolutamente essencial que os padrões de comportamento aceitável sejam estabelecidos logo no começo do projeto. Na verdade, o desenvolvimento de regras básicas em um seminário pode se transformar em exercício de construção de equipes. O gerente do projeto deve garantir que toda

Gerenciamento de pessoas (recursos humanos)

```
Entradas                    Ferramentas e técnicas              Saídas

  Plano de
  gerenciamento           • Habilidades
  de pessoal                gerenciais
                            gerais
  Responsabilidades       • Treinamento                     Avaliação do
  do pessoal do           • Exercícios de                   desempenho
  projeto                   construção de equipes           da equipe
                          • Regras básicas
                          • Agrupamento
  Disponibilidade         • Reconhecimento
  de recursos               e recompensas

Adaptado de PMBOK Guide (p. 212)
```

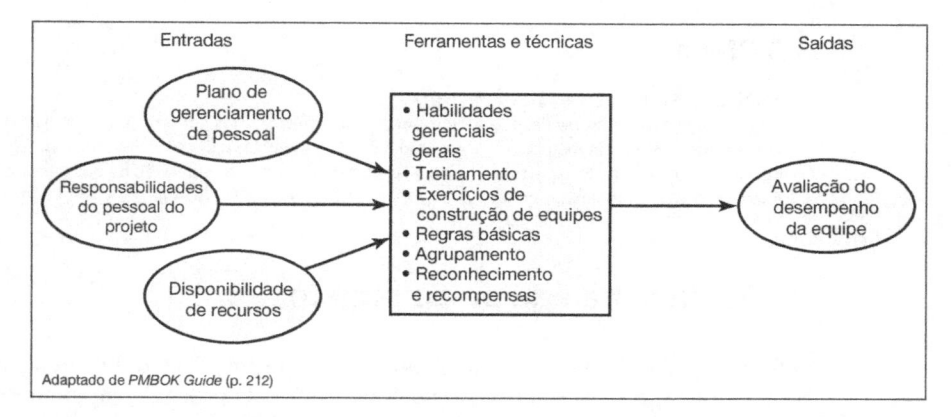

Figura 9.6 O processo de desenvolver a equipe do projeto.

a equipe entende as regras e, mais do que isso, a responsabilidade coletiva de assegurar o seu cumprimento.

A quinta técnica, o agrupamento da equipe, envolve garantir que tantos membros quanto possíveis estão trabalhando na mesma sala. Se isso não for possível, o agrupamento no mesmo andar ou prédio costuma ser suficiente. Se nem toda a equipe puder trabalhar no mesmo prédio (por exemplo, se o projeto é internacional), então é preciso pensar em outros métodos. Por exemplo, é possível criar páginas para cada equipe na intranet da organização. Você também pode criar equipes virtuais, aproveitando ao máximo as novas tecnologias, tais como videoconferência e programas mensageiros instantâneos.

A sexta e última ferramenta é o reconhecimento e as recompensas. A técnica identifica e oferece incentivos para a conduta desejada durante todo o projeto. É importante que você recompense apenas o bom comportamento; por exemplo, se o prazo era apertado, vale a pena recompensar o trabalho durante o fim de semana para garantir que um *software* estará pronto até a data de lançamento divulgada na imprensa. Mas o mesmo comportamento não deve ser recompensado se o programador faltou o trabalho sem avisar e usou os fins de semana para correr atrás do prejuízo. O PMI faz uma distinção clara entre recompensas ganha-perde e ganha-ganha.

O processo possui uma única saída, a avaliação do desempenho da equipe. À medida que a equipe do projeto se desenvolve, o desempenho deve aumentar. A avaliação do desempenho define a eficácia da equipe por meio da análise de uma série de indicadores, tais como aumentos de produtividade, melhorias em competências e menor rotatividade de pessoal.

O PMI diz

Treinamento

"Treinamento. Todas as atividades projetadas para aprimorar as competências dos membros da equipe do projeto." *PMBOK Guide* (p. 213)

> **O PMI diz**
>
> **Ganha-ganha *versus* ganha-perde**
> "As recompensas ganha-perde, que podem ser conquistadas apenas por um número limitado de membros, como o prêmio de membro da equipe do mês, podem afetar a coesão. Recompensas ganha-ganha para comportamentos que todos podem realizar, como entregar relatórios de progresso dentro do prazo, tendem a aumentar o apoio entre os membros da equipe." *PMBOK Guide*

▸ Gerenciar a equipe do projeto

O último grupo de processos nessa área de conhecimento é o de gerenciar a equipe do projeto, processo ilustrado pela Figura 9.7. O processo vai além de apenas distribuir tarefas entre os membros da equipe e mandá-los fazer o trabalho. Ele envolve o monitoramento do desempenho dos membros, *feedback*, resolução de problemas, gerenciamento de mudanças e atualizações ao plano de pessoal, aos registros de problemas e às lições aprendidas.

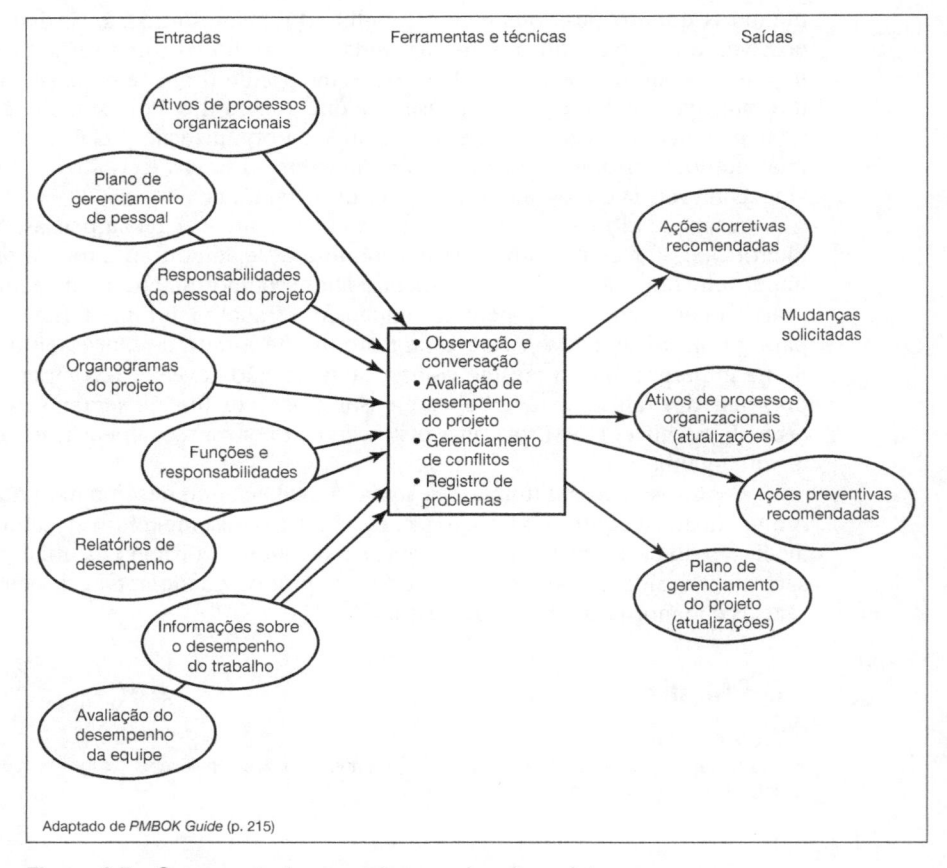

Figura 9.7 O processo de gerenciar a equipe do projeto.

Este processo possui oito entradas, todas as quais já foram discutidas neste ou em outros capítulos deste livro: ativos de processos organizacionais, responsabilidades do pessoal do projeto, funções e responsabilidades, organogramas do projeto, plano de gerenciamento de pessoal, avaliação do desempenho da equipe, informações sobre o desempenho do trabalho e relatórios de desempenho.

Esse grupo de processos possui quatro ferramentas e técnicas. A primeira é a observação e conversação, usada pelo gerente para entender e influenciar o clima da equipe. Por exemplo, ele pode tentar descobrir se a equipe está sentindo orgulho por cumprir uma meta difícil ou se há dificuldades interpessoais entre os membros. A segunda ferramenta é a avaliação de desempenho do projeto. Com esse processo, os membros da equipe recebem *feedback* sobre seu desempenho no projeto. Uma modalidade popular é o *"feedback* 360°", no qual o indivíduo recebe contribuições de uma ampla variedade de profissionais, incluindo chefes, colegas e subordinados.

A terceira técnica é o gerenciamento de conflitos. Os projetos podem ser ambientes especialmente estressantes, pois a equipe está tentando fazer algo de novo, muitas vezes com orçamentos e prazos apertados. Assim, os conflitos não demoram a surgir e o gerente do projeto deve lidar com eles assim que possível. O PMI sugere que o gerente do projeto resolva conflitos com privacidade, usando uma abordagem direta e colaborativa. Os procedimentos formais de resolução de conflitos devem ser usados apenas quando os informais não adiantarem. No entanto, aconselha-se que os procedimentos formais sejam explicitados para a equipe antes do começo do projeto, oferecendo a todos os membros a oportunidade de compreender cada um deles.

A quarta e última ferramenta é o registro de problemas. Os problemas surgem durante toda a duração do projeto. Manter um registro deles é de suma importância, pois isso permite que os problemas sejam gerenciados de um modo coordenado. As informações registradas sobre cada problema podem incluir o nome do problema, quem chamou sua atenção para ele, a gravidade (ex.: alta, média, baixa), o proprietário do problema, o *status* do problema e o curso de ação identificado para resolvê-lo.

O processo possui cinco saídas: mudanças solicitadas, ações corretivas recomendadas, ações preventivas recomendadas, atualizações aos ativos de processos organizacionais e atualizações ao plano de gerenciamento do projeto.

▶ Resumo

Os projetos são realizados por pessoas, não por ferramentas, técnicas ou tecnologias. Assim, o gerenciamento de pessoas, também conhecido como gerenciamento de recursos humanos (RH) é essencial. Uma das principais diferenças entre as organizações profissionais e as pequenas, com crescimento limitado, é que as primeiras selecionam e contratam pessoas de acordo com habilidades e capacidade. No entanto, há uma tensão entre a abordagem racionalista ao gerenciamento de RH, que tenta combinar as habilidades e capacidade necessárias com os funcionários disponíveis, e o lado emocional do gerenciamento. As ferramentas e técnicas do gerenciamento de RH do projeto tentam ajudá-lo a gerenciar essa tensão.

Essa área de conhecimento possui quatro processos. O primeiro é o planejamento, no qual o gerente planeja que pessoas serão necessárias e como serão desenvolvidas enquanto equipe e indivíduos de acordo com as necessidades do projeto e da organização. Os outros processos são contratar, desenvolver e gerenciar a equipe do projeto.

▶ Leituras adicionais

Bacharach, S.B., 2005. *Get Them on Your Side. Improve Efficiency and Get Things Done.* Avon, MA: Platinum Press.

Blau, P., 1964. *Exchange and Power in Social Life.* New York: John Wiley & Sons.

Buchanan, D. and Huczynski, A., 2003. *Organizational Behaviour: An Introductory Text* (5th edn). New York: Financial Times/Prentice Hall.

Dessler, G., 2004. *Human Resource Management* (10th edn). New York: Financial Times/Prentice Hall.

Fritz, R., 1998. *Corporate Tides: The Inescapable Laws of Organizational Structure.* San Francisco: Berrett-Koehler.

Harrison, M.I., 1994. *Diagnosing Organizations: Methods, Models and Processes (Applied Social Research Methods).* Newbury Park, CA: Sage Publications.

Senge, P.M., 1993. *The Fifth Discipline: Art and Practice of the Learning Organization.* London: Century Business.

Woods, C., 2003. *Everything You Need to Know at Work: A Complete Manual of Workplace Skills.* Harlow: Prentice Hall.

Gerenciamento das comunicações do projeto

Por que a comunicação é importante em projetos

Alguns problemas da comunicação do projeto

Dez princípios da comunicação do projeto

Uma abordagem sistemática ao gerenciamento das comunicações

> A comunicação é o verdadeiro trabalho da liderança.
>
> Nitin Nohria

> Quanto mais complexos nossos meios de comunicação, menos comunicamos.
>
> Joseph Priestley

▶ Objetivos deste capítulo

Enquanto gerente de projetos, talvez metade do seu tempo precise ser gasto com comunicação.

Este capítulo trata sobre como se comunicar em benefício do seu projeto. Isso significa comunicação interna, dentro da equipe, e também externa, com outras pessoas. Alguns gerentes acreditam que a comunicação é uma habilidade menos importante que o planejamento e o gerenciamento de projetos. Não é verdade. Se você se comunica mal, o projeto fracassa. Sem a comunicação, você não consegue descobrir quem são todas as partes interessadas, não analisa suas necessidades e não conquista seu apoio. Sem ela, seu projeto não tem aderência junto as partes.

As habilidades de comunicação podem ser usadas imoralmente, como na política. Mas esse não é o tema deste capítulo. A comunicação é uma habilidade essencial e todas as partes interessadas e membros da equipe merecem que você se comunique decentemente.

Ao final deste capítulo, você deve ser capaz de:

- explicar por que a comunicação é importante no gerenciamento de projetos;
- definir as tensões existentes na comunicação;
- declarar os princípios da boa comunicação do projeto;
- planejar a comunicação no seu projeto;
- criar um plano de gerenciamento das partes interessadas;
- distribuir as informações certas sobre seu projeto para as pessoas certas e na hora certa.

▶ Por que a comunicação é importante em projetos

> Nenhuma decisão é difícil quando você tem todos os fatos.
>
> General Patton

A comunicação é importante no gerenciamento de projetos porque é fundamental para a liderança e para a administração em geral, não apenas em projetos. O gerenciamento produz uma única saída, as decisões. E estas só podem ser tomadas corretamente quando baseadas nos fatos, incluindo fatos sobre as opiniões alheias. Assim, a comunicação é essencial para o gerenciamento, o que explica a frase do General Patton, acima. A natureza dos projetos cria alguns problemas especiais para a comunicação, mas o motivo por que ela é importante não é específico dos projetos. No entanto, em termos do seu projeto em particular, o gerenciamento das comunicações é importante porque:

- Em geral, a demanda por relatórios sobre o projeto consome boa parte do tempo do gerente. Qualquer ação para gerenciar essa demanda ajuda o gerente de projetos.
- Ninguém vai entender e apoiar o projeto se não souber que ele existe, o que é e que vantagens oferece.
- Enquanto gerente de projetos, sua credibilidade e poder dependem de os outros entenderem que você é competente. Eles precisam ter alguma base para essa opinião.
- A boa comunicação ajuda a construir e motivar a equipe do projeto, o que por sua vez ajuda a atingir metas.
- As premissas no plano do projeto mudam com o tempo. Manter-se atualizado sobre essas mudanças e adaptar o plano e gerenciar o projeto para lidar com elas depende de receber informações sobre o que mudou.
- Seu projeto está competindo por tempo e atenção com outros projetos e demandas pelo tempo e atenção alheios. A comunicação ajuda a lembrar todo mundo sobre seu projeto.
- O modo como algo é comunicado (o "estilo") é tão importante quanto o que é comunicado em si. Erre o "como" e uma boa notícia sobre o seu projeto pode ter o mesmo efeito que uma ruim. Por outro lado, acerte o "como" e os efeitos de uma má notícia podem ser minimizados.
- A comunicação é demorada e cara, então você precisa garantir que os custos são direcionados com o máximo de eficiência.

Ideia importante

Comunicação
A capacidade de se comunicar com sucesso é, no mínimo, tão importante quanto as habilidades técnicas. A comunicação envolve a transmitir mensagens claras e saber como ouvir apropriadamente.

Alguns problemas da comunicação do projeto

A comunicação é importante, mas costuma ser difícil, e não apenas em projetos. As dificuldades surgem principalmente de seis tensões, listadas na Tabela 10.1.

Não vamos apresentar uma receita sobre como gerenciar essas tensões. Às vezes, elas não podem ser gerenciadas. Nesses casos, o gerente de projetos precisa tomar decisões firmes sobre que lado das tensões será favorecido. Trabalhar tensões desses tipos está no coração do gerenciamento e nada é mais importante do que saber reconhecê-las.

As tensões são mais fortes no gerenciamento de projetos do que em outros trabalhos por três motivos. Primeiro, porque projetos têm limites de tempo mais estritos. Segundo, devido à natureza temporária da organização, que faz com que os participantes da comunicação tenham menos oportunidades de conhecer uns aos outros. E terceiro, porque as partes interessadas mudam ou mudam em importância à medida que o projeto avança, o que significa que planos e estratégias de comunicação podem precisar de revisões.

Tabela 10.1 Seis fontes de tensão na comunicação

A necessidade de comunicar a situação ou história completa	versus	A necessidade de ser breve
A necessidade de simplificar a mensagem ou adaptá-la ao público	versus	O dever de ser franco e honesto
A necessidade de tratar todas as partes interessadas com justiça	versus	Necessidades e expectativas concorrentes entre as partes interessadas e a necessidade de apresentar algumas informações com o passar do tempo
A necessidade de ouvir	versus	Restrições de tempo e a necessidade de fazer correções
A exigência de informações imediatas e em grande quantidade	versus	A necessidade de apresentar informações com o passar do tempo; o tempo para compreender, confirmar e digerir as informações
O valor de mostrar certeza e clareza na comunicação	versus	O valor de um entendimento completo sobre o assunto da comunicação, o que significa tolerar ambiguidades e tons de cinza

▶ Dez princípios da comunicação do projeto

A experiência mostra que o gerente de projetos deve seguir 10 princípios de comunicação. Nenhum deles vai além do bom senso e quase todos os gerentes de projetos e administradores sabem que estes são todos bons princípios de comunicação. Segui-los no calor do momento e com os prazos apertados dos projetos é outra história. Os 10 princípios são:

1. Conheça seu público.
2. Saiba sobre o que está falando.
3. Escolha a mídia certa para o público.
4. Reconheça as tensões na necessidade de comunicar.
5. Trabalhe com o patrocinador.
6. Teste e ajuste.
7. Se a sua mensagem puder ser mal entendida, ela será.
8. Planeje e ensaie.
9. Diga a todos o que está acontecendo, especialmente a seu patrocinador.
10. Ouça e faça perguntas; entenda que a comunicação corre em duas vias.

▶ Conheça seu público

Você não faria um seminário para o Conselho Administrativo da mesma maneira que para os operadores de um *call center* ou para caixas de supermercado recém-contratados. Públicos diferentes têm necessidades diferentes. Com quem você está se comunicando? Qual sua idade média, nível de experiência no setor e conhecimento sobre o projeto? O que eles esperam e como preferem sua comunicação? Qual seu nível educacional? Você precisa ter alguma noção dessas perguntas e suas respostas.

Devido aos incentivos e responsabilidade jurídica do setor, no serviço público a gerência sênior gosta que todas as comunicações sejam documentadas formalmente para criar materiais para uma auditoria. O eleitorado tem o mesmo desejo quando ocorre um erro ou simplesmente uma catástrofe inesperada, que não nasceu do erro de ninguém. Os diretores de bancos de investimento, por outro lado, tendem a preferir comunicações rápidas, com alta densidade de conteúdo e informais, pois não são responsáveis perante o público em geral, enquanto os acionistas a quem respondem trabalham com uma cadeia administrativa que confia na capacidade de decisão desses executivos.

Uma parte essencial de conhecer seu público é entender suas emoções. Todos nós somos muito emocionais, sem exceção. Compreenda as emoções das pessoas com quem você está lidando e aprenda a trabalhar com elas, não contra. Sobre as emoções na comunicação, o General Patton disse:

> **Infelizmente, poucos comandantes, e nenhum político, percebem o caráter individual de cada unidade e a necessidade de considerar as emoções humanas. Tocar nesse assunto me lembra quando o [General Willard S.] Paul, com toda a sinceridade, me disse que o melhor momento de toda a sua vida ocorreu durante a Batalha das Ardenas, quando coloquei meu braço ao redor dele e disse "como vai esse meu guerreiro filho-da-puta?" Segundo ele, essa frase foi inspiradora não apenas para si, mas para todos os homens na sua divisão. E é muito provável que foi mesmo.**
>
> General Patton

▸ Saiba sobre o que está falando

Enquanto gerente de projetos, você não será um especialista nos assuntos trabalhados em todas as áreas do seu projeto. Você lidera a equipe. Em geral, os membros da equipe sabem mais do que você sobre cada assunto. O assunto que você mais entende é o que está acontecendo com o projeto, qual o plano, se há alguma diferença entre os dois e, caso haja, como ela surgiu e como pode ser resolvida. Assegure-se que possui todas essas informações e sabe como comunicá-las a todos que a solicitarem. Assim, todos os dias, enquanto estiver indo para o trabalho, ensaie as palavras que usará caso encontre o executivo-chefe no elevador e ele pergunte "e então, como vai o projeto?"

O que dizer nessas circunstâncias. Uma resposta do estilo "Oh, está tudo bem" ganha *zero pontos*, como dizem nos *game shows*. Se o projeto está "tudo bem", você precisa ser capaz de responder "Em linhas gerais, o projeto está seguindo o plano. Houve alguns pequenos escorregões, mas nada importante. Cumprimos o marco de teste do piloto sexta-feira passada, 120 usuários durante duas horas, com resultados 7% acima do plano. O próximo marco será daqui a 5 semanas, na semana antes do feriado, e estamos dentro do prazo. Você está interessado em algum detalhe específico do projeto?" Ou então, se o projeto não está "tudo bem", você precisa ser capaz de responder algo do tipo "O projeto passou de sinal verde para amarelo sexta-feira passada, quando não conseguimos cumprir o marco de teste, pois apenas 70 dos 120 usuários planejados participaram do piloto, o que significa que os resultados não são confiáveis. Estamos planejando um novo teste na próxima sexta-feira, sujeito a aprovação final do departamento de aquisições. Se perdermos esse marco, o projeto passará de sinal amarelo para vermelho. Uma mensagem sua para a equipe ajudaria muito a obter o pessoal extra que estamos precisando. Posso redigir um parágrafo adequado e enviar para sua aprovação?"

Se não souber do que está falando, você não terá credibilidade. Você precisa conhecer todas as informações esperadas do gerente do projeto. Em todos os outros casos, se não souber, admita, e sempre conheça que membro da equipe possui as informações desejadas. Se lhe perguntarem algo fora do escopo, não desperdice seu tempo, apenas encontra uma maneira educada de responder que o objeto está além do escopo do seu projeto.

▶ Escolha a mídia certa para o público

Pessoas diferentes entendem as mesmas coisas de maneiras diferentes. Para dar uma ideia de espaço, não adianta nada falar sobre a imensidão do oceano para alguém que passou toda a vida no deserto. Melhor falar sobre a imensidão do céu ou do deserto. E apesar do *chef* vegetariano compreender sua descrição de um pato assado, você provavelmente vai prender mais sua atenção se não falar de carnes e produtos animais. Escolha a mídia certa para cada público.

O CEO, por exemplo, está sempre sem tempo e provavelmente consegue captar sua mensagem com facilidade. Um *briefing* para ele pode usar um linguajar variado para obter o maior impacto no menor tempo. Os especialistas técnicos podem ser tão inteligentes quanto o CEO, mas podem ter muito mais interesse nos detalhes e não gostarem de uma apresentação que avance com muita velocidade. Pode ser necessário preparar uma apresentação mais detalhada para eles (não se preparar com mais velocidade, que é outro assunto). Finalmente, pense nos palavrões. O uso desse tipo de linguajar é considerado um indicador de um vocabulário pobre. Mas não adianta nada usar seu vocabulário de nível universitário se o estilo de conversação normal do seu público é alternar cada palavra normal com um xingamento. Conheça seu público e adapte seu estilo ao dele. Isso não significa que você deve começar a dizer tantos palavrões quanto o público, apenas que deve simplificar seu linguajar e usar exemplos para ilustrar sua mensagem de um modo que não cause estranhamento entre seus ouvintes.

▶ Reconheça as tensões na necessidade de comunicar

Mas e se o público inclui o CEO e todo o resto da organização, especialistas técnicos e pessoas que nunca dizem uma frase sem um palavrão no meio? Você não pode e não deve dividi-los em vários grupos e criar três apresentações diferentes. Este é um exemplo da tensão na necessidade de comunicação. A única é regra é conhecer seu público e usar o bom senso para chegar a um meio-termo razoável em sua mensagem. Outras fontes comuns de tensão incluem:

- necessidades de curto *versus* longo prazo.
- necessidades das diferentes partes interessadas.
- diferentes patrocinadores.
- fornecedores *versus* clientes.
- orientado ao cliente *versus* orientado à equipe do *back office*.
- vendas *versus* marketing.
- supervisores *versus* supervisionados.

Essas tensões quase nunca podem ser resolvidas por completo, mas você precisa sempre, no mínimo, reconhecê-las. As duas primeiras são as maiores tensões na nossa lista. Um exemplo de curto *versus* longo prazo é que algumas informações precisam ser mantidas em segredo no futuro próximo e você precisa ser confiável e discreto o suficiente para gerenciá-las. Como disse Rudyard Kipling, "A maioria das Artes admite a verdade de que não é conveniente contar tudo a todos..."

▸ Trabalhe com o patrocinador

Todas as comunicações do projeto representam um risco em potencial para o patrocinador. Garanta que todas são aceitáveis para ele. Isso não significa desperdiçar o tempo do patrocinador, pedindo que verifique cada *e-mail* que você escrever, mas sim:

- Saber que elementos o patrocinador quer e não quer ver na comunicação, tanto explícitos quanto implícitos
- Em caso de dúvida, pergunte ao patrocinador
- Informar o patrocinador sobre suas intenções gerais com relação à comunicação e ao plano de comunicação
- Confirmar as mensagens mais importantes junto ao patrocinador
- Pedir que o patrocinador envie as mensagens principais com o próprio nome.

▸ Teste e ajuste

Nas comunicações mais importantes, tais como o anúncio de um novo projeto, um marco ou uma mudança no plano, verifique que o modo como pretende comunicar a mensagem realmente terá o efeito desejado. Teste a mensagem com algumas pessoas antes de enviá-la para todos os destinatários. Ajuste seus planos de acordo com os resultados do teste.

▸ Se a sua mensagem puder ser mal entendida, ela será

Pense em modos como sua mensagem poderia causar mal entendidos. Procure palavras vagas, associações infelizes e significados ocultos. Use o teste descrito acima para procurar mal entendidos.

Um exemplo de como não fazer foi o nome usado pelo governo dos EUA para as operações militares em resposta aos ataques ao World Trade Center de terça-feira, 11 de setembro de 2001. As operações foram lançadas sob o nome de "Justiça Infinita". No entanto, para muitos muçulmanos, esse nome é ofensivo, pois sua fé diz que apenas Alá é capaz de justiça infinita. O nome foi mudado às pressas para "Liberdade Duradoura". O governo americano queria comunicar que o objetivo das operações militares seria fazer justiça, mas uma parte do público viu nela uma blasfêmia.

▸ Planeje e ensaie

Essa técnica também é uma extensão do processo de testar e ajustar. Planeje sua comunicação. Ensaie o que vai dizer. Nada disso precisa ser complexo, caro ou demorado. No táxi, trem ou metrô a caminho do trabalho, pense na mensagem que quer transmitir, nas palavras que vai usar e em algumas das perguntas mais prováveis. O ensaio mental costuma ser a parte mais importante do processo.

▶ **Diga a todos o que está acontecendo, especialmente a seu patrocinador**

"Ninguém me disse nada." "Ninguém perguntou." Enquanto gerente de projetos, você tem o dever de tomar a iniciativa na comunicação, acima de tudo para garantir que o patrocinador saiba o que você está fazendo. O silêncio e o segredo são bons para morcegos, bombardeiros e assassinos profissionais, não para gerentes de projetos. Não desenvolva a reputação de gerente secreto, aquele que ninguém vê e que nunca aparece no radar da empresa. Conte ao patrocinador o que você está fazendo. Nada disso acontece com as mensagens rápidas que os mais tímidos usam para não se darem ao trabalho de comunicar mensagens difíceis e ainda poder dizer "eu avisei" mais tarde. Pelo contrário, tenha certeza de ter chamado a atenção do patrocinador e de que ele entende o que você quer dizer. Pode não ser fácil, mas é o seu trabalho, é para isso que você ganha o seu salário (se você não recebe um salário, talvez por trabalhar como voluntário, tudo isso continua sua responsabilidade enquanto gerente de projetos).

▶ **Ouça e faça perguntas; entenda que a comunicação corre em duas vias**

Comunicação não é só transmissão. Ela também envolve receber e *ouvir*. Pratique sua capacidade de ouvir assim como faz com a de falar e apresentar. Ouça com todo o corpo: olhos, ouvidos, linguagem corporal. Faça perguntas, não para se exibir, mas para esclarecer o que está confuso e para mostrar que está prestando atenção. Tente melhorar sua capacidade de fazer perguntas e obter *feedback* sobre seu estilo. A Tabela 10.2 lista algumas das barreiras mais comuns para a boa audição. Peça a um amigo para sugerir em qual delas você precisa trabalhar.

Ao tentar descobrir o *status* de uma tarefa, é fácil cometer o erro de perguntar "onde você está?" Afinal, essa é a informação que você quer. Mas o respondente sabe quanto tempo já gastou com a tarefa e qual era a estimativa de tempo original, então o caminho mais fácil é dividir o esforço até o momento pela estimativa original e chegar a um valor para o progresso. Se trabalhou seis dias em uma tarefa estimada em 10, a resposta será "60% pronta" ou outra afirmação equivalente. Na verdade, faltam informações para responder essa pergunta, pois não sabemos quanto trabalho ainda precisa ser realizado, já que a estimativa original podia estar errada ou o trabalhador

Tabelas 10.2 Barreiras para a audição

Sonhar: Ouvir pela metade até fazer alguma associação privada e então... (Particularmente comum quando se está ansioso ou entediado.)

Sair dos trilhos: Mudar o assunto antes do outro terminar.

Ler mentes: Tentar adivinhar o que o outro quer dizer em vez de ouvir o que está dizendo de verdade.

Apaziguar: Concordar com tudo, mas apenas porque não está envolvido de verdade.

Filtrar: Buscar algo específico na fala alheia e ignorar todo o resto.

Estar certo: Se recusar a ouvir sugestões críticas e comentários; não aceitar que alguém pode provar que você está errado.

Julgar: Você já sabe que não vale a pena ouvir o que essa pessoa tem a dizer.

Brigar: Tão rápido para oferecer contra-argumentos e bater boca que ninguém se sente ouvido. Para evitar esse problema, repita o que acaba de ouvir.

pode ter sido ineficiente, ainda que sem querer. Assim, em vez de perguntar onde ele está, sempre pergunte "quanto trabalho ainda falta?" Se já passaram seis dias e ainda faltam seis dias de trabalho, então a tarefa está 50% completa, não 60%. Perguntar dessa maneira ajuda o respondente a pensar sobre o que está fazendo de outro ponto de vista, a saber, o ponto de vista do projeto. Nas comunicações, fazer a pergunta certa é uma habilidade poderosa e que vale a pena desenvolver.

A Tabela 10.3 reúne alguns conselhos famosos sobre comunicação.

▶ *E-mail* não é o mesmo que comunicação

O *e-mail* é ótimo, mas por si só ele não é o mesmo que comunicação. Ele pode até ser um dos problemas da comunicação. Quando o tempo está apertado, é muito tentador eliminar as reuniões e confiar em *e-mails* em massa. Ambas técnicas, *e-mails* e reuniões, têm sua função, mas eles não são intercambiáveis. Um é uma oportunidade de comunicação em duas vias, o outro usa propositalmente uma única via. As reuniões permitem uma troca rica de informações interpessoais, muitas das quais podem ser não verbais e cheias de significado. Uma troca de *e-mails* pode ter algumas das características de uma conversa, mas perde muito da riqueza de uma conversa real (em uma conversa por *e-mail*, você conseguiria captar as dicas que levariam à pergunta "…. OK, mas não tem mais nada lhe incomodando?").

Tabela 10.3 O que outros já disseram sobre comunicação

Conheça seu público.	Pense como um sábio, mas comunique-se na linguagem do povo.	William Butler Yeats
Saiba sobre o que está falando.	Primeiro aprenda o significado do que dizes, e depois fale.	Epiteto
Escolha a mídia certa para o público.	As palavras são uma forma de comunicação maravilhosa, mas nunca substituirão os beijos e os socos.	Ashleigh Brilliant
Reconheça as tensões na necessidade de comunicar.	A comunicação eficaz é 20% o que você sabe e 80% como você se sente sobre o que sabe.	Jim Rohn
Trabalhe com o patrocinador.	O segredo de qualquer bom relacionamento, nas telas e fora delas, é comunicação, respeito, e, além disso, acho que você também precisa gostar do cheiro da outra pessoa. E ele cheirava muito bem.	Sandra Bullock
Teste e ajuste.	A comunicação funciona para quem se esforça.	John Powell
Se a sua mensagem pode ser mal entendida, ela será.	Sempre há alguém que sabe mais do que você sobre o que você quis dizer com a sua mensagem.	Osmo A. Wiio
Planeje e ensaie.	A falha de preparação é a preparação para a falha.	Anônimo
Diga a todos o que está acontecendo.	A comunicação leva à comunidade, ou seja, a entendimento, intimidade e valorização mútua.	Rollo May
Ouça; entenda que a comunicação corre em duas vias.	Ouvir bem é um meio de comunicação e influência tão poderoso quanto falar bem.	John Marshall
	Qual a palavra mais curta da língua inglesa que contém as letras abcdef? Resposta: *feedback*. Não esqueça que o *feedback* é um dos elementos essenciais da boa comunicação.	Anônimo

Além disso, como as pessoas adiam a redação de uma resposta até estarem preparadas, o *e-mail* também pode ser mais lento (e os programas de mensagens instantâneas não resolvem os problemas de comunicação do *e-mail*.)

A equipe de TI tem uma tendência especialmente forte a evitar o contato humano e confiar nos *e-mails*. Se você trabalha em TI, olhe bem no espelho e pense se não está usando o *e-mail* quando poderia conversar por telefone ou andar até o outro lado do escritório.

▶ Coleta de informações

Ninguém discorda de frases como "o gerente de projetos deve monitorar o progresso do projeto e agir para garantir que ele continua no caminho certo". Mas depois de alguns dias ou semanas gerenciando um projeto, não é tão fácil concordar. Logo os gerentes começam a responder "sim, sim, mas como? Tudo está acontecendo ao mesmo tempo. Eu não posso monitorar tudo, e mesmo para as tarefas que consigo monitorar, nunca sei que ação é necessária de verdade". O que você precisa é um resumo do *status* do projeto, destacando todas as tarefas que precisam de atenção.

O patrocinador e o comitê de programas enfrentam o mesmo problema, mas eles têm ainda menos tempo para cada projeto. O patrocinador não pode e não deve se envolver com cada detalhe do projeto. Por outro lado, ele é responsável por proteger o investimento da organização no projeto e garantir os benefícios de negócios. Como cumprir esse dever sem observar o que está acontecendo com o projeto várias vezes ao dia? Tanto o patrocinador como o comitê do programa dependem de informações de resumo geradas pelos projetos supervisionados. Com as métricas certas, é possível saber muito sobre o estado de um projeto ou tarefa sem precisar entrar em detalhes técnicos. As informações de resumo em nível de projeto, utilizadas pelo patrocinador e o comitê de programas, agregam as informações desse tipo em nível de tarefa, que são utilizadas pelo gerente do projeto. Padronização, resumo e sistematização são maneiras de tornar uma tarefa mais fácil de gerenciar.

> **Ideia importante**
>
> **Desenvolver o instinto como auxílio para comunicação**
> Aprenda a desenvolver seu instinto sobre a situação e use-o para saber mais sobre como enfocar seus esforços de comunicação.
>
> Por exemplo, por si só, a relutância súbita por parte de um membro da equipe em fornecer atualizações regulares sobre o progresso de uma tarefa representa um mau sinal. Pode ser puro esquecimento, mas também pode significar que o membro está preocupado com o *status* real da sua parte do projeto. Além das informações temporais, você também precisa investigar a possibilidade de problemas emergentes.

▶ Uma abordagem sistemática ao gerenciamento das comunicações

Até aqui, este capítulo mostrou por que a comunicação é importante no gerenciamento de projetos e quais os problemas enfrentados por tentativas de se comunicar em um projeto. Agora vamos analisar a resposta, uma abordagem sistemática ao gerenciamento das comunicações do projeto. Esta seção segue a abordagem do

PMBOK, que é robusta e eficaz, a essa área de conhecimento. A comunicação é um tema amplo e profundo, com diversos setores da economia, e até vidas inteiras, dedicados exclusivamente à comunicação. O gerente de projetos sempre pode saber mais sobre o assunto, que é fascinante, prático e valioso, mas seu objetivo final é sempre o de gerenciar projetos. As habilidades de comunicação são um meio, não um fim em si. Foi necessário restringir o que poderíamos dizer neste capítulo. Escolhemos um limite que ainda ofereceria ao leitor um bom conjunto de ferramentas e indicações para mais pesquisas sobre o assunto. A Tabela 10.4 mostra os quatro processos do gerenciamento das comunicações do projeto e como são categorizados dentro dos grupos de processos.

▶ Planejamento das comunicações

O objetivo do planejamento das comunicações é garantir que você irá comunicar as informações certas, para as pessoas certas e no momento certo. Sem um plano, suas chances seriam mínimas. O planejamento inclui descobrir as seguintes informações:

- Quem quer comunicação sobre o seu projeto?
- Quem precisa dela?
- Em que formato?
- Que canais de comunicação estão disponíveis?
- Que relatórios você deve apresentar? Quando?
- Quem fará o trabalho de produzir os relatórios e outros materiais de comunicação?
- Quais os principais riscos e oportunidades de comunicação?

Além dos canais hierárquicos formais de comunicação, você também deve usar os informais para manter pessoas em outras partes da empresa informadas sobre o seu progresso, especialmente se o projeto estiver indo bem. Quando chegar a hora de implementar o seu trabalho em toda a organização, você ficará muito grato pela presença desses apoiadores.

A Figura 10.1 mostra as entradas, ferramentas e técnicas e saídas do planejamento das comunicações no gerenciamento de projetos. As entradas são autoevidentes e não precisam de explicações adicionais, mas uma das ferramentas, a análise dos requisitos de comunicação merece uma discussão mais aprofundada. A Tabela 10.5 apresenta um exemplo dessa ferramenta. Veja também a Figura 10.2, que lista os processos de distribuição das informações. No planejamento das comunicações, você precisa entender quais desses processos estão disponíveis para o seu projeto e adaptar seus planos de acordo com essa disponibilidade.

Tabela 10.4 Quatro processos de gerenciamento das comunicações do projeto

	Grupo de processos			
Iniciação	Planejamento	Execução	Monitoramento e controle	Encerramento
	1. Planejamento das comunicações	2. Distribuição das informações	3. Relatório de desempenho	
			4. Gerenciar as partes interessadas	

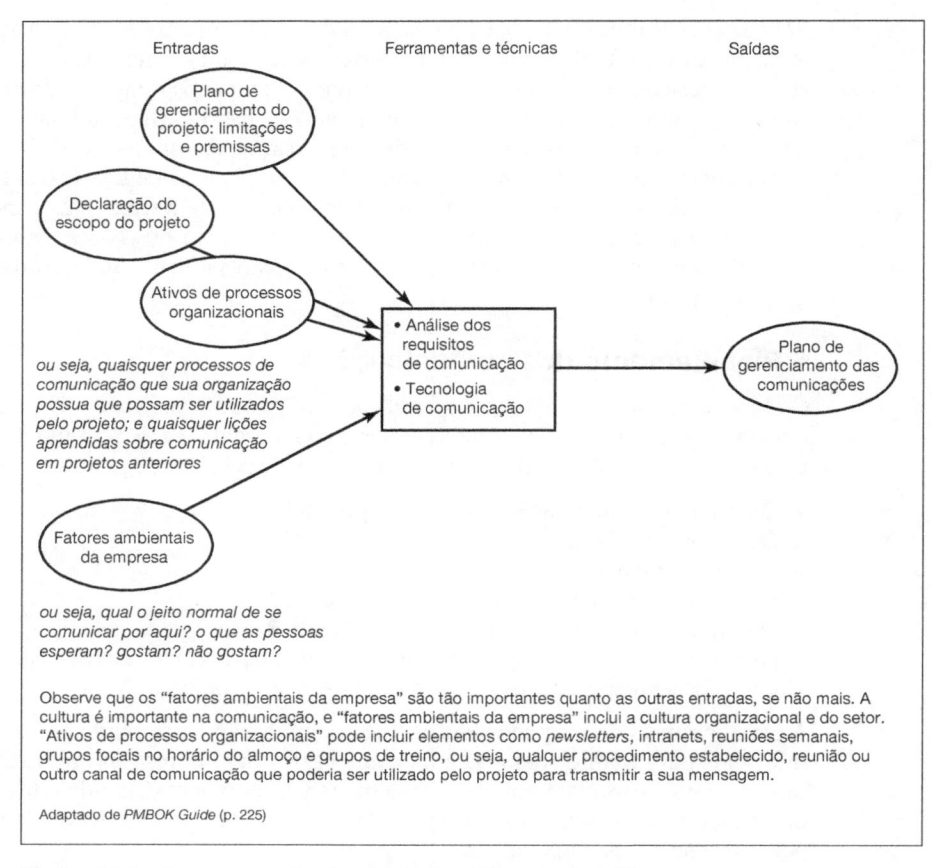

Figura 10.1 — O processo de planejamento das comunicações

Entradas
- Plano de gerenciamento do projeto: limitações e premissas
- Declaração do escopo do projeto
- Ativos de processos organizacionais

  ou seja, quaisquer processos de comunicação que sua organização possua que possam ser utilizados pelo projeto; e quaisquer lições aprendidas sobre comunicação em projetos anteriores

- Fatores ambientais da empresa

  ou seja, qual o jeito normal de se comunicar por aqui? o que as pessoas esperam? gostam? não gostam?

Ferramentas e técnicas
- Análise dos requisitos de comunicação
- Tecnologia de comunicação

Saídas
- Plano de gerenciamento das comunicações

Observe que os "fatores ambientais da empresa" são tão importantes quanto as outras entradas, se não mais. A cultura é importante na comunicação, e "fatores ambientais da empresa" inclui a cultura organizacional e do setor. "Ativos de processos organizacionais" pode incluir elementos como *newsletters*, intranets, reuniões semanais, grupos focais no horário do almoço e grupos de treino, ou seja, qualquer procedimento estabelecido, reunião ou outro canal de comunicação que poderia ser utilizado pelo projeto para transmitir a sua mensagem.

Adaptado de *PMBOK Guide* (p. 225)

Figura 10.1 O processo de planejamento das comunicações.

O PMI diz

Planejamento das comunicações

"Planejamento das comunicações (Processo). O processo de determinação das necessidades de informação e de comunicação das partes interessadas no projeto: quem são, qual é seu nível de interesse e influência no projeto, quem precisa de qual informação, quando ela será necessária e como ela será fornecida." *PMBOK Guide*

O objetivo do gráfico mostrado na Tabela 10.5 é garantir que o projeto se comunique com todos que precisa, do modo certo e na hora certa. A planilha completa, ou algo semelhante, representaria uma seção do plano de comunicação. Dependendo das necessidades de cada projeto, pode ser útil desenvolver planilhas individuais para cada uma das três seções que compõem o exemplo nessa tabela. Observe que ela, ou tabelas semelhantes, podem ser usadas tanto como ferramentas para planejamento da comunicação quanto como uma saída desse planejamento. Você pode utilizar essa ferramenta para mostrar quais métodos de comunicação adicionais são necessários para atender certas necessidades, mas

Gerenciamento das comunicações do projeto 255

Tabela 10.5 Exemplo de gráfico resultante da análise dos requisitos de comunicação

	Partes interessadas								
	Stuart, patrocinador	Equipe do projeto	Comitê Diretor	Fatima, Controladora Financeira	Pandora, Aquisições	Todos os funcionários		Frequência	Proprietário
Necessidades de comunicação	• Riscos principais • Marcos • Progresso em alto nível • Ligações com Projeto OUTRO	• Tarefas para as próximas 1ªs a 2ªs semanas • Como o projeto é visto pelo patrocinador	• Riscos principais • Marcos • Progresso em alto nível	• Riscos financeiros • Variação real *versus* orçamento	• Desempenho dos fornecedores • Marcos • Progresso em alto nível	• O que eles ganham com isso • Progresso em alto nível			
Métodos de comunicação									
1. Reunião quinzenal com o patrocinador	XXX							Quinzenal	Gerente de projetos
2. Relatório de uma página quinzenal (padrão da empresa)	XXX	X	XXX					Quinzenal	Escritório do Projeto
3. Anexo financeiro de (2), acima	X	X	X	XXX				Quinzenal	Gerente de projetos
4. Artigos na *newsletter* da empresa		X	X			X		Trimestral	Escritório do Projeto
5. Atualizações à página do projeto na intranet		X	X			X		Semanal	Escritório do Projeto
6. Reuniões da equipe na manhã de segunda-feira		XXX						Semanal	Gerente de projetos
7. *E-mails* ocasionais, quando exigido pelas circunstâncias					XXX	XXX		*Ad hoc*	Gerente de projetos

A Tabela 10.5 se divide em três partes. A superior, "Necessidades de comunicação" e "Partes interessadas", lista todas as necessidades comunicacionais de cada parte interessada do projeto na forma de uma lista de itens sob o nome ou cargo de cada uma. Observe que algumas partes interessadas são grupos de pessoas, não indivíduos independentes. A inferior, "Métodos de comunicação", lista uma série de linhas com métodos ou canais de comunicação. Cada canal recebe uma nota que representa o quanto atende as necessidades comunicacionais de cada parte interessada, variando de alto ("XXX") a baixo ("X") nível; se o canal não atende nenhuma necessidade para a parte interessada, o espaço não recebe nenhuma marcação. A terceira parte do gráfico é composta pelas duas colunas na direita: "Frequência", que mostra com que frequência o método de comunicação envia mensagens ao público; e "Proprietário", que lista quem é responsável por cada método de comunicação.

também para eliminar métodos desnecessários, identificando quais são redundantes caso os relatórios estejam se transformando em um ônus grande demais para a equipe do projeto. A Tabela 10.6 mostra uma saída alternativa.

Ao planejar as comunicações do projeto, mas também ao executá-las, seus esforços irão todos por água abaixo se a sua conduta não inspirar credibilidade e confiança. Essa questão pode exigir muita reflexão e esforços da sua parte, devido à tensão entre manter algumas informações confidenciais e a necessidade de criar e manter a confiança dos seus interlocutores. Entretanto, se compreender suas obrigações e trabalhar com seu patrocinador, você poderá evitar os conflitos. O patrocinador e o gerente do projeto, além de outros envolvidos com o trabalho de comunicação, serão capazes de se comunicar muito melhor se conquistarem a confiança dos seus públicos. Para tanto, é preciso buscar informações ativamente, utilizando perguntas que não pressupõem suas respostas. Quando as informações forem apresentadas, o gerente deve prestar atenção. Se elas forem dadas em confidencialidade, então é preciso aceitar essa condição ou informar sua impossibilidade antes que qualquer segredo seja revelado. É fácil concordar com esse princípio, mas em meio ao corre-corre que precede um prazo, quando a importância da comunicação está no seu auge, é fácil participar de conversas rápidas sem prestar atenção no que está sendo dito e ignorar parte dessas tensões.

Os gerentes são o ponto focal das comunicações do projeto. A boa comunicação leva a trabalhos eficientes, alto nível de motivação e sucesso. Um projeto cujo gerente não consegue se comunicar com eficácia corre muitos riscos, o que mais uma vez reforça a necessidade de planejar as comunicações. Sempre pense na motivação da equipe enquanto planeja suas comunicações.

A boa comunicação envolve muito mais do que falar e escrever: o bom gerenciamento exige que você saiba receber informações pelo menos tanto quanto sabe transmiti-las. Esse fator também deve ser considerado no seu planejamento.

Outro fator que afeta o planejamento das suas comunicações é a complexidade de todos os métodos e canais de comunicação possíveis. Em uma

Tabela 10.6 Exemplo alternativo de gráfico resultante da análise dos requisitos de comunicação

De	Para	Frequência	O quê?
Gerente de Projetos	Patrocinador	Semanal	Observação informal de progresso: ♦ Progresso e *status* comparados com plano ♦ Conquistas e problemas ♦ Ações necessárias
Gerente de Projetos	Comitê Diretor e Escritório de Apoio ao Projeto	Mensal	Relatório de *status*: ♦ Progresso contra plano ♦ Projeção de tempo e custos revisada
Gerente de Projetos	Patrocinador	Em pontos de revisão ou marcos mais importantes	Relatório de revisão do projeto: ♦ Retrato do projeto ♦ Explicação de decisões do projeto ♦ Análise de outros eventos do projeto e aprendizados ♦ Recomendações

organização pequena, com poucas pessoas, um projeto puramente interno tem comunicações simples, pois todos podem saber tudo o que está acontecendo sem muitos custos de tempo ou esforços. Mas em projetos e organizações grandes, podem haver muito mais canais e métodos de comunicação do que o necessário, então o gerente enfrenta uma escolha. Em termos matemáticos, este pode ser um problema NP-difícil. Para leigos, isso significa que é melhor nem tentar criar uma fórmula para descobrir a maneira ideal de se comunicar, basta usar o bom senso, tentar adivinhar quais canais utilizar e não tentar usar muitos ao mesmo tempo. Cada canal representa um custo para o projeto em termos de planejamento e gerenciamento. O patrocinador pode oferecer um pouco de sabedoria e orientação quanto a esse problema.

▶ Distribuição das informações

Você realizou o planejamento, agora chegou a hora de distribuir as informações que quer comunicar e obter o *feedback*. A Figura 10.2 mostra as entradas, ferramentas e técnicas e saídas da distribuição das informações. Esse é o processo de executar o plano de gerenciamento das comunicações, como vemos na definição do PMBOK para o termo. A distribuição trata de executar o plano de comunicação e não há nada a dizer que não tenha sido coberto na seção acima, sobre o planejamento das comunicações, exceto por duas partes: primeiro, enfatizar mais uma vez a importância do modo como você se comunica; e segundo, falar um pouco sobre as mudanças solicitadas enquanto saída do processo de distribuição das informações.

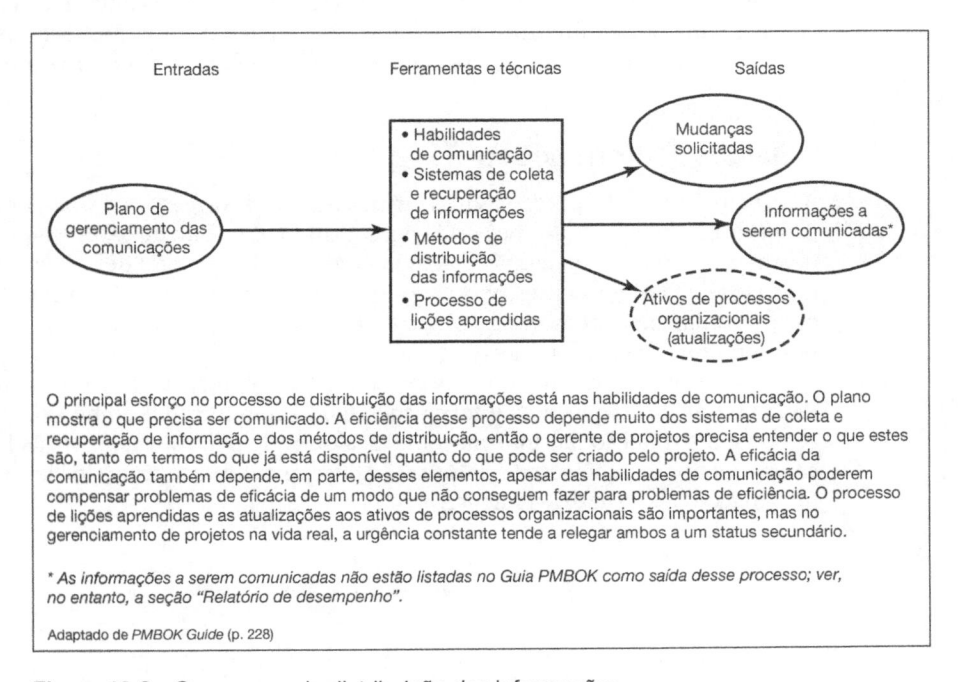

Entradas
- Plano de gerenciamento das comunicações

Ferramentas e técnicas
- Habilidades de comunicação
- Sistemas de coleta e recuperação de informações
- Métodos de distribuição das informações
- Processo de lições aprendidas

Saídas
- Mudanças solicitadas
- Informações a serem comunicadas*
- Ativos de processos organizacionais (atualizações)

O principal esforço no processo de distribuição das informações está nas habilidades de comunicação. O plano mostra o que precisa ser comunicado. A eficiência desse processo depende muito dos sistemas de coleta e recuperação de informação e dos métodos de distribuição, então o gerente de projetos precisa entender o que estes são, tanto em termos do que já está disponível quanto do que pode ser criado pelo projeto. A eficácia da comunicação também depende, em parte, desses elementos, apesar das habilidades de comunicação poderem compensar problemas de eficácia de um modo que não conseguem fazer para problemas de eficiência. O processo de lições aprendidas e as atualizações aos ativos de processos organizacionais são importantes, mas no gerenciamento de projetos na vida real, a urgência constante tende a relegar ambos a um status secundário.

*As informações a serem comunicadas não estão listadas no Guia PMBOK como saída desse processo; ver, no entanto, a seção "Relatório de desempenho".

Adaptado de *PMBOK Guide* (p. 228)

Figura 10.2 O processo de distribuição das informações.

> **O PMI diz**
>
> **Distribuição das informações**
> "Distribuição das informações (Processo). O processo de colocar as informações necessárias à disposição das partes interessadas no projeto no momento oportuno." *PMBOK Guide* (p. 362)

> **Ideia importante**
>
> **Habilidades de comunicação**
> Na comunicação, os dois fatores essenciais são garantir que o seu interlocutor:
> 1. entenda o que você quer dizer,
> 2. tenha um entendimento completo (ou seja, você não ocultou ou ignorou algo importante para ele).
>
> Você é responsável por esses dois aspectos. Assegure-se que ambos foram realizados e não deixe as perguntas e confirmações para o seu interlocutor.

▶ Como se comunicar: mais um parágrafo sobre habilidades de comunicação

Se você ou algum membro da sua equipe cujos deveres no projeto envolvem comunicação tiver dificuldades nessa área, considere a possibilidade de receber ou oferecer capacitação: a comunicação é uma habilidade valiosa e há muitas opções de treinamento disponíveis. Considere também a possibilidade de comprar uma câmera de vídeo barata e gravar você mesmo se comunicando, talvez não em reuniões de verdade, mas por conta própria, sozinho ou com um amigo. Até alguns anos atrás, essa atividade seria caríssima, mas os custos caíram consideravelmente nos últimos anos. Para muitas pessoas, assistir a si mesmo em vídeo é uma experiência que transforma o modo como elas se comunicam.

▶ Saídas – informações

A principal saída do processo de distribuição das informações é, obviamente, as próprias informações que você está comunicando. Esse fato deve ser simples e fácil de entender, pois os elementos a serem comunicados estarão definidos no plano, ainda que, em alguns casos, você não estará transmitindo boas notícias. As técnicas e abordagens pertencem ao grupo de técnicas de comunicação, mas o texto no box apresenta mais informações sobre elas.

(Uma observação para os leitores que estão se preparando para as provas do PMI: O PMBOK não lista as informações sendo comunicadas como saída do processo de distribuição das informações. Essa omissão é mais compreensível quando consideramos a seção sobre relatórios de desempenho, que trata de boa parte das informações a serem distribuídas.)

A realidade e como lidar com ela

Não conseguir entregar a tarefa designada *não* é o pior crime que algum membro do seu projeto poderia cometer. O pior crime é ter problemas e escondê-los até que seja tarde demais para encontrar uma solução. A maior parte dos problemas pode ser resolvido de muitas maneiras diferentes, mas quase nenhum tem soluções imediatas. Praticamente todas as soluções demoram um pouco. Com sobreaviso, a maioria dos problemas pode ser superada. Mas se o problema fica escondido, o fracasso é inevitável. Quando o gerente do projeto finalmente descobre o que aconteceu, não sobra tempo para uma recuperação. É muito frustrante saber que uma solução teria sido possível se a pessoa com o problema tivesse se manifestado a tempo.

A melhor maneira de lidar com essas situações é não deixá-las surgir. Muitas das tarefas de monitoramento e controle do gerente de projetos giram em torno de evitar essas surpresas desagradáveis e maximizar o período de sobreaviso.

Assim, as habilidades de monitoramento e controle mais básicas são as de construção de equipes e comunicação. Você precisa estabelecer uma atmosfera na qual as pessoas se sentem seguras para falar a verdade. Isso não acontece por acidente, pois vai contra os instintos de muita gente. Ninguém gosta de admitir que está tendo problemas e é preciso coragem para se manifestar. Sua reação ao primeiro problema apresentado afetará como você é visto por muitos membros da equipe. Se os membros mais corajosos ficarem com a impressão que você gostou da sua franqueza, talvez os outros tenham incentivos para envolvê-lo no processo de evitar problemas antes que fiquem fora de controle. Se o primeiro a lhe informar sobre um problema achar que você está pensando mal dele, ninguém nunca vai lhe informar sobre um segundo problema. Logo, gritar com a equipe é uma boa maneira de arranjar algumas semanas de sossego. Mas depois, todos os problemas que ninguém teve coragem de lhe contar vão ter crescido tanto que será impossível não enxergá-los por conta própria. A essa altura, o projeto todo estará em crise.

Sua atitude nas interações cotidianas governa a qualidade das informações que a equipe lhe apresenta. Vá em frente e procure problemas, mas quando encontrá-los, gerencie-os como faria qualquer outra tarefa. Se descobrir o problema cedo o suficiente, você estará gerenciando um risco, não um problema, e as ações serão preventivas em vez de reativas. Em outras palavras, você estará no controle da situação em vez de apenas reagindo aos eventos. É uma maneira muito mais confortável de se gerenciar um projeto.

▶ Saídas – mudanças solicitadas

Quando começa a executar o plano de comunicação, você logo descobre que ele precisa de mudanças. Assim, como vemos na Figura 10.2, as mudanças solicitadas são a principal saída do processo. O plano de comunicação precisará de mudanças por dois motivos diferentes. Primeiro, algumas mudanças serão necessárias porque o plano não está funcionando como o esperado, por exemplo, o comitê diretor não gosta de algum formato. Nos outros casos, o plano estava certo, mas algo mais mudou, tal como os modelos padronizados de comunicação da empresa, ou alguma parte interessada mudou de ideia sobre a frequência ou formato em que gosta de receber informações. E, obviamente, depois de algum tempo em que tudo está dando certo, as pessoas tendem a querer menos comunicação, ao contrário de quando problemas e surpresas não param de surgir.

▶ Relatório de desempenho

A Figura 10.3 mostra as entradas, ferramentas e técnicas e saídas do processo de relatório de desempenho. Como afirmamos anteriormente, as entradas devem ser tratadas como sugestões e ideias. Não tente encontrar todas as entradas

260 O guia definitivo do gerenciamento de projetos

Entradas
- Entregas
- Informações sobre o desempenho do trabalho
- Medição do desempenho
- Término previsto
- Medições de controle da qualidade
- Solicitações de mudança aprovadas
- Plano de gerenciamento do projeto – linha de base do desempenho

Ferramentas e técnicas
- Ferramentas de apresentação de informações
- Coleta e compilação de informações de desempenho
- Reunião de revisão de *status*
- Sistema de relatório de tempo
- Sistema de relatório de custos

Saídas
- Previsões
- Mudanças solicitadas
- Relatórios de desempenho
- Ações de correção recomendadas
- Ativos de processos organizacionais (atualizações)

Os patrocinadores e muitas outras partes interessadas sempre querem saber sobre tempo e custos, então os processos de coleta de informações sobre esses dois fatores são importantes. Você precisa entender como eles funcionam e confiar que estão gerando informações precisas. O relatório de desempenho é a principal saída do processo, mas as outras também são importantes. Quando a situação dá errado, as ações corretivas recomendadas podem se transformar na saída mais importante. As previsões revisadas também tendem a atrair muito interesse.

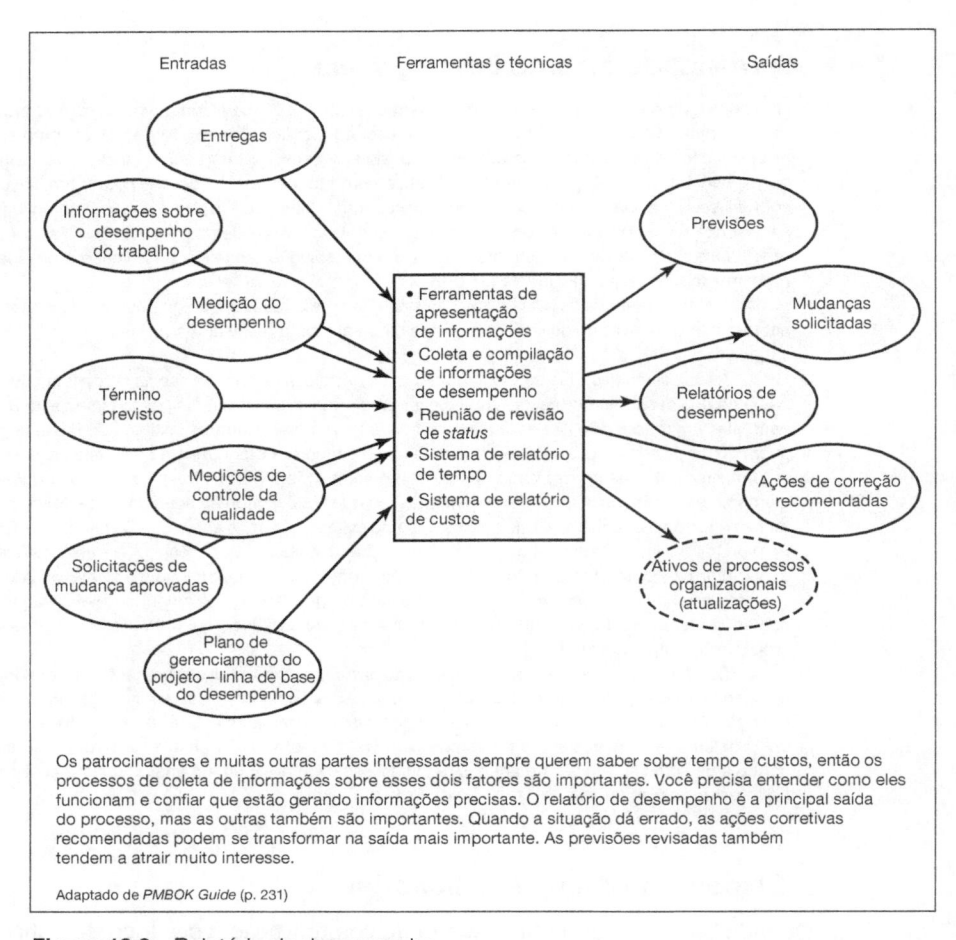

Adaptado de *PMBOK Guide* (p. 231).

Figura 10.3   Relatório de desempenho.

listadas nessa figura para todos os projetos que administrar, ou você vai acabar criando uma burocracia que destruirá o projeto e ainda vai enlouquecer toda a equipe. Concentre-se no que importa. As partes interessadas se importam com o desempenho do projeto. Nos relatórios de desempenho, considere os seguintes fatores:

- O que as partes interessadas esperam ouvir sobre o progresso do projeto.
- O que as partes interessadas esperam ouvir sobre ele.
- O que seria razoável informá-las, ou seja, o progresso real em relação ao cronograma e o escopo.
- O que você quer que elas entendam.
- Como lidar com as lacunas nos itens acima.

Descobrir e reconciliar todos esses fatores é uma tarefa enorme. As ferramentas e técnicas de relatório de desempenho existem para facilitar esse trabalho.

Como mostra a Figura 10.3, o patrocinador e outras partes interessadas têm uma preocupação especial com os relatórios de tempo e custos. Em geral, os gerentes de projetos controlam o progresso com folhas de horas ou um equivalente eletrônico. Todos os membros da equipe devem apresentar suas folhas de horas pelo menos uma vez por semana. Entretanto, alguns sistemas de relatórios apenas registram o histórico de horas gastas com o projeto, não em cada tarefa. Assim, se necessário, pode ser preciso criar uma versão específica para o projeto, que permita que as pessoas registrem quanto tempo passaram em cada tarefa individual. Essa versão revisada também permitiria a elaboração de estimativas revisadas do tempo necessário para completar uma tarefa, mas você precisa tomar cuidado com os custos e as possíveis ramificações políticas dessa possibilidade. Em projetos menores, você mesmo pode coletar essas informações como parte de suas visitas regulares à equipe do projeto, sem precisar usar formulários. Em projetos maiores, no entanto, será preciso usar algum nível de automação.

O patrocinador, o comitê diretor, os gerentes de outros projetos que estão esperando os seus recursos, as diversas partes interessadas e, é claro, os usuários: todos querem saber como você está indo. Eles provavelmente não estão interessados nos detalhes que ocupam a maior parte do seu tempo, apenas quando o projeto deve terminar e se está tudo sob controle. Alguns desses contatos precisarão ser informados apenas quando necessários, mas normalmente os relatórios devem seguir formatos padronizados. Esse modo de trabalho economiza o tempo de produção e acostuma os destinatários a um formato regular, o que economiza tempo e permite que se concentrem no conteúdo da mensagem, não na sua forma.

A tarefa de relatório mais importante para qualquer gerente de projetos é o relatório semanal ou quinzenal para o patrocinador. A Figura 10.4 apresenta um exemplo desse tipo de documento, no formato de uma página. O relatório de *status* do projeto para o Escritório de Programas, quando houver, é quase tão importante. O relatório de *status* do projeto é um documento essencial, mas como contém informações de resumo extraídas de dados gerados para uso interno do projeto, sua produção deve ser simples. Muitos patrocinadores se contentam com o envio de uma cópia do relatório semanal de *status* do programa, sem quaisquer informações adicionais sobre o progresso do projeto. Enviar uma mensagem semanal para o patrocinador é considerado uma boa prática. Enviar relatórios de rotina regulares passa a impressão que você é organizado. Além disso, caso o projeto enfrente dificuldades, essa não seria a primeira vez que o patrocinador ouve falar sobre o estado do projeto. Ao ser lembrado sobre o projeto, o patrocinador está melhor posicionado para atuar como embaixador do projeto em suas interações com outros membros da alta gerência. Aproveite a oportunidade para levantar questões e preocupações que não se encaixam com o formato de relatório do *status* do projeto, além de pedir apoio para lidar com quaisquer problemas organizacionais, políticos ou de recursos que possam estar no horizonte.

Vale a pena pensar com cuidado no *design* dos relatórios. Lembre-se que os gráficos de Gantt são bons para representar tempo e os PERT para dependências, enquanto a gerência costuma se interessar mais pelos gráficos de marcos. Mas se um superior quiser ver dependências com um gráfico de Gannt, discutir com ele pode não ser muito prudente. Os modelos costumam sair de três fontes: (1) os modelos padronizados da sua organização, (2) os formatos ou estilos preferidos pela parte interessada em questão e (3) outros tipos de modelo, tais como aqueles apresentados neste livro. Evite o terceiro tipo sempre que possível, pois é melhor algo que a parte interessada reconhece ou algo que é padrão na sua empresa.

O PMI diz

Relatório de desempenho

"Relatório de desempenho (Processo). O processo de coleta e distribuição de informações sobre o desempenho. Isso inclui relatório de andamento, medição do progresso e previsão." *PMBOK Guide* (p. 366)

Ideia importante

Relatório de desempenho

A ideia do relatório de desempenho é informar cada parte interessada sobre como o projeto está se saindo em relação a seus próprios interesses, desde que válidos. "Como está se saindo" deve incluir todas as más notícias, não apenas as boas (ver a seção "Saídas – informações", e o box sobre realidade). "Válido" significa dentro do escopo do projeto.

Relatório do Projeto				
Nome do Projeto	Cliente	Patrocinador, Gerente de Projetos	*Status* do Projeto	Como em: (data)

Resumo do projeto (necessidade de negócio, produto e escopo)
• Necessidade: • Produto: • Escopo:

Comentário	Principais problemas	Riscos do Programa	
• Listar principais atividades durante período do relatório	• Listar principais problemas – extrair do registro de problemas	• Listar principais riscos e mostrar sua probabilidade e impacto; indicar também se sua tendência é para melhor ou pior	**Tendência de P&I** L/M +

Progresso contra plano, alto nível – último e próximo trimestres					
Entregas – Mês Passado Piloto entregue e testado	*Comentário* 15% acima do orçamento, sem problemas graves de desempenho		*Planejar*	*Real*	*Variação*
Entregas – Próximos 3 Meses 05/08 Piloto completo 06/08 Primeiros testes com o cliente 07/08 Licenciamento inicial assinado 01/10 Lançamento no Pacífico Asiático	*Comentário* Resumir próximos marcos em lista de itens		*Status*	*Linha de base*	*Últimos* Para cada linha, mostrar plano *versus* realidade ou linha de base e última estimativa (pode ser custos ou tempo) e acrescentar explicações

Figura 10.4 Exemplo de relatório de projeto regular para patrocinador do projeto.

▶ Gerenciar as partes interessadas

A Figura 10.5 mostra as entradas, ferramentas e técnicas e saídas desse processo, de acordo com o PMBOK. O diagrama é claro, na medida do possível. Outra maneira de analisar o processo de gerenciar as partes interessadas seria mantê-las felizes ao mesmo tempo que se mantém o realismo do projeto. As duas metas estão em conflito. Para manter a tensão entre elas dentro dos limites do gerenciável, você precisa levantar os problemas junto às partes interessadas e fazer com que concordem com mudanças de escopo contrárias aos seus interesses, ou então convencer os outros envolvidos com o projeto (você, o patrocinador e outras partes interessadas afetadas) a concordarem com uma extensão do escopo.

Se a comunicação é a habilidade mais importante do gerenciamento de projetos, o gerenciamento das partes interessadas é o processo. Obviamente, você precisa ter um nível mínimo de competência no gerenciamento de projetos em si, mas partindo dessa premissa, gerenciar as partes interessadas é o processo mais crítico para o sucesso do projeto. O processo se divide em duas partes. A primeira é o planejamento, que terá sido realizado durante o processo de planejamento das comunicações, descrito acima. A segunda é como se envolver com as partes interessadas. Essa parte se resume às habilidades de comunicação, também descritas acima, somadas ao modo como tudo funciona na sua organização. O patrocinador provavelmente será um especialista em gerenciar partes interessadas, mas se não for, ou se estiver sem tempo para ajudá-lo, faça um esforço especial para trabalhar com o patrocinador e acertar o gerenciamento das partes interessadas.

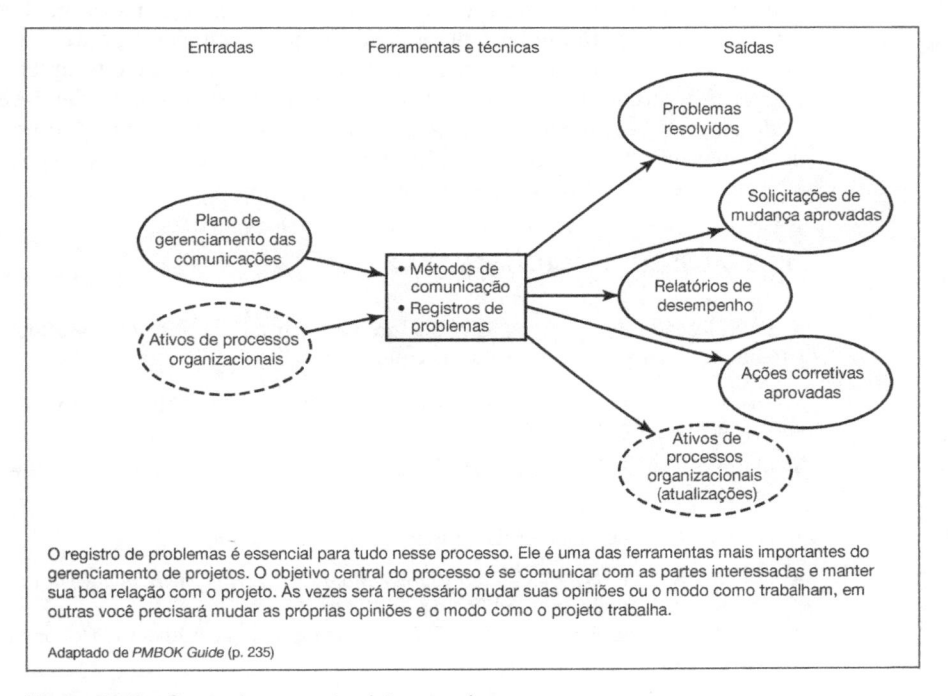

O registro de problemas é essencial para tudo nesse processo. Ele é uma das ferramentas mais importantes do gerenciamento de projetos. O objetivo central do processo é se comunicar com as partes interessadas e manter sua boa relação com o projeto. Às vezes será necessário mudar suas opiniões ou o modo como trabalham, em outras você precisará mudar as próprias opiniões e o modo como o projeto trabalha.

Adaptado de *PMBOK Guide* (p. 235)

Figura 10.5 Gerenciar as partes interessadas.

> **Ideia importante**
>
> **Gerenciamento das partes interessadas**
> A ideia central do gerenciamento das partes interessadas é se comunicar com elas, preservando a sua felicidade e a do projeto como um todo. O risco é que essa felicidade pode vir às custas de uma extensão no escopo do projeto, mas a falta de flexibilidade pode fazer você parecer pouco razoável, deixando as partes interessadas infelizes. Você precisa encontrar um ponto de equilíbrio. Para tanto, às vezes será necessário mudar as opiniões ou modos de trabalho das partes interessadas, em outras você precisará mudar as próprias opiniões e o modo como o projeto trabalha. Além disso, também será necessário cultivar um estilo de comunicação.

▶ Resumo

A comunicação é a habilidade administrativa mais importante. O gerenciamento das comunicações do projeto trata do planejamento e execução das comunicações para aumentar a probabilidade de sucesso do projeto e reduzir o estresse do gerente e da equipe do projeto. A área de conhecimento tem quatro processos:

- Planejamento da comunicação.
- Distribuição das informações.
- Relatório de desempenho.
- Gerenciar as partes interessadas.

A maior parte do trabalho é realizado durante o planejamento, mas você deve estar preparado para mudar o plano à luz do que acontecer durante sua execução, nos processos de distribuição das informações e relatórios de desempenho. Desde que você seja competente nos outros, o gerenciamento das partes interessadas pode ser o processo mais importante para o seu sucesso. Lembre-se especialmente de se comunicar com o patrocinador e de procurar e gerenciar as tensões que surgem no gerenciamento das comunicações do projeto.

▶ Leituras adicionais

A comunicação é um campo vasto. Sempre vale a pena investir nela para melhorar suas habilidades interpessoais ou as da sua equipe.

O livro que mais recomendamos, leitura obrigatória para qualquer um que precisa fazer apresentações de negócios, é:

- Minto, B., 1995. *The Pyramid Principle: Logic in Writing and Thinking*. Harlow: FT/Prentice Hall.

Também há outros excelentes livros sobre o assunto, incluindo:

- Charvet, S.R., 1997. *Words That Change Minds: Mastering the Language of Influence*. Dubuque, IA: Kendall/Hunt Publishing.
- Cohen, A.R. and Bradford, D.L., 2004. *Influence without Authority*. Hoboken, NJ: John Wiley & Sons.

- Frank, M.O., 1991. *How to Get Your Point Across in 30 Seconds or Less*. New York: Simon & Schuster.
- Harvard Business Essentials Series, 2005. *Power, Influence and Persuasion: Sell Your Ideas and Make Things Happen*. Boston, MA: Harvard Business School Press.
- Jolles, R.L., 1993. *How to Run Seminars and Workshops: Presentation Skills for Consultants, Trainers and Teachers*. New York: John Wiley & Sons.
- Nutting, J., Cielens, M. and Aquino, M., 1998. *The Business of Communicating*. Maidenhead: McGraw-Hill.
- Otazo, K., 2006. *The Truth About Managing Your Career: ... and Nothing But the Truth*. Upper Saddle River, NJ: Prentice Hall.

Gerenciamento de riscos do projeto

O que é gerenciamento de riscos do projeto?
Princípios do gerenciamento de riscos
Planejamento do gerenciamento de riscos
Identificação de riscos
Análise qualitativa de riscos
Análise quantitativa de riscos
Planejamento de respostas a riscos
Monitoramento e controle de riscos

▶ Objetivos deste capítulo

Este capítulo cobre os processos envolvidos com o gerenciamento de riscos do projeto. Essa área de conhecimento trabalha para garantir que todos os riscos são reduzidos e as oportunidades ampliadas, pois todos os projetos enfrentam algum tipo de risco. O bom gerenciamento dos riscos é reconhecido como um elemento essencial para o sucesso no gerenciamento de projetos. O uso do gerenciamento de riscos deve resultar em um gerente de projetos proativo e no controle do projeto, e não vice-versa, que seria o resultado da falta de planejamento para cada situação. O processo aumenta a probabilidade do projeto conquistar a satisfação do cliente dentro da "restrição tripla". Ao final deste capítulo, o leitor deve:

- saber o que é o gerenciamento de riscos, como este funciona no gerenciamento de projetos e sua abordagem proativa na entrega de projetos;
- ser capaz de determinar as ações de planejamento e preventivas necessárias para aumentar as oportunidades e reduzir as ameaças que afetam o progresso do projeto;
- ser capaz de aplicar a análise de riscos como parte do gerenciamento de projetos, garantindo que os recursos são destinados às áreas identificadas na escala de prioridades do projeto;
- ser capaz de explicar porque o gerenciamento de riscos do projeto deve ser tratado como uma área independente de conhecimento em gerenciamento de projetos.

▶ O que é gerenciamento de riscos do projeto?

O gerenciamento de riscos do projeto não pode eliminar todos os riscos, mas pode garantir que a exposição a eles opera dentro de níveis aceitáveis. Sempre há uma tempestade além do horizonte, mas o dever do gerente é guiar o projeto ao redor do perigo ou prepará-lo para os problemas. Alguns dos fatores de risco estão além do seu controle, então sempre planeje a implementação de uma série de ações antes da ocorrência de eventos indesejáveis. Assim, análise, preparação e planejamento são essenciais para o sucesso no gerenciamento de riscos. Muitas das principais decisões, aquelas com maior impacto, ocorrerão durante as primeiras fases do projeto, mas provavelmente serão baseadas em informações muito imprecisas ou incompletas. Para garantir a tomada das melhores decisões para o projeto, todos os riscos importantes devem ser identificados e avaliados assim que possível.

Alguns riscos também dão oportunidades ao gerente de projetos, por exemplo, o término adiantado de algum módulo. Com isso, a equipe pode começar o próximo pacote de trabalho mais cedo, desde que o plano disponibilize os recursos a tempo.

Na opinião geral, um risco de projeto é uma crise que ainda não aconteceu. Os gerentes de projetos experientes preferem o gerenciamento de riscos ao de crises, pois o primeiro leva a menos noites maldormidas e menos fins de semana arruinados. Além disso, ele se estressa muito menos com algumas horas gerenciando riscos do que se passasse o mesmo tempo gerenciando uma crise. O gerente de projetos tende a se sentir no controle de atividades de gerenciamento de riscos, mas um dos motivos pelos quais as crises são tão incômodas é justamente a sensação do projeto estar além do seu controle, de estar sendo forçado pela ocasião em vez de ser a força por trás dela.

A motivação pessoal de evitar estresse contribui para o bom gerenciamento de projetos, mas o gerenciamento de riscos do projeto também cria benefícios de negócios mais diretos e tangíveis. A resolução de problemas pode ser cara e demorada, então o gerenciamento de riscos vale a pena quando consegue evitar alguns deles. Com algum planejamento prévio, mesmo problemas inevitáveis podem ser atenuados a custos menores. Além disso, riscos de projeto descontrolados tornam o fluxo de caixa menos previsível, o que aumenta os custos de trabalho da empresa. Assim, faz sentido alocar fundos e recursos para as pequenas tarefas adicionais que forem identificadas.

Algumas pessoas argumentam que "não podemos prever o futuro, então não podemos planejar para eventos que podem nunca ocorrer; além do mais, provavelmente não vamos enxergar os problemas graves de verdade, então o gerenciamento de riscos não vale a pena". Mas, muito pelo contrário, é possível prever o futuro com precisão suficiente em diversas ocasiões e a grande maioria das pessoas têm uma intuição sobre quais tipos de eventos são mais prováveis e quais menos. O fato de ainda podermos ser surpreendidos não é desculpa para não tomar precauções. Se a falta de conhecimento gera incertezas, pode valer a pena conduzir uma investigação que ajude a identificar e determinar riscos em potencial.

Com suas análises objetivas do que pode dar errado e o que fazer para limitar a possibilidade e impacto dessas situações, o gerenciamento de riscos do projeto protege o negócio. A abordagem leva aos passos descritos aqui: o primeiro é decidir como planejar e executar as atividades de gerenciamento de riscos, o seguinte identifica e analisa as fontes de riscos e o último desenvolve as medidas de controle e prevenção que devem ser implementadas. O propósito maior dessas ações é aumentar a probabilidade de cumprir os objetivos do projeto. Para tanto, tenta-se:

- Conscientizar todos sobre os riscos do projeto antes deles se realizarem.
- Auxiliar o processo de tomada de decisão.
- Auxiliar a identificação de áreas críticas do projeto.
- Determinar o nível de exposição a riscos relativo à estratégia do projeto para melhor informar o processo de avaliação.
- Criar o potencial para maximizar as oportunidades e reduzir as ameaças.
- Garantir o gerenciamento proativo de riscos previsíveis.
- Oferecer estimativas mais precisas sobre gastos e cronogramas do projeto.

O PMI diz

Gerenciamento de riscos do projeto
"O gerenciamento de riscos do projeto inclui os processos que tratam da realização de identificação, análise, respostas, monitoramento e controle, e planejamento do gerenciamento de riscos em um projeto. Os objetivos do gerenciamento de riscos do projeto são aumentar a probabilidade e o impacto dos eventos positivos e diminuir a probabilidade e o impacto dos eventos adversos nos objetivos do projeto." *PMBOK Guide* (p. 340)

> **Ideia importante**
>
> **Gerenciamento de riscos**
> A Lei de Murphy diz que "se alguma coisa pode dar errado, com certeza dará". Gerenciar riscos significa se preparar e impedir que as coisas deem errado e, caso os problemas sejam inevitáveis, criar um conjunto de ações para implementação imediata e que reduzam o impacto do problema sobre o projeto.

▶ Princípios do gerenciamento de riscos

O princípio básico do gerenciamento de riscos é informar todos os envolvidos com o processo de tomada de decisões do projeto sobre o que procurar, quais os principais elementos dos quais devem estar cientes, quem recebeu responsabilidade específica sobre cada risco e o que devem fazer caso alguma ação seja necessária. Depois dos planos apropriados estarem prontos, oferece-se orientação para auxiliar a avaliação de cada problema, além de que ação deve ser realizada. Se o problema pode ser identificado e resolvido em níveis menores, quanto mais rápido e fácil ele puder ser trabalhado, melhor, desde que um plano de resposta coerente seja seguido. Escalar o problema continua uma parte essencial desse processo, pois mais análises ou planejamento de riscos podem ser necessários para reduzir ou eliminar o possível impacto sobre o projeto. Os fatores de risco a serem avaliados e analisados ligam a probabilidade do evento ocorrer ao impacto proposto caso se concretize. A Tabela 11.1 lista os processos individuais (e os grupos de processos aos quais pertencem) contidos no gerenciamento de riscos.

Tabela 11.1 Seis processos de gerenciamento de riscos do projeto

	Grupo de processos			
Iniciação	Planejamento	Execução	Monitoramento e controle	Encerramento
	1. Planejamento do gerenciamento de riscos		6. Monitoramento e controle de riscos	
	2. Identificação de riscos			
	3. Análise qualitativa de riscos			
	4. Análise quantitativa de riscos			
	5. Planejamento de respostas a riscos			

▶ Planejamento do gerenciamento de riscos

Antes de começar o processo de identificação de riscos e antes de determinar o plano de gerenciamento, o primeiro passo é estabelecer uma estratégia para o gerenciamento de riscos. O planejamento do gerenciamento de riscos é necessário para determinar como os riscos serão identificados, analisados, monitorados, controlados e revisados. A estratégia aplicada deve ser consistente com a prioridade, o tamanho e a complexidade do projeto, além da cultura da organização e suas práticas de trabalho normais. Poucos projetos seguiriam uma estratégia arriscada se a organização iniciadora costuma adotar uma atitude de evitar riscos. A lista a seguir poderia ser incluída em qualquer plano de gerenciamento de riscos para adequá-lo à estratégia:

- Como os riscos serão identificados, analisados e avaliados.
- Como os riscos serão definidos no contexto do seu impacto e probabilidade.
- Como os riscos serão alocados e controlados, as decisões tomadas e as ações implementadas.
- Como ações implementadas serão monitoradas e avaliadas.
- Como as partes interessadas serão envolvidas e informadas sobre o processo de gerenciamento de riscos.

A formulação do plano de gerenciamento de riscos e a definição do processo de risco serão lideradas pelo gerente do projeto, mas as entradas para o plano devem vir da equipe, patrocinador, partes interessadas e especialistas, dependendo de cada caso. Se o projeto envolve um cliente, suas ideias e prioridades no processo de planejamento também afetam o modo como o projeto aborda os riscos. Boa parte do trabalho de planejamento deve começar assim que possível durante essa fase do projeto, pois não é possível completar outras atividades, tais como a identificação, análise e planejamento das repostas a riscos, sem os detalhes desse processo. Sem uma estrutura para o gerenciamento de riscos, não é possível definir ou quantificar o trabalho de planejamento restante. A Figura 11.1 mostra as entradas, ferramentas e técnicas e a única saída do processo de planejamento de riscos.

Ideia importante

Planejamento do gerenciamento de riscos
O planejamento do gerenciamento de riscos deve ser realizado assim que for prático, pois ele define os processos e sua importância para a identificação e análise de riscos.

▶ Plano de gerenciamento de riscos

O ponto de partida inicial para informações relativas ao gerenciamento de riscos pode ser descoberto com a análise de registros históricos ou lições aprendidas com projetos anteriores. Outras fontes úteis de informações incluem o termo de abertura do projeto, cartas e documentos produzidos antes da aprovação do projeto. Os detalhes contidos nesse material criam o contexto do projeto, além de transmitirem as prioridades e tolerância a riscos da organização. Se os benefícios de

272 O guia definitivo do gerenciamento de projetos

```
                Entradas              Ferramentas e técnicas              Saídas

        ( Plano de
          gerenciamento
          do projeto )

        ( Declaração do
          escopo do projeto )          • Reuniões de              ( Plano de
                                         planejamento               gerenciamento
                                       • Análise                    de riscos )
        ( Fatores ambientais
          da empresa )

        ( Ativos de processos
          organizacionais )
```

Uma disciplina crucial nesse processo é o foco em como gerenciar os riscos, não a natureza dos riscos em si, ainda que, obviamente, seja necessário ter alguma experiência com os riscos relevantes. Identificar e gerenciar os riscos específicos são atividades de processos subsequentes.

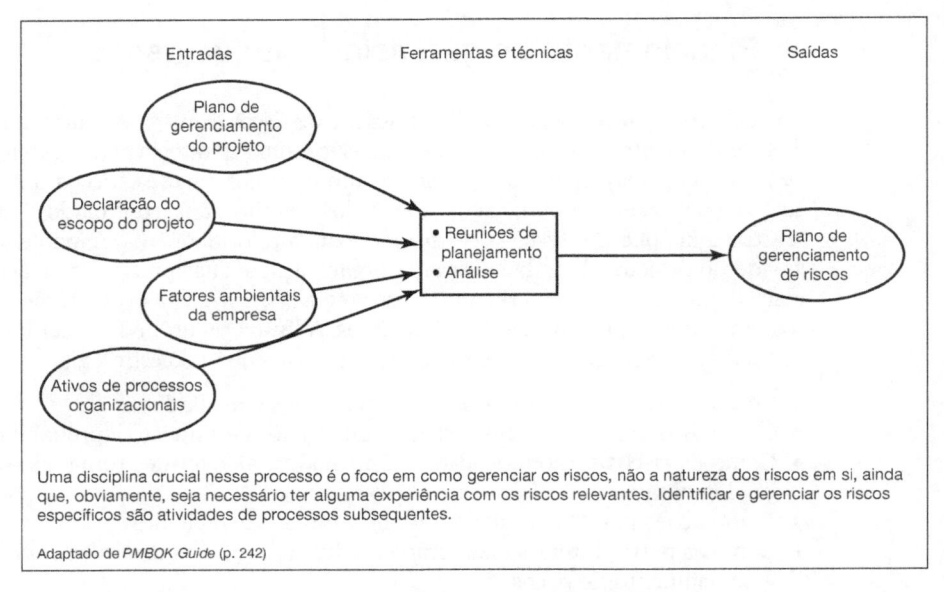

Adaptado de *PMBOK Guide* (p. 242)

Figura 11.1 O processo de planejamento do gerenciamento de riscos.

uma entrega antes do prazo significam que o equilíbrio de risco passa a favorecer "mais riscos", seria possível aceitar o risco de compressão do cronograma para que o projeto pudesse atingir o objetivo necessário. Para apoiar essa abordagem mais arriscada, seria necessário criar um plano de contingência para atrasos, mas o plano proposto poderia envolver a provisão de fundos e recursos adicionais para compressão do projeto e preservação do prazo de entrega adiantado. A documentação adicional para a produção do plano de gerenciamento de riscos inclui a declaração do escopo e o plano de gerenciamento do projeto. Os elementos contidos na declaração do escopo podem mencionar aspectos da análise de riscos inicial, conduzida pelo patrocinador do projeto.

Os diversos planos incluídos no plano de gerenciamento do projeto podem oferecer entradas úteis ao plano de gerenciamento de riscos a partir da EAP, diagrama de rede, comunicação e planos de gerenciamento de pessoal e aquisições, além de estimativas de tempo e custos em comparação com o orçamento do projeto. Todas essas informações podem ser usadas para desenvolver o plano de gerenciamento de riscos, que em última análise torna-se parte do plano de gerenciamento do projeto. Assim, o plano de gerenciamento de riscos define como essa atividade será estruturada e aplicada. Ele inclui:

- Metodologia: como o gerenciamento de riscos será realizado, levando em consideração a prioridade, o tamanho e a complexidade do projeto.
- Funções e responsabilidades: pessoas recebem funções específicas relativas ao risco, além da alocação de certas responsabilidades ligadas à tarefa.
- Orçamentação: os custos associados à provisão do gerenciamento de riscos e do planejamento de contingência são incluídos na linha de base dos custos.
- Categorias de riscos: uma lista das categorias de riscos mais comuns, usada para auxiliar a identificação e análise dos riscos vividos pela organização ou

por outros projetos parecidos. O objetivo é obter uma abordagem consistente e coerente à identificação de riscos.
- Definições de probabilidade e impacto: um padrão declarado para probabilidade e impacto, definido para que o nível de aplicação seja semelhante para todos os envolvidos.
- Tolerâncias das partes interessadas: da iniciação do projeto em frente, o nível de tolerância a riscos deve ser definido e revisado regularmente.
- Formatos de relatório: o conteúdo e o *layout* dos relatórios de gerenciamento de riscos devem ser definidos, assim com sua distribuição.
- Acompanhamento: como as atividades de risco são registradas e auditadas.

Categorias de riscos

O primeiro passo do gerenciamento de riscos é elaborar uma lista dos riscos do projeto. Não é fácil gerenciar os riscos se eles não foram identificados. Começar a identificação de riscos pode ser difícil, pois o trabalho pode parecer demais para o gerente. Afinal, tudo pode acontecer, não é? Na verdade, os riscos podem ser agrupados em diversas categorias, cada uma delas com um nível de importância para o projeto muito mais fácil de identificar. A ideia de usar uma lista padronizada de categorias de risco é garantir que todas as áreas mais comuns foram analisadas. Muitas das categorias podem não se aplicar ao seu projeto, mas pelo menos todas foram consideradas. Se o gerente ignora a lista padrão de categorias de risco usada pela empresa, não seria vergonhoso se um dos riscos da lista surgisse no registro de problemas sem uma resposta preparada? A vantagem de usar uma lista padrão na fase inicial de identificação de riscos é garantir que todas as áreas comuns, ou fontes de riscos conhecidos, foram identificadas e analisadas de acordo com cada projeto.

As categorias de risco podem ser ordenadas em uma estrutura semelhante à da EAP, formando uma estrutura analítica dos riscos (EAR) e substituindo as entregas da EAP. O tipo de categoria e subcategoria de risco considerada no desenvolvimento da EAR pode consistir nas seguintes áreas.

O PMI diz

Categoria de risco

"A categoria de risco é um grupo de possíveis causas de riscos. As causas de riscos podem ser agrupadas em categorias como técnica, externa, organizacional, ambiental ou de gerenciamento de projetos." *PMBOK Guide* (p. 373)

Técnicos

Incluem riscos que se aplicam a todo o projeto, não a atividades específicas. Por exemplo:

- Incerteza sobre requisitos dos usuários.
- Falha tecnológica: a possibilidade da tecnologia não funcionar da maneira prevista.
- Avanço tecnológico: um novo conceito técnico pode oferecer benefícios ao projeto.
- Falta de experiência relevante com a execução de sucesso de projetos semelhantes.

- Nível de inovação necessário e incerteza causada por este em relação à eficácia da abordagem escolhida.
- Segurança e confidencialidade.
- Risco de qualidade da saída: a possibilidade da saída do projeto não atender as expectativas. Inclui muitos riscos técnicos, mas também fatores como o custo de uso do projeto ser alto demais, o desempenho ser baixo demais ou a qualidade ser muito variável.

Externos
Estes são fontes externas que podem impactar o projeto. Algumas estão além do controle do gerente do projeto, mas todas podem ser monitoradas e, se identificadas em tempo, o projeto pode desviar desses riscos. Por exemplo:

- Risco de aceitação do usuário.
- Terceirizado não produzir entrega em nível satisfatório.
- Mudanças nas condições de mercado podem deixar o projeto menos atraente do ponto de vista comercial.
- Restrições em atividades de negócio por motivos jurídicos, regulatórios ou ambientais.
- Possibilidade do mercado ter cometido um erro de avaliação; o projeto atingiu todas as suas metas, mas os clientes podem não comprar o produto.
- A opinião pública sobre a marca da empresa, que pode limitar ou ampliar a gama de atividades que a empresa deseja ser vista como realizando.

Organizacionais
Estes são ameaças que podem afetar a organização como um todo e que por sua vez poderiam impactar o projeto. Por exemplo:

- Oportunidades emergentes de investimento em projetos podem reduzir a prioridade do projeto em questão.
- Mudança no *status* financeiro reduz a disponibilidade de fundos para o projeto.
- Competição de outros projetos divide fundos e recursos limitados.
- Diferença entre as habilidades necessárias e os trabalhadores disponíveis na empresa.

Gerenciamento de projetos
Estas são possíveis fontes de ameaças ou oportunidades ligadas a problemas de gerenciamento de projetos que poderiam impactar o projeto em questão. Por exemplo:

- Ajustes ao nível de apoio e defesa da gerência.
- Falta de conhecimento sobre gerenciamento de projetos.
- Mudança de foco em direção ao gerenciamento de projetos.
- Risco de cronograma: a possibilidade da saída ser criada depois do prazo do projeto.
- Risco de custo do projeto: a possibilidade dos fundos necessários para completar o projeto serem maiores que o indicado pelo plano original.
- Tarefas ausentes ou dependências ocultas no plano.
- Resistência a mudanças.
- Questões culturais.
- Conflitos de personalidade dentro da equipe.

A lista dos riscos é criada para auxiliar o processo de reflexão, mas estas não podem ser as únicas áreas de risco consideradas. Riscos podem ser gerados por novos conceitos tecnológicos. Além disso, a organização pode nunca ter sofrido com certos tipos de risco. Enquanto gerente de projetos, você deve sempre olhar além da lista padrão e considerar outras causas possíveis que poderiam arruinar seus planos.

▶ Identificação de riscos

Depois de encerrar o planejamento de riscos, a próxima fase começa o processo de identificação de riscos. A Figura 11.2 mostra as entradas, ferramentas e técnicas e a única saída do processo. Assim como no plano de gerenciamento de riscos, a tarefa de identificar os riscos do projeto deve ser realizada principalmente pelo gerente do projeto, principais partes interessadas, patrocinador e equipe do projeto. Especialistas também podem oferecer ajuda, mas todos devem ser incentivados a identificar os riscos quando os encontram. A primeira iteração do processo de identificação de riscos não pode começar até a criação da EAP da declaração do escopo do projeto, mas os riscos identificados na declaração do escopo do projeto preliminar, gerada pelo patrocinador, são um bom ponto de partida. O processo não para com a produção do registro de riscos inicial. O trabalho continua com revisões e alterações contínuas dos riscos identificados, pois a atualização do registro de riscos é um processo iterativo. Sempre tente envolver a equipe do projeto com revisões de risco regulares, pois o processo encoraja um nível de propriedade e responsabilidade em relação aos riscos e suas respostas associadas. A medida que você avança no ciclo de vida do projeto, novos riscos são identificados, enquanto outros podem desaparecer.

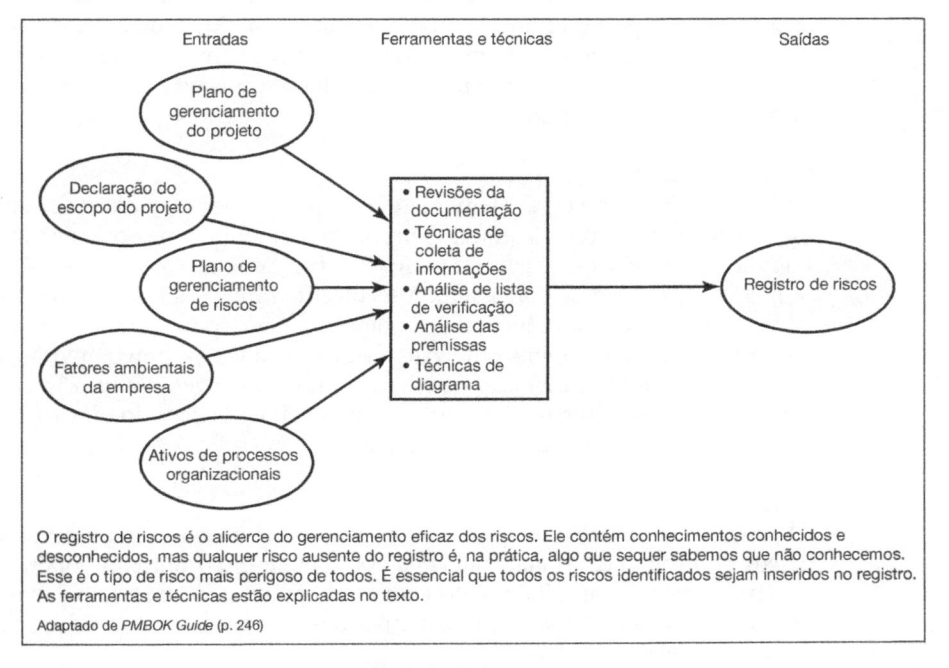

O registro de riscos é o alicerce do gerenciamento eficaz dos riscos. Ele contém conhecimentos conhecidos e desconhecidos, mas qualquer risco ausente do registro é, na prática, algo que sequer sabemos que não conhecemos. Esse é o tipo de risco mais perigoso de todos. É essencial que todos os riscos identificados sejam inseridos no registro. As ferramentas e técnicas estão explicadas no texto.

Adaptado de *PMBOK Guide* (p. 246)

Figura 11.2 O processo de identificação de riscos.

▶ **Revisões da documentação**

O primeiro conjunto de ferramentas e técnicas usado para identificar os riscos do projeto é uma revisão completa dos planos e documentos do projeto. Esta deve apresentar os riscos cobertos pelo termo de abertura e a declaração do escopo preliminar, além de documentos incluídos no plano de gerenciamento do projeto. Os elementos ausentes nessa documentação também devem ser considerados e, em certo sentido, podem ser ainda mais importantes. Todos têm uma função no planejamento e execução do projeto, mas diferenças ou inconsistências entre os planos e os requisitos podem dar indicações sobre os riscos. Os riscos enfrentados por outros projetos também podem ser orientações ou dicas úteis para o gerente.

▶ **Técnicas de coleta de informações**

Uma série de técnicas básicas podem ser usadas para coletar informações a partir de muitas fontes diferentes. Os parágrafos a seguir descrevem as abordagens padrão usadas para identificar possíveis riscos associados com o projeto.

Brainstorming

O *brainstorming* é um ambiente colaborativo para incentivar a livre associação entre os membros do projeto. Os indivíduos podem expressar ideias sobre os riscos do projeto espontaneamente ou seguir uma ordem fixa. O princípio de usar essa técnica com partes interessadas e membros da equipe é fazer com que todos opinem sobre os riscos e aprendam e cresçam com as informações apresentadas pelos outros. O papel do facilitador é controlar a sessão, mas ele também pode anotar os riscos à medida que são sugeridos. A parte inicial da sessão de *brainstorming* pode ser ampla, mas a estrutura analítica dos riscos pode ser um bom ponto de partida para enfocar seu raciocínios em áreas de risco específicas. A próxima fase do *brainstorming* envolveria a expansão dos riscos identificados e suas respectivas definições.

Técnica Delphi

O objetivo final da técnica Delphi é reunir informações e opiniões de especialistas para formar um consenso geral. O processo não reúne todos os colaboradores no mesmo espaço físico, mas as informações sobre riscos e suas respostas são compartilhadas por correio, fax ou *e-mail*. A técnica foi projetada para aproveitar a criatividade dos especialistas, além de combinar os efeitos de interação e envolvimento do grupo. Como os membros do grupo ficam isolados durante a revisão, ninguém tem mais ou menos influência no resultado final. Se o gerente usar um sistema de *e-mail* para compartilhar respostas anônimas sobre os riscos do projeto, o consenso costuma ser produzido em até cinco dias.

Entrevistas

O processo de entrevistar partes interessadas e especialistas para identificar os riscos do projeto continua a ser uma abordagem importante. A condução da entrevista é de responsabilidade do gerente do projeto ou sua equipe, mas o tempo gasto com a coleta de riscos junto a especialistas e partes interessadas pode render frutos no longo prazo.

Análise da causa-raiz

Depois que todos os riscos possíveis foram identificados, a análise das informações pode ligar uma única causa a uma série de resultados. Mais análises da causa identificada podem revelar ainda mais riscos para o projeto. De uma perspectiva proativa, se você puder eliminar a causa específica de alguns riscos, isso lhe permitiria enfocar seus esforços nos outros problemas do projeto.

Análise dos pontos fortes e fracos, oportunidades e ameaças (SWOT)

O objetivo da análise SWOT nessa fase do projeto deve ser isolar os principais riscos que poderiam impactar seu sucesso. Por sua vez, a identificação os principais pontos fortes do projeto revela ameaças específicas ao seu progresso. Antes da análise, também é essencial definir explicitamente todas as premissas do processo.

▶ Análise de listas de verificação

Para o gerente de projetos, o primeiro passo é selecionar as técnicas de coleta de informações necessárias para identificar e especificar os riscos envolvidos. Depois de encerrado o processo, a lista de verificação pode ser considerada um mecanismo para confirmar e testar seu raciocínio até esse ponto. Com o teste final de confirmação oferecido pela lista, o gerente pode confiar que todas as categorias de risco foram trabalhadas, ainda que seja impossível garantir que todos os riscos estão cobertos. A lista de verificação pode ser corrigida durante todo o ciclo de vida do projeto, mas a última atualização deve ocorrer durante o encerramento do projeto para refletir todos os riscos enfrentados. Projetos futuros se beneficiam com melhorias da lista de verificação.

▶ Análise das premissas

As informações disponíveis em cada momento das diversas fases do projeto levam ao desenvolvimento de uma série de premissas. A análise dessas premissas pode identificar erros ou inconsistências que criam outros riscos para o projeto. Pressupor boas condições meteorológicas no começo da primavera para um projeto de construção aumentaria o nível de risco, mas também permitiria confrontar a validade dessa premissa com as justificativas.

▶ Técnicas de diagrama

Essas técnicas podem ser usadas na análise de problemas de qualidade durante a identificação de riscos. A análise da causa-raiz foi mencionada anteriormente com relação ao processo de identificar possíveis causas de riscos, mas técnicas como os diagramas de Ishikawa, fluxogramas e diagramas de influência podem ser ferramentas úteis para o projeto. Enxergar o projeto de outra perspectiva ajuda a desenvolver ideias, assim como tentar imaginar outros riscos possíveis.

▶ Saídas da identificação de riscos – registro de riscos

Depois da utilização de algumas ou todas as técnicas listadas acima, a principal saída da identificação de riscos se encontra no registro de riscos. Depois da elaboração da lista com todos os riscos identificados, podemos produzir uma lista de respostas possíveis e inseri-la no processo de planejamento de respostas a riscos.

A seguir, as novas categorias identificadas e desenvolvidas durante o processo de gerenciamento de riscos podem ser agregadas à EAR. O registro também é crucial para o encerramento do projeto, pois as informações contidas nas suas páginas serão úteis para outros projetos. Logo, nunca se esqueça da necessidade de guardar o registro atualizado nos arquivos históricos do projeto. A importância das novas categorias incluídas na lista de verificação revisada podem não ajudá-lo agora, mas poderão ser úteis para outros gerentes de projetos no futuro.

O PMI diz

Registro de riscos
"O registro de riscos detalha todos os riscos identificados, incluindo descrição, categoria, causa, probabilidade de ocorrência, impacto(s) nos objetivos, respostas sugeridas, proprietários e andamento atual." *PMBOK Guide* (p. 373)

▶ Análise qualitativa de riscos

Enquanto gerente de projetos, se tentasse lidar com todos os riscos identificados, você passaria cada minuto de cada dia avaliando e fazendo planos para eles. O primeiro passo é aplicar um processo de triagem para categorizar os riscos mais importantes que precisam ser trabalhados. A melhor maneira é completar algum tipo de análise subjetiva de cada risco. Assim, a tarefa envolve a avaliação de cada risco com uma escala consensual de probabilidade e impacto, por exemplo, baixo, médio e alto. A Figura 11.3 mostra as entradas, ferramentas e técnicas e a única saída (na verdade, a revisão de uma das entradas, o registro de riscos) do processo de análise qualitativa de riscos. Depois de completar essa análise, as informações podem ser usadas para começar uma análise quantitativa de riscos (ver abaixo), caso essa fase seja necessária. A qualidade das informações utilizadas pode distorcer os resultados, então é preciso explicitar as premissas da análise, pois estas influenciam o processo de avaliação. As informações obtidas durante o processo de entrevista podem ser muito úteis para a preservação de uma abordagem objetiva dos dados avaliados. As especificações citadas para o nível de impacto e probabilidade são definidas, logo, não é possível aumentar seus valores apenas porque têm a ver com o assunto favorito do gerente do projeto.

O nível de análise é útil porque permite que seu projeto seja comparado com outros. As saídas também podem levar seu projeto a ser selecionado antes de outros. Para projetos em execução, a análise pode ser usada para justificar a continuidade do apoio dado a cada projeto, ou então para explicar por que deve ser encerrado. As informações produzidas nessa fase também podem ser usadas como entrada da análise quantitativa de riscos, discutida em uma parte posterior deste capítulo.

▶ Matriz de probabilidade e impacto

Todos os riscos podem ser colocados em uma matriz de riscos, tipo de gráfico que representa a gravidade avaliada do impacto com relação à sua probabilidade. Quanto maior o valor, mais importante a resposta necessária

Gerenciamento de riscos do projeto

```
Entradas                Ferramentas e técnicas              Saídas

Registro de riscos      • Avaliação de
                          probabilidade e
                          impacto de riscos
Plano de geren-         • Matriz de
ciamento de riscos        probabilidade
                          e impacto
                        • Avaliação da                      Registro de riscos
                          qualidade de                      (atualizações)
Declaração do             dados sobre riscos
escopo do projeto       • Categorização
                          de riscos
                        • Avaliação de
Ativos de processos       urgência do risco
organizacionais
```

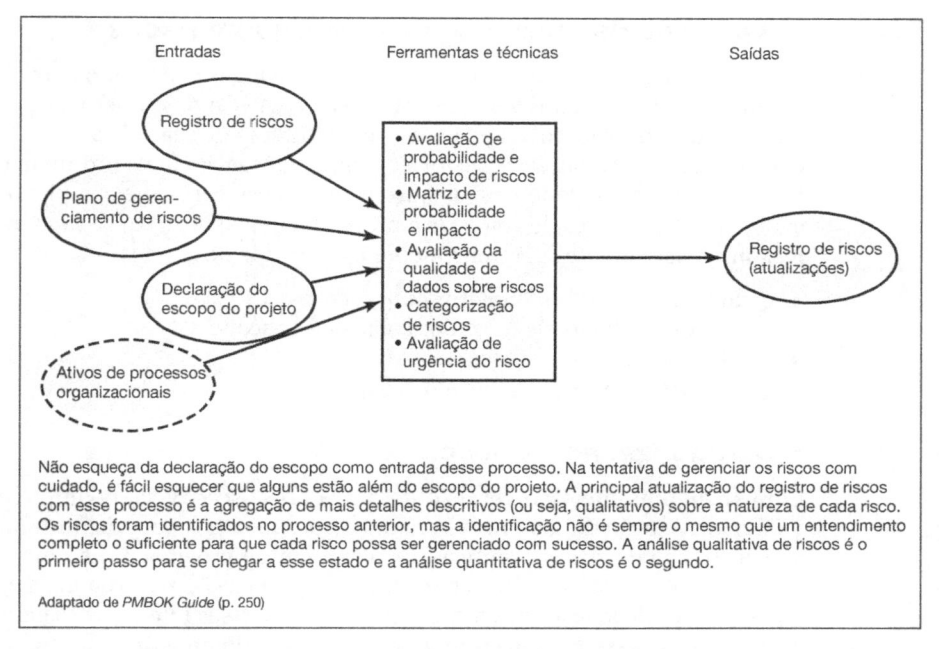

Não esqueça da declaração do escopo como entrada desse processo. Na tentativa de gerenciar os riscos com cuidado, é fácil esquecer que alguns estão além do escopo do projeto. A principal atualização do registro de riscos com esse processo é a agregação de mais detalhes descritivos (ou seja, qualitativos) sobre a natureza de cada risco. Os riscos foram identificados no processo anterior, mas a identificação não é sempre o mesmo que um entendimento completo o suficiente para que cada risco possa ser gerenciado com sucesso. A análise qualitativa de riscos é o primeiro passo para se chegar a esse estado e a análise quantitativa de riscos é o segundo.

Adaptado de *PMBOK Guide* (p. 250)

Figura 11.3 O processo de análise qualitativa de riscos.

(Tabela 11.2). A necessidade de padronizar a matriz dentro da organização é importante, pois a avaliação de riscos se torna um processo mais fácil de repetir em todos os projetos. O outro benefício da padronização significa que membros da equipe que trocam de projetos veem as mesmas aplicações e *layouts* em todos eles. A padronização é o objetivo, mas pode ser preciso adaptar a matriz devido à natureza específica de cada projeto. Se o limite de tolerância é diferente para elementos da "restrição tripla", será necessário criar uma matriz de riscos independente para escopo, custos e tempo para atender seus diferentes níveis de importância.

Tabela 11.2 Matriz de probabilidade e impacto de riscos

PROBABILIDADE			
Alto	Monitorar impacto	Criar um plano de gerenciamento de riscos	Eliminar risco ou atenuá-lo para diminuir o impacto
Médio	Monitorar probabilidade	Criar um plano de gerenciamento de riscos	Eliminar risco ou atenuá-lo para diminuir o impacto
Baixo	Ignorar mas registrar	Monitorar probabilidade	Monitorar probabilidade
	Baixo	Médio	Alto
		IMPACTO	

▶ Avaliação da qualidade de dados sobre riscos

Para garantir que a análise é correta, os dados usados devem ter o máximo de consistência e serem os mais verdadeiros possíveis. A grande questão é sua confiança no nível de precisão dos dados. Se você não tem certeza sobre a qualidade dos dados, a próxima ação deve envolver uma investigação mais profunda dos fatos. Depois de estar satisfeito com as informações, você consegue completar a avaliação qualitativa. Antes de começar o processo de avaliação, cada risco deve poder responder as seguintes perguntas sobre a qualidade dos dados:

- Qual o nível de entendimento sobre cada risco?
- Qual a disponibilidade de dados sobre cada risco?
- Qual a qualidade dos dados?
- Qual a precisão e consistência dos dados?

▶ Categorização de riscos

Em vez de uma previsão geral sobre o nível de riscos, você pode preferir saber qual a localização da maioria dos riscos e que trabalhos poderiam ser afetados. A categorização de riscos significa que o gerente de projetos recebe mais detalhes para auxiliá-lo nessa tarefa. Depois que essa localização se torna mais conhecida, o planejamento de respostas a riscos pode utilizar essas informações para eliminar a causa-raiz e, assim, remover uma série de riscos do projeto.

▶ Avaliação de urgência do risco

Certos riscos identificados podem se transformar em ameaças imediatas ao projeto caso você não aja o quanto antes para resolver o problema. Por exemplo, se um componente precisa de muita antecipação e deve ser usado no começo do projeto, a urgência do processo de aquisição para esse item é alta. O risco é avaliado como urgente, então você precisa de uma resposta rápida para sua cabeça não rolar. Se a análise qualitativa detecta um risco urgente, o problema deve receber prioridade e ser acelerado para permitir planejamento, desenvolvimento e implementação imediatos para cumprir os prazos do projeto.

▶ Saídas da análise qualitativa de riscos – registro de riscos

O registro de riscos inicial, produzido depois do término da identificação de riscos, deve ser atualizado para incluir as seguintes saídas da análise qualitativa de riscos:

- Comparar a lista de riscos do seu projeto, ordenada por importância, com as de outros projetos. A saída pode ser reavaliada depois do término do planejamento de respostas a riscos.
- Ordenar os riscos por prioridade.
- Agrupar os riscos por categoria.
- Identificar os riscos que exigem análises adicionais imediatas.
- Identificar riscos a serem repassados para a análise quantitativa de riscos e o planejamento de respostas.
- Documentar riscos não cruciais na lista de observação e revisões regulares durante o monitoramento e controle de riscos.

```
        Entradas              Ferramentas e técnicas              Saídas

              ( Registro
                de riscos )

    ( Plano de
      gerenciamento
      de riscos )
                              ┌─────────────────────┐
          ( Plano de          │ • Técnicas de       │
            gerenciamento do  │   coleta e          │
            projeto – plano de│   representação     │
            gerenciamento do  │   de dados          │──────▶ ( Registro de riscos
            cronograma, plano │ • Técnicas de       │          (atualizações) )
            de gerenciamento  │   modelamento e     │
            de custos )       │   análise quantitativa│
                              │   de riscos         │
      ( Declaração do         └─────────────────────┘
        escopo do projeto )

          ( Ativos de processos
            organizacionais )
```

Este é o último passo lógico no processo de compreender os riscos a partir da sua identificação. O objetivo da quantificação é compreender a magnitude e a probabilidade dos riscos, permitindo que a gerência tome decisões responsáveis sobre como priorizar e gerenciar os riscos. Sem quantificação, o gerenciamento de riscos não passa de uma série de "chutes". Os riscos devem ser quantificados sempre que o cálculo for viável. Resista à tentação de quantificar o inquantificável: além de ser perda de tempo, ainda cria uma falsa sensação de segurança.

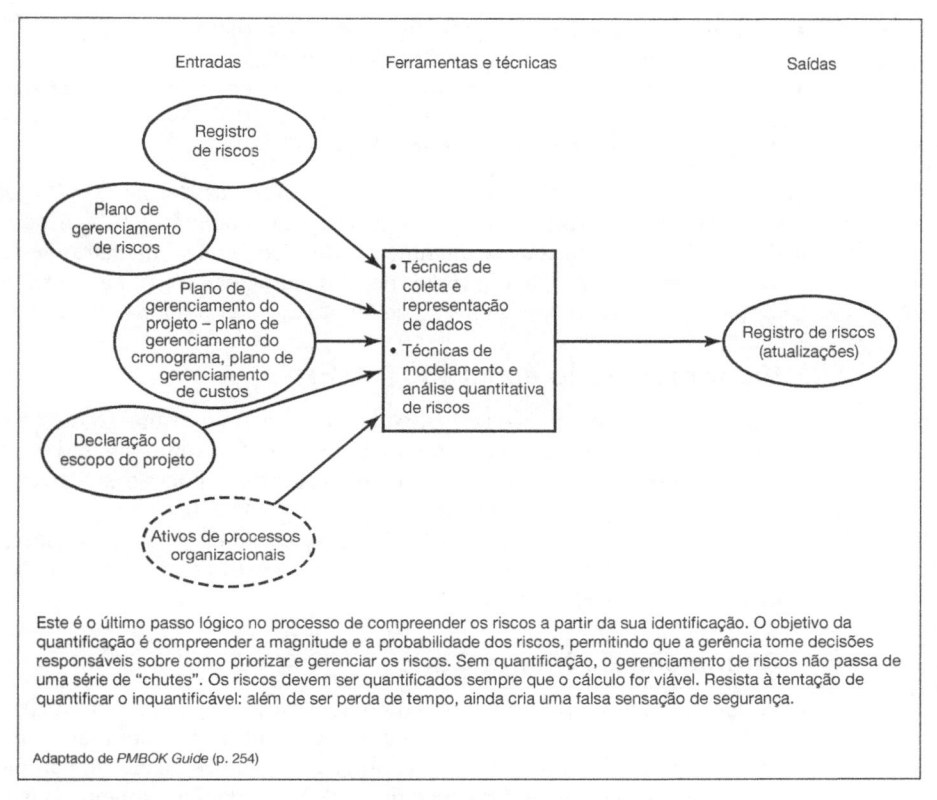

Adaptado de *PMBOK Guide* (p. 254)

Figura 11.4 O processo de análise quantitativa de riscos.

♦ Tendências de risco podem ser identificadas caso a análise qualitativa de riscos seja repetida durante o grupo de processos de planejamento ou durante a execução do projeto.

▶ Análise quantitativa de riscos

Depois do processo de análise qualitativa priorizar e listar os riscos, a próxima fase envolve analisar os riscos e designar valores numéricos para a probabilidade e impacto dos riscos mais graves. A Figura 11.4 apresenta o processo. A análise quantitativa de riscos também pode ser usada para demonstrar uma abordagem quantitativa para tomar decisões relativas ao projeto, além de determinar quais riscos precisam ou não de respostas. A execução do processo vale a pena somente se os custos e o tempo correspondem a esse nível de esforço, pois não adianta nada completar a análise para projetos de curta duração ou riscos de baixa prioridade. Para projetos em que a abordagem quantitativa é essencial, não há necessidade de se conduzir uma análise qualitativa de riscos; logo, a equipe passa diretamente para a análise quantitativa. Em geral, a análise envolve algumas ou todas as atividades a seguir:

- Mais investigações sobre os maiores riscos do projeto.
- Tipo de distribuição probabilística a ser utilizada.
- Análise de sensibilidade para determinar os riscos que podem causar o maior impacto.
- Determinar o nível dos riscos quantificados.

Muitas das mesmas técnicas de coleta de informações usadas na identificação de riscos, tais como as entrevistas, a técnica de Delphi e a opinião especializada, também podem ser utilizadas na análise quantitativa de riscos. Outras maneiras de determinar a probabilidade e o impacto dos riscos incluem o uso de registros históricos, análise do valor monetário esperado, simulação de Monte Carlo e estimativa de custos e tempo.

▶ Valor monetário esperado (VME)

Essa ferramenta é um conceito estatístico que calcula o resultado médio quando o futuro inclui situações que podem ou não ocorrer. Em suma, ele representa o percentual de probabilidade multiplicado pelo valor do impacto caso o evento ocorra. A Tabela 11.3 mostra um exemplo.

Esse tipo de análise é muito usado na análise da árvore de decisão (ver abaixo). Um VME positivo representa um valor de oportunidade, enquanto um risco é expresso por um VME negativo.

▶ Simulação de Monte Carlo

Esse tipo de análise usa o diagrama de rede e estimativas para conduzir uma série de simulações sobre os custos e o cronograma do projeto. A simulação avalia o risco total do projeto e apresenta a porcentagem de chance de ele ser completado até um certo prazo ou nos custos especificados. A simulação também pode ser usada para determinar a probabilidade de qualquer atividade pertencer ao caminho crítico e para considerar a convergência de caminhos. A série de iterações complexas costuma ser realizada com o auxílio de um aplicativo de Monte Carlo, que apresenta os resultados na forma de uma distribuição probabilística.

▶ Árvore de decisão

As árvores de decisão são usadas para auxiliar o gerente com relação a riscos específicos quando a situação inclui um elemento de incerteza. A árvore de decisão tenta considerar eventos futuros no processo de tomar uma decisão no presente. Se você estiver incerto na hora de se decidir, essa técnica pode ser usada para apresentar as consequências de cada escolha e assim auxiliar o processo de tomada de

Tabela 11.3 Valor monetário esperado igual a impacto sobre custos vezes probabilidade

Pacote de trabalho da EAP	Valor da probabilidade	Impacto sobre custos	Valor monetário esperado
X	20%	£10.000	£2.000
Y	50%	£30.000	£15.000
Z	75%	£50.000	£37.500

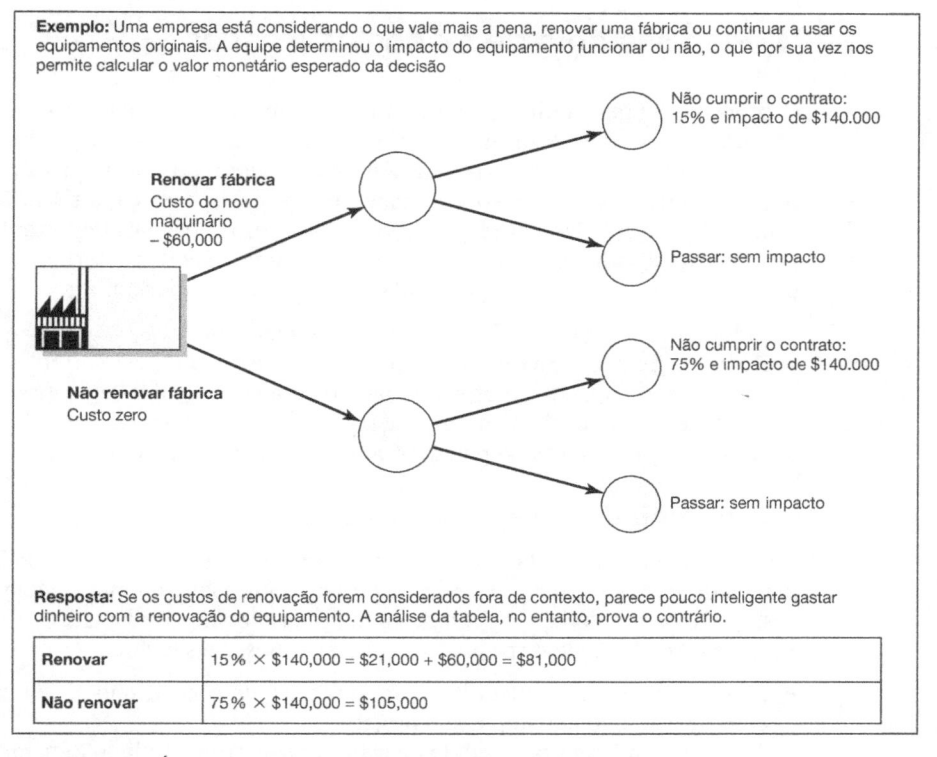

> **Exemplo:** Uma empresa está considerando o que vale mais a pena, renovar uma fábrica ou continuar a usar os equipamentos originais. A equipe determinou o impacto do equipamento funcionar ou não, o que por sua vez nos permite calcular o valor monetário esperado da decisão
>
> **Renovar fábrica**
> Custo do novo maquinário
> – $60,000
>
> Não cumprir o contrato: 15% e impacto de $140.000
>
> Passar: sem impacto
>
> **Não renovar fábrica**
> Custo zero
>
> Não cumprir o contrato: 75% e impacto de $140.000
>
> Passar: sem impacto
>
> **Resposta:** Se os custos de renovação forem considerados fora de contexto, parece pouco inteligente gastar dinheiro com a renovação do equipamento. A análise da tabela, no entanto, prova o contrário.
>
> | Renovar | 15% × $140,000 = $21,000 + $60,000 = $81,000 |
> |---|---|
> | Não renovar | 75% × $140,000 = $105,000 |

Figura 11.5 Árvore de decisão para renovação de uma fábrica.

decisão. Resolver a árvore de decisão produz o VME de cada alternativa quando todos os benefícios e decisões subsequentes são quantificados.

Por exemplo, a Empresa X está considerando se deve renovar sua fábrica antiga ou continuar a usar as instalações atuais devido ao lançamento de um novo produto. A Figura 11.5 mostra os impactos calculados quando determinamos se a fábrica consegue ou não produzir o novo item. Ela mostra que se os custos de renovação forem analisados fora de contexto, a decisão de gastar dinheiro com a fábrica antiga parece pouco inteligente. Se, no entanto, considerarmos apenas um único evento futuro, a decisão de renovar a fábrica para produzir o novo item pode se mostrar a alternativa mais barata.

▶ Saídas da análise quantitativa de riscos – atualizações do registro de riscos

O registro de riscos é criado durante o processo de identificação, mas deve ser atualizado em consequência das análises qualitativa e quantitativa de riscos. As atualizações ao registro de riscos devem revisar a lista de prioridade de riscos quantificados, além do nível de contingências e reservas necessárias para lidar com os riscos do projeto. Outros elementos que devem ser atualizados podem incluir datas para término realistas e propostas e custos do projeto comparados com objetivos de custos e tempo. A atualização também pode alterar a probabilidade quantificada de se cumprir os requisitos e objetivos gerais do projeto.

▶ Planejamento de respostas a riscos

O processo, apresentado na Figura 11.6, desenvolve as opções e ações que poderiam ser seguidas para aumentar as oportunidades e reduzir as ameaças aos objetivos do projeto. Não seria viável eliminar todos os riscos do projeto. Também não podemos esperar que você planeje uma resposta para cada risco. O objetivo principal deve ser planejar respostas para todos os riscos mais importantes identificados e analisados durante o processo de gerenciamento de riscos. As respostas para a questão do que fazer para cada risco principal poderiam ser:

- Eliminar as ameaças conhecidas antes que ocorram.
- Reduzir o impacto ou diminuir a probabilidade da ameaça ocorrer.
- Aumentar o impacto e a probabilidade de uma oportunidade ocorrer.
- Estabelecer planos de contingência para riscos residuais.
- Gerar um plano B caso o plano de contingência não funcione.

▶ Estratégias de respostas a riscos

Algumas maneiras de lidar com riscos identificados envolvem ajustar a abordagem planejada para permitir o sucesso do projeto. Outras estratégias podem ser reativas, então os planos são executados apenas caso os riscos associados se concretizem. As estratégias de respostas para ameaças possíveis incluem:

- Evitar: implementar medidas para garantir que o risco não se concretize ou, caso ocorra, que não impacte o projeto.
- Atenuar: implementar medidas para limitar a probabilidade de ocorrência do risco, seu impacto caso se concretize, ou ambos.
- Transferir: em alguns casos, é possível transferir o impacto de um risco para terceiros; assim, caso ele se concretize, o projeto não será impactado. Essa estratégia normalmente envolve os termos dos contratos de terceirizados, que podem incluir cláusulas com multas e outras penalidades para cobrir os custos

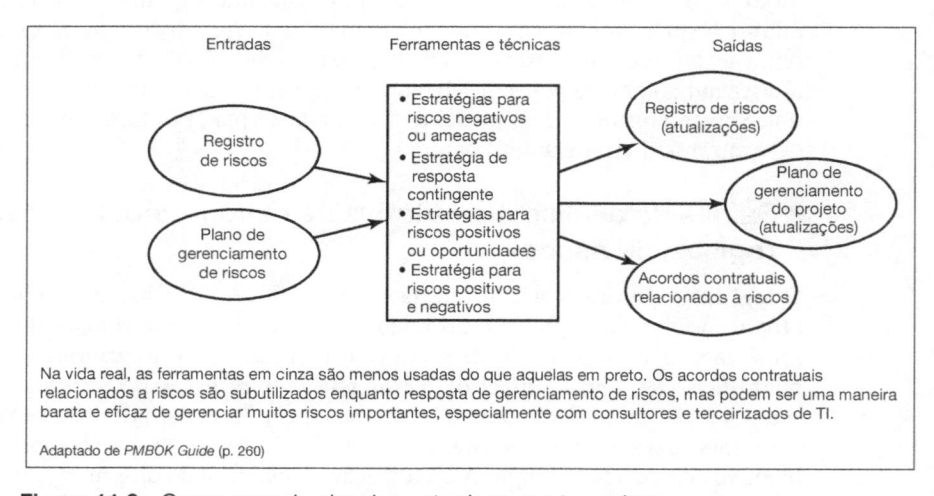

Na vida real, as ferramentas em cinza são menos usadas do que aquelas em preto. Os acordos contratuais relacionados a riscos são subutilizados enquanto resposta de gerenciamento de riscos, mas podem ser uma maneira barata e eficaz de gerenciar muitos riscos importantes, especialmente com consultores e terceirizados de TI.

Adaptado de *PMBOK Guide* (p. 260)

Figura 11.6 O processo de planejamento de respostas a riscos.

de modos alternativos de realizar o trabalho. Os contratos de seguro também são ferramentas de transferência de riscos.

As estratégias de respostas para possíveis oportunidades incluem:

- Explorar: garantir que oportunidades não planejadas serão exploradas. Se um clima mais quente chegar cedo e permitir que a construção comece antes do planejado, utilizando funcionários que já receberiam salários durante esse período, por exemplo, assegure-se de aproveitar essa oportunidade e não deixe que ela seja desperdiçada.
- Aprimorar: uma extensão do "explorar". Em vez de apenas explorar a oportunidade atual, aprimore-a. No exemplo acima, contrate mão de obra adicional.
- Compartilhar: se a organização proprietária não puder explorar a oportunidade por si mesma, talvez ela possa formar parcerias com outras organizações e compartilhar dos benefícios.

As estratégias de respostas a seguir se aplicam igualmente a ameaças e oportunidades:

- Aceitar: em muitos casos, as consequências de um risco podem ser aceitas. Não há necessidade de evitar todos os riscos. Aliás, isso seria impossível. Alguns riscos devem ser aceitos e, em alguns casos, essa é a melhor estratégia de gerenciamento de riscos. Por exemplo, o risco de os funcionários pedirem demissão: se esforce demais para mantê-los e você vai acabar pagando muito mais que o valor de mercado pela qualidade e capacidade da equipe.
- Estratégia de resposta contingente: significa criar um plano de resposta para usar apenas sob certas condições pré-definidas. Estabeleça um conjunto de indicadores e avisos para permitir que a equipe do projeto controle essas condições. Assim, caso elas surjam, o plano de contingência é implementado automaticamente. O plano de resposta a desastres da organização é um exemplo desse tipo de estratégia, ainda que não esteja relacionado com o gerenciamento de projetos.

▶ Monitoramento e controle de riscos

Depois de identificar e entender os riscos, a tarefa central do seu gerenciamento é o processo de monitoramento e controle. Muitos gerentes de projetos e membros de equipe acham que colocar o risco no registro é o mesmo que gerenciá-lo. Não é verdade: ele foi apenas identificado e parcialmente compreendido. Agora ele precisa ser vigiado, como um leão adormecido, para que o projeto possa agir e gerenciar o risco ao primeiro sinal de perigo. O importante é agir, e agir corretamente. O monitoramento e controle de riscos é o processo pelo qual você vigia o leão do risco e age corretamente quando ele se mexe. A Figura 11.7 mostra as entradas, ferramentas e técnicas e saídas do processo.

Uma quantidade surpreendente de projetos se depara com riscos listados no registro e que não foram gerenciados corretamente. Todas as saídas listadas na Figura 11.7 trabalham para garantir que os riscos contidos no registro não tirem o projeto dos trilhos. As saídas são todas simples, diretas e autoexplicativas. Os processos pelos quais elas são obtidas precisam de mais explicações e são discutidos a seguir.

286 O guia definitivo do gerenciamento de projetos

```
Entradas                    Ferramentas e técnicas              Saídas

  Informações sobre                                         Registro de riscos
   o desempenho                                               (atualizações)
    do trabalho

                                                              Mudanças
  Registro de riscos                                          solicitadas

                              • Avaliação de riscos
                              • Auditoria de riscos          Ativos de
    Solicitações de           • Análise da variação          processos
   mudança aprovadas            e das tendências           organizacionais
                              • Análise do
                                desempenho
     Plano de                   técnico                    Ações preventivas
   gerenciamento              • Análise das reservas         recomendadas
     de riscos                • Reuniões de status

                                                           Ações corretivas
    Relatórios de                                           recomendadas
     desempenho
                                                              Plano de
                                                            gerenciamento
                                                              do projeto
                                                             (atualizações)
```

O objetivo desse processo é garantir que os riscos contidos no registro não irão tirar o projeto dos trilhos (o processo não se preocupa com riscos que não estão no registro, que são de responsabilidade do processo de identificação de riscos). Uma quantidade surpreendente de projetos se depara com riscos listados no registro e que não foram gerenciados corretamente.

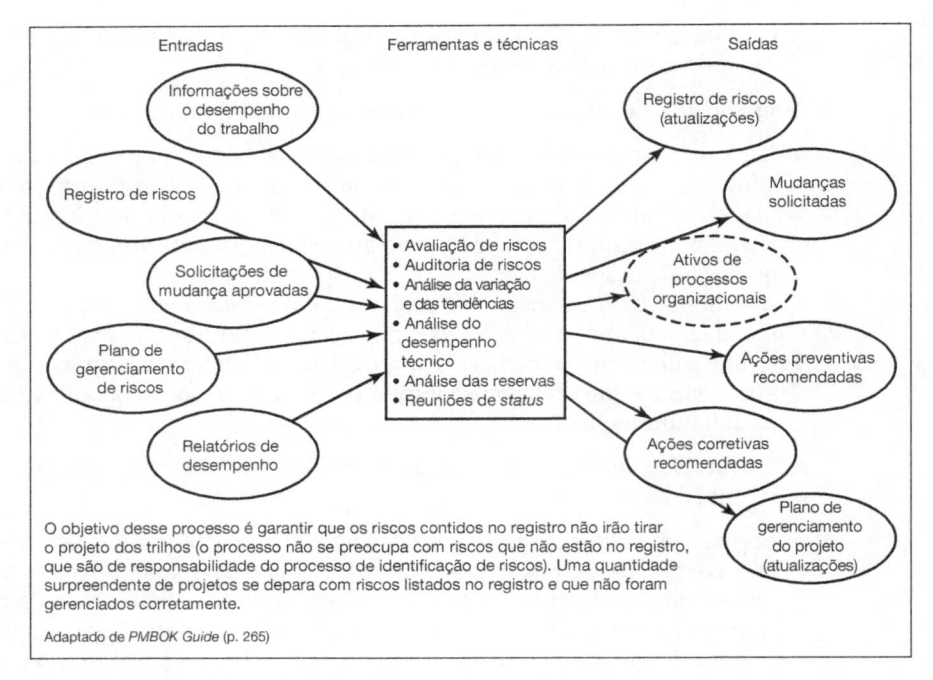

Adaptado de *PMBOK Guide* (p. 265)

Figura 11.7 O processo de monitoramento e controle de riscos.

▶ Avaliação de riscos (também conhecida como revisão de riscos)

Todos os projetos devem passar por revisões de riscos regulares para verificar a validade e utilidade atual do registro de riscos e do plano de gerenciamento de riscos em geral. A situação muda e, por melhor que tenha sido a identificação e análise de riscos inicial, novos fatores e novas circunstâncias podem exigir atualizações. É isso que faz a avaliação de riscos. Ela pode ser um item permanente da pauta das reuniões de gerenciamento de projetos. Em algumas ocasiões, pode ser útil realizar uma reunião de projeto exclusiva para a revisão de riscos.

▶ Auditoria de riscos

A auditoria de riscos possui dois usos. O primeiro é auditar os riscos, ou seja, solicitar que terceiros ou simpatizantes da organização revisem e opinem sobre todos os riscos, especialmente os planos de gerenciamento e respostas de cada um. Em projetos grandes ou com riscos importantes de saúde, segurança ou financeiros, a auditoria de riscos pode ser um requisito regulatório ou contratual. O segundo uso da auditoria de riscos é acordar e assustar as pessoas envolvidas com o projeto, fazendo com que repensem alguns hábitos arraigados. Essa pode ser uma função de controle inteligente da auditoria de riscos.

▶ Análise da variação e das tendências

Qual era o progresso planejado? Qual foi a realidade? E qual é a tendência? Está ficando melhor ou pior? Um gráfico das tendências quase sempre é uma ferramenta

Algumas medidas de progresso e variação: VA, IDP, IDC

Valor agregado

Todas as tarefas do projeto devem agregar valor de alguma maneira. A análise do valor agregado parte do princípio que o valor criado é proporcional ao esforço planejado, de modo que tarefas menores agregam proporcionalmente menos valor do que as maiores. É fácil pensar em exemplos em que esse não é o caso, mas outros métodos causariam muitas dificuldades para a avaliação do valor agregado relativo de cada tipo de tarefa. Em um dado momento do projeto, o valor conceitual criado é proporcional à porcentagem do projeto que já foi completada:

$$\text{Valor agregado} = \text{orçamento} \times \% \text{ completo}$$

Utilize o orçamento original do projeto para obter um valor em dólares, euros ou reais. Se o projeto for completado, 100% do valor orçado foi criado; se menos de 100% do projeto foi completado, apenas uma fração proporcionalmente menor do orçamento foi concretizada.

Em geral, os orçamentos de projetos são compostos por diversas compras externas e mais um valor cobrado pelo termo que a equipe interna deve gastar com o projeto. Se não houver compras externas grandes, o projeto é dominado pelo custo do tempo da equipe; nesse caso, a premissa implícita na abordagem do valor agregado, na qual a criação de valor é proporcional ao esforço, será verdadeira. Mas se o orçamento do projeto contém gastos de capital consideráveis, os custos não serão proporcionais aos esforços. O valor agregado ainda pode ser usado nessas circunstâncias, mas os índices de desempenho de prazos e de custos precisarão de interpretações cuidadosas. Assim, algumas organizações preferem fórmulas que excluem as compras externas do cálculo do valor agregado.

Índice de desempenho de prazos

Uma pergunta essencial para qualquer projeto é qual sua relação com o cronograma. Em outras palavras, "quanto do progresso que deveríamos ter realizado nós realmente conseguimos realizar?" O índice de desempenho de prazos é definido como:

$$\text{Índice de desempenho de prazos (IDP)} = \frac{\text{valor agregado}}{\text{gasto planejado até o momento}}$$

Para ser exato, esse cálculo responde a pergunta "quanto do valor que deveríamos ter criado até o momento realmente conseguimos criar?", mas a premissa anterior, que progresso, valor e despesas são proporcionais, torna as duas perguntas equivalentes.

Observe que o desempenho de prazos é medido em proporção às despesas, mas o progresso planejado é medido com relação às despesas planejadas, desde que o projeto seja cobrado pelo tempo gasto com ele por todos os envolvidos. Um índice de desempenho de prazos menor do que 1 indica que o projeto avançou menos do que o planejado, enquanto um IDP acima de 1 significa que o projeto avançou mais do que o planejado.

Índice de desempenho de custos

Gerentes e patrocinadores costumam se interessar pelos custos dos projetos. Com um bom registro dos custos do tempo da equipe e dos gastos comprometidos, deve ser possível obter uma imagem dos custos reais em qualquer momento do projeto. Essa representação mostra apenas quanto foi gasto, mas o que as pessoas querem saber é quanto foi gasto em relação ao que foi planejado. Em vez de relacionar os custos reais com os planejados até aquele momento, o índice de desempenho de custos relaciona o custo real com o valor agregado. Isso significa que o índice não fica distorcido quando um projeto atrasado ainda respeita o orçamento original. O IDC responde a pergunta "quanto dos nossos gastos até o momento são justificados pelo nosso progresso?" Ele é definido como:

$$\text{Índice de desempenho de custos (IDC)} = \frac{\text{valor agregado}}{\text{custo real até o momento}}$$

Assim como o IDP, valores abaixo de 1 são ruins e acima de 1 são bons. Um IDC menor que 1 significa que, até o momento, o projeto custou mais do que poderíamos justificar com seu progresso, e vice-versa.

poderosa para enxergar, compreender e comunicar o que está acontecendo com o projeto. Três métricas podem ser usadas na análise da variação e das tendências:

valor agregado, índice de desempenho de prazos e índice de desempenho de custos. O box acima descreve as três métricas.

▶ Análise do desempenho técnico

Significa analisar qual a relação entre o plano e o desempenho técnico do projeto até o momento. Por exemplo, se o projeto de atualização de um motor planejava permitir que ele trabalhasse em temperaturas maiores do que as anteriores, digamos, 800°C, esse índice foi alcançado ou o desempenho máximo do motor diminui quando a temperatura ultrapassa 720°C?

▶ Análise das reservas

Se o projeto tem duração de 10 semanas e contingência ou reserva de $10.000, então gastar $9.000 das reservas ao final da segunda semana seria muito diferente de gastar o mesmo valor ao final da nona. A primeira situação sugere que o projeto está com problemas, a segunda que não há nenhum problema sério. O exemplo mostra como o monitoramento das reservas pode ser usado para monitorar riscos.

▶ Reuniões de *status*

Para maximizar o valor das reuniões de monitoramento e controle de riscos, participe delas de duas maneiras diferentes. Primeiro, garanta que as reuniões são administradas corretamente, de modo que tenham pautas, você tenha metas e assim por diante. Isso deve ser normal. Segundo, ouça suas próprias emoções e sinta as emoções dos outros participantes. Parece que há algum problema? Siga seu instinto e procure evidências, mas sempre com muito cuidado.

▶ Resumo

O gerenciamento de riscos do projeto tenta aumentar a probabilidade e impacto de eventos positivos e diminuir a de eventos adversos aos objetivos do projeto. Em suma, ele tenta evitar surpresas desagradáveis, ou pelo menos garantir que elas não vão tirar o projeto dos trilhos.

Os passos do gerenciamento de riscos do projeto, na sequência correta, são:

1. Planejar como gerenciar os riscos.
2. Identificar os riscos.
3. Compreendê-los até os últimos detalhes (com análises qualitativas e depois quantitativas).
4. Planejar respostas aos riscos que merecem planejamento antecipado.

Até aqui, todos esses são processos de planejamento. No gerenciamento de riscos, a parte de ação é o monitoramento e controle. O planejamento vai todo para o lixo sem alguma ação. Não seja uma daquelas pessoas que engana a todos e a si mesmo, acreditando que basta documentar o risco no registro para ele estar gerenciado. O registro de riscos é uma ferramenta crucial para o gerenciamento de riscos, mas esse é apenas o começo. A parte principal do trabalho é a ação, que ocorre na seção de monitoramento e controle do gerenciamento de riscos. Atualize a identificação e análise regularmente com o uso de revisões de riscos.

Gerenciamento de aquisições do projeto

O que é gerenciamento de aquisições do projeto?
Por que se dar ao trabalho de gerenciar aquisições?
Como o gerenciamento de aquisições se encaixa nos grupos de processos?
Fatores críticos em aquisições
Passos do gerenciamento de aquisições do projeto
Contratos
Declaração do trabalho do contrato
Administração de contrato
Sistema de controle de mudanças de contratos
A função do gerente de projetos
Os problemas especiais da aquisição de TI
Contratação centralizada/descentralizada

▶ Objetivos deste capítulo

Este capítulo explica o gerenciamento de aquisições do projeto, ou seja, como comprar ou obter um produto ou serviço de fora do projeto e da equipe do projeto. Ao final deste capítulo, o leitor deve:

- saber o que é o gerenciamento de aquisições e qual sua relação com o gerenciamento de projetos como um todo;
- saber quando e por que o gerenciamento de aquisições é valioso no gerenciamento de projetos;
- ser capaz de categorizar as atividades de aquisição do projeto de acordo com cada fase do projeto ou grupo de processos de gerenciamento;
- ser capaz de aplicar os padrões e procedimentos associados com o gerenciamento de aquisições, aumentando assim sua eficácia enquanto gerente de projetos;
- ser capaz de explicar porque o gerenciamento de aquisições do projeto deve ser tratado como uma área independente de conhecimento em gerenciamento de projetos.

▶ O que é gerenciamento de aquisições do projeto?

O gerenciamento de aquisições do projeto descreve os processos necessários para adquirir produtos ou serviços para um projeto a partir de fontes externas. Para esclarecer a terminologia, adquirir significa obter, não apenas comprar. A aquisição pode envolver o estabelecimento de contratos formais, tais como compra, aluguel ou contratação, ou arranjos não contratuais, tais como requisições internas, procedimentos de encomenda ou outras maneiras usadas por organizações para alocação interna de recursos. Apesar da aquisição de bens e serviços de fora da organização costumar envolver contratos formais, observe que a aquisição dentro da mesma organização do projeto também pode, pelo menos oficialmente[1], envolver contratos formais. Menos frequentemente, a aquisição externa pode ser realizada de formas não contratuais.

O contrato vinculante costuma ser uma saída importante do processo de aquisição. Exceto pelos mais simples, contratos devem ser gerenciados e controlados e muitas vezes precisam de controle de mudanças. Exemplos de atividades comuns realizadas como parte do gerenciamento de contratos incluem repassar informações para o fornecedor (por exemplo, informá-lo que o projeto está pronto para receber um suprimento), verificar que o pagamento deve realizado e iniciar o pagamento. Em geral, a atividade de controle mais importante é garantir que o pagamento não será realizado até o projeto estar satisfeito com o cumprimento da parte relevante do contrato.

Quando há um contrato formal, o projeto precisa operar de acordo com os termos e condições deste, ou, caso sejam inaceitáveis, o projeto deve alterá-los. Mudar um contrato pode ser um processo difícil e oneroso, quando não impossível, então é preciso dar muita atenção aos detalhes durante o planejamento e redação do contrato. Depois de assinado, o foco dos esforços do projeto passa para o controle, gerenciamento e administração dos processos de aquisição. Esses fatos indicam que o gerenciamento de aquisições do projeto possui um ciclo de vida natural.

Em projetos grandes ou complexos, múltiplos contratos ou outros acordos de aquisição podem estar ativos ao mesmo tempo e interagir entre si. Gerenciar as aquisições de projetos grandes ou complexos pode ser uma tarefa que envolve muitos esforços, custos e riscos.

> **O PMI diz**
>
> **Gerenciamento de aquisições do projeto**
> "O gerenciamento de aquisições do projeto inclui os processos para comprar ou adquirir os produtos, serviços ou resultados necessários de fora da equipe do projeto para realizar o trabalho." PMBOK Guide (p. 341)

▶ Por que se dar ao trabalho de gerenciar aquisições?

Se você é um gerente de projetos que ainda não passou pelo gerenciamento de aquisições, saiba que, à medida que sua carreira avança, um dia seus projetos poderão incluir um forte envolvimento com essa disciplina. As ferramentas e técnicas neste capítulo vão facilitar a sua vida quando esse dia chegar. Se você é um gerente de projetos experiente e já trabalhou em vários projetos que envolveram bastante gerenciamento de aquisições, este capítulo oferece uma oportunidade de fazer *benchmarking* da sua abordagem, suas ferramentas e técnicas pessoais.

Se o seu projeto envolve um elemento considerável de gerenciamento de aquisições, seria muito arriscado inventar uma abordagem no meio do caminho. Na maioria das organizações, isso jamais seria necessário, pois elas já possuem um departamento de aquisições para auxiliar o gerente. Mas o quanto esse departamento sabe sobre gerenciamento de projetos ou sobre o seu projeto? A metodologia de gerenciamento de aquisições descrita neste capítulo ajuda a garantir uma interface harmônica com departamento de aquisições, quando houver, e também a eliminar a diferença entre o modo como ele realiza aquisições e as necessidades do seu projeto com relação a essa atividade.

▶ Como o gerenciamento de aquisições se encaixa nos grupos de processos?

Os seis processos de aquisição seguem o bom senso. Eles se resumem a decidir o que você precisa adquirir e depois gerenciar a aquisição. O bom senso também dita como eles se encaixam nos grupos de processos (Tabela 12.1). Observe que a tabela mostra o modelo normal, como apresentado no PMBOK, mas você deve se desviar dele quando necessário. O modelo é "normal" porque, normalmente, você não vai querer ou poder começar a aquisição durante a iniciação do projeto. Seria cedo demais, pois você não saberia o suficiente sobre o que precisa ser adquirido e, mesmo que soubesse, a essa altura o projeto tem outras prioridades, muito mais importantes. Assim, a hora certa de começar as aquisições é o grupo de processos de planejamento, pois as necessidades de aquisição precisam ser planejadas. Como sempre, há exceções. Se a aquisição for uma parte muito importante do projeto, ou

Tabela 12.1 Seis processos de gerenciamento de aquisições do projeto

		Grupo de processos		
Iniciação	Planejamento	Execução	Monitoramento e controle	Encerramento
	1. Planejar e comprar aquisições	3. Solicitar respostas de fornecedores*	5. Administração de contrato	6. Encerramento do contrato
	2. Planejar contratações	4. Selecionar fornecedores		

* O PMBOK Guide usa o termo "fornecedor". Este livro usa os termos "fornecedor" e "vendedor" como sinônimos, mas preferimos "fornecedor" porque nem todas as partes que atendem as necessidades de aquisição de um projeto são vendedores. Além da possibilidade pedante (nesse contexto) de contratação, não compra, muitas grandes empresas e departamentos estatais usam fornecedores intraorganizacionais que não são vendedores no sentido convencional da palavra. Se estiver realizando as provas do PMI, pense apenas em termos de "fornecedores" (ainda que, em inglês, o instituto use o termo seller, literalmente "vendedor"). No mundo real, muitas organizações usam apenas "fornecedor", ao contrário do PMI.

se o tempo de antecipação for particularmente longo e os prazos apertados, então pode ser preciso se desviar do modelo acima e começar a trabalhar na aquisição durante a fase de iniciação. Se as aquisições forem uma parte muito simples e pequena do seu projeto, na prática, talvez não seja necessário planejar nada. E em alguns projetos pode não haver nenhuma aquisição.

▶ Fatores críticos em aquisições

Três fatores críticos devem ser considerados em aquisições para projetos. Você precisa compreender bem o impacto de todos os três em seu projeto. São eles:

- Tempo.
- Relações pessoais com a própria equipe de aquisições.
- Detalhes das especificações no contrato de aquisição.

▶ Tempo

O tempo é um fator crítico em muitos projetos. Determinar o que precisa ser adquirido, especificar os itens de modos apropriados para contratos e redigir o contrato em si são todos processos demorados. Licitações também podem demorar. Os procedimentos que seguem a lei Sarbannes-Oxley e as regras de aquisição governamental podem aumentar ainda mais o tempo de redação e licitação de contratos. Isso significa que a aquisição pode se transformar em uma restrição importante do índice de progresso do seu projeto como um todo. Nesse caso, a atividade precisará de muita atenção por parte do gerente de projetos. Caso seu projeto envolva aquisições, você deve sempre conhecer:

- Os cronogramas típicos e processos de aquisição da sua organização.
- Lei Sarbannes-Oxley, o governo ou outras imposições regulatórias sobre a aquisição e as prováveis consequências para o cronograma.
- Quem no seu departamento precisa estar envolvido com aquisições.

▶ Relações pessoais com a própria equipe de aquisições

Se for necessário preparar documentos de aquisição para, por exemplo, permitir que possíveis fornecedores desenvolvam suas propostas, lembre-se de reservar tempo suficiente para essa preparação nos seus planos. Tente nunca dizer para o gerente de contratos "preciso de um contrato para amanhã". Como diria Toby Young, essa é uma receita de como perder amigos e alienar outros.

    Se a sua organização possui um departamento de contratos ou de aquisições, construa relacionamentos com pessoal com quem vai trabalhar em aquisições para projetos. Conhecer essas pessoas e suas experiências ajuda a evitar atrasos. Esses relacionamentos também são importantes para garantir que os detalhes incluídos no contrato são corretos e podem ser verificados sempre que o projeto precisar.

▶ Detalhes das especificações no contrato de aquisição

Garanta que o contrato de aquisição funciona ou, em outras palavras, garanta que contém as especificações certas. Pode parecer óbvio, mas você deve verificar que as especificações do produto ou serviço, além de quaisquer requisitos especiais de gerenciamento de projetos, foram realmente incluídas no contrato ou outro acordo de aquisição. Garanta que ambas as partes compreendem todos os problemas: converse com o fornecedor antes de assinar o contrato ou peça para algum membro da equipe procurá-lo. Depois, coloque os pontos mais importantes dessa conversa em uma pequena mensagem para o fornecedor e peça que ele confirme seu entendimento. Tudo isso parece apenas bom senso, e é, mas também é um modo de lembrá-lo de que deixar de realizar essas ações simples e pequenas acaba levando a arrependimentos enormes. Lembre-se de que, depois de assinar o contrato, nada que foi omitido pode ser inserido sem o acordo mútuo de ambas as partes. Assim, faça todas as suas mudanças antes de assinar o contrato.

▶ Passos do gerenciamento de aquisições do projeto

A Figura 12.1 mostra a sequência completa de processos e atividades do gerenciamento de aquisições do projeto.

▶ Primeiros passos: planejamento

O primeiro passo, antes mesmo de começar o processo de comprar um produto ou serviço, é garantir que enquanto gerente de projetos, você conhece os processos de aquisição e aprovação da sua organização. Se não conhece, na melhor das hipóteses você estaria trabalhando em dobro sem necessidade; mais provavelmente, seu trabalho de aquisição seria pior que o da organização estabelecida; na pior, criaria responsabilidade jurídica e riscos pessoais. Desde que haja tempo, você precisa garantir que compreende, em linhas gerais, os termos e condições do contrato de aquisição padrão da sua organização. Se já não conhecer, descobrir mais sobre eles também é uma maneira de desenvolver uma relação de trabalho com membros importantes do departamento de aquisições da sua organização. Se conhece esses itens, mas não possui os relacionamentos, pedir outra oportunidade de consulta é uma boa maneira de começar a desenvolvê-los.

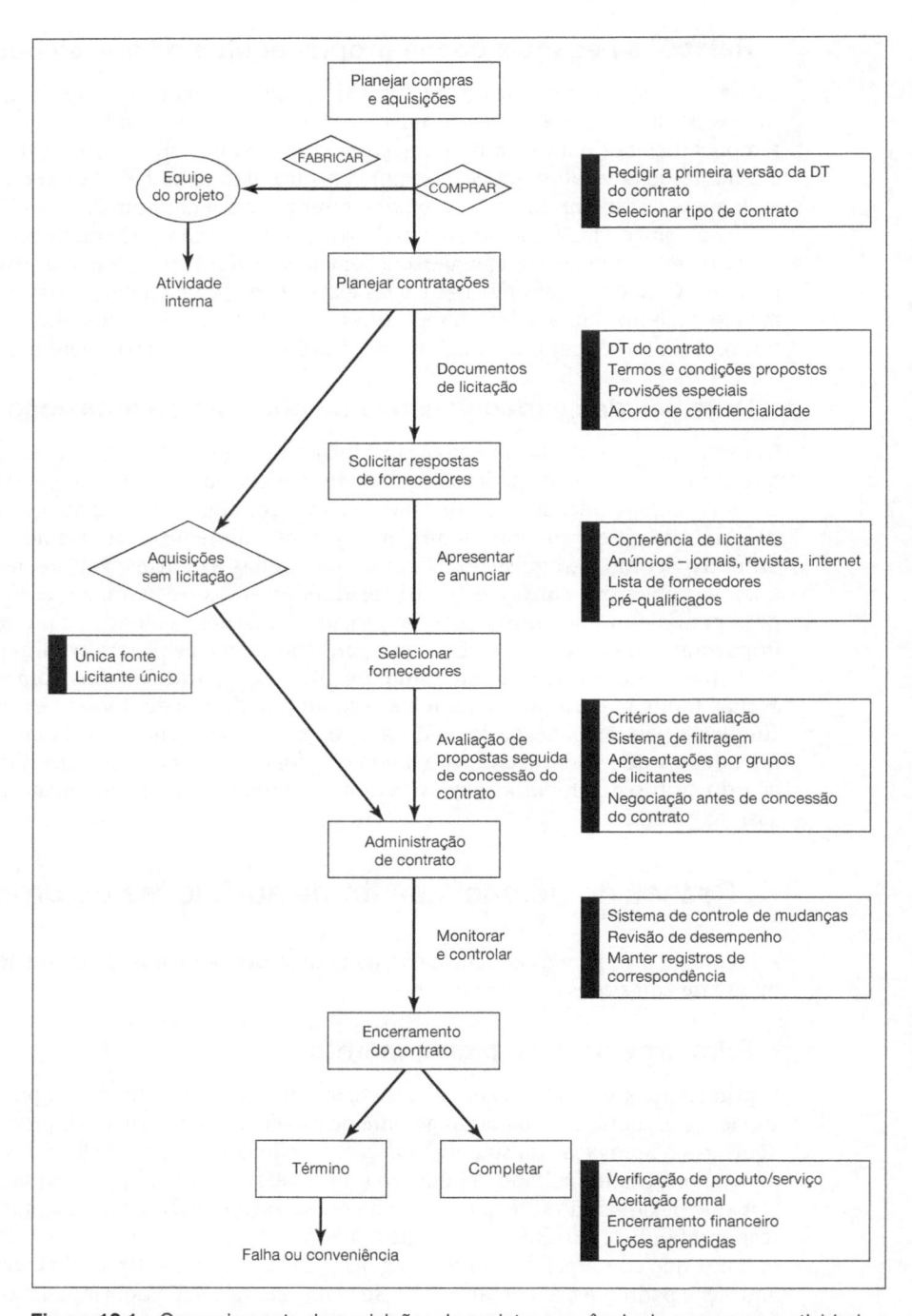

Figura 12.1 Gerenciamento de aquisições do projeto: sequência de processos e atividades.

Os dois primeiros passos do gerenciamento de aquisições do projeto (depois de garantir que você conhece sua própria organização de aquisição) são:

1. Planejar compras e aquisições e
2. Planejar contratações

O objetivo do gerenciamento de aquisições é obter um produto ou serviço necessário para o projeto. Tudo começa com o primeiro de seis processos de gerenciamento de processos, "planejar compras e aquisições". Nele, você decide que bens ou serviços adquirir para o projeto e como adquiri-los. O processo ajuda a entender por que cada bem ou serviço precisa ser adquirido, ou seja, qual sua relação com a entrega final ou objetivo de negócio do projeto. Enquanto gerente do projeto, você já deve compreender esse aspecto, mas, se delegar o processo de aquisições, o que é sempre uma possibilidade em projetos grandes ou complexos, garanta que a pessoa ou equipe encarregada da aquisição também possui o entendimento apropriado. O planejamento pode exigir que você gere e selecione opções de aquisição, assim como a identificação de possíveis fornecedores.

Outra decisão que pode precisar de uma resposta no processo de planejamento de aquisições é a de fazer ou comprar. Essa é uma decisão clássica da administração tradicional e também faz parte do gerenciamento de projetos. A Tabela 12.2 apresenta um exemplo de decisão de fazer ou comprar, destacando os riscos mais comuns que apresenta para os gerentes de projetos, riscos estes que podem destruir carreiras. A tabela também mostra como gerenciar esses riscos de modo a reduzi-los a níveis seguros.

As informações são uma entrada do planejamento. Os processos de gerenciamento de aquisições, os principais documentos usados como entradas são:

♦ Declaração do escopo do projeto
♦ Registro de riscos
♦ Cronograma
♦ Custos
♦ EAP
♦ Dicionário da EAP

Depois do processo de planejar compras e aquisições estar completo ou encaminhado, o próximo processo no gerenciamento de aquisições do projeto é "planejar contratações". O objetivo desse processo é produzir:

♦ Documentos de aquisição (para possíveis fornecedores)
♦ Critérios de avaliação usados na seleção de fornecedores
♦ Declarações do trabalho atualizadas

Possíveis fornecedores, quer sejam os únicos possíveis ou participantes de uma licitação, precisam de informações sobre o que o projeto espera deles e, com o tempo, também precisarão de uma declaração do trabalho e de termos e condições. Essas informações se encontram nos documentos de aquisição, cujos termos podem incluir, por exemplo, pedidos de informação (RFIs), pedidos de cotação (RFQs) e convocatórias. Os detalhes de como atrair e avaliar licitantes são a essência da profissão de gerenciamento de aquisições ou compras e estão além do escopo deste livro. As diversas maneiras de identificar possíveis fornecedores incluem publicidade, conferências de licitantes e listas de fornecedores qualificados ou preferidos. Detalhes desse tipo devem ser deixados para o departamento de aquisições ou contratos da sua organização. Do ponto de vista do gerenciamento de projetos, no passo de planejar contratações, garanta apenas que você (ou o projeto) identificou e depois comunicou claramente o que deve ser adquirido, com detalhes suficientes para que os indivíduos realizando a aquisição entendam o que precisa ser feito e consigam usar seu juízo profissional. O ideal é que o projeto receba apoio de serviços profissionais de aquisição para o processo de planejar compras e aquisições. Esses profissionais cuidariam dos detalhes, mas o projeto deve continuar envolvido com o processo.

O PMI diz

Planejar compras e aquisições

" Planejar compras e aquisições é o processo de determinação do que comprar ou adquirir e de quando e como fazer isso." *PMBOK Guide* (p. 366)

Tabela 12.2 A decisão de fazer ou comprar na aquisição de um banco de dados: exemplo de como o gerente de projetos pode proteger a si mesmo em decisões de fazer ou comprar

A aquisição de um banco de dados para o projeto é um exemplo de decisão de fazer ou comprar e dos riscos pessoais para o gerente de projetos envolvido com ela. Nesse exemplo, o projeto pode: ♦ OU comprar um banco de dados comercial que atende quase todos os requisitos, ♦ OU contratar uma equipe de programadores de bancos de dados para criar exatamente o que o projeto quer.
O custo é um dos fatores desse tipo de decisão, mas o risco costuma ser um fator maior ainda. No exemplo do banco de dados, o risco de comprar um produto disponível no mercado comercial é que, apesar de acharmos que ele seria bom o suficiente para as necessidades do projeto, ainda que não perfeito, talvez o produto tenha algumas limitações críticas. Por outro lado, o risco de contratar uma equipe de programadores é que estes podem não entregar o que precisamos, atrasar o trabalho ou estourar o orçamento. Enquanto gerente de projetos, você provavelmente vai sofrer pressões para escolher a opção com menor custo e depois levará a culpa se os riscos associados a essa opção se concretizarem. De repente, todo mundo que ficou muito feliz com a opção de menor custo, inclusive quem até insistiu nela, começará a dizer que sempre souberam que ela era errada. Você será culpado por não ouvir os outros. O que fazer? A solução desse problema muito comum é, na verdade, bastante simples. Primeiro, lembre-se que em todos os aspectos do gerenciamento de projeto, não apenas no gerenciamento de aquisições do projeto, seu trabalho não é tomar essas decisões. Segundo, você deve levar essas decisões para as pessoas certas, as partes interessadas certas, e apresentar os fatores e informações disponíveis relevantes para que elas possam se decidir. No caso das decisões que ninguém quer tomar, você deve, junto com o patrocinador, garantir que as decisões são mesmo tomadas; caso elas sejam críticas para o projeto, considere a possibilidade de paralisar o projeto até que elas sejam tomadas, apesar desse ser um caso extremo. Terceiro, seu trabalho é documentar como essas decisões foram tomadas, principalmente porque se algum envolvido com a decisão tiver alguma chance de culpá-lo caso algo saia errado, você poderá apresentar documentos que provam que ele mesmo tomou a decisão, não você. Esse passo é sua apólice de seguro pessoal e o colete à prova de balas do seu bônus. Noventa porcento das vezes, se você realizar e documentar esse processo, ninguém vai tentar sequer culpá-lo por qualquer coisa.

Próximos passos: execução

Os próximos dois passos do gerenciamento de aquisições do projeto são:

3. Solicitar respostas de fornecedores.
4. Selecionar fornecedores.

O projeto, com a equipe de aquisições, quando houver uma, solicita a possíveis fornecedores que respondam a convites de propostas e outros documentos de aquisições. Depois que o prazo das respostas passa (ou, se não houver prazo, quando respostas suficientes forem recebidas), o processo avalia as propostas de fornecimento e seleciona um ou mais fornecedores para o projeto. O próximo passo pode envolver negociações, usadas para resolver ambiguidades ou chegar a um acordo sobre mudanças nos termos e condições. Quando ambas as partes aprovam o contrato, os representantes das organizações do projeto e do fornecedor assinam o contrato ou outro documento de fornecimento.

Vale a pena saber que na maioria dos países de primeiro mundo, incluindo a Grã-Bretanha e os EUA, qualquer que seja a opinião dos advogados e profissionais de aquisição internos da empresa, as assinaturas eletrônicas são pelo menos tão boas e confiáveis quanto as assinaturas tradicionais com papel e caneta na grande maioria das transações de aquisição (as transações imobiliárias são a principal exceção). Você mesmo precisa avaliar a prudência ou utilidade de defender esse sistema, mas o uso de assinaturas eletrônicas pode economizar semanas ou até meses no processo de aquisição e a simples magnitude desse benefício justifica a menção detalhada desse ponto.

Contratos

O objetivo de selecionar um fornecedor é firmar um contrato com ele. Os gerentes de projetos devem entender as características mais importantes dos principais tipos de contrato. Os três tipos de contratos mais importantes são:

- Preço fixo (PF)
- Custos reembolsáveis (CR)
- Tempo e material (T&M)

Contratos de preço fixo (PF)

Um contrato de preço fixo envolve um acordo entre as partes sobre um preço total fixo para completar o trabalho descrito com relação a um produto ou serviço definido especificamente. Esse é o tipo de contrato mais usado. A forma fixa do contrato de preço fixo é um pedido de compra que detalha os bens a serem entregues, quando e a que preço. Enquanto comprador, essa forma de contrato oferece o menor risco de aumento de custos, desde que o escopo do trabalho esteja bem definido. Se o vendedor assina um contrato de preço fixo, as informações contidas na declaração do trabalho do contrato devem ser detalhadas e sem ambiguidade, o que garante que ele não será responsável por custos maiores. A vantagem de usar esse tipo de contrato é o menor nível de trabalho envolvido com o gerenciamento do contrato por parte do comprador. Este sabe qual preço será cobrado, enquanto o vendedor tem os incentivos para controlar os custos. A maioria das empresas tem bastante experiência com esse tipo de contrato, mas a produção da declaração do trabalho do contrato envolve alguns esforços adicionais. Durante toda a duração do contrato, você deve monitorar o trabalho para garantir que o fornecedor está cumprindo todos os termos incluídos na declaração do trabalho. Além disso, também é preciso realizar revisões regulares do número de mudanças incorporadas ao contrato, pois o fornecedor pode, por exemplo, tentar recuperar lucros dos quais abrira mão durante as negociações a fim de conquistar o contrato.

▸ Contratos de custos reembolsáveis (CR)

Em um contrato de custos reembolsáveis, os riscos de custos passam para o comprador, pois os custos totais são desconhecidos. O fornecedor cobra o cliente pelos custos reais incorridos, mais um honorário ou percentual pré-acordado sobre o total. Esse tipo de contrato pode ser escolhido caso o comprador não consiga definir todo o escopo do trabalho ou os requisitos sejam desconhecidos. Projetos de TI e trabalhos de P&D costumam se encaixar nessa categoria, pois seu escopo não é totalmente definido. Um dos benefícios para o comprador é que o esforço de produção da declaração do trabalho do contrato é menor, pois o contrato é um documento mais simples. Como vimos anteriormente, o fator de risco de custos é menor para o fornecedor, então o preço pode ser menor do que um contrato de PF para um pacote de trabalho semelhante. A desvantagem associada com o contrato de CR é que o comprador precisa de mais envolvimento gerencial, pois é necessário realizar uma auditoria mais detalhada para garantir que as faturas correspondem ao trabalho e ao tempo cobrados. A falta de incentivos para controle de custos por parte do fornecedor também deve ser considerada.

▸ Contratos por tempo e material (T&M)

O contrato por T&M pode ser considerado uma amálgama de PF e CR. Por exemplo, os preços por metro cotados para um material são fixos durante toda a duração do contrato, apesar dos custos totais do contrato aumentarem se a quantidade solicitada do material também aumentar. Esse tipo de contrato tende a ser usado para quantias e períodos menores. Em comparação com os outros dois tipos de contrato, essa abordagem oferece um risco de custo intermediário entre PF e CR. Os contratos desse tipo se adaptam melhor aos projetos pequenos. Eles são uma boa opção quando você quer expandir sua equipe rapidamente. A desvantagem dos contratos por T&M é que eles exigem o maior nível de supervisão entre os três. A Figura 12.2 compara os riscos dos três tipos de contrato para o comprador e o vendedor.

▸ Declaração do trabalho contratado

A declaração do trabalho (DT) do contrato se baseia em elementos específicos listados na declaração do escopo do projeto e se torna parte do contrato depois da sua assinatura. Até então, a declaração do trabalho do contrato continua a ser um documento ativo e pode ser revisada durante o processo de aquisição. Cada declaração do trabalho do contrato descreve um item ou serviço a ser adquirido pelo comprador, com base em informações extraídas do escopo do projeto. O documento deve

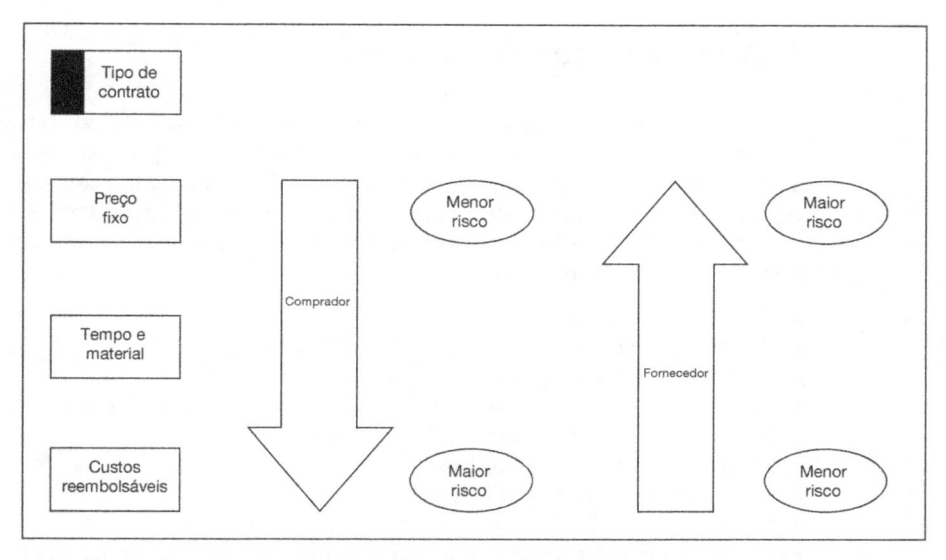

Figura 12.2 Nível de risco sentido por compradores e vendedores para diferentes tipos de contrato.

ser completo e bem definido, mas o nível de detalhamento deve refletir os requisitos do trabalho envolvido. Ele deve incluir detalhes suficientes para que os possíveis fornecedores decidam se podem ou não entregar o item ou serviço. A construção de um anexo para uma escola exige muitas informações sobre as regulamentações de engenharia a serem cumpridas, além de especificações sobre que materiais devem ser usados. Se você quisesse apenas adquirir conhecimento para o projeto, o documento precisaria de muito menos detalhes. A declaração do trabalho do contrato também deve incluir requisitos sobre participação em reuniões, relatórios a serem apresentados e distribuição de cartas e *e-mails*. Se algum desses pontos for ignorado, ou não estiver coberto em detalhes suficientes, tentar adicioná-los ao contrato posteriormente acabará por aumentar os custos do projeto.

Há três tipos principais de declarações do trabalho do contrato, mas a seleção depende da natureza do trabalho envolvido:

- Desempenho: expressa o que o produto precisa realizar, não como o trabalho deve ser realizado ou qual plano deve ser seguido.
- Funcional: expressa o propósito final ou resultado do trabalho. Usado no desempenho do trabalho. Pode incluir as características essenciais mínimas do produto.
- Plano: expressa exatamente que trabalho deve ser realizado, por exemplo, construir algo a partir de um desenho.

O PMI diz

Declaração do trabalho contratado

"A Declaração do Trabalho do Contrato é uma descrição dos produtos, serviços ou resultados a serem fornecidos de acordo com o contrato." *PMBOK Guide* (p. 355)

Administração de contrato

A administração de contrato garante que o fornecedor irá conduzir o trabalho ou serviço descrito no contrato, enquanto o comprador se adapta aos seus requisitos, segundo os termos do contrato. Se o projeto envolver mais de um contrato, uma das principais tarefas de integração é gerenciar as diversas interfaces dentro do projeto.

As atividades realizadas como parte da administração de contrato podem envolver (ver também Figura 12.3):

- Gerenciar as faturas do projeto.
- Completar o sistema de controle de mudanças.
- Autorizar trabalho e pagamentos do fornecedor.
- Interpretar o contrato e determinar o que faz ou não parte do seu escopo.
- Verificar que o escopo está sendo realizado.
- Manter o controle da qualidade.
- Atualizar os riscos do projeto.
- Identificar e avaliar novos riscos à medida que surgem.
- Manter registros e correspondência durante a duração do contrato para manter controle das mudanças e registrar os motivos por trás delas.

Se as informações sobre o desempenho do trabalho identificam que o fornecedor não está cumprindo seus requisitos contratuais e as ações corretivas não conseguem resolver o problema, a cláusula de rescisão deve ser invocada. Em problemas menos graves, o contrato pode ser alterado por acordo mútuo das partes, mas essa decisão deve ser tomada antes do seu encerramento. O processo de controle de mudanças precisaria ser seguido para qualquer alteração contratual, mas a execução desse processo poderia aumentar os custos para o comprador ou fornecedor, dependendo dos termos e condições. Se alguma das partes discordar sobre a mudança solicitada, pode ser necessário recorrer ao procedimento de administração de reivindicações definido pelo contrato. Se as diferenças não puderem ser resolvidas dentro dos termos do contrato, o procedimento de resolução de disputas, com arbitragem ou litígio, é a única opção. E nesse caso, os únicos vencedores são os advogados.

O PMI diz

Administração de contrato

"A administração de contrato é o processo de gerenciamento do contrato e da relação entre o comprador e o fornecedor, análise e documentação do desempenho atual ou passado de um fornecedor a fim de estabelecer ações corretivas necessárias e fornecer uma base para futuras relações com o fornecedor, gerenciamento de mudanças relacionadas ao contrato e, quando adequado, gerenciamento da relação contratual com o comprador externo do projeto." *PMBOK Guide* (p. 355)

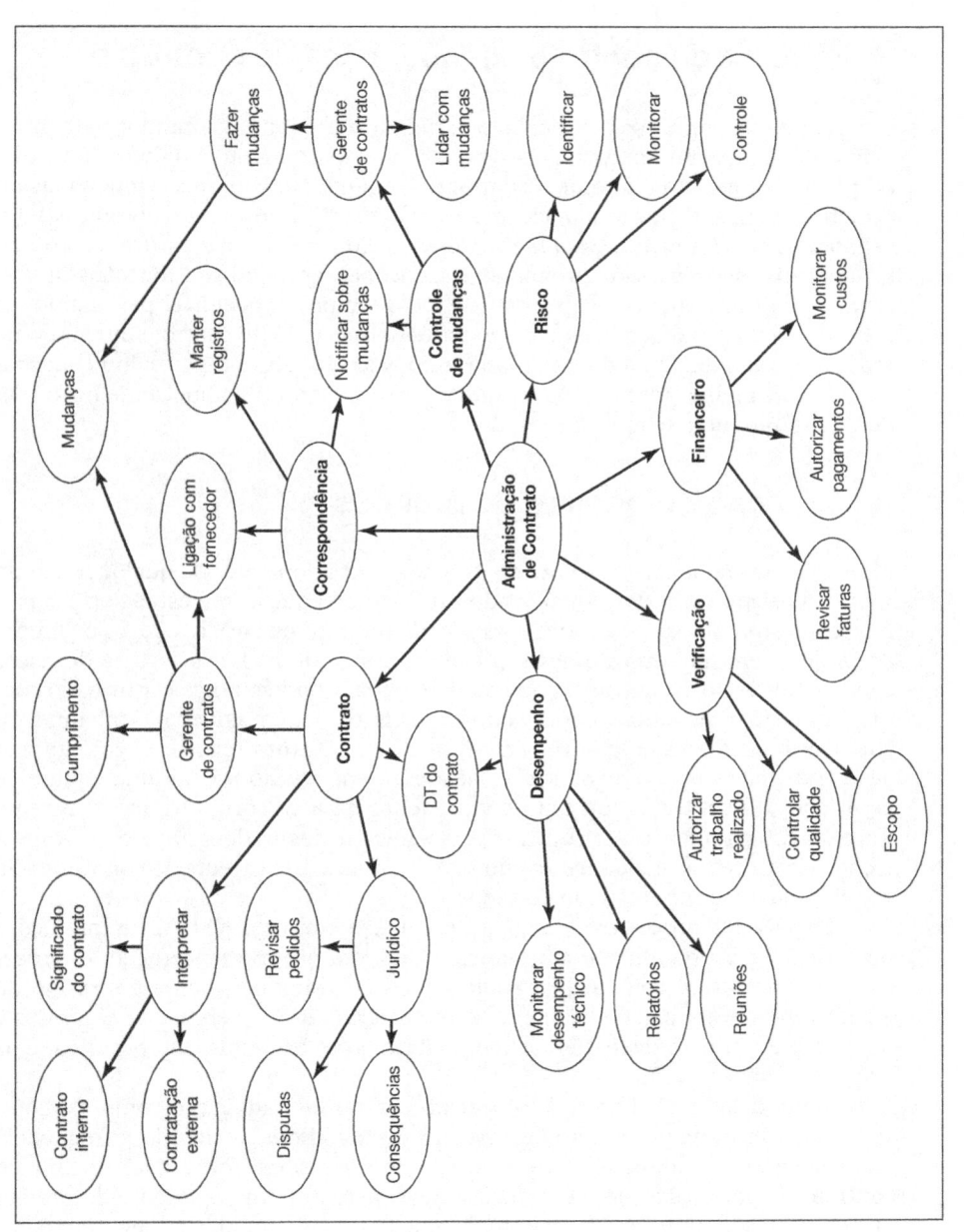

Figura 12.3 Administração de contrato: atividades envolvidas no atendimento de exigências contratuais.

▸ Sistema de controle de mudanças de contratos

Um gerente de contratos é indicado por cada fornecedor e comprador para atuar como seu representante. Assim, essa pessoa ou departamento é o único indivíduo ou grupo autorizado a alterar o contrato. A equipe ou as partes interessadas do projeto podem solicitar mudanças, mas o sistema de controle de mudanças seria usado apenas para revisar e avaliar a proposta. Se a mudança é aprovada, a solicitação precisa ser repassada formalmente ao fornecedor para sua consideração. Se o impacto desta sobre o escopo, os custos e o tempo for aceitável para ambas as partes, a mudança é gerenciada como parte do processo de controle integrado de mudanças. Se muitas mudanças forem propostas ao pacote de trabalho contratado, pode ser melhor rescindir o contrato por acordo mútuo e começar de novo com outro contrato ou até outro fornecedor.

▸ A função do gerente de projetos

Em uma situação ideal, o gerente do projeto é escolhido antes de qualquer acordo sobre aquisições. Um dos objetivos do processo de aquisição é estabelecer o melhor contrato e o mais apropriado para cada produto ou serviço. Logo, o gerente do projeto tem uma função nesse processo, que pode incluir a análise de riscos concomitantes ao projeto antes que qualquer compromisso possa ser firmado com um fornecedor. As saídas dessa análise de riscos podem envolver trabalhos ou condições adicionais ao contrato antes de sua assinatura formal. O gerente não deve trabalhar sozinho nesse problema; se a organização possui uma equipe de aquisições ou contratos, ou um departamento de assessoria jurídica, o gerente deve ser como unha e carne com a pessoa relevante desses departamentos. O ideal é que, exceto em necessidades de aquisição mínimas, um gerente de contratos seja escolhido para atuar em nome do projeto.

Depois dos processos de aquisição começarem, as atividades e interações necessárias para o contrato conseguem gerar sua própria aceleração. O procedimento contratual pode acabar sobrepujando o gerente do projeto e tirá-lo da jogada, então um fluxo constante de comunicação entre o gerente de contratos e o gerente do projeto deve manter o equilíbrio entre os requisitos do projeto e as exigências da aquisição.

Tente decidir se seria útil colocar no contrato de aquisição como os requisitos de gerenciamento de projetos devem ser atendidos, incluindo a frequência e participação em reuniões entre a equipe do projeto e o fornecedor. Incluir no contrato de aquisição que o fornecedor deve se reunir com o gerente do projeto ou seu representante semanalmente, às nove horas da manhã de segunda-feira, desde o início do contrato até a aceitação final, é uma maneira eficaz de lidar com o risco do fornecedor tentar não participar das reuniões regularmente ou ainda cobrar um adicional pela sua participação. Esse tipo de detalhe é exatamente o tipo de problema que a equipe de aquisições da sua organização deve conhecer bem, então você deve aproveitar seu conhecimento especializado no assunto. Esse conhecimento também é útil para determinar que parcela do cronograma do projeto deve ser reservada para a condução de planejamento, seleção, negociação e administração de contratos. Se você tomar atalhos nesse processo, as consequências posteriores para o projeto podem ser muito maiores.

Até aqui, afirmamos que o gerente de projetos deve delegar os detalhes e o dia a dia do gerenciamento de aquisições para a equipe apropriada dentro da sua organização, desde que ela tenha tal equipe. Normalmente, eles estão dispostos a assumir essa responsabilidade e a maioria dos funcionários pertence a alguma associação profissional da disciplina, tal como o Institute of Purchasing Managers. Entretanto, você precisa entender qual a experiência e competência desses funcionários, pelo menos em linhas gerais. Por exemplo, se o projeto está adquirindo um banco de dados de TI, mas seu departamento de aquisições não tem experiência com aquisições de TI, tendo lidado apenas com fornecedores de agregados para concreto e adesivos industriais, você vai precisar compreender e gerenciar os riscos criados por essa deficiência nas habilidades e experiência da equipe. Em um exemplo menos extremo, se o departamento de aquisições tem experiência em adquirir soluções de TI completas, mas seu projeto requer a contratação de uma equipe de programadores, então a deficiência de habilidades e experiência do departamento pode ser tão crucial quanto no primeiro exemplo, mas talvez seja mais difícil de enxergar. A lista de verificação a seguir apresenta perguntas que você deve fazer aos especialistas em aquisições:

- Que aquisições semelhantes eles já gerenciaram pessoalmente antes?
- Qual a diferença nessa aquisição?
- Na opinião deles, quais os riscos?
- Onde acham que poderiam estar entendendo os riscos do modo errado?
- Até que ponto conhecem o fornecedor em questão?
- Quais as lições aprendidas ou diretrizes do setor nesse tipo de aquisição?
- Quais os problemas mais comuns nesse tipo de aquisição?
- Qual o curso de ações padrão para gerenciar os riscos desse tipo de aquisição?
- Se o gerente de contratos não tem nenhuma experiência direta relevante, ele consegue encontrar e conversar com alguém que tenha para lhe ajudar a responder essas perguntas?

O gerente de contratos, não o de projetos, é responsável pelas negociações de contratos no dia a dia da organização. Para o gerente de projetos, desenvolver um relacionamento com o fornecedor depende da importância deste para o projeto e do tempo disponível. O gerente de projetos também deve trabalhar com o de contratos para gerenciar quaisquer mudanças aos contratos. Em geral, no entanto, apenas o gerente de contratos possui a autoridade para incorporar mudanças a contratos, pois eles geralmente respondem à organização e não ao gerente de projetos pelo trabalho de aquisição.

Ideia importante

Trabalho em equipe
O gerente de projetos deve trabalhar junto à equipe de aquisições da organização, enquanto o gerente de contratos de aquisição deve ser indicado como especialista responsável por contratações e outros problemas de aquisição no projeto. O gerente de projetos deve entregar todos os detalhes de aquisição para esse profissional, mas ainda cultivar uma relação de trabalho próxima com ele e manter a capacidade de tomar decisões em nome do projeto.

▶ Os problemas especiais da aquisição de TI

Você está adquirindo TI? A aquisição de TI costuma ser difícil e estressante, além de caracterizada por algum nível de fracasso. Se suas experiências forem diferentes, sorte sua. A maior parte das aquisições de TI acaba, na melhor das hipóteses, custando mais do que o planejado. Atrasos são comuns e não entregar algum aspecto importante do que foi especificado também faz parte da rotina. Não raro, o produto entregue sequer funciona. Este livro não pretende especular sobre por que a situação é essa ou o que a indústria de TI poderia fazer para resolver o problema[2]. Queremos apenas garantir que todos entendemos que a aquisição de TI é tão arriscada que precisa de cuidados especiais e muita atenção, qualquer que seja o projeto. É muito comum envolver especialistas em TI com a aquisição, mas ninguém tem certeza se isso reduz os riscos; ainda assim, não seria muito inteligente nada contra a corrente nesse caso.

Se o seu projeto envolve a aquisição de TI, assegure-se que a equipe de aquisição ou gerente de contratos possui bastante experiência na área. Também é preciso tomar muito cuidado para documentar tudo, protegendo o projeto e a si mesmo.

Os princípios a seguir serão úteis na aquisição de TI:

- Insista em assistir uma demonstração de todos os principais equipamentos, programas, interfaces, etc. Não aceite demonstrações "enlatadas" ou pré-prontas; insista em demonstrações ao vivo, usando os dados do seu projeto.
- Não acredite em cronogramas de entrega para nada que já não exista ou não possa ser demonstrado imediatamente. Para fins de planejamento, duplique os prazos. Se houver atrasos, duplique-os mais uma vez.
- Trate estimativas de custos de fornecedores da mesma maneira que estimativas de tempo.
- Quando um fornecedor faz uma estimativa, peça-a por escrito. Se o fornecedor não atender esse pedido, envie um *e-mail* documentando o que você acha que ele disse.
- Mesmo que um aspecto de algum requisito seja óbvio, por exemplo, que o banco de dados deve ter uma função de busca ou que o editor de texto deve ser capaz de editar textos, garanta que este está documentado.
- Você e a equipe de aquisição devem usar uma série de regras básicas para avaliar se as estimativas de tempo e custos oferecidas pelos fornecedores de TI são justas e razoáveis.

Como exemplo das regras básicas mencionadas acima, um banco de dados de pequeno ou médio porte deve:

- se realizado no ambiente de uma pequena empresa, demorar um homem-mês para ser produzido, a um custo de cerca de £15.000;
- se realizado para uma empresa de médio ou grande porte, demorar um mês para ser produzido em forma de piloto e custar não mais de £50.000 (o custo adicional representa a burocracia extra envolvida com a comunicação junto à grande empresa);
- em ambos os casos, metade dos fornecedores de TI tentará cobrar £100.000 por esse tipo de serviço.

Um bom gerente de aquisições de TI usará várias regras básicas semelhantes, além de entender o significado de "banco de dados de médio porte" e outros termos assemelhados bem o suficiente para utilizar as regras básicas.

> **Estudo de caso**
>
> **Exemplo dos problemas especiais da aquisição de TI**
> Um dos muitos exemplos de problemas da aquisição de TI foi de uma grande fábrica de tintas que tentou adquirir e instalar um sistema de TI com *software* customizado. Os níveis de entrada de dados, confiabilidade do *hardware* e interface de informática, além do número de interações desde a fabricação até a expedição, resultaram em um sistema de registros que não oferecia a precisão ou a consistência necessárias para quantificar os recursos utilizados e para a produção de relatórios gerenciais que detalhassem a eficiência e o volume de produção da fábrica.

▶ Contratação centralizada/descentralizada

As duas estratégias gerais usadas para organizar um departamento de contratação são centralizar todo o conhecimento em um único departamento ou então descentralizar a equipe de contratos, distribuindo os especialistas entre os projetos. Em um sistema centralizado, o gerente de contratos responde ao gerente funcional e espera-se que ele trabalhe em uma série de projetos. A estrutura descentralizada subordina o gerente de contratos diretamente ao gerente do projeto e ele passa a ser responsável por um único projeto. Cada abordagem tem seus próprios méritos, mas é a alta gerência da organização que decide se deve seguir uma política de centralização ou descentralização nesse setor. A decisão provavelmente não será tomada pelo gerente de projetos, a menos que haja um motivo muito forte para mudar a estrutura do departamento de contratação. A principal vantagem de ter uma organização centralizada de contratações é a capacidade de padronizar os procedimentos e processos da empresa em todo o departamento. A principal vantagem de operar um departamento descentralizado é a alocação de um gerente de contratos para cada projeto. A principal desvantagem do sistema descentralizado é a dificuldade de manter conhecimentos e padronização em todas as partes da organização, pois cada gerente trabalha de modo independente de todos os outros. Essa abordagem também pode ser menos eficiente no uso dos recursos contratados, devido à duplicação de esforços. De uma perspectiva humana, não há um departamento central de contratos ao qual o gerente responde depois de o projeto ser encerrado e também não há um plano de carreira definido para esse profissional. Para fazer uma estrutura descentralizada funcionar bem, é preciso boa comunicação, reuniões regulares e sessões de treinamento centralizadas para todo o pessoal de contratação.

▶ Resumo

O gerente de projetos deve se envolver com o processo de gerenciamento de aquisições assim que possível, mas também delegar o dia a dia das aquisições para uma equipe especializada, quando houver. O resultado deve ser a escolha de um gerente de contratos para trabalhar com o projeto. A aquisição é arriscada e a base para gerenciar todos os riscos é entender e declarar na documentação do projeto, tais como contratos com fornecedores, exatamente quais as necessidades do projeto. Para tanto, é preciso realizar pesquisas e análises. A aquisição de TI é especialmente arriscada.

O primeiro passo para o gerente de projetos é conhecer os funcionários, experiências e capacidades do pessoal de aquisições em sua organização e entender os processos e padrões de aquisição existentes e os termos e condições jurídicos mais usados. Uma decisão importante e comum é a de fazer ou comprar, que costuma ser determinada por quais riscos são preferíveis. O trabalho do gerente de projetos é fazer com que as partes interessadas relevantes tomem uma decisão, e não o de decidir por elas. Qualquer tempo destinado a processos de gerenciamento de aquisições deve estar incluído no cronograma do projeto. O trabalho envolvido em gerar documentos de aquisição, considerar possíveis licitantes, esperar pela resposta dos fornecedores, selecionar um fornecedor e depois negociar um contrato costuma ser bastante demorado.

O trabalho do gerente de projetos continua mesmo depois da assinatura do contrato, pois este ainda deve ser monitorado e controlado. As atividades administrativas que devem ser realizadas envolvem verificar o cumprimento do escopo, conferir faturas e pagar contas, além de confirmar que o vendedor está seguindo os termos e condições do contrato. Depois de tudo ser entregue e completado de modo satisfatório, ou o contrato ser rescindindo antes do trabalho terminar, a última fase do processo é o encerramento do contrato, realizado para proteger os interesses jurídicos de ambas as partes.

▶ **Notas**

1. Uma pessoa jurídica não pode firmar um contrato consigo mesma. Em alguns casos, a mesma organização é constituída por mais de uma pessoa jurídica.
2. Mas se estiver interessado, ver: Nokes, S.M., 2000. Taking Control of IT Costs. London: Financial Times/Prentice Hall.

Responsabilidade profissional

O que é uma profissão? O que é responsabilidade profissional?

O caso de negócio da responsabilidade profissional

O PMI e responsabilidade profissional

Código de ética

▶ Objetivos deste capítulo

Este capítulo explica por que os gerentes de projetos possuem uma responsabilidade profissional, qual sua natureza e, especialmente, quais os requisitos de responsabilidade profissional feitos pelo PMI. O capítulo começa com os princípios mais amplos e gerais da responsabilidade profissional e depois passa para os detalhes específicos definidos pelo PMI. Caso você não seja ou não pretenda se tornar membro do PMI, esses detalhes podem não ser do seu interesse direto. Ainda assim, eles são o tipo de declaração específica de responsabilidade profissional que todos os gerentes de projetos praticantes deveriam seguir, mesmo que não exatamente nessa forma. Ao final deste capítulo, o leitor deve ser capaz de:

- declarar o princípio fundamental de uma profissão;
- declarar os três princípios gerais que orientam a conduta profissional;
- explicar o caso de negócio para ser um membro de uma profissão reconhecida e seguir seu código de conduta;
- saber onde encontrar o código de conduta do PMI e quem o governa;
- declarar as duas categorias e os princípios de cada no código de conduta do PMI.

▶ O que é uma profissão? O que é responsabilidade profissional?

Uma profissão é definida como "uma ocupação paga, especialmente uma que envolve treinamento prolongado e qualificação profissional..."[1] As primeiras profissões foram as de clérigo, advogado e cirurgião ou médico, seguidas de contadores, engenheiros e alguns arquitetos e agentes de patentes.

O princípio fundamental de uma profissão é que o profissional, ou seja, o indivíduo que pratica a profissão, recebe honorários em troca de colocar os interesses do cliente acima dos seus próprios. Argumenta-se que isso não é o mesmo que ocorre com o gerente ou funcionário de uma empresa comercial ou industrial. O gerente ou funcionário precisa encontrar um meio termo entre o seu próprio interesse de gerar lucros e o interesse do cliente. Esse meio termo costuma ser determinado pelo mecanismo dos preços de mercado e seu resultado é uma organização comercial cujos produtos e serviços oferecem alguma combinação de preço e qualidade. Tudo isso é perfeitamente sensato e normal, pois é apenas outra maneira de dizer que as organizações comerciais quase sempre vendem bens menos do que perfeitos porque o cliente quase nunca quer ou está disposto a pagar pela melhor qualidade possível. A EasyJet e a Ryanair prestam serviços excelentes a preços baixos, mas nenhuma das duas tenta emular a qualidade de experiência oferecidas na primeira classe de uma companhia aérea tradicional. Outro exemplo: nem todo mundo quer pagar por automóvel Rolls-Royce. A ideia é que as profissões são diferentes porque em vez de vender bens ou serviços, elas estão oferecendo as habilidades e juízos de um indivíduo. Nesse caso, reduzir a qualidade não é uma opção e também não seria justo ou razoável, ao contrário da possibilidade de, por exemplo, encher um avião com assentos baratos para reduzir o preço da passagem. O profissional ainda pode reduzir os custos para o cliente ao gastar menos tempo em uma tarefa, mas isso não é o mesmo que reduzir a qualidade dos seus serviços.

Outra diferença entre uma profissão e outros negócios é que a primeira vende, em sua forma mais básica, o produto de uma mente humana, e é muito mais difícil verificar a qualidade dessa saída do que no caso de um bem concreto. Assim, o cliente tem muito mais dificuldade para confirmar que está pagando um preço justo. "Posso ter certeza de que foi preciso quatro homem-semanas para escrever o caso de negócio? Não, eu preciso confiar em você". Por outro lado, para comparar os preços de uma passagem aérea entre diferentes empresas, basta entrar na internet.

O argumento é que os honorários de um profissional são altos o suficiente para que ele simplesmente nunca sequer pense em reduzir a qualidade para compensar algum outro fator. Em troca do privilégio de não se preocupar com os lucros tanto quanto outros tipos de negócio, o profissional tem a responsabilidade especial de não tirar vantagem da sua situação. Esse é o princípio fundamental por trás da ética e da responsabilidade profissional. Se o gerenciamento de projetos é ou não uma profissão e se há (e qual é) a diferença entre as profissões e as outras atividades de trabalho, como argumentamos acima, são questões muito interessantes, mas estão além do escopo deste livro. O argumento foi explicado somente para contextualizar a responsabilidade profissional; este livro parte da premissa que o gerenciamento de projetos é uma profissão.

Mas então o que é responsabilidade profissional? E o que significa "código de conduta profissional"? Em geral, um código de conduta profissional é uma lista de comportamentos e padrões na qual um profissional declara publicamente seu compromisso em obedecer e defender. Em inglês, a palavra "profissional" tem suas origens no Inglês Médio, a partir do juramento realizado por quem entrava em uma ordem religiosa, além da palavra latina *profiteri*, que significa "declarar publicamente". Assim como o médico promete nunca causar mal, a responsabilidade do gerente de projetos é agir com ética, integridade e profissionalismo durante toda a duração do projeto e além. Em geral, isso significa colocar as necessidades do projeto e das partes interessadas antes das do próprio gerente. Para tanto, este precisa compreender todos os requisitos jurídicos, padrões éticos e valores das partes interessadas que afetam ou são afetados pelo projeto. O PMI exige que todos os candidatos ao PMP assinem uma declaração na qual se comprometem em seguir seu Código de Ética e Conduta Profissional. No entanto, quer o gerente de projetos possua a certificação PMP ou não, ele está em uma posição de responsabilidade e seu comportamento deve ser apropriado. Em consequência dos fatos acima, os princípios gerais de conduta profissional em toda e qualquer profissão consistem em:

♦ Ponha os interesses do cliente em primeiro lugar, especialmente quando estiverem em conflito com seus próprios interesses pessoais.
♦ Entenda o que o cliente quer e quais seus interesses com relação ao seu trabalho e sua profissão.
♦ Conheça a própria competência e seus limites. Não aceite trabalhos que estejam além da sua competência nem afirme ter competências além das que realmente possui.

> **O Juramento de Hipócrates**
>
> O Juramento de Hipócrates, o primeiro código de ética profissional da história, começa assim:
>
> "Eu juro, por Apolo médico, por Esculápio, Higeia e Panaceia, e tomo por testemunhas todos os deuses e todas as deusas, cumprir, segundo meu poder e minha razão, a promessa que se segue."
>
> Hipócrates

▶ O caso de negócio da responsabilidade profissional

A seção anterior apresentou os argumentos morais em favor de seguir um código de conduta profissional. Mas também há uma razão comercial ou caso de negócio para essa atitude. Em termos de responsabilidade jurídica, quando algo dá errado, há uma grande diferença entre, por um lado, não obter os resultados desejados para o cliente apesar de ter feito um esforço razoável para seguir práticas reconhecidas, e, por outro, fracassar sem sequer tentar seguir as práticas reconhecidas. Os tribunais e os clientes tratam o primeiro tipo de erro com muito mais leniência, o que significa menos custos e menos vergonha se algo der errado. Mesmo que nada dê errado, seguir as práticas reconhecidas permite que você pague prêmios de seguro menores. Na verdade, empresas que prestam serviços de gerenciamento de projetos pagam prêmios de seguro menores caso seus membros pertençam a uma organização profissional reconhecida.

Na nossa opinião a principal razão para levar a responsabilidade profissional é moral, mas o caso de negócio é, por si só, suficiente.

> **Ideia importante**
>
> **Responsabilidade profissional**
> Enquanto profissional, sua relação com o cliente possui um privilégio especial, a saber, que o cliente não pode verificar a qualidade dos seus serviços do mesmo modo que poderia inspecionar e medir um bem tangível. Em troca desse poder especial no relacionamento, você tem a responsabilidade especial de não tirar vantagem e sempre fazer todo o possível em prol dos interesses do cliente, o que inclui não se apresentar como tendo habilidades e experiências que não possui de verdade.
>
> Entenda quais os interesses do seu cliente, conheça suas próprias habilidades e limitações e faça absolutamente todo o possível para servir os interesses do cliente, colocando os seus de lado em troca dos honorários.

▶ O PMI e responsabilidade profissional

O PMI leva a responsabilidade profissional a sério e, na verdade, uma das principais metas do PMI é aumentar o nível de profissionalismo do gerenciamento de projetos. Assim, quem faz a prova PMP ou CAPM precisa saber o que o PMI espera do candidato. As provas testam seu juízo, ética e responsabilidade. Mais especificamente, as perguntas se baseiam nas seguintes áreas:

- Garantia da integridade das ações e comunicações.
- Contribuição à base de conhecimento em gerenciamento de projetos.
- Aplicação de conhecimento profissional.
- Equilíbrio dos interesses das partes interessadas.
- Respeito às diferenças.

Os candidatos à prova PMP precisarão assinar o código de conduta profissional do PMI. Segundo o PMI:

> Ao se tornar um certificante PMP, você concorda em seguir este Código de Conduta. O PMI se reserva o direito de suspender ou revogar as credenciais de qualquer certificante PMP cujas ações sejam determinadas como uma violação deste Código ou que de outro modo tenham violado os princípios deste Código.

O texto completo do código se encontra no manual do PMP, disponível para *download* no *site* do PMI (www.pmi.org).

O código de conduta profissional PMP governa duas áreas de responsabilidade do profissional de gerenciamento de projetos:

- Responsabilidades perante a profissão de gerenciamento de projetos.
- Responsabilidades perante os clientes e o público em geral.

O código de conduta completo se encontra no PMP Certification Handbook, que pode ser obtido no site do PMI. As responsabilidades perante a profissão de gerenciamento de projetos incluem:

- Cumprimento das leis, regulamentos e padrões éticos que governam a prática profissional no estado/província/país na prestação de serviços de gerenciamento de projetos.
- Reconhecer e respeitar a propriedade intelectual desenvolvida por terceiros ou de sua propriedade e ser preciso e honesto em todas as atividades relacionadas ao trabalho e à pesquisa.
- Adesão às políticas e procedimentos do Project Management Institute em qualquer atividade associada aos programas de certificação do PMI.

Responsabilidades perante os clientes e o público tratam das responsabilidades do candidato de:

- ser honesto, preciso e tecnicamente correto com relação ao escopo do projeto e outros requisitos;
- manter e respeitar a confidencialidade das informações durante suas atividades profissionais.

Basicamente, o código de conduta profissional trata do seu comportamento ético e honesto e de colocar as necessidades do projeto acima das suas próprias. Se puder fazer isso, além das perguntas do teste sobre o código de conduta serem simples, você se tornará um gerente de projetos respeitado e profissional e conquistará a confiança de todos.

▶ Código de ética

Os códigos de ética e normas profissionais não se aplicam apenas de vez em quando. Você engana apenas a si mesmo quando finge que os segue 90% do tempo e faz o que bem entende nos outros 10%. Não adiantada nada assinar um código de ética quando não se pretende segui-lo sempre e em todas as ocasiões.

▶ Resumo

- Os profissionais têm habilidades e necessidades especiais para definir preços de maneira menos competitiva que organizações comerciais que fornecem bens. Em consequência, eles têm responsabilidades especiais de não explorar o cliente. Esse é um caso moral para a responsabilidade profissional.
- Sempre há um caso de negócio, há saber, que custos e riscos são reduzidos por uma conduta pautada pela responsabilidade profissional.
- O PMI possui um código de conduta profissional. Todos os PMPs devem assinar esse código em seus contratos.
- O código do PMI se divide em responsabilidades para com a profissão de gerenciamento de projetos e as responsabilidades para com os clientes e o público em geral.

▶ Nota

1. Apple Computer, Inc., 2005. New Oxford American Dictionary (2nd edn). Cupertino, CA: Apple Computer.

Apêndice A: o método da cadeia crítica

Este apêndice descreve o método da cadeia crítica de gerenciamento de projetos. A diferença entre este e a abordagem apresentada no resto do livro está no enfoque dado ao gerenciamento das reservas (também conhecidas como *buffer*). A ideia central por trás da cadeia crítica é que as pessoas tendem a, por bons motivos, exagerar a reserva de contingência em seus planos e estimativas. Mas o efeito geral dessa tendência é criar projetos com excesso de folga, a menos que esta seja gerenciada de perto. A cadeia crítica busca transformar essa característica da natureza humana em uma virtude.

A cadeia crítica tem benefícios comprovados em relação às técnicas convencionais de gerenciamento de projetos, mas também diferenças significativas em relação a outras técnicas de planejamento e gerenciamento de projetos. Ela pode ser uma nova maneira de trabalho, mesmo para alguns gerentes de projetos experientes. Assim, este apêndice apresenta apenas um resumo dos pontos principais dessa técnica.

O método da cadeia crítica evoluiu a partir do trabalho de Eliyahu Goldratt na melhoria da eficiência fabril[1]. Goldratt defendia que os gerentes deveriam identificar gargalos na produção e concentrar todos os seus esforços na missão de garantir a eficiência máxima dessas fases do processo de produção, o que, por sua vez, maximizaria a eficiência do processo total (uma aplicação da teoria das restrições). Goldratt aplicou e estendeu esse trabalho para o campo do gerenciamento e planejamento de projetos, o que levou ao método da cadeia crítica[2].

▶ Entendendo a duração da atividade

Quando o projeto está sendo planejado, é preciso estimar as durações das atividades, mas as durações reais podem não ser iguais às estimativas originais (ver Figura A.1). A cadeia crítica oferece uma maneira de não perder o controle nessa situação de incerteza e, ainda por cima, tirar vantagem dela.

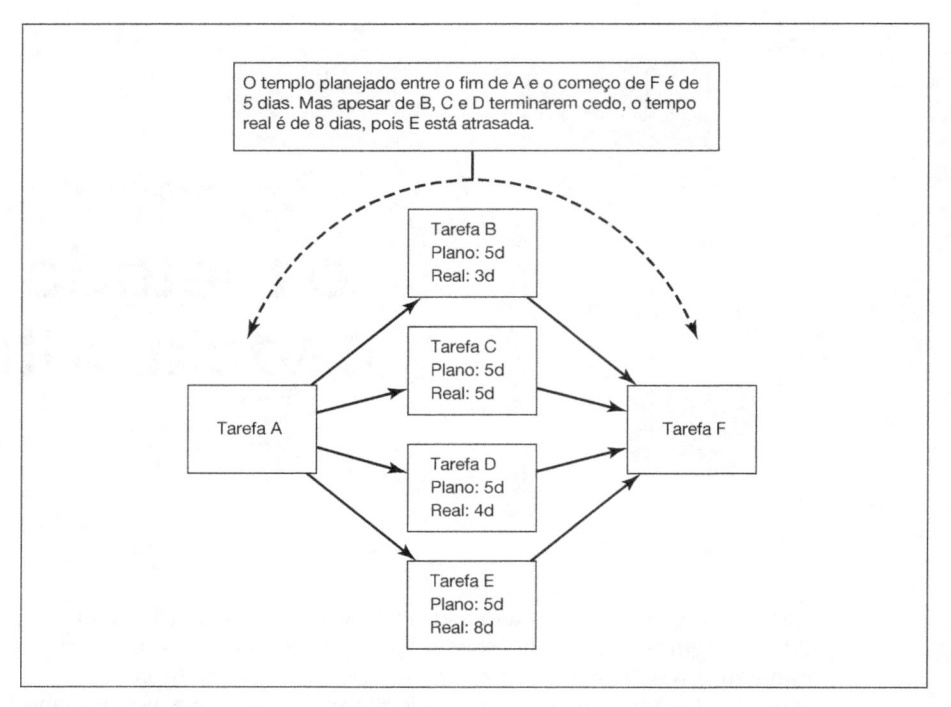

```
┌─────────────────────────────────────────────────────────────┐
│         ┌─────────────────────────────────────────┐         │
│         │ O templo planejado entre o fim de A e o │         │
│         │ começo de F é de 5 dias. Mas apesar de  │         │
│         │ B, C e D terminarem cedo, o tempo real  │         │
│         │ é de 8 dias, pois E está atrasada.      │         │
│         └─────────────────────────────────────────┘         │
│                                                             │
│                        Tarefa B                             │
│                        Plano: 5d                            │
│                        Real: 3d                             │
│                                                             │
│                        Tarefa C                             │
│                        Plano: 5d                            │
│                        Real: 5d                             │
│        Tarefa A                              Tarefa F       │
│                        Tarefa D                             │
│                        Plano: 5d                            │
│                        Real: 4d                             │
│                                                             │
│                        Tarefa E                             │
│                        Plano: 5d                            │
│                        Real: 8d                             │
└─────────────────────────────────────────────────────────────┘
```

Figura A.1   Viés a fusão de atividades.

Um dos problemas com a incerteza das durações das tarefas é que a variabilidade costuma ser positiva: muitas tarefas demoram mais do que o esperado, poucas demoram menos. Esse fato tem várias explicações:

- É um fato amplamente documentado que a maioria das pessoas não se aplica a uma tarefa até que pelo menos metade do tempo reservado a ela tenha passado (um fenômeno também conhecido como "síndrome do estudante"). Tudo isso é muito normal e as pessoas podem considerar esse fator, consciente ou inconscientemente, em suas estimativas originais. Mas isso significa que quando chega a hora de fazer o trabalho de verdade, quase sempre só há tempo para completar o pacote de trabalho em sua concepção original, então qualquer problema basta para estourar o prazo da tarefa. Assim, as tarefas tendem a ser completadas com atraso, qualquer que seja o prazo destinado a elas.
- Quando vários fluxos de trabalho convergem em uma única atividade dependente, esta não pode começar até que o último fluxo convergente termine. Assim, mesmo que três de quatro fluxos de trabalho convergentes terminem antes do prazo, se o quarto sofrer um atraso, o início das tarefas subsequentes também se atrasa. Todos os fluxos de trabalho de um projeto precisam convergir para a produção das entregas, mas o fato que apenas o pior deles importa significa que a duração do projeto tem muito mais chances de demorar mais que o esperado do que menos.
- A Lei de Parkinson[3] afirma que o trabalho se expande para preencher o tempo disponível para ser concluído. Em projetos, as pessoas quase nunca informam

que uma tarefa terminou adiantada, mesmo que o trabalho seja de qualidade aceitável muito antes do prazo. As pessoas imaginam que têm o dever de gastar todo o tempo reservado para a tarefa ou podem se sentir tentadas a refinar a qualidade do trabalho. Elas podem até atrasar a entrega do trabalho completo até o prazo final porque sabem que receberão ainda mais trabalho se indicarem que estão com tempo livre. Assim, os gerentes de projetos quase nunca se beneficiam quando uma tarefa termina mais cedo do que o esperado.

▶ Cadeia crítica e duração da atividade

A cadeia crítica tenta resolver esses vieses nas distribuições de durações trabalhando as causas comportamentais do problema e transformando a variabilidade do tempo da tarefa em uma vantagem, explorando as propriedades estatísticas de sequências de eventos incertos.

Para evitar a síndrome do estudante e a Lei de Parkinson, o gerente que aplica o método da cadeia crítica evita enfatizar um prazo de entrega fixo ao distribuir tarefas. Os membros da equipe são recompensados quando mostram que entregaram o trabalho assim que possível em vez de serem motivados a entregá-lo até uma data específica.

Com os métodos clássicos de estimativa de durações de tarefas, a duração provável real de todas elas têm uma folga para evitar que os responsáveis passem vergonha: a menos que recebam ordens explícitas do contrário, a maioria das pessoas oferece uma estimativa que permitiria tempo suficiente para quase nunca atrasar o término da tarefa, quando na verdade o tempo médio necessário costuma ser menor. Esse prazo protege quem faz a estimativa, pois reduz a probabilidade de subestimar o tempo necessário para o trabalho. Obviamente, pelos motivos descritos acima, o trabalho normalmente vai até o fim do prazo, apesar de todo o *padding* oculto nesse prazo.

▶ Agregação de contingências

A segunda consequência de incluir contingências nas estimativas de tarefas é que essa é uma péssima maneira de distribuir o tempo de contingência. As estatísticas dos processos interligados são tais que faz muito mais sentido agregar toda a incerteza em uma única reserva para todo o projeto do que tentar proteger as tarefas uma a uma (ver Figura A.2).

Pense em quatro tarefas em série. As estimativas indicam que cada uma deve demorar duas semanas até o término, mas nós sabemos que essas estimativas provavelmente são o tempo que dá 90% de probabilidade de completar as tarefas. Os produtores das estimativas sondam a equipe mais um pouco e descobrem que cada tarefa tem 50% de probabilidade de ser completada em uma semana. Assim, o método clássico de estimativa apresentaria uma cadeia com quatro tarefas de duas semanas, ou oito semanas no total.

Usando a cadeia crítica, criamos um plano usando as estimativas de uma semana, sabendo que cada uma delas tem apenas 50% de chance de ser verdade, e chegamos a um total de quatro semanas. Pensando na incerteza, adicionamos uma "reserva do projeto", compartilhada por todas as quatro tarefas (ver Figura A.3). No entanto, a estatística nos informa (ver box "A estatística

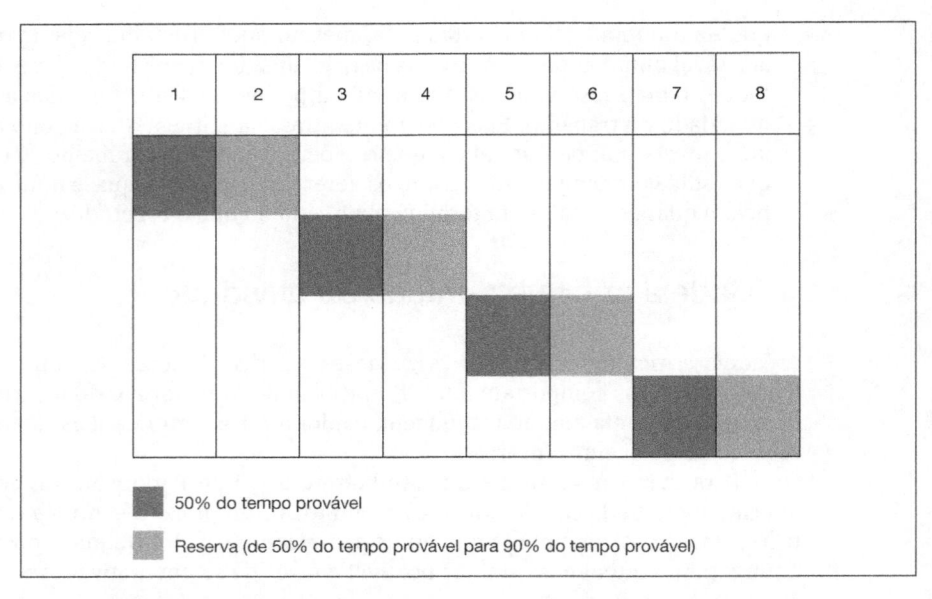

Figura A.2 O efeito cumulativo da reserva em cada tarefa.

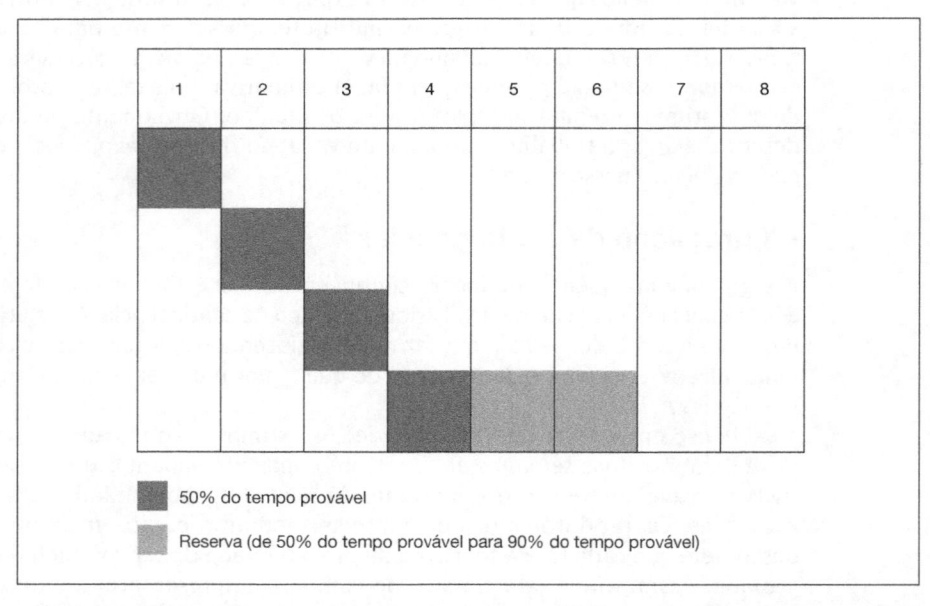

Figura A.3 O efeito da agregação de contingências é reduzir o tempo de reserva total de quatro (Fig. A.2) para duas semanas.

da agregação de tarefas") que a incerteza dessa reserva é menor do que a soma de todas as reservas de uma semana independentes. É possível estabelecer com uma reserva agregada de duas semanas o mesmo nível de proteção geral para o projeto que teríamos com quatro reservas individuais de uma semana. Assim, nosso plano da cadeia crítica tem apenas seis semanas, em vez das oito necessárias quando cada tarefa tinha a própria reserva, e a economia de duas semanas se deve apenas ao fato que as reservas foram retiradas das tarefas individuais e agregadas em uma única reserva para todo o projeto. Essa aplicação da cadeia crítica pode encurtar o projeto em mais de 20%, com economias de custo proporcionais e nenhum risco extra para o projeto como um todo. Pode parecer magia negra para gerentes de projetos treinados em outros métodos, mas é tudo verdade.

A técnica estatística de combinar muitos eventos incertos também ajuda a contrabalançar os vieses que fazem as tarefas individuais terminarem com mais frequências depois do que antes do prazo. O Teorema do Limite Central mostra que, por mais assimétricas as distribuições das durações de cada tarefa, a distribuição da incerteza agregada tende em direção à distribuição normal simétrica e que essa tendência é diretamente proporcional ao número de tarefas (Figura A.4). Em outras palavras, o projeto como um todo tem grande probabilidade de ser completado antes do prazo, mesmo que algumas tarefas tenham uma cauda longa no lado dos atrasos (ver Figura A.5)!

A estatística da agregação de tarefas

Matematicamente, o nível de incerteza de um número é expresso pelo seu desvio padrão (DP ou σ). A variância, igual ao quadrado do desvio padrão (DP^2 ou σ^2), também é bastante utilizada. Se agregamos diversos processos incertos, a variância geral é igual à soma das variâncias. Esse fator é importante, pois se a incerteza de cada número cresce linearmente, a incerteza do valor agregado cresce muito mais lentamente (com a raiz quadrada). Por exemplo, se quatro números têm desvio padrão igual a 2, então todos têm variância igual a 2^2, ou seja, 4. A soma das variâncias é igual a 4 x 4, ou seja, 16, e o desvio padrão do valor agregado dos quatro números é igual a $\sqrt{16}$, ou seja, 4. Se tratássemos os quatro números separadamente, teríamos uma incerteza total de 4 × 2, ou seja, 8.

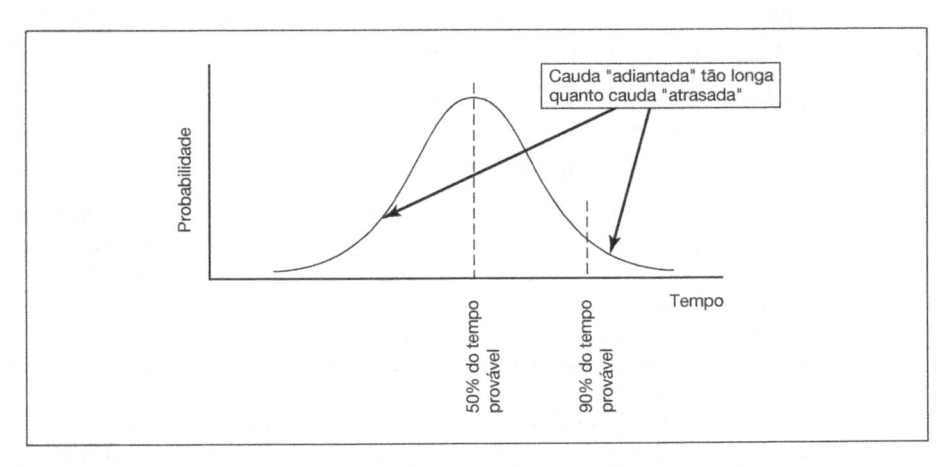

Figura A.4 Distribuição assimétrica para uma única tarefa.

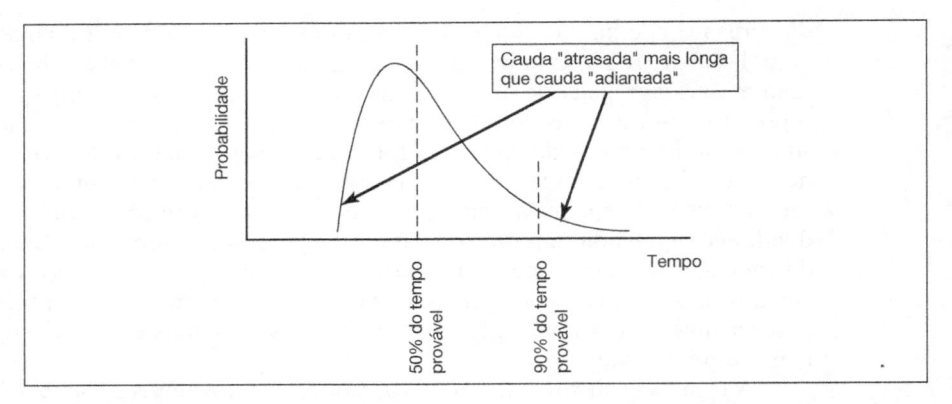

Figura A.5 A distribuição para tarefas agregadas tende a uma distribuição simétrica "normal".

▶ Foco em atividades críticas

Por lidar com a incerteza de maneira mais eficiente, a cadeia crítica pode agregar muito valor ao planejamento do projeto. Seu maior impacto no cotidiano do projeto, entretanto, está em ajudar os gerentes em compreender e enfocar as atividades críticas.

Como o nome "cadeia crítica" lembra muito "caminho crítico", ficamos tentados a achar que os dois são sinônimos. A cadeia crítica inclui todas as atividades do caminho crítico, mas enquanto este é definido apenas pelas dependências de tarefas, a cadeia crítica é definida pelas dependências de tarefas e de recursos. Em outras palavras, ela reconhece que o tempo mínimo necessário para completar o projeto depende tanto da disponibilidade limitada de recursos quanto do sequenciamento de tarefas. As atividades que estão fora do caminho crítico podem fazer parte da cadeia crítica, desde que dependam de recursos necessários em outras atividades, e qualquer mudança na sua duração pode impactar a duração de todo o projeto. Boa parte da força do método da cadeia crítica está direcionada a proteger a cadeia crítica em si: tudo que afeta esta afeta o projeto como um todo. As principais técnicas da cadeia crítica são as reservas de alimentação, reservas de recursos e eliminação da multitarefa.

▶ Reservas de alimentação

Jamais permita que as atividades não críticas impactem a cadeia crítica. Isso pode acontecer, por exemplo, quando uma atividade da cadeia crítica depende de uma não crítica que sofre um atraso. A cadeia crítica insere uma reserva de alimentação entre o fluxo de trabalho não crítico e a tarefa da cadeia crítica, isolando a cadeia da incerteza no tempo do fluxo de trabalho não crítico. Essa reserva de alimentação é calculada da mesma maneira que a reserva do projeto, mas considera apenas as tarefas nos fluxos de trabalho convergentes (ver Figuras A.6 e A.7).

Usar reservas de alimentação para proteger a cadeia crítica de atividades não críticas evita que o gerente de projetos precise usar cronogramas de início mais

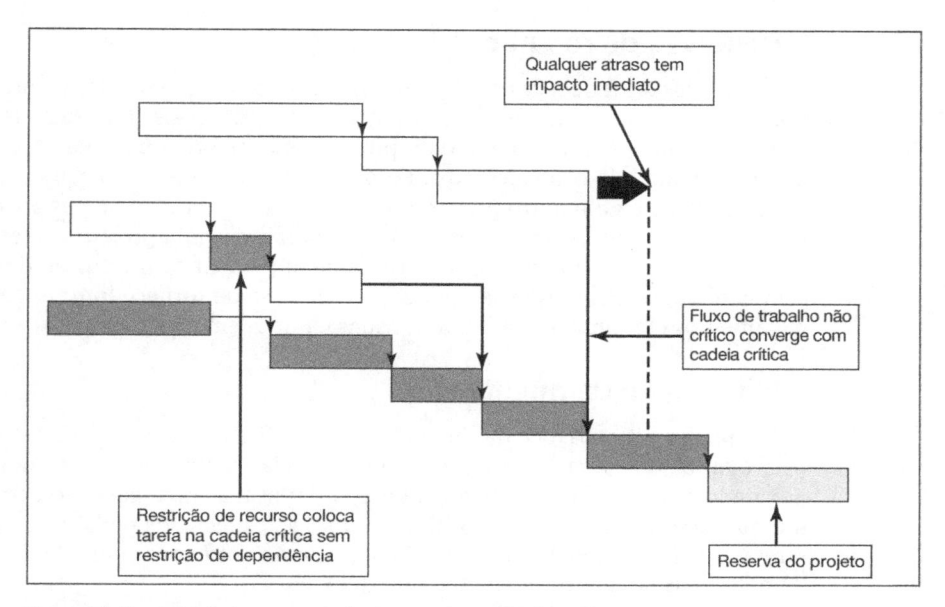

Figura A.6 Atividades convergindo em uma cadeia crítica.

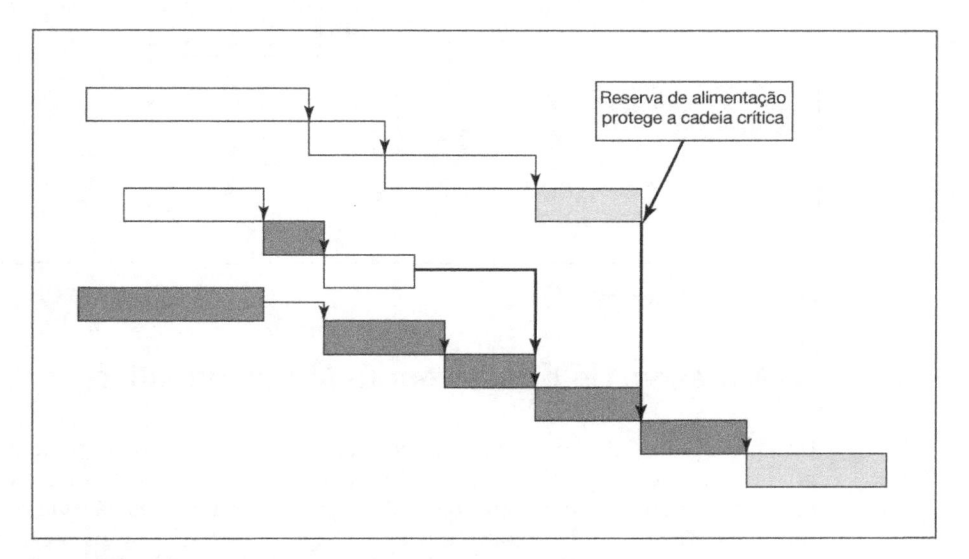

Figura A.7 Reserva de alimentação.

cedo (ou seja, começar todas as atividades assim que possível, mesmo que não sejam críticas). Durante os primeiros dias do projeto, é melhor não ficar distraído com o problema de iniciar muitas atividades ao mesmo tempo, então os gerentes de projetos devem se concentrar na atividade da cadeia crítica que dá início ao projeto.

▸ Reservas de recursos

As atividades da cadeia crítica devem sempre ter todos os recursos e entradas disponíveis assim que a tarefa anterior termina. A forma mais simples de reserva de recursos é um lembrete no plano do projeto, informando que você deve reconfirmar a disponibilidade do recurso antes do começo de cada tarefa. Quando o projeto depende de algum outro projeto liberar um recurso crítico em tempo, é preciso incluir um período de reserva real entre as tarefas de cada projeto. As reservas de recursos podem até mesmo se materializar em pessoal substituto ou de plantão, sem nenhuma outra responsabilidade, ou, no caso de fornecedores terceirizados, pagamentos em dinheiro para manter suas equipes em prontidão.

▸ Eliminação da multitarefa

A disciplina estrita do foco na cadeia crítica significa que ninguém deve tentar realizar mais de uma tarefa ao mesmo tempo, especialmente quando uma delas é uma atividade da cadeia crítica. Na Figura A.8, todas as três atividades são entregues ao mesmo tempo com o uso de multitarefa, mas se os recursos puderem priorizar as tarefas e realizar uma de cada vez, duas delas são entregues antes e a terceira não demora mais do que com o método original.

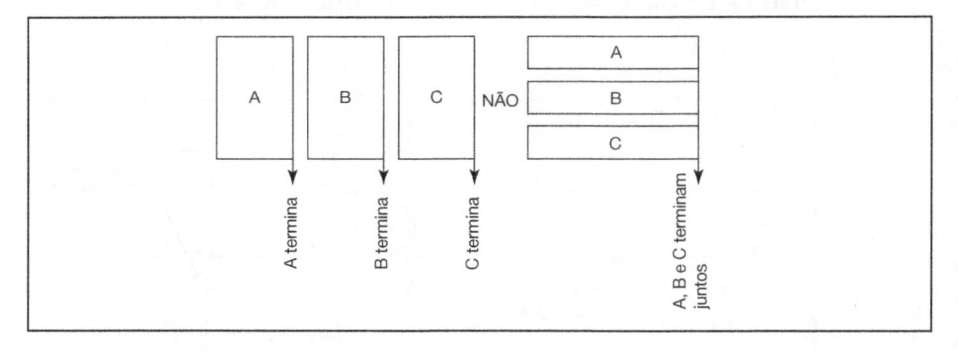

Figura A.8 Multitarefa.

▸ A reserva do projeto enquanto diagnóstico

Durante o processo de planejamento da cadeia crítica, a reserva do projeto é criada no fim e as reservas de alimentação são criadas para separar as tarefas críticas das não críticas. Durante o projeto, o estado atual dessas reservas dá uma dica óbvia sobre o *status* do projeto como um todo. Logo, espera-se que os projetos usem parte da reserva (afinal, as estimativas de duração da tarefa originais tinham probabilidade de apenas 50%), mas os gerentes devem agir se acreditarem que toda a reserva será usada, pois isso significa que o projeto total acabará se atrasando.

O nível de perigo de utilização das reservas depende de quanto trabalho ainda precisa ser feito: 40% de utilização das reservas é um mau sinal para um projeto que está apenas 15% completo, mas provavelmente não é um problema em um projeto que já terminou 85% das atividades (ver Figura A.9). Via de regra, o gerente de projetos deve:

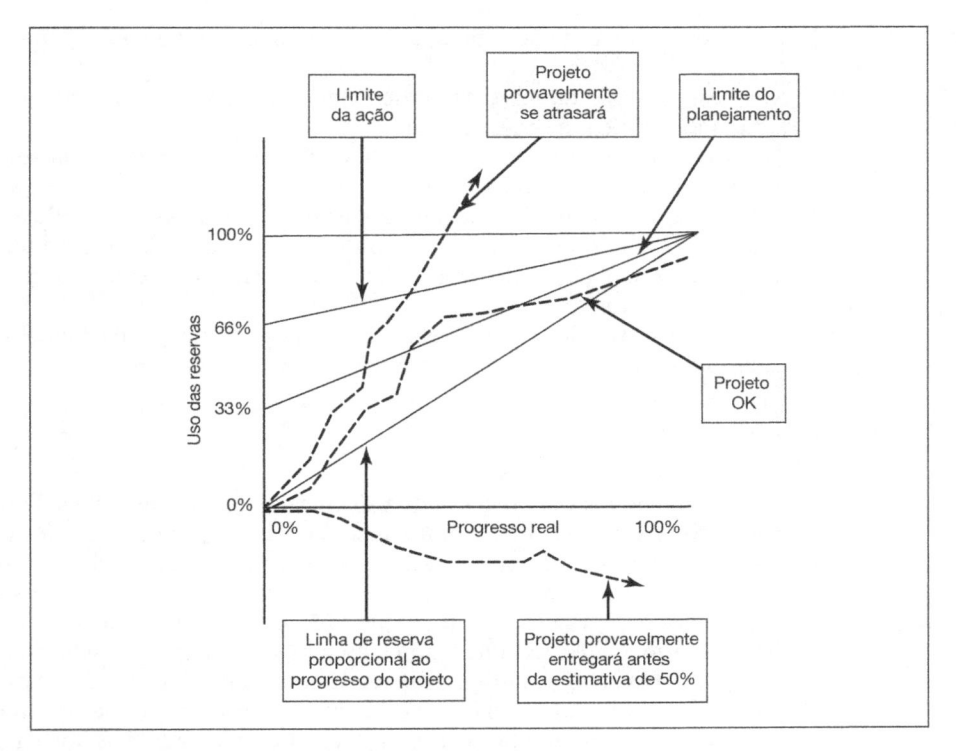

Figura A.9 Uso da reserva e *status* do projeto.

- planejar ações de recuperação caso a utilização da reserva exceda um terço da reserva proporcional ao progresso do projeto (a reserva total, em proporção ao trabalho que ainda deve ser realizado); e
- executar o plano de recuperação se a utilização da reserva proporcional ao progresso do projeto for maior do que dois terços.

▶ Resumo das ações

▶ Planejamento

1. Crie a estrutura do projeto do modo normal. Preste atenção nos riscos e tome cuidado para não esquecer alguma atividade: os membros da equipe não terão a folga do tempo de contingência no nível de tarefa, que poderiam usar para assumir tarefas adicionais descobertas durante a execução do projeto.
2. Reúna as durações estimadas para cada tarefa. O primeiro passo é solicitar um prazo para 90% de confiança no sucesso da tarefa (o tempo que a grande maioria sugere se você não especifica a probabilidade de sucesso). A seguir, peça um prazo que inspira apenas 50% de confiança (diga explicitamente que espera que metade dessas estimativas serão curtas demais e que você não culpará o realizador da estimativa pelo erro).

3. Use as estimativas de 50% para definir os tempos de tarefas no plano de linha de base.
4. Aloque recursos às tarefas e use as dependências de tarefas e restrições de recursos para identificar a cadeia crítica.
5. Adicione uma reserva do projeto, calculada com a agregação das diferenças entre as estimativas de 50% e 90%.
6. Adicione reservas de alimentação para isolar a cadeia crítica dos fluxos de trabalho não críticos. Programe os fluxos de trabalho não críticos para ter o início mais tarde e não mais cedo, pois assim é mais fácil se concentrar no trabalho de dar início ao projeto.
7. Adicione reservas de recursos relevantes para garantir que os recursos críticos estarão disponíveis quando necessário.

▶ Execução

1. Como sempre: siga o plano.
2. *Design*e indivíduos específicos para realizar cada tarefa, mas evite a definição de prazos fixos a menos que absolutamente necessários (para cumprir um cronograma orientado por fatores externos, por exemplo). Em vez disso, insista que as tarefas devem ser completadas assim que possível.
3. Ao monitorar o progresso, espere que 50% das tarefas ultrapassem o tempo 50% provável e 50% terminem antes do tempo. Tente não criticar os membros da equipe cujas tarefas ultrapassem a estimativa inicial, desde que eles tenham começado o trabalho assim que receberam as entradas necessárias, trabalhado 100% do tempo na tarefa (sem multitarefa) e repassado as saídas assim que elas ficaram disponíveis. Do mesmo modo, deixe claro que você espera que as tarefas completadas antes do tempo estimado sejam entregues o quanto antes, aproveitando assim o benefício da variação positiva.
4. Utilize reservas de recursos para garantir que os recursos críticos nunca estão ociosos ou indisponíveis.
5. Monitore a utilização da reserva do projeto, comparando-a contra o progresso real para determinar o verdadeiro *status* do projeto. Planeje ações de recuperação quando a utilização da reserva ultrapassar o progresso em mais de 33% e execute o plano se a utilização da reserva exceder o progresso em mais de 66%.
6. Monitore a utilização das reservas de alimentação para controlar como fluxos de trabalho não críticos podem impactar a cadeia crítica e realize ações preventivas antes desse tipo de evento.

▶ Notas

1. Goldratt, E.M., 1992. *The Goal: A Process of Ongoing Improvement* (2nd rev. edn). Great Barrington, MA: North River Press Publishing Corporation.
2. Goldratt, E.M., 1997. *Critical Chain*. Great Barrington, MA: North River Press Publishing Corporation.
3. A lei afirma que "o trabalho se expande para preencher o tempo disponível para ser concluído". Ver: Parkinson, C. N., 1958, *Parkinson's Law: The Pursuit of Progress*, London: John Murray; e Parkinson, C. N., 1978. The Law of Delay: Interviews and Outerviews, London: Penguin Books.

Apêndice B: gerenciamento dos benefícios

O único motivo para realizar um projeto é concretizar um benefício de negócio. Assim, em certo sentido, todo o gerenciamento do projeto envolve o gerenciamento dos benefícios, também conhecido como realização dos benefícios. No entanto, no calor do gerenciamento de projetos no mundo real, pode ser útil lembrar do plano de realização dos benefícios do nosso projeto. Além disso, algumas organizações veem utilidade em tratar a realização como uma parte independente do gerenciamento de projetos. Este apêndice apresenta os elementos essenciais do gerenciamento dos benefícios.

▶ O problema

As organizações concebem projetos e programas porque querem fazer algo novo, mas eles muitas vezes não entregam os benefícios pretendidos. Isso pode acontecer por muitos motivos: desalinhamento com a estratégia corporativa; excesso de importância dada a entregas fora do contexto; maior foco em cumprir prazos e orçamentos; ou os benefícios simplesmente nunca são identificados ou planejados.

▶ Gerenciamento dos benefícios

O gerenciamento dos benefícios é o processo pelo qual as organizações garantem que irão obter valor real com seus projetos, não apenas uma série de entregas. O gerenciamento dos benefícios trata de garantir que o valor foi definido, identificado, acordado e realizado. A ideia é bastante simples, nada mais nada menos que garantir que todos lembram por que estão realizando o projeto. Dizendo assim, parece simples, mas em projetos grandes, demorados ou complexos, é fácil perder de vista a razão pela qual estamos fazendo alguma coisa.

O gerenciamento dos benefícios tem cinco fases:

- Identificação.
- Análise.
- Planejamento.
- Realização.
- Transição.

Essas fases podem estar relacionadas com quatro das cinco fases do ciclo de vida do projeto: iniciação, planejamento, monitoramento e controle e encerramento.

▶ Identificação dos benefícios

A identificação dos benefícios ocorre durante a fase de iniciação e é uma parte integral do processo de seleção de projetos. Ela representa os processos pelos quais os benefícios de um projeto são identificados e qualificados em relação às necessidades do negócio. Não raro, os benefícios do projeto são comparados com a estratégia corporativa. Se um patrocinador precisa escolher entre dois projetos concorrentes, ele vai dar preferência àquele cujos benefícios estão alinhados com a estratégia. Na verdade, se nenhum dos benefícios identificados do projeto puder ser ligado à estratégia da empresa ou se nenhum benefício sequer for identificado para o projeto, então o gerente precisa repensar se ainda é uma boa ideia realizar o projeto.

Na identificação dos benefícios:

- Defina o que é o benefício, em alto nível.
- Defina por que isso é um benefício, também em alto nível.

Também pode ser útil definir os riscos, ou seja, o que pode acontecer para invalidar o porquê apresentado acima.

▶ Análise dos benefícios

A análise dos benefícios é a segunda fase do gerenciamento dos benefícios. No ciclo de vida, essa fase ocorre durante a iniciação e o planejamento do projeto. O objetivo é fazer com que o gerente do projeto possua um entendimento completo sobre os benefícios a serem conquistados pelo projeto e as métricas usadas para monitorar e controlar a realização desses benefícios. Na análise dos benefícios, estendemos "o que", "por que" e "riscos", obtidos durante a fase de identificação, aumentamos o nível de detalhamento e compreendemos as ramificações e fatores que provavelmente afetarão os níveis dos benefícios.

▶ Planejamento dos benefícios

A terceira fase é o planejamento dos benefícios. Esse é o "como", ou seja, como o projeto irá entregar os benefícios. O plano de realização dos benefícios sobrevive ao plano do próprio projeto. O plano do projeto termina quando a última entrega é terminada, enquanto o plano de realização dos benefícios explica a transição dos benefícios do projeto para a rotina do negócio. Como os benefícios muitas vezes são realizados apenas depois do fim do projeto, o plano deve refletir esse fato.

No planejamento dos benefícios, o mais importante é ligar todas as entregas aos benefícios e documentar claramente como cada entrega irá gerar benefícios, definindo o que deve ser feito com a entrega para que isso aconteça.

▶ Realização dos benefícios

A quarta fase é a realização dos benefícios, que pertence à fase de monitoramento e controle no ciclo de vida do gerenciamento de projetos. A realização dos benefícios é, em sua forma mais básica, a implementação do plano de realização dos benefícios. Realizar os benefícios é a própria razão pelo qual o gerenciamento de benefícios existe. Esta fase permite que o gerente do projeto entregue os benefícios junto com as entregas do projeto.

▶ Transição dos benefícios

A quinta e última fase é a transição dos benefícios. A transição ocorre quando o projeto foi completado, mas a realização dos benefícios não. Essa fase é a transição do gerenciamento dos benefícios, que deixa de ser parte do projeto e se integra às operações permanentes da organização. No ciclo de vida do projeto, essa fase ocorre durante o encerramento. No entanto, devido à natureza contínua dos benefícios, ela provavelmente continuará a ocorrer depois do fim do projeto. Por causa dessa fase, é absolutamente crucial que os benefícios tenham "donos", uma relação que deve sobreviver além da duração do próprio projeto.

▶ Benefícios de negócios

As funções do gerenciamento dos benefícios são:

- Identificar e quantificar todos os benefícios (e malefícios) do projeto.
- Ligá-los à estratégia corporativa.
- Garantir a aceitação de todos os benefícios por parte das partes interessadas.
- Gerenciar proativamente a realização dos benefícios.
- Monitorar e controlar, durante toda a vida do projeto, os benefícios planejados.
- Alocar propriedade aos benefícios.
- Ligar os benefícios planejados às entregas do projeto.
- Integrar os benefícios com o plano do projeto.
- Permitir que os benefícios passem de parte do projeto e se integrem à rotina da empresa.

▶ Implementação

Sem o gerenciamento dos benefícios, a organização nunca aproveita todo o valor disponível do projeto. O gerenciamento dos benefícios é parte de todos os aspectos do gerenciamento de projetos, uma parte crítica do trabalho desde o início do projeto até o seu encerramento. O processo de identificação dos benefícios no começo do projeto ajuda a esclarecer se ele deve ou não ser realizado.

Sem considerar os benefícios produzidos pelo projeto além das próprias entregas, a organização não tem como saber se seus recursos foram bem gastos ou não. Do mesmo modo, no final do projeto, é preciso tomar cuidado para integrar os benefícios e transferir todos os que ainda não foram realizados para a propriedade das operações. Infelizmente, muitos projetos são encerrados depois da última entrega sem que ninguém pense sobre a realização contínua dos benefícios potenciais ou acordados do projeto e os benefícios pretendidos acabam se perdendo.

▶ Resumo

- A realização dos benefícios é apenas uma pequena parte do gerenciamento de benefícios.
- O gerenciamento dos benefícios é uma metodologia diferente do gerenciamento de projetos, mas tem uma relação próxima com este.
- Só podemos dizer que o projeto produziu valor para a organização quando os benefícios foram gerenciados desde a concepção até a realização.

Apêndice C: preparação para provas do PMI

▶ Metas deste apêndice

Este apêndice é uma preparação para as provas PMP ou CAPM. Depois de completá-lo, você deve:

- estar ciente das duas qualificações em gerenciamento de projetos oferecidas pelo PMI, a Project Management Professional (PMP) e a Certified Associate in Project Management (CAPM);
- compreender os requisitos de elegibilidade para realização das provas PMP e CAPM;
- saber como a prova está estruturada;
- saber o que é necessário para passar na prova e qual a melhor maneira de se preparar;
- estar familiarizado com o linguajar dos examinadores;
- ter experiência com perguntas simuladas.

▶ Quais as credenciais oferecidas pelo PMI?

O Project Management Institute (PMI) tem mais de 220.000 membros espalhados por mais de 150 países. O instituto é a maior instituição profissional do mundo na área de gerenciamento de projetos e o que mais cresce, com 22.000 membros na Europa e 5.000 na Grã-Bretanha.

O PMI define padrões, conduz pesquisas e oferece oportunidades de intercâmbio profissional, educação e certificação para fortalecer a profissão e aumentar seu reconhecimento no mercado. O objetivo do PMI é alavancar as carreiras dos praticantes e melhorar o desempenho das empresas e outras organizações. Para tanto, o instituto governa e mantém duas credenciais em gerenciamento de projetos: a Project Management Professional (PMP) e a Certified Associate in Project Management (CAPM). Na experiência dos autores deste livro, ambas são valiosas.

A credencial PMP foi criada especificamente para gerentes de projetos experientes. Obter essa qualificação profissional prova que o candidato, além de entender a teoria do PMBOK, também possui experiências reais com gerenciamento de projetos na medida em que sabe aplicar esse conhecimento do modo apropriado.

A CAPM, por outro lado, é uma qualificação para iniciantes. Ela não pressupõe nada sobre a experiência prática em gerenciamento de projetos dos candidatos aprovados. A qualificação é especialmente adequada para membros de equipes de projetos e outras partes interessadas que se beneficiariam com o entendimento da linguagem e processos do PMBOK, mas que não precisam compreender sua aplicação detalhada.

Segundo o PMI, cada credencial demonstra que o candidato:

- Possui a experiência profissional e/ou formação acadêmica adequada.
- Foi aprovado em uma prova rigorosa.
- Concordou em seguir um código de conduta profissional.
- Comprometeu-se em manter sua credencial ativa, cumprindo requisitos de certificação contínuos.

O PMI diz

The Project Management Institute

"O Project Management Institute (PMI®) é a principal associação mundial da profissão de gerenciamento de projetos. Ele administra um programa mundialmente reconhecido e rigoroso de credenciamento profissional baseado em provas e experiência profissional e/ou educacional que mantém uma certificação ISO 9001 em Sistemas de Gerenciamento da Qualidade." www.PMI.org

▶ PMP ou CAPM?

Decidir a qual credencial se candidatar não é tão simples e direto quanto parece. Obter o PMP imediatamente é muito tentador, mas o candidato ainda precisa superar dois obstáculos: experiência real em gerenciamento de projetos e educação em gerenciamento de projetos. Também pode não ser necessário obter o PMP. Se você será membro da equipe ou parte interessada, o CAPM pode ser suficiente para suas necessidades. Use o fluxograma da Figura C.1 para determinar quais provas você pode realizar. A Tabela C.1 apresenta alguns detalhes adicionais.

▶ Estrutura da prova

O exame de credenciamento Project Management Professional (PMP) mede a aplicação de conhecimentos, habilidades, ferramentas e técnicas uadas na prática do gerenciamento de projetos. As perguntas têm caráter psicométrico, então você provavelmente não conseguirá responder algumas. O termo "psicométrico" vem das palavras gregas *psyche* (mente) e *metron* (medida) e significa o teste da capacidade mental (QI, por exemplo), assim como interesses, atitudes e personalidade. Isso significa que algumas perguntas da prova PMP testarão

Tabela C.1 PMP ou CAPM?

Credencial	Histórico acadêmico	Experiência em gerenciamento de projetos	Edução em gerenciamento de projetos
PMP	Diploma secundário ou equivalente	7.500 horas em um cargo de responsabilidade liderando e orientando tarefas específicas e 60 meses de experiência em gerenciamento de projetos	35 horas de contato
PMP	Diploma universitário ou equivalente	4.500 horas liderando e orientando tarefas específicas e 36 meses de experiência em gerenciamento de projetos	35 horas de contato
CAPM	Diploma secundário ou equivalente	1500 horas de trabalho em um projeto	Nenhum
CAPM	Diploma secundário ou equivalente	Nenhum	23 horas de contato

Adaptado do *website* do PMI, www.PMI.org

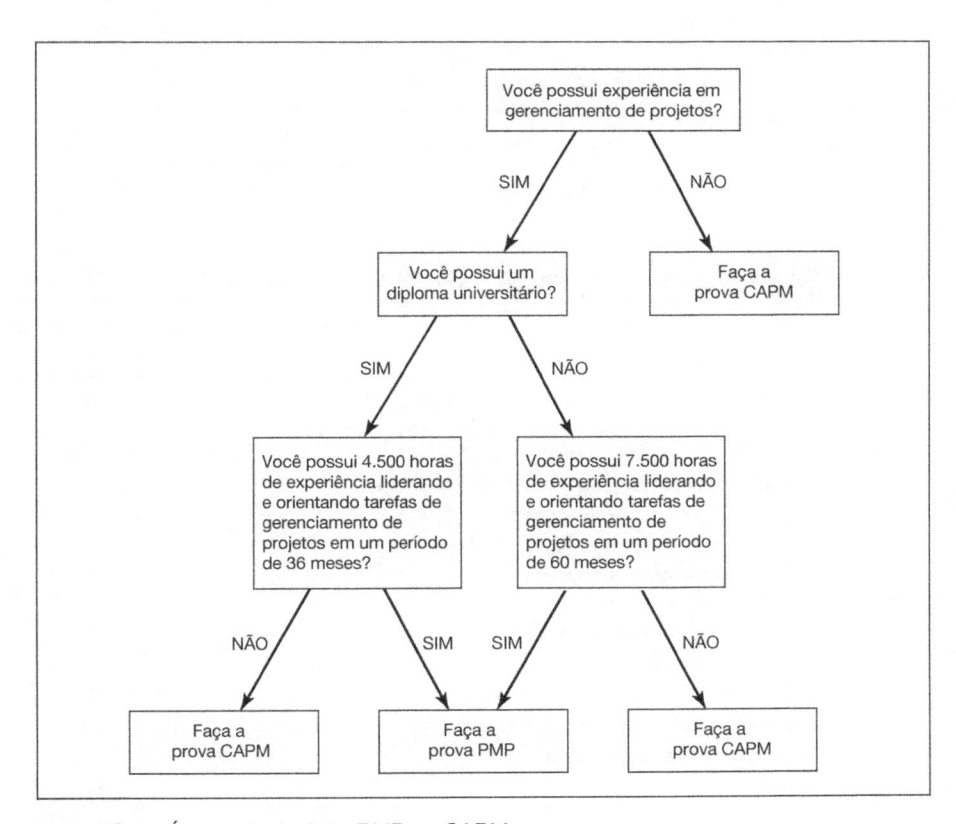

Figura C.1 Árvore de decisão PMP ou CAPM.

sua capacidade como gerente de projetos. Você não conseguirá responder essas perguntas a menos que tenha realmente gerenciado projetos. Não basta pensar muito no assunto e se imaginar no comando de um projeto de verdade. As perguntas no CAPM são mais factuais, enfocando as definições e os processos descritos no PMBOK.

A prova PMP é realizada no computador. Ela possui 200 perguntas de múltiplas escolhas, cada uma com quatro opções, e deve ser respondida durante um período de quatro horas. Atualmente, é preciso acertar 61% delas para ser aprovado. Como a prova testa as habilidades do gerente de projetos, o PMI dividiu o conteúdo em cinco grupos de processos, como vemos na Tabela C.2.

Assim como a PMP, a prova CAPM também é realizada no computador. Ela é ligeiramente mais curta, com 150 perguntas de múltiplas escolhas, cada uma com quatro opções, deve ser respondida durante um período de três horas e limite para aprovação de 65%. Ao contrário da prova PMP, na qual o candidato precisa demonstrar suas habilidades de gerenciamento de projetos, o candidato à CAPM

Tabela C.2 Divisão dos grupos de processos na prova PMP

Processo de gerenciamento de projetos	Porcentagem das perguntas
Iniciação	11
Planejamento	23
Execução	27
Monitoramento e controle	21
Encerramento	9
Responsabilidade social e profissional	9

Adaptado do *website* do PMI, www.PMI.org

Tabela C.3 Divisão dos capítulos do PMBOK na prova CAPM

Capítulo no PMBOK	Porcentagem aproximada dos itens da prova
1. A estrutura do gerenciamento de projetos – introdução	4
2. A estrutura do gerenciamento de projetos – o ciclo de vida do projeto e a organização	4
3. O padrão para o gerenciamento de um projeto	11
4. Gerenciamento de integração	11
5. Gerenciamento do escopo	11
6. Gerenciamento de tempo	11
7. Gerenciamento de custos	9
8. Gerenciamento da qualidade	7
9. Gerenciamento de recursos humanos	7
10. Gerenciamento das comunicações	7
11. Gerenciamento de riscos	11
12. Gerenciamento de aquisições	7
Total	**100**

Adaptado do *website* do PMI, www.PMI.org

precisa demonstrar conhecimento sobre terminologia básica, atividades, funções e comunicações. Ele também precisa ter experiência funcional nas áreas de conhecimento e estar ciente sobre gerenciamento da qualidade, negociações de contrato, processos de gerenciamento de projetos, métodos, políticas, regras e influências externas. Finalmente, os candidatos à CAPM precisam mostrar que são flexíveis, criativos e atentos às condições. A prova é dividida por capítulo do PMBOK, ao contrário da PMP, dividida em processos: ver Tabela C.3.

O PMI diz

As perguntas da prova

"As perguntas das provas PMP e CAPM:

- são desenvolvidas e validadas por grupos de trabalho globais de especialistas,
- fazem referência a recursos atualizados de manuais de gerenciamento de projetos,
- são monitoradas por meio de análise psicométrica e
- satisfazem as especificações de teste de uma análise de trabalho." www.PMI.org

▶ Preparação e realização da prova

REVISE, REVISE, REVISE.

É simples assim. Quanto mais você revisa, mais entende o PMBOK e mais confiante fica. Há muitas maneiras de estudar: assistir aulas preparatórias, decorar o PMBOK, usar livros de autoestudo etc. O truque para passar nas provas é tentar pensar como o PMI. Visite o *site* do instituto, baixe as perguntas de exemplo e se familiarize com o linguajar da prova. O site também disponibiliza um teste de conhecimentos básicos, baseado no PMBOK e composto por 100 perguntas de múltiplas escolhas que medem seus conhecimentos básicos e essenciais sobre gerenciamento de projetos. Ele não pretende simular as condições de prova da PMP ou CAPM e com certeza não tem o mesmo rigor que a PMP, mas é um bom ponto de partida, especialmente se faz muito tempo desde a última que vez que você fez uma prova.

No dia em si, não entre em pânico. As provas podem ser demoradas, mas a grande maioria dos candidatos precisa de apenas 2,5-3 horas para completar a PMP. Aliás, se quiser, você terá tempo de sobra para entrar em pânico, se acalmar e ainda terminar a prova. Ambas as provas, CAPM e PMP, começam com um tutorial de 15 minutos sobre como usar o aplicativo de teste. Esse tempo não está incluído nas três ou quatro horas disponibilizadas para completar a prova. Você não poderá levar nada para a sala de testes, mas receberá papel, lápis e, em alguns casos, uma calculadora. Durante a prova, você poderá marcar as perguntas que deseja revisar depois e pode avançar em todos os sentidos. Finalmente, depois de terminar, o aplicativo pedirá que confirme o encerramento da prova. Depois da confirmação final, o computador calcula o resultado e informa imediatamente se o candidato passou ou rodou. Você também recebe uma folha impressa com seus resultados. Se teve sucesso e foi aprovado, o diploma será impresso e você será um PMP ou CAPM credenciado. Se não passar, o PMI enviará uma mensagem lhe informando sobre como tentar novamente.

Exemplos de perguntas

As perguntas da prova normalmente se dividem em dois tipos: factuais (definições, por exemplo) e situacionais. Também é importante observar que muitas perguntas apresentam informações supérfluas, enquanto outras tratam de temas que você nunca encontrou antes. Tente responder as 25 perguntas a seguir para se acostumar um pouco com o linguajar da prova. Para emular as condições da prova, responda todas as perguntas em no máximo 30 minutos.

1. Em que grupo de processos de gerenciamento de projetos o termo de abertura do projeto é criado?
    (a) Iniciação
    (b) Planejamento
    (c) Execução
    (d) Encerramento

2. Qual dos itens a seguir não é uma entrada para o grupo de processos de orientar e gerenciar a execução do projeto?
    (a) Plano de gerenciamento do projeto
    (b) Reparo de defeito validado
    (c) Solicitações de mudança aprovadas
    (d) Disponibilidade de recursos

3. A análise qualitativa de riscos é...
    (a) O processo de analisar numericamente o efeito dos riscos identificados sobre os objetivos gerais do projeto.
    (b) O processo de identificar que padrões de qualidade são relevantes para o projeto e determinar como satisfazê-los.
    (c) O processo de priorizar os riscos por meio da determinação e combinação da probabilidade de sua ocorrência e impacto.
    (d) O quanto o conjunto de características inerentes atende os requisitos.

4. Em uma organização matricial, quem tem mais poder?
    (a) Gerente de projetos
    (b) Patrocinador
    (c) Gerente de função
    (d) Equipe

5. Quando a verificação do escopo deve ser realizada?
    (a) Durante o planejamento
    (b) Durante todo o projeto
    (c) No começo do projeto
    (d) No final de cada fase do projeto

6. Quem corre os riscos com um contrato de preço fixo?
    (a) Fornecedor
    (b) Comprador
    (c) Patrocinador
    (d) A equipe

7. Qual dos itens a seguir não é uma parte normal dos documentos do contrato?
   (a) Escopo do trabalho
   (b) Proposta
   (c) Processo de negociação
   (d) Termos e condições

8. Quem é responsável pelo gerenciamento da qualidade durante todo o projeto?
   (a) Os membros da equipe são responsáveis pela qualidade do seu trabalho
   (b) Gerente de qualidade
   (c) Patrocinador do projeto
   (d) Gerente de projetos

9. A decomposição das entregas do projeto ocorreria durante quais dos principais processos do projeto?
   (a) Gerenciamento de tempo do projeto
   (b) Gerenciamento do escopo do projeto
   (c) Gerenciamento de riscos do projeto
   (d) Gerenciamento de integração do projeto

10. Qual dos itens a seguir define uma parte interessada no projeto?
    (a) Indivíduos ou organizações ativamente envolvidos no projeto ou cujos interesses possam ser afetados pela execução ou término do projeto.
    (b) Pessoas usadas como parte da equipe do projeto e que ainda se importam com o resultado.
    (c) Indivíduos ou organizações que podem interromper o projeto se não estiverem contentes com seu progresso
    (d) b e c

11. Se Valor Agregado (VA) = £460, Custo Real (CR) = £380 e Valor Planejado (VP) = £500, qual a Variação de Custos (VC)?
    (a) –£40
    (b) £120
    (c) £80
    (d) –£20

12. Um Índice de Desempenho de Prazos (IDP) de 1,3 significa:
    (a) Estouramos o orçamento
    (b) Estamos atrasados
    (c) Estamos progredindo a 130% da velocidade planejada originalmente
    (d) Estamos ganhando £1,30 para cada £1 que investimos no projeto

13. Enquanto gerente de projetos, você precisa ser ao mesmo tempo gerente e líder. Você precisa descrever para o patrocinador do seu projeto o que isso significa. Qual das frases a seguir não está correta?
    (a) A liderança se concentra em orientar, motivar e inspirar a equipe do projeto.
    (b) O gerenciamento do projeto é realizado para entregar os resultados exigidos pelas partes interessadas.
    (c) O gerente do projeto é o líder do projeto.
    (d) A liderança técnica é de suma importância no gerenciamento de projetos.

14. Uma empresa precisa escolher entre quatro projetos. Qual dos projetos a seguir é o melhor?
    (a) O Projeto A demorará quatro anos para ser completado e tem VPL de £50.000.
    (b) O Projeto B demorará sete anos para ser completado e tem VPL de £45.000.
    (c) O Projeto C demorará seis anos para ser completado e tem VPL de £25.000.
    (d) O Projeto D demorará cinco anos para ser completado e tem VPL de £32.000.

15. Foi solicitado que você prepare um relatório sobre o progresso de um novo processo de enchimento de potes de geleia. Você obteve os últimos 15 potes do lote de produção atual. Sabendo que os limites de controle do enchimento de potes são 298.5 cm³ e 301.5 cm³, o que você conclui a partir dos valores a seguir?

    300,1 cm³, 299,9 cm³, 301,4 cm³, 298,7 cm³, 299,5 cm³, 299,9 cm³, 301,2 cm³, 299,3 cm³, 300,2 cm³, 301,1 cm³, 300,5 cm³, 301,5 cm³, 301,2 cm³, 300,1 cm³, 301,1 cm³
    (a) O processo está sob controle e não deve ser ajustado.
    (b) O processo precisa ser ajustado.
    (c) Os limites de controle precisam ser ajustados.
    (d) Os equipamentos de medição devem ser recalibrados.

16. Enquanto gerente de projetos, você é responsável por encorajar a construção da equipe. Quais as quatro fases que descrevem o desenvolvimento de uma equipe?
    (a) Norming, Performing, Forming, Storming
    (b) Forming, Storming, Norming, Performing
    (c) Performing, Forming, Storming, Norming
    (d) Storming, Norming, Performing, Forming

17. O patrocinador pediu um briefing de cinco minutos sobre o progresso do projeto. Você acaba de completar uma Análise do Valor Agregado, com os seguintes resultados: VA: 104600; VP: 124600; CR: 128600. Você diz ao patrocinador que o projeto está...
    (a) Abaixo do orçamento e adiantado
    (b) Dentro dos prazos e do orçamento
    (c) Acima do orçamento e atrasado
    (d) Dentro dos prazos e abaixo do orçamento

18. A principal função do gráfico de controle estatístico é ajudar a:
    (a) Monitorar a variação em processos com o tempo
    (b) Avaliar a conformidade
    (c) Definir o escopo do projeto
    (d) Identificar os requisitos das partes interessadas

19. Seu patrocinador pediu que revise a linha de produção na Geleia Cia. Ltda. Sua revisão revelou problemas no controle da qualidade, tonéis de geleia mal armazenados e maquinário antiquado. Como e por que você prepararia seus resultados?

(a) Usaria um diagrama de Pareto, pois ele mostra quantos resultados foram gerados, por tipo ou categoria de causa identificada.
(b) Usaria um diagrama de atividade na seta, pois mostra as dependências como setas fantasmas.
(c) Usaria um gráfico de barras, pois o cronograma é muito importante.
(d) Usaria um diagrama de Ishikawa para descrever as causas de problemas futuros.

20. Você é o gerente de um projeto muito complexo e demorado. A equipe está distribuída em vários locais e fusos horários diferentes. Surge uma disputa entre dois membros graduados da sua equipe, ambos especialistas nos seus respectivos campos. A gerência sênior deixou claro que o seu emprego depende da entrega de sucesso desse projeto. Qual das frases abaixo é a melhor maneira de começar a resolver essa disputa?
    (a) Meu emprego depende de esse projeto dar certo, então vocês vão seguir em frente e fazer o que eu disser.
    (b) Vamos respirar fundo, se acalmar e se concentrar no trabalho.
    (c) Estou muito ocupado para lidar com isso tudo agora. Quando eu ver vocês dois semana que vem, espero que as diferenças estejam resolvidas.
    (d) Tenho certeza que podemos chegar a uma solução para esse problema que deixará todo mundo feliz.

21. O projeto de reengenharia de projetos que você realizou na Geleia Cia. Ltda. teve tanto sucesso que a produção triplicou nos últimos três meses. Foi solicitado que você, enquanto consultor externo em gerenciamento de projetos, gerencie o projeto de construção de um novo centro de distribuição. Você usa um contrato de tempo e material para adquirir especialistas em construção de prateleiras. No meio do projeto, você descobre que dois dos membros da sua equipe *design*ados para a tarefa de construção de prateleiras registraram tempo de trabalho sem realizar nenhuma atividade. A Geleia Cia. Ltda. não sabe disso. O que você faz?
    (a) Nada, mas prepara um plano de reserva para caso o cliente perceba o que aconteceu.
    (b) Pergunta ao financeiro por que trabalhos não realizados foram cobrados.
    (c) Retira as duas pessoas da equipe imediatamente e devolve para o cliente os valores cobrados em excesso.
    (d) Tenta arranjar outra tarefa cobrável para os dois membros da equipe e não cobra pelo trabalho até ele ser igual ao valor que já foi cobrado.

22. Durante o projeto, o escopo de um produto adquirido com um contrato de custos reembolsáveis aumentou. No contrato, os custos indiretos do fornecedor foram calculados como 35% dos custos diretos. O que isso significa?
    (a) Os custos indiretos do fornecedor vão aumentar, mas o custo do contrato não.
    (b) Nem os custos indiretos nem os do contrato vão aumentar.
    (c) Os custos indiretos do fornecedor não vão aumentar, mas o custo do contrato vai.
    (d) Os custos indiretos do fornecedor vão aumentar e o custo do contrato também.

23. Enquanto gerente de projetos de sucesso da Geleia Cia. Ltda., foi solicitado que você realize uma auditoria do gerenciamento de projetos em toda a empresa. Durante essa tarefa, você descobre que a maioria dos planos de projeto são inconsistentes e desatualizados. Qual das seguintes declarações está correta?
    (a) As informações históricas são inúteis para a empresa, pois a tecnologia e os métodos mudam muito rapidamente.
    (b) O plano do projeto é secundário, pois apenas os resultados importam.
    (c) O plano do projeto é o resultado da fase de iniciação e, depois de todos concordarem com ele, não sofrerá nenhuma mudança.
    (d) O mau planejamento é uma das principais causas de custos excessivos e atrasos.

24. Criar reservas de contingência de tempo e dinheiro é um exemplo de...
    (a) Planejamento de respostas a riscos
    (b) Identificação de riscos
    (c) Planejamento do gerenciamento de riscos
    (d) Monitoramento e controle de riscos

25. Os custos do projeto estão abaixo do orçamento quando:
    (a) IDC < 1
    (b) IDC > 1
    (c) IDC < 0
    (d) IDP = 1

▶ **Respostas**

1 a	2 d	3 c	4 a	5 d
6 a	7 c	8 d	9 b	10 a
11 c	12 c	13 d	14 a	15 b
16 b	17 c	18 a	19 a	20 d
21 c	22 c	23 d	24 a	25 b

Ideia importante

Dicas de revisão

Reserve tempos na sua agenda para revisar o conteúdo.

Crie um cronograma de revisão.

Comece revisando as áreas que você menos entende.

Posfácio:
dez dicas para gerenciar projetos

Essas são as nossas 10 dicas sobre como ser um gerente de projetos de sucesso. Elas partem do princípio que você tem as habilidades necessárias para trabalhar com gerenciamento de projetos. Em outras palavras, as dicas não substituem a leitura e compreensão deste livro ou o esforço para aplicar suas lições na vida real. Na verdade, as dicas ajudam justamente nessa aplicação. Não estamos dizendo que essas dicas são uma exclusividade nossa ou que são consenso absoluto. Elas são apenas coisas que encontramos pelo caminho, pegamos emprestado ou, em alguns casos, aprendemos do jeito mais difícil durante os 50 anos combinados de gerenciamento de projetos. Se você já pratica alguma delas, ótimo.

▶ 1 Conheça o seu pessoal

Os projetos são realizados por equipes. Mesmo os projetos individuais mais simples precisam de auxílio de alguma outra pessoa. O gerente do projeto precisa liderar a equipe e é impossível liderar sem conhecer. A liderança é muito mais do que seguir o último modismo do mercado. Você precisa conhecer sua equipe e se esforçar para saber cada vez mais sobre ela. Nossa autoestima sempre melhora quando o chefe sabe do que está falando quando faz um comentário sobre nossas atividades fora do trabalho ou pergunta sobre nossas famílias.

As atividades de construção de equipes sempre valem a pena, desde que sejam bem organizadas. Você não precisa organizar pessoalmente uma excursão de uma semana pela Floresta Amazônica. Centros especializados sabem como desenvolver a camaradagem e montam atividades adequadas para sua equipe e suas necessidades. Eventos como esse podem lhe ensinar muito sobre a equipe, mas simplesmente convidar os membros para tomar um café ou sair para beber pode produzir benefícios enormes, assim como conversar com eles por algum tempo e lembrar do que disserem. Se estiver gerenciando um projeto tão grande que seria impraticável conhecer todos os membros, lembre-se de garantir que pelo menos todos conhecem você e que os subgerentes conhecem bem as suas equipes.

Dica: Conheça sua equipe. Tempo e dinheiro gastos desenvolvendo sua relação com os membros produzem dividendos no longo prazo.

▶ 2 Realismo ético e cultural

A ética é uma parte essencial das ferramentas do gerente de projetos, mas ela às vezes vê a vida de uma perspectiva nacionalista. Uma ação que parece eticamente correta na sociedade ocidental, cristã e confortável, com sistemas de bem-estar social desenvolvidos, não tem nenhuma relação com as práticas de negócios aceitáveis em outras partes do mundo. Pressupôr que uma é melhor do que a outra é arrogante. O desenvolvimento de ambas reflete as condições locais e as opiniões sobre o que é aceitável perante as circunstâncias socioeconômicas da população. Quando se trata de normas culturais, o bom gerente de projetos precisa ser realista. Uma visão norte-americana sobre a ideia de "gorjetas" não vai acelerar projeto algum na África Ocidental. Do mesmo modo, se a sua cultura não trata as mulheres como iguais no mundo dos negócios, não espere poder fazer o mesmo em Nova Iorque.

Essa área tem o potencial para causar muitos problemas. Pode ser mais confortável não pensar ou escrever sobre o assunto, mas não podemos ignorar um problema que é crítico em muitos projetos. A cultura e as normas éticas resultantes tendem a ser mais enraizadas do que as limitações regulatórias e judiciais. Nesse contexto, realismo não significa forçar a equipe a seguir sua opinião pessoal ou alardear o direito de liberdade e individualidade de todo mundo. Essas abordagens são arriscadas e, em alguns casos, até mesmo ilegais. Realismo cultural significa compreender as realidades éticas e culturais nas quais você precisa trabalhar e seguir por um caminho que mantenha um ambiente de trabalho aceitável para todas as partes interessadas. Você não pode sempre agradar a todos.

Dica: Seja realista quanto a normas éticas e culturais. Não pressuponha que os seus costumes são apropriados em culturas diferentes.

▶ 3 Conheça o seu negócio

No gerenciamento de projetos, a grande meta é que todos os gerentes sejam tão habilidosos, tão profissionais, que possam assumir qualquer projeto e levá-lo a uma conclusão de sucesso apenas com o uso correto de técnicas e procedimentos. Se a vida fosse assim tão simples e pudéssemos confiar que todos farão seu trabalho e que as especificações serão estabelecidas corretamente e nunca mudarão, isso seria possível. Mas a vida real não é assim. Para dominar um projeto, você precisa entender o negócio. Não estamos falando de entender o documento de requisitos do usuário; isso é fácil. Estamos falando de entender o negócio para conseguir entender o impacto geral das suas decisões de projeto sobre as atividades de negócio.

E aqui surge um problema. O especialista que evoluiu naturalmente dentro do ramo provavelmente não é um gerente de projetos experiente, enquanto o gerente especializado provavelmente não terá muita experiência com uma área de negócio específica. Algumas grandes organizações, obviamente, têm os recursos necessários para desenvolver indivíduos especificamente para cumprir esses papéis, mas a maior parte delas não consegue.

O problema tem uma solução pragmática. Primeiro, se a sua empresa decide que você pode liderar um projeto apesar de não ter muita experiência com gerenciamento de projetos, não se sinta despreparado apenas por ser novato. Trabalhe no desenvolvimento das suas habilidades, mas não esqueça dos benefícios que sua experiência oferece ao projeto. Por outro lado, o gerente de projetos experiente sabe que, por mais que entenda sobre Valor Presente Líquido e Análise do Caminho Crítico, ainda pode acabar fracassando se não entender o que importa para os usuários, mesmo que cumpra suas especificações. Se você conhece o negócio, talvez ainda possa liderar um bom projeto. Se você já liderou projetos antes, talvez você possa entrar em um novo negócio e liderar outro bom projeto. Mas se puder fazer ambos, suas chances de ter sucesso aumentam exponencialmente.

Dica: Se você chegar em uma organização para administrar um projeto, reserve algum tempo para aprender como ela funciona antes de tentar mudar qualquer coisa. Pode parecer perda de tempo, mas terá muitos benefícios mais tarde.

▶ 4 Deixe todo mundo feliz, ou pelo menos contente

Para ser um bom líder (e é isso que o gerente de projetos é), não é preciso ser popular. A popularidade é legal, mas não é necessária. "Melhor o diabo conhecido" é um bom ditado nesse caso. É muito mais importante que a equipe e as partes interessadas conheçam sua posição sobre um assunto, mesmo que não gostem dela, do que você mudar de opinião apenas para ser popular.

Assim, deixando de lado os seus próprios sentimentos, e quanto aos dos outros? Todo mundo é diferente. Mesmo que sua organização tenha uma cultura corporativa muito forte, uma grande indústria, um banco de investimentos, o exército ou uma firma de consultoria, por exemplo, você ainda irá encontrar muitos tipos diferentes de indivíduos. O segredo para gerenciar a equipe é manter todos felizes. O objetivo pode ser impossível, mas você ainda deve se esforçar para tentar realizá-lo. Lembre-se que, ao contrário do que diz seu *software* de alocação de recursos, é impossível tratar todas as pessoas do mesmo jeito. Cuidado com detalhes. É incrível como o descontentamento pode se espalhar por toda a equipe por causa de problemas praticamente insignificantes. Consertar o bebedouro pode não ser prioridade para o departamento de serviços corporativos do prédio, mas se toda a equipe precisa ir até o departamento vizinho para tomar um copo d'água, você perde a produtividade desse tempo e, pior ainda, os membros começam a formar uma opinião sobre o que você acha deles. Todos já passamos pela experiência de levar muito a sério algo que os outros achavam que era um problema menor. Mesmo que você não consiga consertar o bebedouro, faça um estardalhaço para que a equipe saiba que você se importa com o problema. Para eles, o fato que você se importa é muito mais importante do que sua incapacidade de fazer o impossível.

Dica: Esforce-se para deixar sua equipe contente, mesmo que às custas da própria popularidade.

▶ 5 Comunique-se da maneira mais apropriada possível

A gerência por observação direta é boa e a maior parte da comunicação humana não é verbal. Não precisamos de cursos caríssimos para aprender isso, é apenas uma questão de experiência cotidiana. O *e-mail* pode ser uma das maiores ferramentas gerenciais já inventadas para equipes virtuais espalhadas em múltiplos locais, mas também é uma das piores, pois interrompe as interações humanas normais. Se, com um pouco de esforço, você puder se comunicar pessoalmente, aproveite a oportunidade. O tempo que você passa falando diretamente com uma pessoa quando as coisas vão bem produzirá muitos dividendos se elas começarem a ir mal.

Mas às vezes a fala não é a melhor maneira de comunicar uma mensagem. Boletins, avisos, atas de reuniões, *briefings* e relatórios têm seu valor. O gerente de projetos experiente já usou todos em algum momento e sabe qual funciona e, mais ainda, qual não funciona em cada situação. Demitir um membro da equipe por mensagem de celular não ajuda a estabelecer uma relação de confiança entre você e o resto da equipe. A comunicação é a habilidade mais importante do gerente de projetos. O segredo da boa comunicação é considerar as necessidades do seu interlocutor. O CEO está sempre sem tempo e provavelmente estudou bastante. Um *briefing* para o CEO pode usar um linguajar amplo para combinar o máximo de impacto e concisão. Por outro lado, pense nos palavrões. O uso desse tipo de linguajar é considerado um indicador de um vocabulário pobre. Mas não adianta nada usar seu vocabulário de nível universitário se o estilo de conversação normal do seu público é alternar cada palavra normal com um xingamento. Conheça seu público e adapte seu estilo ao dele. Isso não significa que você deve começar a dizer tantos palavrões quanto o público, apenas que deve simplificar seu linguajar e usar exemplos para ilustrar sua mensagem de um modo que não cause estranhamento entre seus ouvintes.

Dica: Pense em como se comunica com todos os membros da equipe do projeto e todas as partes interessadas no seu projeto. Seja realista: não faça a escolha mais fácil. Entenda a capacidade do destinatário de receber sua mensagem.

▶ 6 Entenda a política desde o começo

A política organizacional é uma praga na vida de todo gerente de projetos. A política interna da organização pode impedir um projeto de avançar ou, pior ainda, garantir seu fracasso. A última coisa que você precisa é descobrir que todo o projeto não passa de mais uma batalha entre duas unidades de negócio com seus próprios interesses ocultos.

Se você é gerente de projetos em uma grande organização, provavelmente já entende bem a política interna, mas cuidado com o novo mundo que emerge quando você é promovido à nova função. E não diga "eu não me meto com politicagem". Isso é tão realista quanto dizer "eu não me meto com respiração".

Além disso, não é necessariamente uma questão de fazer política tanto quanto de sofrer os efeitos dela. Se você é um funcionário que gerencia projetos de vez em quando, também já deve ter um entendimento de como a organização funciona internamente. A pior situação é, obviamente, ser um gerente de projetos recém-contratado ou terceirizado. A experiência ajuda bastante, mas ainda precisa ser conquistada. O melhor conselho que já ouvimos sobre o assunto é nunca confiar em ninguém no começo e tentar entender os custos e benefícios para o decisor de cada decisão relativa ao seu projeto. Pode parecer falsidade ou jogo sujo, mas se você avançar sem pensar e descobrir que não passa de mais um peão no tabuleiro alheio, nem sua equipe nem seu currículo vão gostar dos resultados. Não pareça obviamente cético ou descrente (o que também não ajuda), mas até ter certeza de onde está pisando, não se apresse para concordar ou discordar de nada sem refletir bem. Infelizmente, demorar muito com a reflexão pode levá-lo a ser taxado de indeciso. Mas ninguém disse que gerenciamento de projetos é fácil.

Dica: Até entender a política da organização para a qual está gerenciando um projeto, não tome decisões importantes apenas com base nos conselhos de indivíduos ou unidades de negócio isolados.

▶ 7 Considere o inesperado e deixe uma margem de segurança

Ninguém tem bola de cristal, mas todo mundo consegue imaginar o pior cenário possível. O bom gerente de projetos pensa bem sobre ele. Você não pode ter um orçamento que cobriria todas as eventualidades, mas pode ter alguma ideia sobre como reagir durante uma catástrofe. A análise de riscos é uma excelente ferramenta, mas não ignore os riscos pouco prováveis. Seu nível de preocupação deve depender, é claro, do quanto cada fator é crítico para o seu projeto. Por exemplo, o desenvolvimento de um sistema de controle de tráfego aéreo pan-europeu precisa de um plano B que facilite a recuperação imediata se a sede do sistema for destruída. Do mesmo modo, nestes tempos de terrorismo internacional, o gerente de projetos trabalhando em um novo sistema de informática para a bolsa de valores provavelmente conseguiria orçar o uso de vários locais de reserva em tempo real com ampla distribuição geográfica. Em comparação com esses dois exemplos, o projeto para o desenvolvimento de uma nova pasta de dentes pode parecer menos crucial, mas se o futuro da empresa e o emprego de 6.000 funcionários depende dele e o laboratório for inundado, suas ideias sobre como manter o projeto em atividade se tornam cruciais para muita gente. E se o mundo subitamente precisar de uma nova pasta de dentes antiterrorismo, ele pode se tornar supercrítico. A criticalidade é uma ciência muito subjetiva quando o assunto é a hipoteca das partes interessadas.

Dica: Não se preocupe muito com os riscos improváveis, mas pense um pouco sobre como reagir se eles virarem realidade. Eventos improváveis são apenas isso, improváveis, não impossíveis.

▶ 8 Não doure a pílula. Seja honesto

Criar um relatório de problemas provoca uma série de questões psicológicas interessantes, especialmente para o autor do relatório. A maior parte das pessoas não gosta de apontar problemas que estão além da nossa capacidade ou autoridade. E ao contrário de um bom vinho tinto, as más notícias não melhoram com o tempo. Elas só pioram. Se o projeto começar a passar por problemas, sempre informe as dificuldades com precisão. A gerência sênior e os executivos não gostam de surpresas.

Primeiro, informe seus problemas enquanto ainda são apenas desvios do desempenho esperado, mas nunca apenas apresente o problema. Sempre saiba por que ele ocorreu e tenha uma solução preparada, mesmo que ela seja desagradável. A seguir, cuidado com a dissonância cognitiva por parte do seu chefe. Dissonância cognitiva é quando a mente não consegue aceitar o que os sentidos estão captando. Você pode dizer que não vai funcionar, mas se ele acreditar profundamente que, sim, vai funcionar, ele pode simplesmente ignorar os seus avisos. Lembre-se de documentar suas preocupações. Durante a Segunda Guerra Mundial, a operação aerotransportada britânica em Arnhem, Holanda, durante a Operação Market Garden, foi autorizada apesar dos planejadores saberem que havia duas divisões SS Panzer na região. Mas eles ignoraram essa informação porque ela não se encaixava com planos nos quais já haviam investido milhares de homens-horas. O resultado foi um desastre militar para os Aliados.

Finalmente, cuidado com a equipe que não lhe conta o que está acontecendo. Tente desenvolver uma cultura de projetos em que você nunca é surpreendido.

Dica: Ninguém gosta de más notícias. Quando elas chegarem, e elas vão chegar, garanta que você e sua equipe lidarão com elas com o máximo de velocidade e pragmatismo e documente tudo o que fizerem.

▶ 9 Considere as consequências práticas das decisões de alto nível

Quantas vezes você não tentou implementar um procedimento inventado por alguém que obviamente não fazia a mínima ideia de como o seu trabalho funciona de verdade? Um elemento essencial do gerenciamento de projetos é cumprir as especificações com o máximo de eficiência. Ao projetar sistemas cada vez mais complexos, no entanto, é fácil fazer generalizações sobre as necessidades dos usuários, mesmo que apenas para simplificar a documentação das especificações. Isso não é problema em alto nível, mas não ajuda o pobre indivíduo trabalhando em uma situação incomum, mas importante.

Acabo de mudar para uma casa com nome e número. A maioria das empresas usa aplicativos que reconhece um ou outro quando informamos o código postal e o carteiro faz entregas usando qualquer uma das informações. Infelizmente, o *software* de endereços do meu banco dá o nome, mas seu banco de dados de contas quer um número!

A lei diz que o bom gerenciamento de projetos cumpre as especificações tais como foram apresentadas. No entanto, você se destaca e conquista a reputação de agregar valor quando usa suas experiências com o projeto para oferecer propostas de mudança para melhor atender os requisitos reais do usuário. Nunca pense "não importa se funciona ou não, está dentro das especificações". Você pode estar certo, mas suas oportunidades de emprego no futuro serão bem menores.

Dica: À medida que desenvolve seu conhecimento sobre o projeto, pense no que está fazendo da perspectiva do usuário final.

▶ 10 Seja uma boa pessoa. Honestidade, sinceridade e confiança

Ninguém gosta de trabalhar com ou para pessoas desonestas ou em quem não confiam. Não seja essa pessoa. Quando disser ou fizer algo, seja sincero. Se agir sem sinceridade ou de um modo desonesto ou pouco confiável, você não tem o direito de esperar que qualquer membro da equipe ou parte interessada no projeto seja diferente. Não estamos defendendo um ponto de vista ético ou filosófico. Só nos parece que é impossível administrar um projeto (ou a própria vida) se todas as pessoas com quem interage acham que podem ser desonestas com você, pois esse é o exemplo que você está dando. Não posso garantir que todos os seus colegas e partes interessadas serão honestos por causa disso, mas pelo menos você estará seguindo na direção certa.

Dica: Trate os outros como gostaria de ser tratado.

Índice

Observação: figuras e tabelas estão indicadas por *números de página em itálico*; estudos de caso e boxes de definições/exemplos/ideias importantes por **números em negrito**; e notas pelo sufixo 'n'

abordagem "preparar-planejar-fazer-revisar" de gerenciamento de projetos 88–89
abordagem de Crosby à qualidade 200, *202–203*
abordagem de Deming à qualidade 200, *202–203*
abordagem de Ishikawa à qualidade 200, *202–203*
abordagem de Juran à qualidade 200, *202–203*
ações corretivas 122, 124–125, *123*, 128–130
    definição do PMI **129–130**
ações preventivas 122, 124–125, *123*, 128–130
    definição do PMI **129–130**
acordo/contrato de aquisição, especificações e detalhes em 293, 302–303
agrupamento da equipe *237–239*, 238–239
análise alternativa 168
análise custo-benefício *208*, 209–210
    exemplo *211*
análise da causa-raiz 277
análise da variação 175–176
análise da variação e das tendências 286
    medidas utilizadas 286, **287–288**
análise das premissas 277
análise das reservas 171, 189, *190*, 287–288
    definição do PMI **171**
análise de proposta de fornecedor *190*, 191
análise de rede do cronograma 171–172
análise do desempenho técnico 287–288
análise do produto 146
análise do valor agregado **287**
análise do valor monetário esperado 282–283
análise dos benefícios 324–325
análise dos requisitos de comunicação *253–254, 256*

análise qualitativa de riscos *269–270*, 278–281
    entradas *279–280*
    ferramentas e técnicas para 278–281, *279–280*
    saídas 278, *279–280*, 280–281
análise quantitativa de riscos *269–270*, 280–284
    entradas *281–282*
    ferramentas e técnicas para 281–283, *281–282*
    saídas *281–282*, 283–284
análise SWOT (pontos fortes e fracos, oportunidades e ameaças) 277
aplicativo Microsoft Project **105–106**, 122, 124–125
aquisição da equipe do projeto (processo) *233*, 236–239
    entradas 236–239, *236–238*
    ferramentas e técnicas para *236–238*, 237–239
    saídas *236–238*, 237–239
aquisição(ões)
    equipe do projeto 237–239
    estudo de caso **12**
aquisições
    aquisição de TI 304, *305*
    fatores críticos 292–293
        especificações 293
        relações pessoais 293
        tempo 292
    função do gerente de projetos 302–303
assimetria dos dados 223–225
assinaturas eletrônicas (para aquisições) 297
atividade **121–122**
atividade sumarizadora, uso do termo pelo PMI 127–128

atividades de construção de equipes *237–239*, 238–239
atividades de duração fixa 109–110
atividades de duração variável 109–110
ativos de processos organizacionais
   no gerenciamento da qualidade *208*, 207, 209, 216, *218–219*, 220
   no gerenciamento das comunicações *253–254*, 263
   no gerenciamento de recursos humanos *234*, *236–238*, *240*
   no gerenciamento de tempo 162, 168, 169, 171–172
   no gerenciamento dos riscos *272*, *275*, *279–282*
atributos da atividade 163, 164, 167, 169, 171
   atualizações 165–166, 168, 171, 174–175
audição, barreiras para *250–251*
auditoria da qualidade 217–218
   definição do ISO 9000 **217–218**
auditoria de riscos 286
aumento do escopo 102–103, 149–152
   definição do PMI **152**
   fontes 150–152
   sinais de perigo 150–152
avaliação de desempenho do projeto 241
avaliação de riscos 285–286
avaliação de urgência do risco 280–281
avaliação do desempenho da equipe *237–239*, *238–239*, *240*

BAA PLC, modelo de ciclo de vida do projeto *52–53*
bancos de dados, estimativa de custos para **191**, 304
Basecamp (sistema de informações do gerenciamento de projetos) 125–126
benchmarking **208**, 210, 212
brainstorming 276
briefing do projeto *Ver* termo de abertura do projeto

calendário de projeto 173–175
calendários
   aplicados no gerenciamento de tempo 173–174
   Ver também calendários de projeto; calendários de recurso
calendários de recurso 168, 169, 171–174
CAPM (Certified Associate Project Management) *Ver* PMI
categorias de riscos 272–275
   definição do PMI **273**
   externos 274
   gerenciamento de projetos 274
   organizacionais 274
   técnica 273–274

categorização de riscos 280–281
ciclo CADMID *52–53*, **54–55**
ciclo de vida
   significado do termo 49–50
   Ver também ciclo(s) de vida do projeto
ciclo plano-execução-verificação-ação 67–68, *68–69*
ciclo(s) de vida do projeto 16–18, 49–58
   definição do PMI **50–51**
   e ciclo(s) de vida do produto 57–58
   e fase(s) do projeto 50–51, 54–56
   modelos 51, **54–55**
      ciclo CADMID **54–55**
      desenvolvimento em espiral **54–55**
      modelo simples 49–50, *50–51*
      reengenharia de processos de negócio **54–55**
Cisco, projeto de aquisição **12**
clientes *30*, 38–39
   definição do PMI **38**
clientes inteligentes *30*, 38
código de conduta profissional 308–309, 311
código de ética 311–312
coleta de informações
   identificação de riscos utilizando 276–277
   no gerenciamento das comunicações 252
começando um projeto 93–94, 114, 116
   Ver também iniciação do projeto
comitê de controle de mudanças 122, 124–125, *123*, 126–127, 134–135, 153–154
   definição do PMI **134–135**
comitê de programas 34, 153–154
comitê diretor do projeto *30*, 134–135
compressão (do cronograma) 173
   definição do PMI **173**
comunicação
   da maneira mais apropriada possível 339–341
   de duas vias 250–251, 256–257
   definição **245**
   e-mail e 251–252
   emoções na 247–248
   fontes de problemas 245, *246*
   importância no gerenciamento de projetos 244–245
   instinto como auxílio para **252**
   princípios 246–251
      aceitação do patrocinador 249–250, *251*
      conhecimento 246–249, *251*
      mídia para o público 248–249, *251*
      ouvindo 250–251, *251*
      planeje e ensaie 249–250, *251*
      público 246–251, *251*
      tensão nas necessidades 248–249, *251*
      testar e ajustar 249–250, *251*
      tomando a iniciativa 249–251, *251*
      verificação de mal-entendidos 249–250

Índice 347

conhecimento de negócios 338–340
conselho do projeto. *Ver* comitê diretor do projeto
conta de controle 163
    definição do PMI **163**
contratação centralizada/descentralizada 305
contratos
    contrato de custos reembolsáveis 298–299
    contrato de preço fixo 297–299
    contrato por tempo e material 298–299
    níveis de risco *298–299*
    tipos 297–299
controle
    conceito estatístico 223–228
    definição do PMI **93–94, 225**
controle da qualidade
    definição da IBM 215–216
    definição do ISO 9000 **207, 217–218**
    em contraste com garantia da qualidade 213–228
controle de custos 194–196
    definição do PMI **183**
    divisão por fases 55–58
    entradas *195*
    ferramentas e técnicas para *195*
    saídas *195*
controle de mudanças, relação com o gerenciamento de configuração 135–136
controle de riscos, divisão por fases 55–58
controle do cronograma 161, 175–176
    entradas 175–176
    ferramentas e técnicas para 175–176
    saídas 175–176
controle do escopo *142–143*, 143–144, *145*, 152
    definição do PMI **150–151**
controle integrado de mudanças (processo) *86–88*, 91–92, 128–129
    definição do PMI **128–129**
crescimento por projetos 9, *10*
criação de valor por projetos 9, *10*
critérios de auditoria 217–218
    definição do ISO 9000 **217–218**
custos
    e escopo 184–185
    regras básicas para estimativa de 185–186

dados de estimativa publicados 168
decisões de alto nível, consequências práticas 342–343
decisões de fazer ou comprar, exemplo *295–296*
declaração do escopo 92–93
    no gerenciamento da qualidade *208*, 207, 209
    no gerenciamento de tempo 161, 169, 171–172
    no gerenciamento do escopo 143–144, *145*, 147
    preliminar *86–88*, 91–92, 102–104, 143–144

declaração do escopo do projeto 92–93, 143–144, *145*, 147, 161, 164, 169, 171–172
    preliminar 70–71, *72*, *86–88*, 91–92, 102–104, 143–144
declaração do trabalho (DT) 101–103, 122, 124–125, *123*
    definição do PMI **101**
    estudo de caso **101–102**
    exemplo 101–103
    para contrato 298–299
declaração do trabalho do contrato 298–299
    definição do PMI **298–299**
decomposição 162
definição da atividade 31–33, 160–162
    entradas 161–162
    ferramentas e técnicas para 161–162
    saídas 163
    significado do termo **161, 164**
definição do escopo 103–104, *142–143*, 143–144, *145*, 146–147
    definição do PMI **147**
desenvolvimento da equipe do projeto (processo) *233*, 237–239
    entradas *237–239*
    ferramentas e técnicas para *237–239*, 238–239
    saídas *237–239*, 238–239
desenvolvimento do cronograma 161, 171–175
    entradas 171–172
    ferramentas e técnicas para 171–175
    saídas 174–175
desenvolvimento em espiral **54–55**
desvio padrão 223–225
determinação de dependências 165–166
determinação de índices de custos de recursos *190*, 192
diagrama de causa e efeito *218–219*, 220, *221*
diagrama de Gantt 108–110, *115*, 114, 116, 261–262
    como parte do plano do projeto 105–106
    dependências mostradas em *108–109*, 261–262
diagrama de Ishikawa *221*
diagramas de rede 165–166
    método do caminho crítico 171–172
    Ver também gráficos PERT
diagramas de rede do cronograma 165–166, 171–172
diagramas de rede do cronograma do projeto 171–172
dicionário da estrutura analítica do projeto (EAP) 143–144, *145*, 148–149, *188*, 189
dificuldade de projetos 15
disponibilidade de recursos 167
dissonância cognitiva 341–342
distribuição PERT **171**
ditaduras 45–46

divisão em fases. *Ver* fase(s) do projeto
documentação
    aquisições 295-296
    premissas de planejamento 116, 118, **118-119**
    termo de abertura do projeto revisado 153-154
    termo de abertura do projeto/documento de iniciação 70-72, **94**
documento de iniciação do projeto (DIP) 70-72, **94**
    Ver também termo de abertura do projeto
duração de atividades/tarefas 109-110, 313-315
    e método da cadeia crítica 314-320
    estimativa 161, 168-171

e responsabilidade profissional 310-311
Eisenhower, [General] Dwight 78
e-mail 251-252
encerramento administrativo 81, 137-138
encerramento do contrato 82, 137-139, *292, 294*
encerramento do projeto (processo) 81, *82*, *86-88*, 91-92, 138-139
    definição do PMI **138-139**
entrada(s), definição do PMI **121-122**
entrega(s) 120-122, 124-125, *123*
    aceitação de 149-150
    definição do PMI **120-121**
    em contraste com produto(s) de trabalho 120-121
entrevistas, coleta de informações por 276
equipe de aquisições, relacionamento do gerente de projetos com 293, 302-303
equipes virtuais 237-239
    definição do PMI **237-239**
escopo 55-56, 102-104
    definição do PMI **103-104, 142**
    e custos 184-185
escopo do produto 143-144
escopo do projeto 143-144
escritório de programas *30*, 29, 31, 34-35
    definição do PMI **34-35**
    função 34-35
escritório de projetos *30*, 29, 31
    comparação com escritório do projeto 35-36
    definição do PMI **34-35**
    função 34-35
espantalho **92-93**
especialista no assunto 36-37
estilo de trabalho orientado para manutenção 44-46
estilo de trabalho orientado para tarefas 44-46
estimativa análoga 169, 189, *190*
    definição do PMI **170**
    estudo de caso **191**
estimativa *bottom-up* 168, 189, *190*

estimativa de custos 187-192
    como tarefa para especialistas 186
    definição do PMI **183**
    entradas *188*, 189
    ferramentas e técnicas para *188*, 189-192
    método da análise quantitativa de relações de custos *190*, 192
    método de análise contabilístico *190*, 192
    método de conferência 189, *190*, 191-192
    método de engenharia 189, *190*
    regras básicas para 185-186
    saídas *188*
estimativa de duração da atividade 161, 169-171
    entradas 169
    ferramentas e técnicas para 169-170
    saídas 171
    significado do termo **169**
estimativa de recursos da atividade 161, 167-168
    entradas 167
    ferramentas e técnicas para 168-169
    saídas 168
    significado do termo **167**
estimativa paramétrica 170, *190*, 192
estimativa *top-down* 170
estratégias de respostas a riscos 284-286
estrutura analítica do produto (EAP) 113-114
estrutura analítica do projeto (EAP) 55-57, 110-114, 147-148, 161
    criando 113-114, 147-149
    definição do PMI **148**
    importância **148-149**
    motivos para criar 148
    usos 113-114, 148-149
estrutura analítica dos recursos 168
estrutura organizacional
    e estrutura do projeto 21-22
    significado do termo 21
ética, códigos de 311-312
eventos inesperados, planejamento para recuperação após 341-342
evidências da auditoria, definição do ISO 9000 **217-218**

fase(s) do projeto
    definição do PMI **50-51**
    e ciclo(s) de vida do projeto 50-51, 54-55
    e grupos de processos do projeto 57-59
    marcos/*stage-gates* 54-56
    no controle de custos e riscos 55-58
    sequência de trabalho 55-57
fatores ambientais da empresa
    definição do PMI **234**
    no gerenciamento da qualidade *208*, 207, 209
    no gerenciamento das comunicações *253-254*

no gerenciamento de recursos humanos 234
no gerenciamento de riscos *272, 275*
no gerenciamento de tempo 164, 167, 169
ferramentas e técnicas
  definição do PMI **121-122**
  ferramentas, diferença entre técnicas e 121–122, **122, 124**
  no gerenciamento da qualidade *208*, 209–213, *216*, 217–218, *218–219*, 220–228
  no gerenciamento das comunicações *253–256, 259–260*, 260–261, *263*
  no gerenciamento de custos *188*, 189–192, *193, 195*
  no gerenciamento de integração 122, 124–125, *123*, 125–128, 133–135
  no gerenciamento de recursos humanos *234, 235*, 234, 236–238, *236–238*, 237–239, *237–239*, 238–241, *240*
  no gerenciamento de tempo 162–163, 165–166, 168–176
  no gerenciamento dos riscos 272, 275, 276–288
ferramentas estatísticas para controle da qualidade 220, 222–225
fluxogramas
  como ferramentas de garantia da qualidade 220
  exemplo *223*
  símbolos utilizados *222*
fornecedor(es) 36–38
  definição do PMI **38**
  seleção de (processo) *294*, 297
  solicitar respostas de (processo) *294*, 297
front-end loading 56–58
funções e responsabilidades da equipe do projeto *234*, 236–238, 240, 272

garantia da qualidade
  definição da IBM 215–216
  definição do ISO 9000 *206*, **215–216**
  definição do PMI **215–216**
  em contraste com controle da qualidade 213–228
gerenciamento da equipe do projeto 38–49, *233*, 240–241
  conquistando e mantendo a autoridade 41–44
  controle/monitoramento/supervisão 47–49
  entradas 240
  estilos de trabalho pessoais 44–47
  ferramentas e técnicas para 240–241
  limites de responsabilidade 48–49
  mantendo a autoridade depois de um erro 43–45
  motivação 46–48
  saídas *240*, 241
  seleção dos membros da equipe 38–41
  socializando 46–47

gerenciamento da qualidade 8, 199–229
  processos utilizados 205, 207–228
gerenciamento da qualidade do projeto 8, 199–229
  Ver também verbete principal: gerenciamento da qualidade
gerenciamento das comunicações 8, 243–265
  processos utilizados 252–264
gerenciamento das comunicações do projeto 8, 243–265
  Ver também verbete principal: gerenciamento das comunicações
gerenciamento das partes interessadas, significado do termo **264**
gerenciamento de aquisições 8, 289–306
  definição do PMI **291**
  documentos necessários como entradas 295
  importância no gerenciamento de projetos 291
  processos utilizados *82*, 291–292, *294*
  sequência de processos e atividades 293–297, *301*, 300
  significado do termo 290–291
gerenciamento de aquisições do projeto 8, 289–306
  definição do PMI **291**
  Ver também verbete principal: gerenciamento de aquisições
gerenciamento de configuração 135–136
  relação com controle de mudanças 135–136
gerenciamento de conflitos 241
gerenciamento de crises
  causas **258–259**
  gerenciamento de riscos preferível a 268–269
gerenciamento de custos 8, 181–197
  conceitos principais 183
  conhecimento mínimo necessário 183–184
  importância no gerenciamento de projetos 182
  processos utilizados 186–191
gerenciamento de custos do projeto 8, 181–197
  Ver também verbete principal: gerenciamento de custos
gerenciamento de integração 7–8, 85–140
  ferramentas e técnicas para 122, 124–125, *123*, 125–128, 133–135
  processos utilizados *86–88*, 91–139
    controle integrado de mudanças *86–88*, 91–92, 135–136
    desenvolvimento da declaração do escopo do projeto preliminar *86–88*, 91–92, 102–104
    desenvolvimento do termo de abertura do projeto *86–88*, 91–92, 94–103
    encerramento do projeto *86–88*, 91–92, 137–139

monitorar e controlar o trabalho do projeto 86–88, 91–92, 134–136
orientar e gerenciar a execução do projeto 86–88, 91–92, 118–121
sequência de processos 92–94
significado do termo 86–88
gerenciamento de integração do projeto 7–8, 85–140
   definição do PMI **86–88**
   processos utilizados *86–88*
   significado do termo 86–88
   Ver também verbete principal: gerenciamento de integração
gerenciamento de pessoas 231–241
   dicas para 337–343
   Ver também gerenciamento de recursos humanos
gerenciamento de programas, e gerenciamento de projetos 12–13
gerenciamento de projetos
   abordagem de bom senso 5–6
   áreas de conhecimento 7–8
      gerenciamento da qualidade 8, 199–229
      gerenciamento das comunicações 8, 243–265
      gerenciamento de aquisições 8, 289–306
      gerenciamento de custos 8, 181–197
      gerenciamento de integração 7–8, 85–140
      gerenciamento de recursos humanos 8, 231–241
      gerenciamento de riscos 8, 267–288
      gerenciamento de tempo 8, 178–197
      gerenciamento do escopo 8, 141–155
   como habilidade gerencial independente 15–17
   e gerenciamento de programas 12–13
   metodologia padrão 5
   padrões emergentes no 4
   significado do termo 5, 16–17
gerenciamento de recursos humanos 8, 231–239
   dinâmica em *232*
   entradas 234, *234*
   ferramentas e técnicas para *234*, *235*, 234, 236–238
   processos utilizados 233–241
   saídas *234*, 236–238
gerenciamento de recursos humanos do projeto 8, 231–241
   Ver também verbete principal: gerenciamento de recursos humanos
gerenciamento de riscos 8, 267–288
   custos associados 272
   definição do PMI **268**
   metodologia 272
   princípios 269–270
   processos utilizados 269–288

propósito 268–270
significado do termo 268–270
gerenciamento de riscos do projeto 8, 267–288
   definição do PMI **268**
   Ver também verbete principal: gerenciamento dos riscos
gerenciamento de tempo 8, 178–197
   definição 158
   e reuniões 176–179
   em projetos 159–161
   ferramentas e técnicas para 162–163, 165–166, 168–176
   processos utilizados 160–179
gerenciamento de tempo do projeto 8, 178–197
   processos utilizados 160–161
   Ver também verbete principal: gerenciamento de tempo
gerenciamento do escopo 8, 141–155
   em ação 152–154
   princípios 142–144
   processos utilizados *142–143*, 143–155, *145*
   sequência de processos e atividades *145*
   significado do termo 142–143
gerenciamento do escopo do projeto 8, 141–155
   definição do PMI **142**
   princípios 142–144
   processos utilizados *142–143*, 143–144
   sequência de processos e atividades *145*
   significado do termo 142–143
   Ver também verbete principal: gerenciamento do escopo
gerenciamento dos benefícios 323–326
   funções 325–326
   implementação em negócios 325–326
gerenciar pessoas **233**
gerente de projetos *30*, 31–34
   função 31–33
   habilidades necessárias 33
   metodologias utilizadas por 33
   problemas enfrentados no trabalho 3–4
gold plating, evitar **142–143**
Goldratt, Eli 18n5, 313–314
gráfico de linha do tempo *ver* gráfico de Gantt
gráficos de barras de comparação de cronogramas 175–176
gráficos de controle *225–226*
   limites superiores e inferiores 226–228
gráficos PERT 108–109, 114, 116, 261–262
grupos de processos
   como utilizar 67–70
   definição do PMI **63**
   e fases de projetos 57–59
   processos de encerramento *17–18*, *64–65*, 81–83

processos de execução *17–18*, *64–65*, 77–79
processos de iniciação *17–18*, *64–65*, 69–74
processos de monitoramento e controle *17–18*, *64–65*, 79–81
processos de planejamento *17–18*, *64–65*, 73–77
grupos de processos do projeto, definição do PMI **63**

habilidades de comunicação 252–253, 257–258
honestidade 342–343

identificação de riscos *269–270*, 275–278
   entradas 275, *275*
   ferramentas e técnicas para *275*, 276–277
   saídas *275*, 277–278
   técnicas de diagrama 277
identificação dos benefícios 323–325
"imagem reconhecida" *70–71*
   significado do termo 104–105n3
índice de desempenho de custos 286, **287–288**
índice de desempenho de prazos 286, **287**
índice de produtividade 170
influenciadores 36–37
informações de resumo 252
informações sendo comunicadas 257–259
iniciação do projeto 114, 116–119
   fatores que afetam 116, 118
   Ver também processos de iniciação
instinto, como auxílio para comunicação **252**
integração
   de entradas externas ao projeto 89–90
   do projeto com a organização 89–90
   função no gerenciamento de projetos 86–92
interface 100
   e termo de abertura do projeto 100

Juramento de Hipócrates **308**

Lei de Murphy **268–269**
Lei de Parkinson 314–315, 322n3
leitores [deste] livro 6
leptocurtose 223–225
lições aprendidas (entradas/saídas) 122, 124–125, *123*, 135–138
   categorias 137–138
   definição do PMI **136**
   formulário/modelo para capturar
   processo para garantir que as informações serão capturadas 136–138
liderança 337–338
limite do projeto 55–56
   Ver também escopo
linha de base 104–105
   definição do PMI **104–105**, **183**

linha de base da qualidade *208*, 213–214
linha de base do cronograma 175–176
lista de atividades 163, 164, 167, 169, 171–172
   atualizações 165–166
lista de marcos 164
listas de verificação
   listas de verificação de qualidade *208*, 213–214
   listas de verificação de riscos 277
listas de verificação de qualidade *208*, 213–214

marco 54–56, 164
   definição do PMI **55–56**
más notícias, como contar/receber 249–251, 341–343
matriz de probabilidade e impacto de riscos 278–280, *279–280*
matriz de responsabilidades *234*, *236*
média 223–225
medição do desempenho 175–176
membros da equipe *30*, 34
   conhecendo 337–338
   mantendo-os contentes/felizes 339–340
   matriz de habilidades *40*
   seleção de 38–41
membros da equipe do projeto *30*, 34
   definição do PMI **34**
   matriz de habilidades *40*
   seleção de 38–41
método da árvore de decisão, análise de riscos utilizando 282–283, *283–284*
método da cadeia crítica 4, 18n5, 173–174, 189, 313–322
   ações
      execução 321–322
      planejamento 321–322
   definição do PMI **173–174**
   eliminação da multitarefa 319–320
   em contraste com método do caminho crítico 318–319
   reservas de alimentação usadas 318–322
   reservas de recursos usadas 319–322
método de análise quantitativa de relações de custos (para estimativa de custos) *190*, 192
método do caminho crítico 171–172
   definição do PMI **173**
   em contraste com método da cadeia crítica 318–319
método do diagrama de precedência 165, *165–166*
método do diagrama de setas 165
metodologia da APM (Association for Project Management) 4, 161n2
metodologia de gerenciamento de projetos 90–92, 106–107

metodologia de gerenciamento de projetos PRINCE2 4
　documento de iniciação do projeto (DIP) 70–71, 94, 161n2
　modelo de ciclo de vida do projeto 52–53
metodologia de planejamento de projetos 106–108
metodologia padrão (no gerenciamento de projetos) 5
　vantagens 5–6
métodos de análise contabilísticos de estimativa de custos 190, 192
métodos de conferência de estimativa de custos 189, *190*, 191–192
métodos de engenharia de estimativa de custos 189, *190*
métodos de estimativa de custos de medição do trabalho 189, *190*
métodos de seleção de projetos 122, 124–125, *123*, 129–132
métricas de qualidade *208*, 212–214
MOD (Ministério da Defesa, Grã-Bretanha), metodologia de gerenciamento de projetos
　abordagem *stage-gate* **98–99**
　declaração do trabalho **101–102**
modelo de cronograma 174–175
　dados 174–175
　definição do PMI **173–174**
modelos
　captura das lições aprendidas 136
　listas de atividades 162
　planejamento de recursos humanos 234
　plano do projeto 105–106
　rede do cronograma 165–166
　relatório de desempenho 263
　termo de abertura do projeto 95–97
modelos de rede do cronograma 165–166
motivação 46–48
　fatores que afetam 46–47, *47–48*
mudanças solicitadas (solicitações de mudança)
　no gerenciamento da qualidade *216*, 217–218, *218–219*
　no gerenciamento das comunicações *256–257*, 258–260, *259–260*
　no gerenciamento de integração 119–122, 124–125, *123*
　no gerenciamento de tempo 164, 168, 171–172
　no gerenciamento do escopo 142–143
multitarefa *320–321*
　eliminação 319–320

negociação, aquisição da equipe 237–239
negociando o tempo 159–168
　exemplo
　　Channel Tunnel Rail Link **160**

networking 234, 236–238
　definição do PMI **234, 236**
nivelamento de recursos 173–174
normas culturais, realismo sobre 337–339
normas éticas, realismo sobre 337–339

objetivos de qualidade 212–213
　definição do ISO 9000 **206**
objetivos SMART (específicos, mensuráveis, atingíveis, relevantes e temporais) **210, 212**
OODA (observar–orientar–decidir–agir) loop 65–68, 233
opinião especializada 162, 163, 168, 169
orçamentação 193–194
　definição do PMI **183**
　entradas *193*
　ferramentas e técnicas para *193*
　saídas *193*, 194
organização do setor público, estudo de caso 28
organização e funções em projetos 28–39
organização executora 35–36
organização funcional *23*, 25
　consequências para o gerenciamento de projetos 25
　em forma matricial fraca 26
organização matricial *23*, 25
　consequências para o gerenciamento de projetos 25
organizações
　tipos 23–24
　　consequências para o gerenciamento de projetos 24–27
　　exemplos 24
organizações baseadas em processos 23–24
　consequências para o gerenciamento de projetos 24–25, *25–27*
　exemplos 24
organizações por projeto 23–24
　consequências para o gerenciamento de projetos 24–25
　exemplos 24
organizações tradicionais 23–24
　consequências para o gerenciamento de projetos 24–25, *25–27*
　exemplos 24
organogramas 234, *235*, 234, 236, *236–238*
organogramas matriciais 234, 236
orientar e gerenciar a execução do projeto (processo) *86–88*, 91–92, 118–121

pacote de planejamento (para decomposição da atividade) 162
padding, significado do termo 171
padrões ISO 9000 de sistemas de gerenciamento da qualidade 201, 228

Índice   353

paralelismo (compressão do cronograma) 173
    risco associado 272
partes interessadas 35-37
    definição do PMI **36-37**
    exemplos 35-36
patrocinador *30*, 29, 31
    definição do BSI 31-32
    definição do PMI **29, 31**
Patton, [General] George, sobre comunicação 244, 247-248
PERT, explicação do acróstico 161n5
pessoas, importância no gerenciamento de projetos 231-232
pior cenário 341-342
planejamento
    benefícios 107-109
    como realizar 108-110
planejamento da qualidade *205*, 207-214
    definição do ISO 9000 **206**
    entradas *208*, 207, 209-210
    ferramentas e técnicas para *208*, 209-213
    saídas *208*, 212-214
planejamento das comunicações 252-257, *252-253*
    definição do PMI **253-254**
    entradas *253-254*
    ferramentas e técnicas para *253-256*
    saídas *253-254*
planejamento de cenários do tipo "e se?" 173-174
planejamento de recursos humanos 233-234, 236
planejamento de respostas a riscos *269-270*, 283-286
    entradas *284-285*
    ferramentas e técnicas para 284-286, *284-285*
    saídas *284-285*
planejamento do contrato *292*, *294*, 297-299
planejamento do escopo *142-143*, 143-146, *145*
    definição do PMI **146**
planejamento do gerenciamento de riscos *269-270*, 271-275
    entradas 271-272, *272*
    saídas 272-273, *272*
planejamento dos benefícios 324-325
planejamento em ondas sucessivas 162
planejar compras e aquisições (processo) *294*, **295**
plano, definição da atividade (processo) 109-111, 160-164
plano de comunicação *253-254*, 254, 256, *256-257*
plano de gerenciamento de custos
    informações em 194
    propósito 187
plano de gerenciamento de pessoal *234*, 236-239, *240*

plano de gerenciamento de riscos 272-273
plano de qualidade *208*, 212-213
    exemplo **207-208**
    significado do termo **207**
plano do projeto 75, 92-93, 122, 124-125, *123*
    atualizações 174-176, *208*, *216*, *218-219*
    como entrada em processos de gerenciamento de tempo 161, 167, 169, 171-172
    como entrada no gerenciamento da qualidade *208*
    consequências das mudanças 152-154
    desenvolvimento de *86-88*, 91-92, 103-114, 116
    gráfico de Gantt como parte de 105-106, 108-109, 114, 116
    modelos 105-106
    seções 105-106
    significado do termo 103-106
PMBOK (Project Management Body of Knowledge) 4, 7-8
PMI (Project Management Institute) **327**
    Body of Knowledge 4, 7-8
    CAPM (Certified Associate Project Management) 327-329
        estrutura da prova *330*
        requisitos *328-329*
    código de conduta profissional 308-309, 311
    exames de credenciais 308-309
        estrutura 328-331
        exemplos de perguntas 332-336
        preparação e realização da 330-331
    credenciais oferecidas por 327-329
        escolha entre PMP e CAPM 328-330
    PMP (Project Management Professional) 327-329
        exame de credenciais 308-309, 328-330, *330*
        requisitos *328-329*
PMP (Project Management Professional). *Ver* PMI
poder da gerência, fontes 42-43
política, necessidade de compreender 340-341
política interna, necessidade de compreender 340-341
política organizacional, necessidade de compreender 340-341
portfólio do projeto. *Ver* programa
premissas, documentando e comunicando 116, 118, **118-119**
premissas do planejamento, documentando e comunicando 116, 118, **118-119**
princípio "planejar depois agir" 63, 65
processo "encerrar o projeto" 81, *82*, *86-88*, 91-92, 138-139
    definição do PMI **138-139**

processo de administração de contrato *292, 294,* 300
   atividades envolvidas *301*
   definição do PMI **300**
processo de controle da qualidade *205,* 217–228
   definição do PMI **217–218**
   entradas 218–220, *218–219*
   ferramentas e técnicas para *218–219,* 220–228
   saídas *218–219,* 227–228
processo de distribuição das informações 252–253, 256–260
   definição do PMI **257–258**
   entradas *256–257*
   ferramentas e técnicas para *256–257*
   saídas *256–257,* 257–260
processo de garantia da qualidade *205,* 215–218
   entradas *216*
   ferramentas e técnicas para *216,* 217–218
   saídas 216–218, *216,* 217–218
processo de gerenciamento das partes interessadas *252–253,* 263–264
   entradas *263*
   ferramentas e técnicas para *263*
   saídas *263*
processo de monitoramento e controle de riscos *269–270,* 285–288
   entradas *286*
   ferramentas e técnicas para 285–288
   saídas 285–286, *286*
processo de monitorar e controlar o trabalho do projeto *86–88,* 91–92, 134–136
processos
   características *10,* 22
   definição do PMI **121–122**
   e projetos 8–11
   exemplos 9, 22
   gerenciamento de integração *86–88,* 91–92, 122, 124, *123*
   gerenciamento do escopo *142–143,* 143–144
   Ver também grupos de processos
processos de controle. *Ver* processos de monitoramento e controle
processos de encerramento 81–83
   definição do PMI **81**
   encerramento administrativo (processo) 81, 137–138
   encerramento do contrato (processo) 81, *82,* 137–139
   encerramento do projeto (processo) 81, *82,* 86–88, 91–92, 138–139
   entregas/saídas de *64,* 82, 82
   interconexões com outros grupos de processos *17–18,* 65
   pessoas envolvidas 83
   razão da importância 83
   significado do termo 81

processos de execução 77–79
   contratar ou mobilizar a equipe do projeto (processo) 233, 236–239
   definição do PMI **77**
   desenvolver a equipe do projeto (processo) *233,* 237–239
   distribuição das informações (processo) *252–253,* 256–260
   entregas/saídas de *64,* 78
   garantia da qualidade (processo) 205, 215–218
   interconexões com outros grupos de processos *17–18,* 65
   orientar e gerenciar (processo) *86–88,* 91–92, 118–121
   pessoas envolvidas 78–79
   razão da importância 78, 79
   selecionar fornecedores (processo) *294,* 297
   significado do termo 77
   solicitar respostas de fornecedores (processo) *294,* 297
processos de gerenciamento de projetos 17–18, 57–58, 63–84
   e ciclo de vida do projeto 57–59
   Ver também grupos de processos
processos de iniciação 69–74
   definição do PMI **70–71, 114, 116**
   desenvolvimento da declaração do escopo do projeto preliminar (processo) *70–72, 86–88,* 91–92, 102–104
   desenvolvimento do termo de abertura do projeto (processo) 71–73, *86–88,* 91–92, 94–103
   efeitos *117*
   entregas/saídas de *64,* 70–71
   interconexões com outros grupos de processos *17–18,* 65
   pessoas envolvidas 73
   razão da importância 71–73
   significado do termo 69–71
processos de monitoramento e controle 79–81
   administração de contrato (processo) *292, 294,* 302, *302–303*
   controle de custos (processo) 194–196
   controle do cronograma (processo) 161, 174–176
   controle do escopo (processo) *142–143,* 143–144, *145,* 151–152
   controle integrado de mudanças (processo) *86–88,* 91–92, 128–129
   definição do PMI **79**
   entregas/saídas de *64,* 80
   gerenciamento das partes interessadas (processo) *252–253,* 263–264
   gerenciar a equipe do projeto (processo) *233,* 240–241
   interconexões com outros grupos de processos *17–18,* 65

monitoramento e controle de riscos (processo) *269–270*, 285–288
monitorar e controlar o trabalho do projeto (processo) *86–88*, 91–92, 134–136
pessoas envolvidas 81
razão da importância 80
realizar o controle da qualidade (processo) *205*, 217–228
relatório de desempenho (processo) *252–253*, 259–263
significado do termo 79
verificação do escopo (processo) *142–143*, 143–144, *145*, 148–150
processos de planejamento 74–77
  análise qualitativa de riscos (processo) *269–270*, 278–281
  análise quantitativa de riscos (processo) *269–270*, 280–284
  complicações 74
  criação da estrutura analítica do projeto (processo) 113–114, 147–150
  definição da atividade (processo) 109–111, 160–164
  definição do escopo (processo) 103–104, *142–143*, 143–144, *145*, 146–147
  definição do PMI **74**
  desenvolvimento do cronograma (processo) 161, 171–175
  desenvolvimento do plano do projeto (processo) *86–88*, 91–92, 103–114, 116
  entregas/saídas de *64*, 75
  estimativa de custos (processo) 187–192
  estimativa de duração da atividade (processo) 161, 169–171
  estimativa de recursos da atividade (processo) 161, 167–168
  identificação de riscos (processo) *269–270*, 275–278
  interconexões com outros grupos de processos *17–18*, 65
  orçamentação (processo) 193–194
  pessoas envolvidas 77
  planejamento da qualidade (processo) *205*, 207–214
  planejamento das comunicações (processo) 252–257, *252–253*
  planejamento de compras/aquisições (processo) *292*, *294*, **295**
  planejamento de contratos (processo) *292*, *294*, 297–299
  planejamento de recursos humanos (processo) 233–238
  planejamento de respostas a riscos (processo) *269–270*, 283–286
  planejamento do escopo (processo) *142–143*, 143–146, *145*

planejamento do gerenciamento de riscos (processo) *269–270*, 271–275
  sequenciamento de atividades (processo) 161, 164–166
  significado do termo 73–75
produtos de trabalho, em contraste com entregas 120–121
profissão
  comparada com outros negócios 308–309
  definição 308
programas, e projetos 12–14
projetos
  características *10*
  identificando 14
  tamanhos/tipos 6
  como classe de atividade 8–14
  e processos 8–11
  e programas 12–14
  definições 3, 8, 12–13
projetos descontrolados 223–225, *226*, 227–228

qualidade
  abordagem de Crosby 200, *202–203*
  abordagem de Deming 200, *202–203*
  abordagem de Ishikawa 200, *202–203*
  abordagem de Juran 200, *202–203*
  abordagens alternativas 200–201, *202–203*
  definição da IBM 247–248n4
  definição do ISO 9000 **206**
  definição do PMI **206**
  introdução a 200–205

realização dos benefícios 323–326
recompensas ganha-perde *versus* ganha-ganha **238–239**
reconhecimento e recompensas, no desenvolvimento de equipes *237–239*, 238–239
recursos 110–111
recursos fora do controle do projeto, influenciando e coordenando 89–91
recursos tambor 122, 124–125, *123*, 127–128
reengenharia de processos de negócio **54–55**
registro de problemas 241, *263*
registro de riscos 275, *275*, 277–278
  atualizações *279–280*, 280–281, *281–282*, 283–284, *284–285*
  definição do PMI **278**
regra básica dos "sete pontos de dados" 227–228, 247–248n7
regras básicas, no desenvolvimento de equipes *237–239*, 238–239
relatório de desempenho *252–253*, 259–263
  definição do PMI **260–261**
  entradas *259–260*
  ferramentas e técnicas para *259–260*, 260–261

ideia importante **260–261**
saídas *259–260*, 261–263
relatório de garantia da qualidade, exemplo **216–218**
relatório de planejado *versus* real
  com durações e datas, exemplo *185*
  exemplo *184*
relatório de *status* do projeto *259–260*, 261–262
  exemplo *261–262*
  formato 261–263
relatório de variação 184
relatórios de progresso 175–176
requisito, definição do ISO 9000 **207**
requisitos de recursos 168, 169, 171–172
  atualizações 174–175
requisitos de recursos da atividade 168, 169, 171–172
  atualizações 174–175
reservas
  monitoramento com diagnóstico do *status* do projeto 189, 287–288, 320–322
  nível de perigo da utilização *320–321*, 321–322
  reservas de alimentação 318–320
  reservas de recursos 319–320
  reservas do projeto 316–317
responsabilidade profissional 307–312
  caso de negócio da 310
  PMI e 310–311
  significado do termo 308–310
reuniões
  comparação com *e-mail* 251
  e gerenciamento de tempo 176–179
  enquanto atividade de gerenciamento de projetos 176–179
  monitoramento e controle de riscos 287–288
  preparação para 176–178
reuniões de *status* 287–288
revisão de riscos 285–286
revisão de *stage-gate* **98–99**
revisões de documentação, identificação de riscos utilizando 276

saída(s), definição do PMI **121–122**
sequência de diagramas de rede 165–166
sequenciamento de atividades 161, 164–166
  entradas 164
  ferramentas e técnicas para 164–166
  saídas 165–166
  significado do termo **164**
sequenciamento de tarefas 113–114
simulação de Monte Carlo 30
"síndrome do estudante" 313–314
sistema de autorização do trabalho 118–119
  definição do PMI **119–120**

sistema de controle de mudanças de contratos 302
sistema de controle de mudanças do cronograma 175–176
sistema de gerenciamento da qualidade, definição do ISO 9000 **206**
sistema de gerenciamento de configuração 122, 124–125, *123*, 133–135
  definição do PMI **133–135**
  relação com sistema de controle de mudanças 135–136
sistema de gerenciamento de projetos 27–29
  definição do PMI **28–29**
  estudo de caso (sobre "como não fazer") **28**
sistema de informações do gerenciamento de projetos (SIGP) 122, 124–125, *123*, 125–126
  definição do PMI **125–126**
sistemas de controle de mudanças 122, 124–125, *123*, 126–128, 175–176
  definição do PMI **127–128**
  para contratos 302
  relação com sistema de gerenciamento de configuração 135–136
software
  gerenciamento de custos 192
  gerenciamento de integração **105–106**, 113–114, 122, 124–125
  gerenciamento de tempo 159, 168, 173–174
solicitações de mudança
  no gerenciamento da qualidade *216*, 217–218, *218–219*
  no gerenciamento das comunicações *256–257*, 258–260, *259–260*
  no gerenciamento de integração 119–122, 124–125, *123*
  no gerenciamento de tempo 164, 168, 171–172
  no gerenciamento do escopo 142–143
stage-gate **98–99**
supervisão, da equipe do projeto 47–49

tamanho dos projetos 6
tarefas sumarizadoras 122, 124–125, *123*, 127–128
técnica da avaliação da qualidade de dados sobre riscos 279–281
técnica da estimativa de três pontos 170–171
técnica da pré-designação 237–239
técnica de ajuste de antecipações e atrasos 165–166, 174–175
técnica de estimativa PERT 170–171
técnica de observação e conversação, no gerenciamento da equipe 240–241
técnica Delphi 276
técnica do custo da qualidade *190*, 192, 210, 212

técnica do valor agregado 122, 124–125, *123*, 131–134
   definição do PMI **131–132**
   termos/abreviaturas/fórmulas usados *132–133*
técnicas
   diferença entre ferramentas e 121–122, **122, 124**
   Ver também ferramentas e técnicas
técnicas de compressão do cronograma 173
técnicas de diagrama
   gerenciamento de tempo 165–166, 171–173
   identificação de riscos utilizando 277
técnicas de *feedback*, desempenho da equipe 241
tempos de contingência, agregando 315–318
Teorema do Limite Central 317–318
termo de abertura do projeto *64*, 70–71, 122, 124–125, *123*
   características 92–94, 97–99
   como mecanismo de controle e aprovação 100
   definição do PMI **94**
   desenvolvimento (processo) 71, *72*, 73, 86–88, 91–92, 94–103
   e interface 100
   entradas 101
   exemplos
      projeto de receita Tadley 96–98
      projeto interno Whitby 98–99
   informações em 70–71, 92–93
   modelo para 95–97
   razão da importância 71, 73
   revisado 153–154
"teste da vó" (teste de compreensão) 95
transição dos benefícios 324–326
treinamento, no desenvolvimento de equipes *237–239*, 238–239

usuários *30*, 38
   definição do PMI **38**

valor agregado **131–132**, 286, **287**
verificação do escopo *142–143*, 143–144, *145*, 148–150
   definição do PMI **149–150**
   segunda edição [deste livro], mudanças na 3
viés a fusão de atividades 313–315, *314–315*